U0554521

在李克强总理"大众创业 万众创新"的召唤下，文涛愿尽己所能，扶"创客"上马，助"创客"启程，解"创客"所惑，伴"创客"前行！

税惠小微

税收优惠政策与实务指引

段文涛◎编著

中国市场出版社
China Market Press

图书在版编目（CIP）数据

税惠小微：税收优惠政策与实务指引/段文涛编著. —北京：中国市场出版社，2015.7
ISBN 978-7-5092-1376-6

Ⅰ. ①税… Ⅱ. ①段… Ⅲ. ①税收政策-优惠政策-研究-中国 Ⅳ. ①F812.422

中国版本图书馆 CIP 数据核字（2015）第 140716 号

税惠小微：税收优惠政策与实务指引

段文涛　编著

出版发行	中国市场出版社	
社　址	北京月坛北小街 2 号院 3 号楼	**邮政编码**　100837
电　话	编 辑 部（010）68032104　读者服务部（010）68022950	
	发 行 部（010）68021338　68020340　68053489	
	68024335　68033577　68033539	
	总 编 室（010）68020336	
	盗版举报（010）68020336	
邮　箱	474885818@qq.com	
经　销	新华书店	
印　刷	河北鑫宏源印刷包装有限责任公司	
规　格	185 mm×260 mm　16 开本	**版　次**　2015 年 7 月第 1 版
印　张	24	**印　次**　2015 年 7 月第 1 次印刷
字　数	480 000	**定　价**　60.00 元

税海听涛　书香识人

　　文涛兄是我们税务界的名人。多年以前，当他还在长沙市芙蓉区地税局的时候，就经常看到他发表在《中国税务报》上的文章。我原来自己开公司搞代理记账的时候，也经常召集同事一起学习涛哥的作品。新浪博客兴起之后，就经常去他的"税海涛声"博客"踩踏"。其间也和涛哥通过电话，沟通过一些税收业务事项。但真正熟悉起来，却是在微信大行其道的时候。

　　微信虽小，却可以以小见大，识人才、识人品、识人心。

　　涛哥的从业经历不能用辉煌来形容，因为他并没把仕途当作追求。唯对于税收的热爱才是他内心真实的写照。曾经也有一位长沙地税的同志加我的私人微信，我就问他，你是否认识或听说过段文涛。他说，怎么会不知道，那纯粹就是"税痴"一枚。能被别人称为"税痴"，不难看出这个人对税收的迷恋。不疯魔，不成器，或许正因如此，我们才有机会在《中国税务报》、国税总局官方微信上经常看到"税海涛声"的作品。

　　涛哥是一个很严谨的人，这一点我自叹不如。搞法律的人善用"法言法语"，措辞讲究精雕细琢，涛哥确实把法律人对于术语的近乎变态式的追求严谨用在了税务上，这样做，对于他更好地执法，从而降低税收执法风险无疑是大有裨益的。看涛哥在其微信公众号和博客中所发的文章，甚至是在微信群的发言，你绝难找到错字别字，相反，他总是敏锐地发现你的错误。

　　我所了解的涛哥学历并不显赫，却精通税、法、财三道。从他的微信公众号里你经常可以看到涉及公司法、劳动合同法、物权法、合同法、行政处罚法，甚至是行政诉讼法、刑法等的案例。综合能力强是他工作多年积累和沉淀的资本，也是一个资深税务稽查官安身立命的本钱。

　　涛哥的原则性很强，对税的理解也很较真。基于其深厚的底蕴，总是有一群好友与他惺惺相惜，谈税论法。我和涛哥的观点并不尽相同，却彼此有较好的眼缘，能够经常沟通。当然，原则性强的人也容易得罪人，因此涛哥的身边也会有反对派，但这绝不是什么私敌。

　　既然是为书作序，本应从书谈起，但我固执地认为要先从人说起，人如其书，书如其人。读一遍段文涛的新书，其实也是在品读涛哥的为人、为学、为事。这本书关注的"税收优惠小与微"并非高大上，却扎根于"民生"，扎根于基层纳税人。"衙斋卧听萧萧竹，疑是民间疾苦声。些小吾曹州县吏，一枝一叶总关情"。税收实务领域，不仅需要阳春白雪，还需要更多的下里巴人。

　　我是坐在北京到福州的飞机上写的序，机舱外大雨滂沱，飞机晚点许多。但是写这篇序的时候，我却心潮澎湃。是什么激励着我们如此热爱税收业务呢？涛哥来自税局，骏哥来自事务所，我们的交集就在于都有一颗热爱税收事业的心！

中国财税浪子

2015 年 5 月 17 日

代言小微　给力小微

物以类聚，人以群分，从新浪博客、微博、QQ群到微信朋友圈、微信订阅号，我都是涛哥的"粉儿"。既然是涛哥的"粉儿"，就要跟得上涛哥的步伐，但真不是我们不努力，而是比我们牛的涛哥他更努力！唉，我们争取不掉队吧。涛哥几乎每天都在伏案疾书，几乎每天都在说税论道，几乎每天都会发微信文章，工作、生活、学习都离不开一个字——税！围绕着"税"，涛哥这几年可没少发表文章。他的文章时效性很强，但你要说"萝卜快了不洗泥"那就大错特错了，涛哥的文章出炉前都经过再三推敲，包括标点符号、错别字、政策出处等，正因为这种研究学问的严谨风格，涛哥常被朋友、同事们笑称为"税痴"。半夜里，我时常在网上撞见涛哥在发文，抑或是就某个观点与人论战。于是不免想到一个问题：涛哥，您是为税而生的吗？

我喜欢读涛哥的文章，其表述的观点总是出人意料，耐人寻味，令人惊叹。这不，国家税务总局2015年第34号公告甫一出台，微信群中立即赞声一片，唯独涛哥发出"不和谐"之声——他在第一时间发布了《不得不看：纠结的劳务派遣用工涉税问题》一文，直陈34号公告真正的难点在于第三条所引发的企业"从业人数"的归属和依工资薪金总额计算"职工福利费"、"职工教育经费"、"工会经费"扣除问题。现行税收政策对于派遣员工一直是作为用工单位的从业人数，譬如《财政部 国家税务总局关于小型微利企业所得税优惠政策的通知》（财税〔2015〕34号）就规定：从业人数，包括与企业建立劳动关系的职工人数和企业接受的劳务派遣用工人数。而34号公告并未提及派遣员工的福利费计算扣除问题，是不是顾此失彼呢？劳务派遣员工算谁的从业人数，对于企业所得税税负有影响吗？别说，还真有，而且影响很大，如果您是小型微利企业的话。

涛哥这么敏锐的洞察力，实为长期研究小微企业税收政策日积月累的结果。小微纳税人虽然规模小、税收贡献总量不多，但是数量多，社会效应大，税收政策有理由向他们倾斜，助力小微企业发展。目前，政府对企业所得税、增值税、营业税、印花税、文化事业建设费等税费都给予了很大程度的扶持政策，可是在税收征管中，还是有很多纳税人只知其一、不知其二，或者压根就不知道自己居然可以减免税。可见要让政策落地，让小微企业税收优惠政策应享尽享，急需加强对于小微企业的政策宣传以及税收服务。

小微企业规模小，能够支出的服务成本有限，服务小微企业收益甚微，很多人是不愿意做无名无利的奉献的。那么谁来为小微企业服务呢？政策多，变化快，如何让小微企业应知尽知，应享尽享呢？

涛哥很早便开始关注小微企业的税收问题，他先后发表在《中国税务报》等报刊中的文章很多都是关于小微企业的，其独特的观察视角非常有效、实用。例如，他在《"三小"纳税人 判断标准各不同》中写道：在近几年出台的一系列税收优惠政策中，经常可以看到"小型微利企业"、"小微企业"、"小规模纳税人"这"三小"纳税人的字眼。而在日常税收征纳实务中，很多财务人员以及税务人员却经常把"三小"纳税人的概念混淆，尤其是对"小型微利企业"与"小微企业"，有的是习惯性的口语误称，而有的甚至误以为"小微企业"就是"小型微利企业"的简称；对于"小微企业"与"小规模纳税人"也是常常混同，误认为"小规模纳税人"肯定属于"小微企业"。实际上，上述"三小"纳税人概念的外延虽均有交织，但各自的内涵却完全不同。在《财政部 国家税务总局关于金融机构与小型微型企业签订借款合同免征印花税的通知》（财税〔2011〕105 号）出台后，其《小型微型企业划型标准在印花税减免中的运用》表达了对于征纳双方对"小型、微型企业"的标准却常有歧义的担忧。对于纳税人关注的企业所得税问题，涛哥在《小型微利企业需关注减征所得税的两个临界点》等文中就实务操作给出了规范；在国家税务总局发布新的所得税预缴申报表（2015 年版）后，他马上写出了《小型微利企业所得税预缴申报表填报实务》，详尽地解读了预缴企业所得税申报表的填写以及注意事项。甚至对于文化事业建设费，他都不厌其烦地给出优惠政策的解读。《详解"重点群体"创业就业税收优惠新政的运用》一文更是倾注了涛哥关注就业、创业，关注民生的税官情怀。

由于这些智慧结晶散见于《中国税务报》等报刊，小微企业难以全面领会学习，在大家的建议下，涛哥将现行小微企业有效的税收法规重新整理，解读，编辑成书，以贡献于小微纳税人。他用心地做这件事，心平气和地不求回报，用他自己的话说就是"做自己喜欢做的事，做自己该做的事"。他只是一名基层税官，却凭自己的努力赢得了全国众多素不相识的纳税人对税官的尊敬，同时也推动了税收事业的渐进式发展。

绿叶清风沁人心，草丰鱼肥税亦足。一书在手，小微税惠尽在掌握，小微发展更有机会。大义之举，涛声激荡税海，从此谁人不识君？作为"粉儿"，紧随涛哥前行，服务小微企业，也将是我的方向——目前正筹建一个小微税惠志愿群，免费开放，你要不要加入呢？

樊剑英

2015 年 6 月 1 日

段文涛

编者心语

　　小微纳税人是市场经济主体的重要组成部分，是经济发展的生力军、社会就业的主渠道、管理创新的活力源，对于繁荣市场、促进就业、改善民生、维护社会稳定等方面都起着十分重要的积极作用。国家非常重视扶持小微纳税人的发展，出台了一系列税收优惠政策。仅2015年一季度，享受企业所得税减半征收政策的小型微利企业就有216万户，享受暂免征收增值税和营业税政策的小微企业和个体工商户共有2700万户，由此可见小微纳税人所占比例之重，以及优惠政策涉及面之广。

　　同时，小微纳税人也是当前释放改革红利，刺激经济发展的关键领域和薄弱环节。在税收征纳实务中，小微纳税人对税收优惠政策的了解特别是运用，仍未完全到位。原因之一，由于我国实行的复合税制，分类有流转税、财产行为税、所得税等，由税务部门负责征收的有增值税、消费税、营业税、企业所得税、个人所得税、资源税、城镇土地使用税、房产税、城市维护建设税、耕地占用税、土地增值税、车辆购置税、车船税、印花税、契税、烟叶税等16个税种，另有关税和船舶吨税由海关部门征收。相关税收法律、法规、规章以及其他税收规范性文件，有国家级层面的，也有省级和市级的，加起来数以万计，纳税人要全部掌握，几乎是难以实现的。原因之二，小微纳税人分布的行业广、从业的户数多、企业的规模小，税务机关开展税收优惠政策集中辅导、逐户宣传较难，财务人员对税收政策的关注度也不够，特别是近年来，很多新的税收政策陆续出台，税收优惠政策的频出更有种应接不暇之感，财务人员对税收政策的学习和了解，尤其是运用税收政策解决涉税问题的水平更是参差不齐，税收优惠政策的贯彻落实要实现全覆盖，尚待努力。

　　我国现行税收优惠政策已从过去以区域优惠为主，调整为以产业优惠为主、区域优惠为辅的税收优惠格局。税收优惠方式包括减税、免税、延期纳税、出口退税、再投资退税、即征即退、先征后返、税收抵免、加计扣除、加速折旧、减计收入、投资抵免、起征点、免征额等方式。现行主要税收优惠政策分为：促进区域协调发展的税收优惠政策；服务"三农"的税收优惠政策；支持教育事业发展的税收优惠政策；促进文化、卫生、体育事业发展的税收优惠政策；扶持弱势群体就业、再就业的税收优惠政策；鼓励社会捐赠的税收优惠政策；支持小型微利企业发展的税收优惠政策；促进资源节约型、环境友好型社会建设的税收优惠政策等。

为方便广大企业财务人员和税务工作者系统地掌握相关税收优惠政策，有效维护纳税人的合法权益，防范涉税风险，特编写了本书，重在宣传国家税收优惠政策，旨在为广大纳税人和基层税务人员提供方便，解决税收缴纳和征管中的一些实务问题。主要由两大部分组成：

第一部分，税收优惠实务篇。主要是本人近年来对相关税收政策的研究心得，从税收征纳实务出发，以大量案例为切入点，对近几年国家出台的重要税收新政进行分析，用通俗的语言帮助读者理解和运用税收政策。

第二部分，税收优惠政策篇。汇集了现行有效（截至 2015 年 6 月 20 日）的税收优惠政策，按不同的角度归类为：企业所得税税收优惠管理规定；小型微利企业专享的企业所得税优惠政策；为促进小微企业发展而对其他企业的所得税优惠政策；按产业、项目归集的企业所得税优惠政策；小微企业享受的营业税、增值税、印花税优惠政策；鼓励和引导民间投资健康发展的税收政策；同时还归集了所有纳税人都能享受的企业所得税等税种的优惠政策及相关管理、备案等规定。

当今正处在"大众创业，万众创新"的伟大年代，以众多"创客"为代表的小微纳税人正处于初创阶段，经营者基本全身心扑在项目上，难以抽出更多的时间来了解具体的税收政策，但又迫切需要税收优惠政策助其吃上敢创业、能发展的"定心丸"。"创客"们所办企业中，以小微纳税人居多，普遍存在"懂经营之道，不懂纳税之道"；"经营过程遇到涉税事项，心里无底，苦于无权威专业咨询通道"；"只知道税负重，却不知道有税收优惠享"；"税收政策更新快，学习机会少，会计跟上的不多，老板更难"的情况。面对百舸争流的创业大潮，尽己所能，扶"创客"上马，助"创客"启程，解"创客"所惑，是本人作为一名从税 32 年的草根税官的内心所愿。

春雨润如酥，涛声税友情。愿此书中蕴含的税收优惠政策能化作春风中的片片柳叶，映入您的眼帘、落入您的心扉，真正成为税收征纳实务中一张张便捷实用的书签，更期待此书能助众多"创客"脱颖而出。

本书侧重于小微纳税人，同时也适用于所有纳税人。由于水平有限，加之时间仓促，难免有不足之处，敬请指正。

目 录
CONTENTS

第二篇　税收优惠政策篇

1

第一篇
税收优惠实务篇

一、企业所得税税前扣除原则及扣除凭证

企业所得税的计税依据是应纳税所得额，即每一纳税年度的收入总额，减除不征税收入、免税收入、各项扣除以及允许弥补的以前年度亏损后的余额。税法规定，企业实际发生的与取得收入有关的、合理的支出，即成本、费用、税金、损失和其他支出，准予在计算应纳税所得额时扣除。由于我国企业所得税实行的是法定扣除，因此，一项支出能否税前扣除，首先要看其是否属于税法允许扣除的支出，然后再看该项支出对应的支付凭证能否作为有效扣除凭证。

在影响应纳税所得额的诸多因素中，涉及项目最多、变数最大的是各项扣除金额，而其实物载体就是扣除凭证。在预缴所得税时，有效扣除凭证的作用尚不那么突出，但在所得税汇算清缴时，由于必须取得有效凭证方能进行扣除，所以，哪些凭证可以作为有效扣除凭证，也就成了征纳双方争议的焦点。

每每提到企业所得税的税前扣除凭证，首先想到的自然就是发票，但是按照现行税法的规定，发票只是所得税税前扣除凭证中一种重要的凭证，因此，既不是没有发票就绝对不准扣除，也不是有了发票就一定准予扣除。

（一）支出允许税前扣除及扣除凭证的管理原则

（1）**真实性原则**。这是税前扣除凭证管理的首要原则。扣除凭证反映的，企业发生的各项支出，应当确属已经实际发生。要求支出是真实发生的，证明支出发生的凭据是真实有效的。在真实性原则中又蕴含着**合法性原则**，即扣除项目和可扣除金额以及应纳税所得额的计算，要符合税收法律、法规的规定，企业财务、会计处理办法与税收法律、法规的规定不一致的，应当依照税收法律、法规的规定计算；税收法律、法规和国务院财政、税务主管部门未明确规定的具体扣除项目，在不违反税前扣除基本原则的前提下，暂循国家财务、会计规定计算。各类扣除凭证应符合国家税收规定，各类凭证特别是发票，其来源、形式等都要符合税收法律、法规规定。

（2）**相关性原则**。扣除凭证反映的有关支出，应与取得的收入直接相关，即企业所实际发生的能直接带来经济利益的流入或者可预期经济利益的流入的支出。

（3）**合理性原则**。扣除凭证反映的支出，必须是应当计入当期损益或者有关资产成本的必要和正常的支出，其计算和分配的方法应符合一般经营常规和会计惯例。

（4）**确定性原则**。扣除凭证反映的支出的金额必须是确定的，或有支出不得在税前扣除。也就是各项支出的支付时间可由企业决定，但必须是已经实际发生能够可靠地计量而不是估计、可能的支出。

（5）**受益期原则**。即划分收益性支出与资本性支出的原则。收益性支出在发生当期直接扣除；资本性支出应当分期扣除或者计入有关资产成本，不得在发生当期直接扣除。除税法有特殊规定外，实际发生的各项支出不得重复扣除。

（6）**权责发生制原则**。这是税前扣除凭证管理的一般性原则，也是企业会计准则规定的企业进行会计确认、计量和报告的基础，除税收法规和国务院财政、税务主管部门另有规定的外，税前扣除以及应纳税所得额的计算，均应遵循此项原则。

权责发生制也称应计基础、应计制原则，以取得收到现金的权利或支付现金的责任即权责的发生为标志，确认本期收入和费用及债权和债务。属于当期的收入和费用，不论款项是否收付，均作为当期的收入和费用；不属于当期的收入和费用，即使款项已经在当期收付，均不作为当期的收入和费用。同时还应辅之**配比性原则**，企业发生的各项支出应在应配比或应分配的当期申报扣除，不得提前或滞后，从而正确确认损益。

企业所得税税前扣除的上述几项原则，有的是直接明确表述在税法或实施条例中，如"权责发生制原则"；而真实性与确定性则是融合、贯穿于整部税法当中，如"实际发生"，离开了真实性与确定性又何谈实际与发生。同时也是基于企业所得税法定扣除的法理，一旦失去真实性，企业所得税扣除的根基也就立于废墟之上。

（二）据以税前扣除的有效扣除凭证的具体种类

综合现行税收、财务、会计等相关法律、法规和规章及税收规范性文件，根据凭证的取得来源，税前扣除凭证可分为外部凭证和内部凭证；根据应否缴纳增值税或营业税，外部凭证可分为应税项目凭证和非应税项目凭证。

1. 发生应税项目的支出应当取得发票作为有效扣除凭证

应税项目是指企业购买货物、接受劳务或服务时，销售方或提供劳务、服务方应缴纳增值税或营业税的项目和免税项目，包括视同销售的项目。单位和个人必须在发生经营业务确认营业收入时开具发票；企业在购买商品、接受服务以及从事其他经营活动，发生应税项目支出时，应当向收款方取得发票，按规定进行税前扣除。

2. 发生非应税项目的支出不需（不允许）取得发票

非应税项目是指在生产经营过程中发生的不属于增值税或营业税征税范围的支出，

收入方依法不缴纳增值税或营业税的项目。现行发票管理规定已明确"未发生经营业务一律不准开具发票",因此,企业发生非应税项目支出时,不需也无法取得发票,而应当取得相应的有效扣除凭证,按规定进行税前扣除。非应税项目由税务部门或其他部门代收的,也可以代收凭据依法在税前扣除。

3. 常见的税前扣除有效凭证

常见的税前扣除有效凭证包括但不限于以下几种:

(1) 购买不动产、货物、工业性劳务、服务,接受劳务、受让无形资产,支付给境内企业单位或者个人的应税项目款项,该企业单位或者个人开具的发票。

(2) 支付给行政机关、事业单位、军队等非企业性单位的租金等经营性应税收入,该单位开具(税务机关代开)的发票。

(3) 从境内的农(牧)民等农业生产者手中购进免税农产品,农业生产者开具的农产品销售发票或者企业自行开具的农产品收购发票。

(4) 非金融企业实际发生的借款利息,应分别不同情况处理:

①向银行金融企业借款发生的利息支出,该银行开具的银行利息结算单据。

②向非银行金融企业或非金融企业或个人借款而发生的利息支出,须取得付款单据和发票,辅以借款合同(协议);在按照合同要求首次支付利息并进行税前扣除时,应提供"(本省任何一家)金融企业的同期同类贷款利率情况说明"。

③为向银行或非银行金融企业借款而支付的融资服务费、融资顾问费,应取得符合规定的发票。

(5) 缴纳政府性基金、行政事业性收费,征收部门开具的财政票据。

(6) 缴纳可在税前扣除的各类税金(费),税务机关开具的税收缴款书或表格式完税证明。

(7) 拨缴职工工会经费,工会组织开具的工会经费收入专用收据。

(8) 支付的土地出让金,国土部门开具的财政票据。

(9) 缴纳的社会保险费,社保机构开具的财政票据(社会保险费专用收据或票据)。

(10) 缴存住房公积金,公积金管理机构盖章的住房公积金汇(补)缴书和银行转账单据。

(11) 通过公益性社会团体或者县级以上人民政府及其部门的用于法定公益事业的捐赠,财政部门监制的捐赠票据,如公益性单位接受捐赠统一收据等。

(12) 由税务部门或其他部门代收的且允许扣除的费、金,代收部门开具的代收凭据、缴款书(如工会经费代收凭据)等。

(13) 根据法院判决、调解、仲裁等发生的支出,法院判决书、裁定书、调解书,以及可由人民法院执行的仲裁裁决书、公证债权文书和付款单据。

（14）企业发生的资产损失税前扣除，按照《企业资产损失所得税税前扣除管理办法》（国家税务总局公告2011年第25号）的规定执行。

（15）发生非价外费用的违约金、赔偿费，解除劳动合同（辞退）补偿金、拆迁补偿费等非应税项目支出，取得盖有收款单位印章的收据或收款个人签具的收据、收条或签收花名册等单据，并附合同（如拆迁、回迁补偿合同）等凭据以及收款单位或个人的证照或身份证明复印件为辅证。

（16）支付给中国境外单位或个人的款项，应当提供合同、外汇支付单据、单位、个人签收单据等。税务机关在审查时有疑义的，可以要求其提供境外公证机构的确认证明并经税务机关审核认可。

（17）税收法律、法规对企业所得税税前扣除有特殊规定或要求的，按该规定或要求扣除。如研发费用加计扣除，需提供自主、委托、合作研究开发项目计划书和研究开发费预算、当年研究开发费用发生情况归集表，研究开发专门机构或项目组的编制情况和专业人员名单，研究开发项目的效用情况说明、研究成果报告等资料。企业委托给外单位进行开发的项目，除取得受托方开具的发票外，还应取得受托方提供的该研发项目的费用支出明细情况，否则，该委托开发项目的费用支出不得实行加计扣除。

支付手续费、佣金时，企业应与具有合法经营资格中介服务企业或者个人签订代办协议或合同，并应当如实向当地主管税务机关提供当年手续费及佣金计算分配表和其他相关资料。

（18）签订了广告费用分摊协议的关联企业，其中一方可将另一方发生的，不超过另一方当年销售（营业）收入税前扣除限额比例的部分或全部广告费和业务宣传费支出，归集至本企业扣除，且可以不计算在本企业广告费和业务宣传费支出税前扣除限额内，但必须提供分摊协议且按协议归集。

（19）企业自制的符合财务、会计处理规定，能直观反映成本费用分配计算依据和发生过程的材料成本核算表（入库单、领料单、耗用汇总表等）、资产折旧或摊销表、制造费用的归集与分配表、产品成本计算单，支付职工薪酬的工资表，差旅费补助、交通费补贴、通讯费补贴单据等内部凭证。

（20）国务院财政、税务主管部门规定的其他合法有效凭证。

（三）税前扣除及有效扣除凭证管理的特殊规定

纳税人所取得的发票、收据等凭证，票据自身和内容及开具均须真实且符合相关规定；不符合规定的发票、伪造、变造、虚假的票据等不得作为有效扣除凭证。

特殊支付项目还应将相关资料作为附件或备查资料。有些支出即使符合规定比例，也取得了有效凭证，但仍不能扣除。

（1）工资扣除，工资分配方案、工资结算单、企业与职工签订的劳动合同、个人所得税扣缴情况以及社保机构盖章的社会保险名单清册。

企业实行股权激励的，以激励对象实际行权日该股票的收盘价格与激励对象实际行权支付价格的差额及数量计算，作为当年的工资薪金支出给予扣除，应以公告董事会决议、股权激励计划以及股票交割单（转让协议）等作为扣除凭证。

（2）会议费支出，以召开会议的文件、通知、会议纪要、参会人员的签到单等能够证明会议真实性的资料以及会议费用明细单等为辅证。

（3）企业集团或其成员企业统一向金融机构借款分摊给集团内部其他成员企业使用，必须取得借入方出具的从金融机构取得借款的证明文件，使用借款的房地产企业分摊的合理利息方准予在税前扣除。

（4）烟草企业的烟草广告费和业务宣传费支出，即使取得有效扣除凭证，也一律不得在计算应纳税所得额时扣除。

（5）发生与生产经营有关的手续费及佣金支出，应符合规定的计算依据和比例，其受托方必须是具有合法经营资格中介服务企业或个人且应签订代办协议或合同。但是，即使符合前述条件，也取得了发票作为有效扣除凭证，还应注意，除委托个人代理外，以现金等非转账方式支付的手续费及佣金仍不得在税前扣除。企业为发行权益性证券支付给有关证券承销机构的手续费及佣金也不得在税前扣除。

（6）不征税收入用于支出所形成的费用，不得在计算应纳税所得额时扣除；用于支出所形成的资产，其计算的折旧、摊销不得在计算应纳税所得额时扣除。

（7）按税法规定享受加速折旧税收优惠政策，其按加速折旧办法计算的折旧额可全额在税前扣除，不需要会计上也同时采取与税收上相同的折旧方法。但同时又享受研发费用加计扣除时，就只能就已经进行会计处理的折旧、费用等金额进行加计扣除，并应以加速折旧的会计处理凭证作为加计扣除的凭据。

现行企业所得税征缴方式为按季（月）预缴、年终汇算清缴。企业当年度实际发生的相关成本、费用，由于各种原因未能及时取得该成本、费用的有效凭证，在预缴季度所得税时，可暂按账面发生金额进行核算；但在汇算清缴时，应补充提供该成本、费用的有效凭证。

二、"三小"纳税人 判断标准各不同

在近几年出台的一系列税收优惠政策中，经常可以看到"小型微利企业"、"小微企业"、"小规模纳税人"这"三小"纳税人的称谓。而在日常税收征纳实务中，很多财务人员及税务人员却经常把"三小"纳税人的概念混淆，尤其是对"小型微利企业"与"小微企业"，有的是习惯性的口语误称，而有的甚至误以为"小微企业"就是"小型微利企业"的简称；对"小微企业"与"小规模纳税人"也常常混同，误认为"小规模纳税人"肯定属于"小微企业"。实际上，上述"三小"纳税人概念的外延虽均有交织，但各自的内涵却完全不同。

（一）小微企业的概念

"小微企业"的概念并非源自税收领域，准确的称谓应为"小型、微型企业"，本意是对企业规模的划型。按照《中华人民共和国中小企业促进法》和《国务院关于进一步促进中小企业发展的若干意见》（国发〔2009〕36号）的规定，国家工信部、统计局、发改委、财政部于2011年6月联合出台《中小企业划型标准规定》（工信部联企业〔2011〕300号），根据企业从业人员、营业收入、资产总额等指标，结合行业特点，将中小企业划分为中型、小型、微型三种类型，"小型、微型企业"即指其中的两类企业。

需要特别注意的是：近两年，国家相继出台了对小微企业减免印花税、营业税、增值税的专项税收优惠政策，对于如何理解和执行相关税收减免政策，则需仔细领会相关政策文件对减免税事项的措辞和具体规定，不能只看文件题目就贸然处事，出现"望题生义"的偏差。

按照国家现行税收政策规定，对金融机构与小型、微型企业签订的借款合同免征印花税。相关小型、微型企业的认定，即按《中小企业划型标准规定》的有关规定执行。

而从2014年10月开始执行的《财政部 国家税务总局关于进一步支持小微企业增值税和营业税政策的通知》（财税〔2014〕71号）规定："对月销售额2万元至3万元的增值税小规模纳税人，免征增值税；对月营业额2万元至3万元的营业税纳税人，免征营业税。"仔细辨析文件正文的措辞，该项免税优惠政策的适用对象与文件标题是有差异的。

照此规定，享受月销售额不超过3万元免征增值税的适用对象仍然只限于增值税小规模纳税人；而享受月营业额不超过3万元免征营业税的适用对象则涵盖了所有营业税纳税人，包括企业、非企业性单位、个体工商户和其他个人，而不仅仅限于文件标题中的"小微企业"。

（二）小型微利企业的概念

"小型微利企业"是企业所得税中的一类特定纳税人，完整的表述应为"符合条件的小型微利企业"，该名词来源于《企业所得税法》，但并未对小型微利企业直接做出界定，而是规定"符合条件的小型微利企业"适用 20％的优惠税率。《企业所得税法实施条例》继而规定，所称符合条件的小型微利企业，是指从事国家非限制和禁止行业，年度应纳税所得额不超过 30 万元，从业人数不超过 100 人，资产总额不超过 3 000 万元的工业企业；从业人数不超过 80 人，资产总额不超过 1 000 万元的其他企业。也就是说至今为止，并没有"小型微利企业"的概念界定而只有"符合条件的小型微利企业"这一概念。

从 2010 年开始，国家对部分"符合条件的小型微利企业"在减低企业所得税税率的基础上，再给予减半征税的优惠政策：2010 年至 2011 年，年应纳税所得额低于 3 万元（含）的小型微利企业；2012 年至 2013 年，年应纳税所得额低于 6 万元（含）的小型微利企业；2014 年起，年应纳税所得额低于 10 万元（含）的小型微利企业；从 2015 年开始，年应纳税所得额低于 20 万元（含）的小型微利企业（包括查账征税和核定征税的纳税人），其所得均减按 50％计入应纳税所得额，按 20％的税率缴纳企业所得税。

（三）小规模纳税人的概念

"小规模纳税人"源自增值税的规定，特指增值税纳税人中的一类。按照现行税法规定，增值税纳税人分为一般纳税人和小规模纳税人，小规模纳税人适用简易计税方法，按取得的销售额乘以征收率计算应纳增值税额。

以纳税人连续不超过 12 个月的经营期内累计取得的应征增值税销售额（包括免税销售额）为划定标准，不超过以下标准的为小规模纳税人：

（1）从事货物生产或者提供生产性加工、修理修配应税劳务（含兼营货物批发或零售）的纳税人，应税销售额在 50 万元以下（含）的；从事销售货物（批发或零售）的纳税人，应税销售额在 80 万元以下（含）的；提供营改增试点应税服务的纳税人，应税服务销售额未超过 500 万元（含）的。

（2）兼有销售货物、提供加工修理修配劳务以及营改增试点应税服务，且不经常发生应税行为的单位和个体工商户可选择按照小规模纳税人纳税。

年应税销售额未超过小规模纳税人标准以及新开业的纳税人，如果符合相关规定条件，也可以由该增值税纳税人向其主管国税机关办理一般纳税人资格登记。

(四)"三小"纳税人差异及交集

"三小"纳税人的外延互有交织,看似好像区别不大,甚至是相互兼之,如有的小型微利企业同时也系小微企业,或有些小规模纳税人既属于小微企业同时还属于小型微利企业。但实际上,三者有完全不同的特指对象,个中差异很大。

【案例1】甲建筑企业资产总额为5 000万元,年营业收入为2 000万元,属于小型企业,但是其年度应纳税所得额高于30万元,或者虽低于30万元,但其资产总额高于1 000万元;乙物业管理公司符合微型企业标准,年度应纳税所得额也低于30万元,但从业人员有90人。故该甲、乙企业均不符合小型微利企业的条件,均不得享受减低企业所得税税率的优惠政策。

【案例2】A工业企业虽属于微型企业,但年销售额超过50万元,认定为增值税一般纳税人;营改增试点B公司为小型企业,年应税服务销售额为60万元,虽远未超过500万元的小规模纳税人标准,但自愿申请认定为一般纳税人。现假定在2014年A企业第四季度取得销售额8万元,B公司10月取得销售额2.7万元,该A、B两企业虽然都符合小微企业标准,但不是小规模纳税人,因而均不得享受月销售额不超过3万元(每季度9万元)免征增值税的优惠。

综上可以看出,"三小"企业分属于企业所得税、印花税、营业税、增值税的特指纳税人:

(1)小型微利企业为企业所得税的特定优惠对象,包括企业、事业单位、社会团体以及其他取得收入的组织,但不包括非居民企业及个人独资企业、合伙企业;

(2)小型、微型企业属于企业规模划型中的两类企业(国家四部委《中小企业划型标准规定》所称企业包括企业、行政单位、事业单位、军事单位、社会团体、其他单位,个体工商户参照划型标准),可享受营业税、印花税的特定免税。特别要注意的是,现行可享受营业税特定免税优惠的适用对象为营业税的所有纳税人,即包括企业、非企业性单位、个体工商户和自然人个人;

(3)小规模纳税人为增值税纳税人中独有的一类,对象包括企业、行政单位、事业单位、军事单位、社会团体、其他单位及个体工商户和其他个人,可享受增值税的特定免税优惠。

鉴于"三小"纳税人不同概念的内涵与之所能享受的税收优惠息息相关,即符合各自条件、标准的,可以享受不同税种的规定税收优惠,因此,正确掌握小型微利企业、小微企业、小规模纳税人这"三小"纳税人的判定标准,以及各税种对免税对象的特别规定,对于纳税人准确享受税收优惠政策,税务人员正确行使税收执法权,均至关重要。反之,则将招致税收风险。因此建议随时关注最新税收政策的变化。

三、小型微利企业税收优惠应该这样计算

根据《财政部 国家税务总局关于小型微利企业所得税优惠政策的通知》（财税〔2015〕34 号）的规定，对小型微利企业享受企业所得税（降低税率、减半征收）优惠的应纳税所得额计算问题做如下分析。

（一）从"应纳税所得额"的定义分析

按照税法规定，企业每一纳税年度的收入总额，减除不征税收入、免税收入、各项扣除以及允许弥补的以前年度亏损后的余额，为应纳税所得额。

因此，在判别一个小型微型企业的应纳税所得额是否低于 20 万元时，应该是以收入总额减除了所有可以扣除的项目金额后，自然也必须是减除了允许弥补的以前年度亏损后的余额，来作为应纳税所得额，并以此作为判别的标准。

【案例 3】甲制造型居民企业资产总额 50 万元，从业人数 20 人，从事非国家限制与禁止的行业，2014 年度可弥补的亏损为 2 万元，2015 年纳税调整后所得 22 万元。

（1）先计算应纳税所得额：2015 年应纳税所得额＝纳税调整后所得 22（万元）－可弥补的上年度亏损 2（万元）＝20（万元），符合减半征税条件。

（2）再计算应缴企业所得税：20×50％×20％＝2（万元）。

（二）从企业所得税纳税申报表设置及填表要求分析

（1）根据现行的《中华人民共和国企业所得税年度纳税申报表（A 类，2014 年版）》的填报规则，按照年度纳税申报表主表（A100000）的逻辑关系，第 19 行是"纳税调整后所得"，第 23 行为"应纳税所得额"，而在两者中间还有必不可少的第 22 行"减：弥补以前年度亏损"，也就是明确表明，要以"纳税调整后所得"减除"弥补以前年度亏损"的余额才是"应纳税所得额"。

（2）属于符合条件的小型微利企业，降低税率和减半征税的优惠，则是通过年度纳税申报表的二级附表《减免所得税优惠明细表（A107040）》计算后再填入主表的第 26 行"减：减免所得税额"。

①将主表第 23 行"应纳税所得额"与 15％的乘积，通过《减免所得税优惠明细表

（A107040）》第1行"符合条件的小型微利企业"栏次，再填入主表的第26行"减：减免所得税额"。

②以第23行"应纳税所得额"与法定税率25%的乘积填入第25行，即等于"应纳所得税额"。

③以第25行"应纳所得税额"减除第26行"减免所得税额"，得出第28行的"应纳税额"。

就上述案例而言，通过填写申报表后，其企业所得税的应纳税额为：$(22-2)\times25\%-(22-2)\times15\%=2$（万元）。

（3）《国家税务总局关于发布〈中华人民共和国企业所得税月（季）度预缴纳税申报表（2015年版）等报表〉的公告》（国家税务总局公告2015年第31号）附件《减免所得税额明细表填报说明》也明确规定，享受减低税率政策的纳税人，《减免所得税额明细表》的第2行填写《中华人民共和国企业所得税月（季）度预缴纳税申报表（A类，2015年版）》第9行或第20行×5%的积。享受减半征税政策的纳税人，本行填写《中华人民共和国企业所得税月（季）度预缴纳税申报表（A类，2015年版）》第9行或第20行×15%的积；同时填写本表第3行"减半征税"。

可见，财税〔2015〕34号文件所规定的"所得减按50%计入应纳税所得额"的"所得"即为纳税人的年度应纳税所得额的简称。

四、小型微利企业减征所得税有两个税负临界点

　　企业所得税法及其实施条例规定，符合条件的小型微利企业减按 20％的税率征收企业所得税。为了进一步扶持小型微利企业的发展，《财政部　国家税务总局关于小型微利企业有关企业所得税政策的通知》（财税〔2009〕133 号）以及《财政部　国家税务总局关于继续实施小型微利企业所得税优惠政策的通知》（财税〔2011〕4 号）规定，2010 年度起，年应纳税所得额低于 3 万元的小型微利企业，其所得减按 50％计入应纳税所得额，按 20％的税率缴纳企业所得税，即减半征收企业所得税；《财政部　国家税务总局关于小型微利企业所得税优惠政策有关问题的通知》（财税〔2011〕117 号）则从 2012 年起将年应纳税所得额上限提高至 6 万元；《财政部　国家税务总局关于小型微利企业所得税优惠政策有关问题的通知》（财税〔2014〕34 号）继而规定，从 2014 年起将 6 万元上限提升到 10 万元；《财政部　国家税务总局关于小型微利企业所得税优惠政策的通知》（财税〔2015〕34 号）更是将减半征税的年应纳税所得额上限从 2015 年开始提升至 20 万元。

　　那么，在纳税人享受上述税收优惠时，需要注意哪些事项呢？

　　税法对于小型微利企业并没有做出界定，而是直接对符合减征企业所得税优惠的对象即"符合条件的小型微利企业"做出规定：从事国家非限制和禁止行业，年度应纳税所得额不超过 30 万元，从业人数不超过 100 人，资产总额不超过 3 000 万元的工业企业和从业人数不超过 80 人，资产总额不超过 1 000 万元的其他企业。

　　可见，企业所得税减税优惠的小型微利企业与月销售（营业）额不超过 3 万元免征增值税、营业税的小微企业是不同的标准，两者不应混淆。

　　在企业所属行业和从业人数、资产总额均符合规定条件的情况下，准确计算应纳税所得额，就成为能否享受上述减税优惠的关键，特别是两个临界点，决定着纳税人的税负高低。

（一）第一个临界点：20 万元

　　2012 年至 2013 年应纳税所得额不超过 6 万元的；2014 年的年应纳税所得额不超过 10 万元的；2015 年开始，年应纳税所得额不超过 20 万元的，按应纳税所得额的 50％作为计税的基数，再按 20％的优惠税率计算应缴的企业所得税。由于现行企业所得税采用的税率是比例税率而非超额累进税率，相关减税规定实行的是应纳税所得额不超过 20 万

元的减半计入计税依据，应纳税所得额超过 20 万元的，则全额（而非仅超过部分）计入计税依据，这也就意味着当应纳税所得额高于 20 万元时，其税负将增加一倍以上。

例如，2015 年度甲企业年应纳税所得额为 200 000 元，应缴纳的企业所得税为 20 000 元（200 000×50％×20％）；乙企业年应纳税所得额为 200 001 元，应缴纳的企业所得税为 40 000.20 元（200 001×20％）。由此可以直观看出，虽然应纳税所得额只增加 1 元，但其税负却增加了 20 000.20 元，比例高于 100％。

（二）第二个临界点：30 万元

年应纳税所得额不超过 30 万元的，可减按 20％的优惠税率计税；超过 30 万元时，则全额按 25％的基本税率计税。税法对此项优惠是在比例税率的基础上减低税率，这样一来，应纳税所得额是否超过 30 万元，将导致幅度 25％以上的税负变化。

例如，2015 年度，丙企业年应纳税所得额为 300 000 元，应缴纳的企业所得税为 60 000 元（300 000×20％）；丁企业年应纳税所得额为 300 001 元，应缴纳的企业所得税为 75 000.25 元（300 001×25％）。由此可以直观看出，虽然应纳税所得额只增加 1 元，但是其税率却从 20％上升至 25％，税负增加了 15 000.25 元，比例高于 25％。

从以上分析可以看出，应纳税所得额处于 20 万元和 30 万元这两个临界点时，即使是极小的金额增加，也会引起企业所得税税负的较大变化。

按照现行税法规定，企业所得税实行分月或者分季预缴，年度终了后或者实际经营终止后汇算清缴的征缴方式。企业应当自月份或者季度终了之日起 15 日内，向税务机关报送预缴企业所得税纳税申报表，预缴税款；应自纳税年度终了之日起 5 个月内或实际经营终止之日起 60 日内，依照税收法律、法规、规章及其他有关企业所得税的规定，自行计算本纳税年度应纳税所得额和应缴所得税额，并填写企业所得税年度纳税申报表，向主管税务机关办理企业所得税年度纳税申报、提供税务机关要求提供的有关资料、结清全年企业所得税税款，即进行汇算清缴。小型微利企业在预缴时享受了优惠政策，但年度汇算清缴时超过规定标准的，应按规定补缴税款。

申报缴纳税款是纳税人的义务，汇算清缴的主体是纳税人，而税务机关则将着力点集中在企业备案或自行申报后、预缴申报后以及汇算清缴后的管理上，主要侧重汇算清缴后的管理。

符合条件的小型微利企业在享受上述税收优惠时，应当严格按照税法及相关税收政策的规定，准确核算应纳税所得额，尤其是在应纳税所得额临近 20 万元和 30 万元这两个临界点时，更应引起高度重视，准确、谨慎地核算，及时处理和调整相关经济业务事项和账务，以避免因适用税收政策或计算错误，在日后的税收检查时被税务机关调增应纳税所得额后超过临界点，而导致税负大幅增加。

五、必须关注：企业所得税预缴纳税申报新规则

为方便纳税人在季度预缴时就提前享受国家支持创新创业、促进就业的一系列税收优惠政策，适应税务机关转变职能、取消和下放税务行政审批事项的新要求，《国家税务总局关于发布〈中华人民共和国企业所得税月（季）度预缴纳税申报表（2015年版）等报表〉的公告》（国家税务总局公告2015年第31号）出台，自2015年7月1日起施行。

主要变化是：对A、B类预缴申报主表进行了大幅修改，增添了"小型微利企业判定"等栏次；对A类表增加了《不征税收入和税基类减免应纳税所得额明细表》、《固定资产加速折旧（扣除）明细表》、《减免所得税额明细表》三张附表。

（一）焦点一 税基类减免的应纳税所得额计算及申报

【分析】税法规定，对农、林、牧、渔业项目，国家重点扶持的公共基础设施项目，符合条件的环境保护、节能节水项目，符合条件的技术转让项目，实施清洁发展机制项目，节能服务公司实施合同能源管理项目，予以企业所得税减免，均属于税基类减免中的所得减免。

新预缴规定明确：《中华人民共和国企业所得税月（季）度预缴纳税申报表（A类，2015年版）》（以下简称"A类预缴申报表"）第6行"税基减免应纳税所得额"，通过《不征税收入和税基类减免应纳税所得额明细表（附表1）》第19~29行进行填报。

（1）"附表1"第20行（等于第21行＋22行）"农、林、牧、渔业"项目，免税和减半征收项目要分行填报：第21行填报免税所得，第22行填报减半征收所得。

（2）其他享受所得减免优惠的项目，分项目在第23~29行的金额栏中，视免征或减征税款的年度，分别填报免征或减征的所得额。

当上述税基类减免项目的所得为负数时，在"A类预缴申报表"第6行及附表1的第19~29行的金额栏内均填0元。

而《企业所得税年度纳税申报表填报说明》则规定，减免税项目的所得为负数时，填写负数。即年度申报表主表第20行"所得减免"填报属于税法规定所得减免金额，本行通过《所得减免优惠明细表（A107020）》填报，本行＜0时，填写负数。

【提示】附表1的第22行"（农、林、牧、渔业）减半征收项目"，以及在减半期

间的第 23 行"国家重点扶持的公共基础设施项目"和第 24 行"符合条件的环境保护、节能节水项目"及第 26 行"实施清洁发展机制项目",其所得减半金额等于"项目所得额×50％";

第 25 行"符合条件的技术转让项目",其所得减半金额等于"转让技术所有权或 5 年以上全球独占许可使用权取得的所得超过 500 万元的部分×50％";

第 27 行"节能服务公司实施合同能源管理项目",其所得减半金额等于"按照 25％的法定税率减半征收的所得额"。

（二）焦点二　小型微利企业判定有利于预缴享受优惠

【分析】A、B 类新预缴申报表主表分别增添了"是否属于小型微利企业"和"小型微利企业判定信息"栏次,从而便于符合条件的纳税人及时享受相关税收优惠。

"A 类预缴申报表"最下方的"是否属于小型微利企业"栏次为必填项目。在选项中勾选"是"的纳税人,即选择符合小型微利企业身份后,除享受《不征税收入和税基类减免应纳税所得额明细表（附表 1）》中"所得减免"或者《减免所得税额明细表（附表 3）》所列其他减免税政策之外,不得放弃享受小型微利企业所得税优惠政策。

《中华人民共和国企业所得税月（季）度预缴和年度纳税申报表（B 类,2015 年版）》,由实行核定征收企业所得税的纳税人使用。核定应税所得率征收的纳税人,在月（季）度申报缴税和年度汇算清缴时均使用此表;核定应纳税额的纳税人在月（季）度申报纳税时使用此表。在该申报表下方,"是否属于小型微利企业"栏次为预缴申报时的必填项目,"小型微利企业相关指标"栏次为年度汇算清缴时的必填项目。

【提示】"企业根据本年度生产经营情况,预计本年度符合小型微利企业条件的,季度、月份预缴企业所得税时,可以享受小型微利企业所得税优惠政策",这是《国家税务总局关于贯彻落实扩大小型微利企业减半征收企业所得税范围有关问题的公告》（国家税务总局公告 2015 年第 17 号）新规定的惠民政策。

上年度"资产总额"和"从业人数"符合规定条件,应纳税所得额不符合小微企业条件的纳税人,预计本年度会计利润符合小微企业条件时,在 A、B 类新预缴申报表主表的"是否属于小型微利企业"栏次选择"是",预缴累计会计利润不符合小微企业条件,选择"否"。

（三）焦点三　证券投资基金及投资者相关免税收入填报

【分析】新预缴规定将"证券投资基金从证券市场取得的收入"和"证券投资基金投资者获得的分配收入"这两项收入合并在一栏,即在《不征税收入和税基类减免应纳税所得额明细表（附表1）》的第8行"证券投资基金投资者取得的免税收入"这一栏中，填报证券投资基金从证券市场中取得收入以及投资者从证券投资基金分配中取得的收入。

而企业所得税年度纳税申报表则要求分别在《免税、减计收入及加计扣除优惠明细表（A107010)》第7行填报"证券投资基金从证券市场取得的收入"，第8行填报"证券投资基金投资者获得的分配收入"。

【提示】 依据《财政部 国家税务总局关于企业所得税若干优惠政策的通知》（财税〔2008〕1号）第二条第一款和第二款规定，"证券投资基金从证券市场中取得的收入，包括买卖股票、债券的差价收入，股权的股息、红利收入，债券的利息收入及其他收入"与"投资者从证券投资基金分配中取得的收入"均属于免税收入。

(四) 焦点四 固定资产加速折旧的预缴扣除及优惠统计

【分析】 本次"A类预缴申报表"增设了《固定资产加速折旧（扣除）明细表（附表2)》，用以替代《固定资产加速折旧预缴情况统计表》，适用于享受《财政部 国家税务总局关于完善固定资产加速折旧税收政策有关问题的通知》（财税〔2014〕75号）规定的固定资产加速折旧和一次性扣除优惠政策的查账征税的纳税人填报。

(1) 对于会计未加速折旧，税法加速折旧的，填写《固定资产加速折旧（扣除）明细表（附表2)》的第8列"本期会计折旧额"、10列"本期税收加速折旧额"、11列"本期纳税调整额"和第13列"累计会计折旧额"、15列"累计税收加速折旧额"、16列"纳税调整额"。税收上加速折旧，会计上未加速折旧的差额，在预缴申报时进行纳税调减，纳税调整额＝税收加速折旧额－会计折旧额。

(2) 对于会计与税法均加速折旧的，填写《固定资产加速折旧（扣除）明细表（附表2)》的第9列"本期正常折旧额"、10列"本期税收加速折旧额"、12列"本期加速折旧优惠统计额"和第14列"累计正常折旧额"、15列"累计税收加速折旧额"、17列"累计加速折旧优惠统计额"。以税法实际加速折旧额减去假定未加速折旧的"正常折旧"额，据此统计加速折旧情况，加速折旧优惠统计额＝税收加速折旧额－正常折旧额。

税务机关以"纳税调整额"＋"加速折旧优惠统计额"之和，进行固定资产加速折旧优惠情况统计工作。

【提示】 本表预缴时不作纳税调增，纳税调整统一在汇算清缴处理。对于税法上加速折旧，但部分资产会计上加速折旧，另一部分资产会计上未加速折旧，应区分会计上不同资产折旧情况，按上述规则分别填报各列次。此时，可能会出现不完全满足上述各列次逻辑关系的情形，但"税收加速折旧额"－"会计折旧额"－"正常折旧额"＝"纳税调整额"＋"加速折旧优惠统计额"。

六、小型微利企业所得税预缴申报表填报实务

《财政部 国家税务总局关于小型微利企业所得税优惠政策的通知》（财税〔2015〕34号）和《国家税务总局关于贯彻落实扩大小型微利企业减半征收企业所得税范围有关问题的公告》（国家税务总局公告2015年第17号）在原有优惠政策的基础上，扩大了小型微利企业减半征收企业所得税范围，但相关纳税申报表尤其是预缴申报表尚不能适应新常态下的税收管理需求。

随着《国家税务总局关于发布〈中华人民共和国企业所得税年度纳税申报表（A类，2014年版）〉的公告》（国家税务总局公告2014年第63号）的发布，以及国家税务总局《关于发布〈中华人民共和国企业所得税月（季）度预缴纳税申报表（2015年版）等报表〉的公告》（国家税务总局公告2015年第31号）及填报说明在今年4月底出台，从而完善了预缴申报至汇算清缴的企业所得税纳税申报链条，特别是解决了小型微利企业享受减税优惠时申报纳税的申报表问题。上述几项税收新政的最大亮点就是，小型微利企业享受减半征税优惠政策的应纳税所得额上限继2014年调为10万元后，又从2015年起调为20万元，优惠政策适用范围扩大至核定征收的纳税人，由原审批管理方式改为备案方式。

（一）减税盛宴准入门槛降低便捷惠民

税法对于小型微利企业并没有做出界定，而是直接对符合减征企业所得税优惠的对象即"符合条件的小型微利企业"（简称"小型微利企业"）做出规定：从事国家非限制和禁止行业，年度应纳税所得额不超过30万元，从业人数不超过100人，资产总额不超过3 000万元的工业企业；从业人数不超过80人，资产总额不超过1 000万元其他企业。可见，享受企业所得税减税优惠的小型微利企业与月销售（营业）额不超过3万元免征增值税、营业税的小微企业是不同的标准和概念，两者不应混淆。

本年度新办的小型微利企业，在预缴企业所得税时，凡累计实际利润额或应纳税所得额不超过20万元的，可以享受减半征税优惠政策；超过20万元的，应停止享受其中的减半征税政策改按20％的税率预缴企业所得税。

企业根据本年度生产经营情况，预计本年度符合小型微利企业条件的，季度、月份预缴企业所得税时，可以享受小型微利企业所得税优惠政策。

由于现行企业所得税税率是比例税率而非超额累进税率，企业在预缴时享受了优惠政策，但年度汇算清缴时，"资产总额"、"从业人数"、"应纳税所得额"超过规定标准的，应按规定补缴税款。从2015年起，当年应纳税所得额高于20万元不足30万元时，需全额按20%计缴税款；高于30万元时，则全额按25%的税率计缴企业所得税。

查账征收与核定征收是企业所得税的两种征收方式。根据《财政部 国家税务总局关于执行企业所得税优惠政策若干问题的通知》（财税〔2009〕69号）第八条，对于核定征收企业所得税的企业，暂不适用小型微利企业适用税率。因而，也不能享受按所得减计50%后按20%的税率（减半征税）的优惠政策。

而从2014年度开始，不论是查账征收还是核定征收企业所得税，只要属于符合条件的小型微利企业，均可享受减低税率优惠即适用20%的税率，年应纳税所得额在20万元（含）以下的，还可享受减半征收企业所得税的优惠。

在进行企业所得税纳税申报时，查账征收的纳税人预缴税款，填写《中华人民共和国企业所得税月（季）度预缴纳税申报表（A类，2015年版）》以及相关附表，年度汇算清缴时填报《中华人民共和国企业所得税年度纳税申报表（A类，2014年版）》；核定应税所得率征收的纳税人在月（季）度预缴和年度汇算清缴时，核定应纳税额的纳税人在月（季）度申报纳税时，填报《中华人民共和国企业所得税月（季）度和年度预缴纳税申报表（B类，2015年版）》。

（二）查账征收方式的纳税申报表填报

（1）实行查账征收，本年按实际利润额预缴企业所得税的小型微利企业，预缴时填报《中华人民共和国企业所得税月（季）度预缴纳税申报表（A类，2015年版）》。

所称"实际利润额"为：按照企业会计制度、企业会计准则等国家会计规定核算的利润总额（与利润表列示的利润总额一致）＋特定业务计算的应纳税所得额－不征税收入和税基减免应纳税所得额－固定资产加速折旧（扣除）调减额－弥补以前年度亏损。

①预缴当期的累计实际利润额不超过20万元，享受减半征税政策的纳税人，先填报《减免所得税额明细表（附表3）》，该附表的第2行"符合条件的小型微利企业"金额栏，填报《中华人民共和国企业所得税月（季）度预缴纳税申报表（A类，2015年版）》第9行"实际利润额"×15%的积；同时在该附表的第3行"其中：减半征税"金额栏内填写第9行"实际利润额"×10%的积。

预缴时累计实际利润额超过20万元的，应停止享受减半征税优惠政策而改按20%的税率预缴企业所得税。

②预缴当期的累计实际利润超过20万元但不超过30万，享受减低税率政策的纳

税人，《减免所得税额明细表（附表3）》的第2行"符合条件的小型微利企业"金额栏，填报《中华人民共和国企业所得税月（季）度预缴纳税申报表（A类，2015年版)》第9行"实际利润额"×5%的积。

③上述《减免所得税额明细表（附表3）》第2行以及其他行次合计后的金额，即为按照税收规定在当期实际享受的减免所得税额，再填入到《中华人民共和国企业所得税月（季）度预缴纳税申报表（A类，2015年版)》第12行"减免所得税额"的"本期金额"栏内。

（2）实行查账征收，本年按照上一纳税年度应纳税所得额的平均额预缴的小型微利企业，预缴时填报《中华人民共和国企业所得税月（季）度预缴纳税申报表（A类，2015年版)》。

第19行"上一纳税年度应纳税所得额"："累计金额"栏次内填报上一纳税年度申报的应纳税所得额，"本期金额"栏次内不填金额。

第20行"本月（季）应纳税所得额"：按月度预缴的纳税人，第20行"本期金额"＝第19行×1/12；按季度预缴的纳税人，第20行"本期金额"＝第19行×1/4。

①上一纳税年度应纳税所得额低于20万元（含），享受减半征税政策的纳税人，可以全年按减半征税的优惠政策预缴企业所得税。先填报《减免所得税额明细表（附表3）》，在第2行"符合条件的小型微利企业"金额栏内，填报《中华人民共和国企业所得税月（季）度预缴纳税申报表（A类，2015年版)》第20行"本月（季）应纳税所得额"×15%的积；同时在该附表的第3行"其中：减半征税"金额栏内填写第20行"本月（季）应纳税所得额"×10%的积。

②上一纳税年度应纳税所得额超过20万元但不超过30万元的，可以全年按减低税率的优惠政策预缴企业所得税，《减免所得税额明细表（附表3）》第2行"符合条件的小型微利企业"金额栏内，填报《中华人民共和国企业所得税月（季）度预缴纳税申报表（A类，2015年版)》第20行"本月（季）应纳税所得额"×5%的积。

③将《减免所得税额明细表（附表3）》第2行与其他行次合计后的金额，作为按照税收规定在当期实际享受的减免所得税额，填报至《中华人民共和国企业所得税月（季）度预缴纳税申报表（A类，2015年版)》第23行"减：减免所得税额"的"本期金额"栏内。

（三）核定征收方式的纳税申报表填报

（1）实行核定征收且系核定应税所得率的小型微利企业，企业所得税预缴申报和年度汇算清缴时填报《中华人民共和国企业所得税月（季）度预缴和年度纳税申报表

（B 类，2015 年版）》。

纳税人应纳税所得额的计算分为两种方式。

第一种，按照收入总额核定应纳税所得额的纳税人：

第 11 行"应纳税所得额"＝应税收入额×税务机关核定的应税所得率；

第 9 行"应税收入额"＝收入总额－不征税收入－免税收入；

第 1 行"收入总额"为：本年度累计取得的各项收入金额；

第 2 行"不征税收入"为：计入收入总额但属于税收规定不征税的财政拨款、依法收取并纳入财政管理的行政事业性收费以及政府性基金和国务院规定的其他不征税收入；

第 3 行"免税收入"为：纳税人计入利润总额但属于税收规定免税的收入或收益。包括：持有国务院财政部门发行的国债取得的利息收入；持有地方政府债券利息收入；本期发生的符合条件的居民企业之间的股息、红利等权益性投资收益（不包括连续持有居民企业公开发行并上市流通的股票不足 12 个月取得的投资收益）；符合税收规定的条件并依法履行登记手续的非营利组织取得的捐赠收入等免税收入（不包括营利性收入）等。

第二种，按照成本费用核定应纳税所得额的纳税人：

第 14 行"应纳税所得额"＝成本费用总额÷（100％－税务机关核定的应税所得率）×税务机关核定的应税所得率；

第 12 行"成本费用总额"为：本年度累计发生的各项成本费用金额。

①预缴时累计应纳税所得额不超过 20 万元，享受减半征税政策的纳税人，该纳税申报表第 17 行"符合条件的小型微利企业减免所得税额"为第 11 行或第 14 行"应纳税所得额"×15％的积。

预缴时累计应纳税所得额超过 20 万元的，不再享受减半征税优惠政策而改按 20％的税率预缴企业所得税。

②预缴时累计应纳税所得额超过 20 万元但不超过 30 万元，享受减低税率政策的纳税人，该纳税申报表第 17 行"符合条件的小型微利企业减免所得税额"为第 11 行或第 14 行"应纳税所得额"×5％的积。

（2）由税务机关核定应纳所得税额的小型微利企业，在每期申报企业所得税时填报《中华人民共和国企业所得税月（季）度预缴和年度纳税申报表（B 类，2015 年版）》。

鉴于定额征收的小型微利企业规模小、核算能力低、为减轻其申报纳税的工作量，由税务机关在原有定额基础上，根据小型微利企业所得税优惠政策，从税务机关后台数据中直接核减定额。因此，税务机关告知纳税人的定额税款为享受优惠政策之后的定额。

为简化其填报工作，B 类预缴申报表只设计了"税务机关核定的应纳所得税额"行次，定额征税的纳税人只需将税务机关核定本期应当缴纳的所得税额在纳税申报表第21行"税务机关核定应纳所得税额"栏次进行填报即可，且年度终了后也无需再报送相关资料。

税务机关统计小型微利企业减免税时，按照该行次数额，根据情况倒算减免税数额。

（四）减税优惠管理方式发生重大变化

1. 身份认定由核准审批改为事后备案

以往，在对小型微利企业减征所得税优惠的身份认定上，税务机关是采取必须在上年先对"享受小型微利企业所得税优惠"进行核准审批方可按优惠政策预缴企业所得税的管理方式。2014年和2015年相继出台的税收政策，取消了原来的身份核准审批而改为事后备案方式：符合条件的小型微利企业（包括当年新办企业），其在年度中间预缴以及汇算清缴时，均可以自行享受小型微利企业的所得税优惠政策，无须税务机关审核批准。

2. 备案资料大幅简化且相关指标统一

为便于小型微利企业在预缴时就及时享受相关税收优惠，修订后的查账征收企业所适用的A类申报表增加了小型微利企业判定栏次；核定征税纳税人所适用的B类申报表，因需用于预缴和汇算清缴，增加了小型微利企业判定栏次和判定条件栏次。符合条件的小型微利企业通过填写纳税申报表的"从业人数、资产总额"等栏次履行备案手续即可。

3. 新增小型微利企业判定信息的填报

"是否属于小型微利企业"的判定。查账征收和核定征收的纳税人，预缴申报时，《中华人民共和国企业所得税月（季）度预缴纳税申报表（A类，2015年版）》或《中华人民共和国企业所得税月（季）度预缴和年度纳税申报表（B类，2015年版）》的本栏次为必填项目，均须在该栏次的"是"与"否"选项中进行勾选，不符合小型微利企业条件的，选择"否"。

（1）查账征收和核定应税所得率征收的纳税人。

①纳税人上一纳税年度汇算清缴符合小型微利企业条件的，本年预缴时，选择"是"，预缴累计会计利润不符合小微企业条件的，选择"否"。

②本年度新办企业，"资产总额"和"从业人数"符合规定条件，选择"是"，预缴累计会计利润不符合小微企业条件的，选择"否"。

③上年度"资产总额"和"从业人数"符合规定条件，应纳税所得额不符合小微

企业条件的，预计本年度会计利润符合小微企业条件，选择"是"，预缴累计会计利润不符合小微企业条件，选择"否"。

④纳税人第一季度预缴所得税时，鉴于上一年度汇算清缴尚未结束，可以按照上年度第四季度预缴情况选择"是"或"否"。

（2）核定应纳税额定额征收的纳税人，换算应纳税所得额大于 30 万的填"否"，其余填"是"。

4. 关注小型微利企业相关指标的填报

实行核定应税所得率方式的纳税人，在年度汇算清缴申报时，《中华人民共和国企业所得税月（季）度预缴和年度纳税申报表（B类，2015 年版）》的下列"指标"栏次为必填项目。

（1）"所属行业"：填写"工业"或者"其他"。工业企业包括：采矿业、制造业、电力、燃气及水的生产和供应业；除工业以外的行业填写"其他"。

（2）"从业人数"和"资产总额"指标，应按企业全年的季度平均值确定。具体计算公式如下：

$$季度平均值＝（季初值＋季末值）÷2$$
$$全年季度平均值＝全年各季度平均值之和÷4$$

年度中间开业或者终止经营活动的，以其实际经营期作为一个纳税年度确定上述相关指标。

从业人数按与企业建立劳动关系的职工人数和企业接受的劳务派遣用工人数之和计算。

（3）"国家限制和禁止行业"：纳税人从事国家限制和禁止行业，选择"是"，其他选择"否"。

纳税人应依据国家发展和改革委员会第 21 号令公布并自 2013 年 5 月起施行的《产业结构调整指导目录（2011 年本）（修正）》所界定的鼓励类、限制类及淘汰类行业，来判断认定本企业是否属于国家限制和禁止的行业。

特别提示：对于是否属于限制和禁止行业的选项，核定征税纳税人适用的《中华人民共和国企业所得税月（季）度预缴和年度纳税申报表（B类，2015 年版）》，与查账征收纳税人适用的《中华人民共和国企业所得税年度纳税申报表（A类，2014 年版）》之《基础信息表（A000000）》，该选项的表述是截然相反的。

企业财务人员，尤其是兼职查账征收和核定征收企业的财务人员，切勿因惯性思维而不假思索的勾选，造成无法享受税收优惠和无谓的纠结。

七、必须填报的企业所得税纳税申报表知多少

从 2015 年 1 月开始，也就是进行 2014 年度及以后年度的企业所得税汇算清缴时，查账征收和核定应税所得率征税的纳税人均使用新版年度纳税申报表。尤其是查账征收的纳税人使用的《中华人民共和国企业所得税年度纳税申报表（A 类，2014 年版）》多达 41 张，那么有哪些申报表是必须要填报的呢？这是很多纳税人都迫切想知晓的，笔者为此综合现有的相关规定归纳如下。

实行查账征收的企业所得税纳税人，必须报送的有：《企业所得税年度纳税申报表填报表单》、《企业基础信息表（A000000）》、《中华人民共和国企业所得税年度纳税申报表（A 类）（A100000）》。

《企业所得税年度纳税申报表填报表单》列示申报表全部表单名称及编号。纳税人在填报申报表之前，应根据自身的业务情况，选择"填报"或"不填报"的申报表。凡涉及的就选择"填报"，并完成该表格相关内容的填报；不涉及的则选择"不填报"，对选择"不填报"的表格均无需填报，也不需以零数据上报税务机关。

《企业基础信息表（A000000）》为必填表。该表主要反映纳税人的基本信息，包括纳税人基本信息、主要会计政策、股东结构和对外投资情况等。纳税人填报申报表时，首先填报此表并为后续申报提供指引。另外，查账征收的符合条件的小型微利企业，在享受减低税率和减半征税的税收优惠时，只需通过填报此表的"从业人数、资产总额、从事国家非限制和禁止行业"等栏次自动履行备案手续，无需税务机关事先审核批准和再另行报送其他资料进行专门备案。

《中华人民共和国企业所得税年度纳税申报表（A 类）（A100000）》为必填表。该表体现企业所得税计税流程，即在会计利润的基础上，按照税法进行纳税调整，计算应纳税所得额，扣除税收优惠数额等，最后计算应补（退）税款。该表是纳税人计算申报缴纳企业所得税的主表。

其他纳税申报表（附表）由纳税人根据企业的涉税业务选择是否填报。但是应注意，在纳税调整项目明细表（A105000—A105120）系列，有 3 张虽名为纳税调整项目表，却系即便不存在纳税调整事项，但只要有相应税前扣除事项发生，就需报送的"发生即填报"的申报表，具体包括：

（1）《职工薪酬纳税调整明细表（A105050）》适用于发生职工薪酬等相关支出及存在纳税调整项目的纳税人填报。为加强企业职工薪酬的企业所得税和个人所得税比对

分析，只要发生了职工薪酬的税前扣除事项即使不需进行纳税调整，纳税人也需填报此表。

（2）《资产折旧、摊销情况及纳税调整明细表（A105080）》适用于发生资产折旧、摊销及存在资产折旧、摊销纳税调整的纳税人填报。也就是只要发生了资产折旧、摊销的税前扣除事项，即使没有税会差异的纳税调整，也需填报此表。

（3）《资产损失税前扣除及纳税调整明细表（A105090）》适用于发生资产损失税前扣除项目及纳税调整项目的纳税人填报。也就是只要发生了资产损失（含清单申报和专项申报）的税前扣除事项，即使没有税会差异的纳税调整，也需填报此表。

此外，《减免所得税优惠明细表（A107040）》适用于享受减免所得税优惠的纳税人填报。因此，符合条件的小型微利企业，根据税法及相关税收政策规定享受减低税率、减半征税的优惠政策时，必须填写此表报送本年发生的减免企业所得税优惠情况。

实行核定征收且系核定应税所得率的纳税人，在企业所得税年度汇算清缴进行纳税申报时，填报《中华人民共和国企业所得税月（季）度预缴和年度纳税申报表（B类，2015年版）》。

八、填好基础信息表　畅享小型微利企业税收优惠

随着《国家税务总局关于3项企业所得税事项取消审批后加强后续管理的公告》（国家税务总局公告2015年第6号，以下简称6号公告）的发布，符合条件的（查账征收）小型微利企业享受企业所得税（减低税率及减半征税）优惠的后续管理规定终于尘埃落定——以基础信息申报代替企业资料备案。而回顾小型微利企业享受企业所得税减免优惠管理规定的前世今生，则更能体验到6号公告的春风暖意。

（一）小型微利企业所得税优惠管理的前世：核准审批

此前，按照《国家税务总局关于小型微利企业预缴企业所得税有关问题的公告》（国家税务总局公告2012年第14号）等系列文件规定，小型微利企业需要税务机关核准后方能享受企业所得税减税优惠，《国家税务总局关于公开行政审批事项等相关工作的公告》（国家税务总局公告2014年第10号）将此项确定为非行政许可审批事项。

（1）预缴时预认定。符合条件的纳税人在当年首次预缴企业所得税并申请小型微利企业预认定时，须向主管税务机关提供上一年度符合小型微利企业条件的《小型微利企业（预）认定表》、《资产负债表》及《企业所得税年度申报表》、职工名册等、证明材料，税务机关据此对上一年度的相关资料进行预认定审核。

纳税人当年在预缴时能否享受优惠，取决于其上一年度的相关指标是否符合有关规定并经备案核实。当年的新办企业以及经核实认定上一年度不符合小型微利企业条件的纳税人，在当年预缴企业所得税时，不能直接适用小型微利企业的减税优惠政策，只能在次年汇算清缴时经主管税务机关核实后方能享受减税优惠。

（2）汇算清缴核实。纳税年度终了后，小型微利企业在进行年度纳税申报时附报《小型微利企业认定表》、《企业所得税减免税备案类事项审核表》、《资产负债表》和年初、年末职工名册及职工工资发放表复印件等相关资料，办理减免税的备案手续。

主管税务机关根据纳税人报送的相关资料，全面核实该纳税年度有关指标是否符合小型微利企业条件，经认定符合条件的，该年度可享受相关税收优惠。

（二）小型微利企业所得税优惠管理的今生：申报备案

时至2014年4月，《财政部　国家税务总局关于小型微利企业所得税优惠政策有关

问题的通知》（财税〔2014〕34 号）和《国家税务总局关于扩大小型微利企业减半征收企业所得税范围有关问题的公告》（国家税务总局公告 2014 年第 23 号）相继出台，将享受优惠的范围扩展到核定征收的企业，并将享受减低税率后再减半征税的年应纳税所得额上限提升至 10 万元，同时规定，符合规定条件的小型微利企业，在预缴和年度汇算清缴企业所得税时，可以按照规定自行享受小型微利企业所得税优惠政策，无须税务机关审核批准，在报送年度企业所得税纳税申报表的同时，将企业从业人员、资产总额情况报税务机关备案。但是，对于备案资料载体形式及备案方式没有做出具体规定。

国家税务总局发布 6 号公告就进一步简化小型微利企业享受所得税优惠政策备案手续做出规定，实行查账征收的小型微利企业，在办理 2014 年及以后年度企业所得税汇算清缴时，通过填报《企业所得税年度纳税申报表（A 类，2014 年版）》之《企业基础信息表（A000000）》中的"104 从业人数"、"105 资产总额（万元）"栏次，履行备案手续，不再另行备案。

至此，查账征收的小型微利企业享受税收优惠的备案方式终于完整的、具体的得到明确，广大纳税人和税务机关有了实务操作规则。

（三）简化优惠政策备案之载体基础信息表：填报技巧

虽然 6 号公告对小型微利企业享受优惠需履行的备案手续表述为：通过填报《企业基础信息表》中的"104 从业人数"、"105 资产总额"栏次即可完成。但是，由于企业所得税法所称符合条件的小型微利企业，是指从事国家非限制和禁止行业，年度应纳税所得额不超过 30 万元，从业人数不超过 100 人，资产总额不超过 3 000 万元的工业企业；从业人数不超过 80 人，资产总额不超过 1 000 万元的其他企业，因此本表的其他相关栏次，以及填报内容，也将对纳税人能否顺利享受税收优惠政策产生影响。

"103 所属行业明细代码"：根据《国民经济行业分类》（GB/T 4754—2011）标准填报纳税人的行业代码。代码由大类（01～96 两位数）和中、小类（0～9 各一位数）组成，现有的行业代码由 0111（农业谷物种植）开始至 9600（国际组织）止，其中的 0610 至 5090 为工业企业。

判断纳税人是否属于符合条件的小型微利企业，是按工业企业和其他企业两大类来划分人员和资产标准，如果纳税人填报行业代码时出现错误，例如员工人数 90 人的工业企业，填报代码错误选择了其他行业的代码，尽管其他标准符合小型微利企业，也将因代码原因被判断为其他企业而不能享受优惠。因此，纳税人应认真对照《国民经济行业分类》（GB/T 4754—2011），正确选择行业代码填报此栏。

"104 从业人数"：填报纳税人全年平均从业人数，从业人数是指与企业建立劳动关系的职工人数和企业接受的劳务派遣用工人数之和；从业人数指标，按企业全年的季度平均值确定，具体计算公式如下：

季度平均值＝（季初值＋季末值）÷2

全年季度平均值＝全年各季度平均值之和÷4

年度中间开业或者终止经营活动的，以其实际经营期作为一个纳税年度确定上述相关指标。

"105 资产总额（万元）"：填报纳税人全年资产总额平均数，依据和计算方法同"从业人数"口径，资产总额单位为万元，小数点后保留 2 位小数。纳税人应注意此栏所填报的资产总额与报送的同期财务报表上相关数据的吻合。

"107 从事国家非限制和禁止行业"：纳税人从事国家非限制和禁止行业的应选择"是"，属于限制和禁止行业的则选择"否"。

纳税人应对照《国家发展改革委关于修改〈产业结构调整指导目录（2011 年本）〉有关条款的决定》（国家发展和改革委员会令第 21 号）公布并自 2013 年 5 月起施行的《产业结构调整指导目录（2011 年本）（修正）》，依该目录所界定的鼓励类、限制类及淘汰类行业，来判断认定本企业是否属于国家非限制和禁止的行业。

对于此行的填报，要摒弃凭自我感觉和固执经验判断的惯性思维，特别要关注 2013 年所变更修正的行业，例如，限制类的"灭火器项目"已修改为"干粉灭火器、二氧化碳灭火器"；增加"防火封堵材料、溶剂型钢结构防火涂料、饰面型防火涂料、电缆防火涂料"为限制类；而"一次性发泡塑料餐具"则已从淘汰类项目中删除。

《企业基础信息表（A000000）》反映纳税人的基本信息，包括名称、行业、注册资本、从业人数等情况，在报送后，既作为替代小型微利企业年度备案资料，同时也是纳税人自行披露重要涉税基础信息的平台，还为税务机关后续管理提供企业重要基本情况，在为减负点赞时纳税人也切勿忽视暗藏的涉税风险。

九、工资薪金和职工福利费扣除口径放宽

《国家税务总局关于企业工资薪金和职工福利费等支出税前扣除问题的公告》（国家税务总局公告 2015 年第 34 号，以下简称 34 号公告）发布后，明确了企业福利性补贴支出、企业年度汇算清缴结束前支付汇缴年度工资薪金、企业接受外部劳务派遣用工支出等的税前扣除问题，放宽了企业工资薪金和职工福利费扣除口径。

（一）焦点一　接受劳务派遣用工支出费用税前扣除

【新规定】34 号公告规定，企业接受外部劳务派遣用工所实际发生的费用，应分两种情况按规定在税前扣除：按照协议（合同）约定直接支付给劳务派遣公司的费用，应作为劳务费支出；直接支付给员工个人的费用，应作为工资薪金支出和职工福利费支出。其中属于工资薪金支出的费用，准予计入企业工资薪金总额的基数，作为计算其他各项相关费用扣除的依据。

【相关规定】《国家税务总局关于企业所得税应纳税所得额若干税务处理问题的公告》（国家税务总局公告 2012 年第 15 号）第一条规定，企业因雇用季节工、临时工、实习生、返聘离退休人员以及接受外部劳务派遣用工所实际发生的费用，应区分为工资薪金支出和职工福利费支出，并按企业所得税法规定在企业所得税前扣除。其中属于工资薪金支出的，准予计入企业工资薪金总额的基数，作为计算其他各项相关费用扣除的依据。

需要注意的是，该条有关企业接受外部劳务派遣用工的相关规定已由 34 号公告宣布废止。

【点评】新规定最大的变化点是将企业接受外部劳务派遣用工所实际发生的费用，分成两种情况进行税前扣除：

（1）按照协议（合同）约定直接支付给劳务派遣公司的费用，作为劳务费支出扣除，其中的工资部分由以往作为用工单位的"工资薪金"改变为"劳务费"，从而不能再作为用工单位计算"职工福利费、职工教育经费、工会经费"三项费用扣除的基数，也就意味着劳务派遣公司可以将支付给派遣员工的工资作为计算三项费用扣除的依据。

（2）用工单位直接支付给派遣员工个人的费用，视派遣员工的工作岗位分别作为

工资薪金支出和职工福利费支出。其中属于工资薪金支出的费用，准予计入企业工资薪金总额的基数，作为用工单位计算其他各项相关费用扣除的依据。

虽然企业接受劳务派遣用工所实际发生的费用均可扣除，但支付方式决定了依据派遣员工工资总额计算扣除三项费用的主体，应引起用工单位和劳务派遣公司的重视。

（二）焦点二　企业发放的福利性补贴支出税前扣除

【新规定】34号公告规定，列入企业员工工资薪金制度、固定与工资薪金一起发放的福利性补贴，符合《国家税务总局关于企业工资薪金及职工福利费扣除问题的通知》（国税函〔2009〕3号）第一条规定的，可作为企业发生的工资薪金支出，按规定在税前扣除。

不能同时符合上述条件的福利性补贴，应作为国税函〔2009〕3号文件第三条规定的职工福利费，按规定计算限额税前扣除。

【相关规定】国税函〔2009〕3号文件第一条规定，企业所得税法实施条例第三十四条所称的合理工资薪金，指企业按照股东大会、董事会、薪酬委员会或相关管理机构制订的工资薪金制度规定实际发放给员工的工资薪金。税务机关在对工资薪金进行合理性确认时，可按以下原则掌握：

（1）企业制订了较为规范的员工工资薪金制度；

（2）企业所制订的工资薪金制度符合行业及地区水平；

（3）企业在一定时期所发放的工资薪金是相对固定的，工资薪金的调整是有序进行的；

（4）企业对实际发放的工资薪金，已依法履行了代扣代缴个人所得税义务；

（5）有关工资薪金的安排，不以减少或逃避税款为目的。

国税函〔2009〕3号文件第三条规定，企业所得税法实施条例第四十条规定的企业职工福利费，包括以下内容：

（1）尚未实行分离办社会职能的企业，其内设福利部门所发生的设备、设施和人员费用，包括职工食堂、职工浴室、理发室、医务所、托儿所、疗养院等集体福利部门的设备、设施及维修保养费用和福利部门工作人员的工资薪金、社会保险费、住房公积金、劳务费等。

（2）为职工卫生保健、生活、住房、交通等所发放的各项补贴和非货币性福利，包括企业向职工发放的因公外地就医费用、未实行医疗统筹企业职工医疗费用、职工供养直系亲属医疗补贴、供暖费补贴、职工防暑降温费、职工困难补贴、救济费、职工食堂经费补贴、职工交通补贴等。

（3）按照其他规定发生的其他职工福利费，包括丧葬补助费、抚恤费、安家费、探亲假路费等。

【点评】"符合税法有关合理工资薪金的原则，列入企业员工工资薪金制度，固定与工资薪金一起发放"，是企业将发放给员工的（职工食堂经费补贴、职工交通补贴、住房补贴等）福利性补贴作为合理工资薪金在税前扣除的要件。如果不能同时符合这三个条件的，则不能作为工资薪金扣除，仍然只能作为福利费，按不超过工资薪金总额14％的限额据实扣除。

（三）焦点三　跨年支付已计提的工资薪金税前扣除

【新规定】34号公告规定，企业在年度汇算清缴结束前向员工实际支付的已预提汇缴年度工资薪金，准予在汇缴年度按规定扣除。

【相关规定】《国家税务总局关于企业所得税若干问题的公告》（国家税务总局公告2011年第34号）第六条规定，企业当年度实际发生的相关成本、费用，由于各种原因未能及时取得该成本、费用的有效凭证，企业在预缴季度所得税时，可暂按账面发生金额进行核算；但在汇算清缴时，应补充提供该成本、费用的有效凭证的规定。

【点评】34号公告中关于企业已在汇缴年度计提只是跨年才发放的工资，允许在汇缴年度的应纳所得额扣除的规定，是对国家税务总局2011年第34号公告第六条规定的明细化和重申，也是企业所得税法权责发生制原则的具体体现。国家税务总局此次对跨年支付上年已计提工资的扣除问题予以明确，减少征纳双方因不必要的纳税调整带来工作负担，具有很强的实用性。

十、职工福利费不是一个万能的"筐"

企业所得税法施行以后，将原按计税工资总额14%计提（余额可结转下期使用）职工福利费，改为"企业发生的职工福利费支出，不超过工资、薪金总额14%的部分，准予扣除"。由于职工福利费的列支与企业所得税税前扣除发生了根本变化，在实务中也呈现出很多问题。

"是不是任何超标准的费用都可以转到福利费列支？""组织职工旅游的费用可作为福利费在税前扣除吗？"从这些问题的提出可以看出，常常有人把职工福利费当作一个什么都可以装的"万能筐"，误以为凡是不能在正常费用中列支或税前扣除的支出都可以记入福利费科目来扣除。

（一）福利费的定义以及允许税前扣除的支出

企业职工福利费是指企业为职工提供的除职工工资、奖金、津贴、纳入工资总额管理的补贴、职工教育经费、社会保险费和补充养老保险费（年金）、补充医疗保险费及住房公积金以外的福利待遇支出。一般应以货币形式为主。下列实际发放或支付的现金补贴和非货币性集体福利允许扣除：

（1）尚未实行分离办社会职能的企业，其内设福利部门所发生的设备、设施和人员费用，包括职工食堂、职工浴室、理发室、医务所、托儿所、疗养院等集体福利部门的设备、设施及维修保养费用和福利部门工作人员的工资薪金、社会保险费、住房公积金、劳务费等。

（2）为职工卫生保健、生活、住房、交通等所发放的各项补贴和非货币性福利，包括企业向职工发放的因公外地就医费用、未实行医疗统筹企业职工医疗费用、职工供养直系亲属医疗补贴、供暖费补贴、防暑降温费、困难补贴、救济费、食堂经费补贴、交通补贴等。（根据《国家税务总局关于企业工资薪金和职工福利费等支出税前扣除问题的公告》（国家税务总局公告2015年第34号）的最新规定，列入企业员工工资薪金制度、固定与工资薪金一起发放的福利性补贴，符合税收政策关于"合理工资薪金"规定的，可作为企业发生的工资薪金支出，按规定在税前扣除。不能同时符合规定条件的福利性补贴，仍应作为职工福利费，按规定计算限额税前扣除。）

（3）按照其他规定发生的其他职工福利费，包括丧葬补助费、抚恤费、安家费、探亲假路费等。

除上述列举的费用项目外，其他符合税法规定的权责发生制原则，满足合法性、真实性、相关性、合理性和确定性等税前扣除要求，确实是企业全体职工福利性质的费用支出，允许作为职工福利费扣除。

（二）福利费列支和扣除的凭证必须符合规定

原规定按计税工资的14％计提福利费，实际就是先税前扣除再使用，因此，其是否使用、如何使用对企业所得税已没有影响。而现行规定是按发生的福利费用限制比例在税前扣除，实际就是一项特定的费用支出，是否允许扣除将直接影响企业所得税的税基及应纳税额。

在实务中应当根据真实（合法）性、相关性、合理性原则，依照相关税法、发票管理法规和财务制度的规定取得支付凭证。以何种单据作为福利费列支和税前扣除的凭证，不能一概而论，既不能生硬地要求全部凭发票支付和扣除，又不能简单地理解为即使没有发票也都可以支付和扣除。

支付的福利费用于购买属于应征营业税、增值税的应税劳务或货物等应税项目的，如购买用于节日发放的物品，内设福利部门购买食堂用具等实物或支付维修费等对外发生的费用，应当取得发票为支付凭证。而发放给职工的福利费或拨付给内设福利部门的经费，如困难补助费、防暑降温费，食堂经费补贴等对内发生的费用，则可凭收据、签收单据等作为合法支付凭证。

（三）福利费不是什么费用都可以列支的"筐"

企业发生的职工福利费应该单独设置账册，进行准确核算。应严格区分福利费与其他费用的列支和扣除口径，不能将诸如内设福利部门的设备购置、修理费，发放的交通补贴等应在职工福利费中列支的费用改在管理费用等科目中列支；更不能把职工旅游支出，为客户购买的礼品等费用支出，应由职工个人承担的社会保险金、代缴的个人所得税等不属于福利费开支范围的费用作为福利费列支。

企业按月按标准发放给职工的住房补贴、交通补贴或车改补贴、通讯补贴，给职工发放的节日补助、未统一供餐而按月发放的午餐费补贴，均应当纳入职工工资总额，不再计入福利费。

企业为职工支付的娱乐、健身、旅游、招待、购物、馈赠等支出，购买商业保险、证券、股权、收藏品等支出，个人行为导致的罚款、赔偿等支出，为个人购买住房、支付物业管理费，以及应由个人承担的其他支出，均不得作为福利费开支及税前扣除。

由此可见，福利费的列支和税前扣除同样有着严格的规定，绝不是可以将超过扣除标准的费用、其他科目不便列支的费用、没有合法支付凭证的费用，甚至所有不符合税法扣除规定的费用都往里面装的"筐"，更不是避税港。

福利费的列支必须符合财务制度和税法的规定；福利费的支付应当凭据真实、合法、有效的凭证；同时并非所有符合规定的福利费支出都可全额在税前扣除，只准予在不超过工资薪金总额14％的比例内据实扣除。

职工福利是企业对职工劳动补偿的辅助形式，企业应当参照历史一般水平合理控制职工福利费在职工总收入的比重，既不能随意调整福利费开支范围和开支标准，也不得任意压缩开支而侵害职工合法权益，应遵循制度健全、标准合理、管理科学、核算规范的原则进行管理，防止因不规范列支和扣除而导致税务风险发生。

十一、固定资产加速折旧新政相关事项解析

为了贯彻落实国务院完善固定资产加速折旧政策精神，财政部、国家税务总局出台了《关于完善固定资产加速折旧企业所得税政策的通知》（财税〔2014〕75号，以下简称75号文件），在国务院常务会议决定的相关优惠事项的基础上，更是增加了"6个行业的小型微利企业2014年1月1日后新购进的研发和生产经营共用的仪器、设备，单位价值不超过100万元的，允许一次性计入当期成本费用在计算应纳税所得额时扣除，不再分年度计算折旧"的优惠政策，再次凸显了对小型微利企业的扶持力度。

这次出台的75号文件规定的企业所得税优惠政策，可归纳为以下三类（如表1-1所示）：

表1-1　　　　　　　　　完善固定资产加速折旧企业所得税政策

规定情形 / 适用企业		所有行业的企业	所有行业的企业	所有行业的企业	6个行业的企业	6个行业中的小型微利企业
取得时间	2014年1月1日前	★				
	2014年1月1日后	★	★	★	★	★
取得方式	已持有	★				
	新购进	★	★	★	★	★
金额限制条件	≤5 000元	★	★	★	★	★
	≤100万元		★	★	★	★
	>100万元				★	★
固定资产种类	专门用于研发的仪器、设备	★	★	★	★	★
	研发和生产经营共用的仪器、设备	★			★	★
	其他固定资产	★			★	
企业所得税税前扣除方式	一次性计入当期成本费用	●	●			●
	缩短折旧年限（不低于年限的60%）				●	●
	采取加速折旧　双倍余额递减法				●	●
	采取加速折旧　年数总和法				●	●

★表示适用该项　●表示可由企业选择采用该项　▨阴影区域表示无此选项

（1）所有行业的企业，现已持有的和以后购进的单位价值不超过 5 000 元的固定资产，均允许一次性计入当期成本费用在计算应纳税所得额时扣除，不再分年度计算折旧。

（2）2014 年 1 月 1 日以后新购进的下列固定资产，可缩短折旧年限或采取加速折旧的方法：

①所有行业的企业新购进的单位价值超过 100 万元的专门用于研发的仪器、设备；

②生物药品制造业，专用设备制造业，铁路、船舶、航空航天和其他运输设备制造业，计算机、通信和其他电子设备制造业，仪器仪表制造业，信息传输、软件和信息技术服务业等 6 个行业的企业新购进的固定资产（含其中的小型微利企业新购进的单位价值超过 100 万元的研发和生产经营共用的仪器、设备）。

（3）2014 年 1 月 1 日以后新购进的下列固定资产，允许一次性计入当期成本费用在企业所得税税前扣除：

①所列 6 个行业中的小型微利企业新购进的单位价值不超过 100 万元的研发和生产经营共用的仪器、设备；

②所有行业的企业新购进的单位价值不超过 100 万元的专门用于研发的仪器、设备。

上述优惠政策从表述上看并不难看懂，但在税收征纳实务中要具体适用，却绝非那么简单。就以 6 个列举的行业来说，"专用设备制造业"的范围强调的是"专用"，但并非所有生产专用设备的行业都在其列。

因此，要在实务中准确运用好相关优惠规定，诸多用词所包含的概念内涵和政策适用范围则需精研细读。

（一）6 个特定行业包含的具体范围

（1）生物药品制造业，属于医药制造业，包括生物、生化制品的制造。

（2）专用设备制造业包括：采矿、冶金、建筑专用设备制造，化工、木材、非金属加工专用设备制造，食品、饮料、烟草及饲料生产专用设备制造，印刷、制药、日化及日用品生产专用设备制造，纺织、服装和皮革加工专用设备制造，电子和电工机械专用设备制造，农、林、牧、渔专用机械制造，医疗仪器设备及器械制造，环保、社会公共服务及其他专用设备制造等 9 个子行业。

专用设备制造业与通用设备制造业都隶属于装备制造业范畴，但应注意两者的区别：按照设备的应用规模（行业），专用于 1 个行业的设备制造业，称为专用设备制造业；而可以应用于 2 个行业及其以上的设备归类于通用设备制造业。即使是同一类设备也有区分，例如机床，就有通用机床和用于特殊场合的专用机床之分。

（3）铁路、船舶、航空航天和其他运输设备制造业包括：铁路运输设备制造，船舶及相关装置制造，航空、航天器及设备制造，摩托车制造，自行车制造，非公路休闲车及零配件制造、潜水救捞及其他未列明运输设备制造等 7 个子行业。

（4）计算机、通信和其他电子设备制造业包括：计算机制造，通信设备制造，广播电视设备制造，雷达及配套设备制造，视听设备制造，电子器件制造，电子元件制造，其他电子设备制造等 8 个子行业。

（5）仪器仪表制造业包括：通用仪器仪表制造，专用仪器仪表制造，钟表与计时仪器制造，光学仪器及眼镜制造，其他仪器仪表制造业等 5 个子行业。

（6）信息传输、软件和信息技术服务业包括：电信、广播电视和卫星传输服务，互联网和相关服务，软件和信息技术服务业。

这 6 个行业都是国家鼓励的战略性新兴产业，在国民经济体系中影响大，对产业结构升级、节能减排、提高人民健康水平、增加就业等带动作用明显。上述 5 个制造业和 1 个服务业又下属诸多子行业，归属于各行业所制造、生产的设备、产品的具体名称以及提供的具体服务项目，按照《国家税务总局办公厅关于执行新国民经济行业分类国家标准的通知》（国税办发〔2011〕132 号）的相关规定，详见经国家质检总局和国家标准化管理委员会批准，由国家统计局发布的《国民经济行业分类（GB/T 4754—2011）》及其《注释》的逐项划分和列举。

如果一个企业的生产经营收入既涉及上述 6 个行业，也涉及其他行业，又该如何确定是否属于上述 6 个行业呢？

所称 6 大行业企业是指以前述行业的业务为主营业务，固定资产投入使用当年主营业务收入占企业收入总额 50%（不含）以上的企业。所称收入总额，指企业所得税法第六条规定的收入总额，即企业以货币形式和非货币形式从各种来源取得的收入，为收入总额。具体包括：销售货物收入，提供劳务收入，转让财产收入，股息、红利等权益性投资收益，利息收入，租金收入，特许权使用费收入，接受捐赠收入和其他收入这九类收入。

（二）与购进固定资产相关的事项

所称固定资产，是指企业为生产产品、提供劳务、出租或者经营管理而持有的、使用时间超过 12 个月的非货币性资产，包括房屋、建筑物、机器、机械、运输工具以及其他与生产经营活动有关的设备、器具、工具等。

（1）"购进"与"自行建造"的固定资产。

从"购进"的词义原意看，是指通过货币结算从本企业以外的单位和个人取得标的物所有权的购买行为。

鉴于自行建造固定资产所使用的材料实际也是购入的，本次加速折旧优惠政策所称"购进"的固定资产，包括企业购买的和自行建造的固定资产。

（2）固定资产"单位价值"的认定。

企业会计准则规定，外购固定资产的成本包括购买价款、相关税费、使固定资产达到预定可使用状态前所发生的可归属于该项资产的运输费、装卸费、安装费和专业人员服务费等；自行建造固定资产的成本，由建造该项资产达到预定可使用状态前所发生的必要支出构成。

企业所得税法实施条例规定，外购的固定资产以购买价款和支付的相关税费以及直接归属于使该资产达到预定用途发生的其他支出为计税基础；自行建造的固定资产，以竣工结算前发生的支出为计税基础。

据此，所称"单位价值"即以货币计量的单项固定资产的入账价值（成本）。外购固定资产的成本包括购买价款、相关税费及运输费、装卸费、安装费和专业人员服务费等；自行建造的固定资产以为建造该项资产而在竣工结算前所发生的支出为成本。

企业一次性以一笔款项购入多项没有单独标价的固定资产，应当按照各项固定资产公允价值比例对总成本进行分配，分别确定各项固定资产的成本。

"不超过"，即指小于或等于某项金额；"超过"即为大于某项金额。

"允许"乃同意的意思，是一种授权式表述。"可"即为可以的意思，是让当事人选择而非强制。因此，"允许"和"可"所对应的规定均只是财税主管部门做出优惠政策，企业有权自行选择是否享受，而非强制施行。

（3）至于新购进的"新"字，只是区别于原来已购进的存量资产，并不是规定非要购进"全新的固定资产"，即便是购进的他人已使用过的固定资产，也属于优惠政策范围（先将自己原有的固定资产卖给他人再买进的不在此列）。

（4）2014年1月1日后新购进的固定资产，是以支付款项还是开具发票或是交付资产的时间来划分呢？

按现行商事规则，企业支付购置固定资产的款项，既可购买前预付也可以购买时一次性支付，还可在购买之前或以后分期支付。而现行发票管理规定强调的是发生经营业务收取款项、确认营业收入时开具发票，实务中，固定资产的实际交付时间与开具发票时间也常有差异。单一硬性规定只能以付款时间或发票开具日期两者之一来确定购进固定资产时间显然不尽合理。

本次规定的2014年1月1日以后新购进的固定资产，应根据固定资产不同的购买（建造）方式来确定：

外购的固定资产，应以销售方开具发票的时间为购置时间。如果是采取分期付款或赊销方式取得固定资产的，以固定资产到货时间为准。

企业自行建造的固定资产，其购置时间点原则上应以建造工程竣工决算的时间点为准。

（5）何谓"持有"？

"持有"的原意是指行为人实施或处于对物品支配、控制的事实或状态，如存放、占有、携带、藏有、把持等。结合75号文件具体分析，我们可以将其理解为，企业不管是原已购置还是以后新购进的，单位价值不超过5 000元的固定资产，均允许一次性计入当期成本费用在计算应纳税所得额时扣除，不再分年度计算折旧。

但应注意，所称单位价值不超过5 000元是指该项固定资产购置（建造）的原值而不是已计提了部分折旧后的余值。

（三）何谓专门用于研发的仪器和设备

仪器，是指科学技术上用于实验、计量、观测、检验、绘图等的器具或装置。

设备，是指进行某项工作或满足某种需要的成套的建筑、器物等。

研究，是指为获取并理解新的科学或技术知识而进行的独创性的有计划调查。

开发，是指在进行商业性生产或使用前，将研究成果或其他知识应用于某项计划或设计，以生产出新的或具有实质性改进的材料、装置、产品等。

研发即为研究与开发的统称，研究阶段与开发阶段有区别，研发阶段与生产经营阶段更有本质区别。

对于75号文件所称"专门用于研发的仪器、设备"该如何理解，单看75号文件，的确会有一种莫名的疑惑，为何要限定"专门用于研发"又不作解释？研发与生产经营又有何区别？而我们如果能想到75号文件并非是一个突如其来的悬浮的单独规定，再结合国家税务总局发布的《企业研究开发费用税前扣除管理办法（试行）》（国税发〔2008〕116号）或《科学技术部 财政部 国家税务总局关于印发〈高新技术企业认定管理工作指引〉的通知》（国科发火〔2008〕362号）来理解75号文件，则豁然开朗。

《企业研究开发费用税前扣除管理办法（试行）》（国税发〔2008〕116号）已明确规定，所称研究开发活动是指企业为获得科学与技术（不包括人文、社会科学）新知识，创造性运用科学技术新知识，或实质性改进技术、工艺、产品（服务）而持续进行的具有明确目标的研究开发活动。创造性运用科学技术新知识，或实质性改进技术、工艺、产品（服务），是指企业通过研究开发活动在技术、工艺、产品（服务）方面的创新取得了有价值的成果，对本地区相关行业的技术、工艺领先具有推动作用，不包括企业产品（服务）的常规性升级或对公开的科研成果直接应用等活动（如直接采用公开的新工艺、材料、装置、产品、服务或知识等）。

该文件同时规定，实际发生的专门用于研发活动的仪器、设备的折旧费允许在计算应纳税所得额时按照规定实行加计扣除。

由此可清楚地看到，75号文件对"专门用于研发的仪器、设备"所规定的一次性扣除和加速折旧政策，即为对《企业研究开发费用税前扣除管理办法（试行）》（国税发〔2008〕116号）相关折旧规定的完善，何谓"专门用于研发"，按该办法执行即可。

对于列举的6个行业中的小型微利企业，75号文件给予有别于其他企业的特殊优惠，对2014年1月1日后新购进的研发和生产经营"共用"的的仪器、设备，单位价值不超过100万元的允许一次性扣除。

（四）固定资产缩短折旧年限与加速折旧

折旧，是指在固定资产使用寿命内，按照确定的方法对应计折旧额（固定资产的原价扣除其预计净残值后的金额）进行系统分摊。

（1）缩短折旧年限，是相对于《企业所得税法实施条例》第六十条规定的折旧年限而不是企业的会计折旧年限，缩短后的最低折旧年限不得低于第六十条规定折旧年限的60%，具体分类及相应年限如表1-2所示。若为购置已使用过的固定资产，其最低折旧年限不得低于第六十条规定的最低折旧年限减去已使用年限（需提供已使用年限的相关说明）后剩余年限的60%。且最低折旧年限一经确定，一般不得变更。

表1-2　　　　采用缩短折旧年限法折旧的最低折旧年限

固定资产种类	正常折旧年限	缩短后折旧年限
房屋、建筑物	20年	12年
飞机、火车、轮船、机器、机械和其他生产设备	10年	6年
与生产经营活动有关的器具、工具、家具等	5年	3年
飞机、火车、轮船以外的运输工具	4年	2.4年
电子设备	3年	1.8年
"正常折旧年限"为《企业所得税法实施条例》第六十条规定的最低折旧年限		

（2）加速折旧方法包括双倍余额递减法和年数总和法，加速折旧方法一经确定，一般不得变更：

①双倍余额递减法，是指在不考虑固定资产预计净残值的情况下，根据每期期初固定资产原值减去累计折旧后的金额和双倍的直线法折旧率计算固定资产折旧的一种方法。应用这种方法计算折旧额时，由于每年年初固定资产净值没有减去预计净残值，所以在计算固定资产折旧额时，应在其折旧年限到期前的两年期间，将固定资产净值减去预计净残值后的余额平均摊销。计算公式如下：

年折旧率＝2÷预计使用寿命（年）×100%

月折旧率＝年折旧率÷12

月折旧额＝月初固定资产账面净值×月折旧率

②年数总和法，又称年限合计法，是指将固定资产的原值减去预计净残值后的余额，乘以一个以固定资产尚可使用寿命为分子、以预计使用寿命逐年数字之和为分母的逐年递减的分数计算每年的折旧额。计算公式如下：

年折旧率＝尚可使用年限÷预计使用寿命的年数总和×100％

月折旧率＝年折旧率÷12

月折旧额＝（固定资产原值－预计净残值）×月折旧率

（3）所称"小型微利企业"，是指从事国家非限制和禁止行业，并符合下列条件的企业：

工业企业，年度应纳税所得额不超过 30 万元，从业人数不超过 100 人，资产总额不超过 3 000 万元；

其他企业，年度应纳税所得额不超过 30 万元，从业人数不超过 80 人，资产总额不超过 1 000 万元。

税法规定，企业每一纳税年度的收入总额，减除不征税收入、免税收入、各项扣除以及允许弥补的以前年度亏损后的余额，为应纳税所得额。

因此，企业在按照 75 号文件相关加速折旧的税收优惠政策进行扣除后，年度应纳税所得额符合小型微利企业条件的，还可以享受小型微利企业的优惠政策：年度应纳税所得额不超过 30 万元的，减按 20％的税率征收企业所得税；2015 年起，年应纳税所得额低于 20 万元（含 20 万元）的，其所得减按 50％计入应纳税所得额，按 20％的税率缴纳企业所得税。

（五）享受加速折旧税收优惠如何办理相关手续

《企业所得税法》规定，企业所得税按纳税年度计算，分月或者分季预缴。纳税人在年度中间进行预缴时就可以享受固定资产加速折旧的税收优惠政策，同时应报送《固定资产加速折旧（扣除）预缴情况统计表》，从 2015 年开始，在月（季度）预缴时，报送《固定资产加速折旧（扣除）明细表》。

由于在预缴企业所得税时无法取得主营业务收入占收入总额的比重数据，可以由纳税人合理预估，先行享受。到年底时如果不符合规定比例，则在汇算清缴时一并进行纳税调整。

纳税人应建立台账，准确核算税法与会计差异情况。纳税人在年度终了后进行企业所得税汇算清缴时，应认真填报《中华人民共和国企业所得税年度纳税申报表（A

类，2014 年版)》的《资产折旧、摊销情况及纳税调整明细表（A105080)》和《固定资产加速折旧、扣除明细表（A105081)》。

现行税收政策规定，固定资产缩短折旧年限或加速折旧，纳入事后备案类税收优惠管理。纳税人享受此项加速折旧的企业所得税优惠，不需要税务机关审批，但应按照规定在汇算清缴时报送相关资料进行事后备案。纳税人在年度汇算清缴时需要报送的资料有：

（1）《企业所得税优惠事项备案表》。

（2）固定资产的功能、预计使用年限短于规定计算折旧的最低年限的理由、证明资料及有关情况的说明。

（3）被替代的旧固定资产的功能、使用及处置等情况的说明。

（4）固定资产加速折旧拟采用的方法和折旧额的说明。

十二、如何填报《固定资产加速折旧、扣除明细表》

新增设的编号为 A105081 的《固定资产加速折旧、扣除明细表》，属于 2014 版《企业所得税年度纳税申报表》的 15 张（税会差异）纳税调整表之一，同时又属于税收优惠项目，填报纳税人符合《财政部　国家税务总局关于完善固定资产加速折旧税收政策有关问题的通知》（财税〔2014〕75 号）和《国家税务总局关于固定资产加速折旧税收政策有关问题的公告》（国家税务总局公告 2014 年第 64 号）规定，2014 年及以后年度新增（含部分持有）固定资产缩短折旧年限或采取年数总和法、双倍余额递减法加速折旧以及一次性税前扣除（统称加速折旧）方法的项目和金额。

其中，六大行业所属企业本期采取缩短折旧年限或采取年数总和法、双倍余额递减法加速折旧计算的折旧额归集至《资产折旧、摊销情况及纳税调整明细表（A105080）》的相应固定资产类别"新增固定资产加速折旧额"一栏。

为统计加速折旧、扣除政策的优惠数据，应按以下情况分别填报：

会计处理采取正常折旧方法，税法规定采取缩短年限方法的，按税法规定折旧完毕后；税法规定采取年数总和法、双倍余额递减法方法的，从按税法规定折旧金额小于按会计处理折旧金额的年度起，该项固定资产不再填写本表。

会计处理、税法规定均采取加速折旧方法的，合计栏项下"正常折旧额"，按该类固定资产税法最低折旧年限和直线法估算"正常折旧额"，与税法规定的"加速折旧额"的差额，填报加速折旧的优惠金额。

填写此表是为了正确填报纳税人享受固定资产加速折旧税收优惠政策以及该项税会差异调整的情况，也是税务机关审核该项优惠政策运用的准确性的必要资料。为了正确填报此表，纳税人还需注意以下事项：

（1）企业应当准确定位本企业所归属的行业，具体来讲，就是要对照国家统计局《国民经济行业分类与代码（GB/T 4754－2011）》及注释，确定本企业属于列举的生物药品制造业，专用设备制造业，铁路、船舶、航空航天和其他运输设备制造业，计算机、通信和其他电子设备制造业，仪器仪表制造业，信息传输、软件和信息技术服务业等六大行业之一。

同时还应对全年的收入构成进行分析，其从事六大行业的业务收入大于企业所得税法第六条规定的收入总额 50% 的，其 2014 年及以后购进的固定资产，允许选择采用加速折旧；如果达不到此项条件，则不能享受相关加速折旧优惠政策，当然也就无需填报此表。

（2）企业固定资产采取加速折旧的，在年度中间预缴申报时，由于无法取得主营业务收入占收入总额的比重数据，可以由企业合理预估先行享受，且须同时报送《固定资产加速折旧（扣除）明细表》，该明细表将固定资产分为房屋、建筑物与机器设备和其他固定资产两类。纳税人应当注意《固定资产加速折旧（扣除）明细表》与年度申报的本表之间的相关数据的衔接。

企业在生产经营过程中，收入占比可能发生变化，为了简便可行，应以固定资产开始用于生产经营当年的数据为准；主管税务机关将对享受了本项优惠政策的企业加强后续管理，在固定资产开始用于生产经营并采用加速折旧的当年，对预缴申报时享受了优惠政策的企业，年终汇算清缴时必须对企业全年主营业务收入占企业收入总额的比例进行重点审核。作为纳税人在次年汇算清缴时就更应认真自查，如发现从事六大行业的业务收入没有大于收入总额 50% 的，应停止享受相关优惠政策，一并进行纳税调整。但需提示的是，从次年开始，即使收入比例发生变化低于 50%，也不影响企业享受优惠政策。

（3）正确把握新购进固定资产的含义。"新购进固定资产"是指企业 2014 年 1 月 1 日以后购买并且在此后投入使用的，全新的固定资产和他人已使用过的固定资产。其中，设备购置时间应以设备发票开具时间为准；采取分期付款或赊销方式取得设备的，以设备到货时间为准；自行建造的固定资产，其购置时间点原则上应以建造工程竣工决算的时间点为准。

用于研发活动的仪器、设备范围口径，按照《国家税务总局关于印发〈企业研究开发费用税前扣除管理办法（试行）〉的通知》（国税发〔2008〕116 号）或《科学技术部 财政部 国家税务总局关于印发〈高新技术企业认定管理工作指引〉的通知》（国科发火〔2008〕362 号）规定执行。

（4）纳税人要正确理解"持有的'单位价值不超过 5 000 元'的固定资产"的条件，是指该项固定资产原值而不是已计提了部分折旧后的余值。企业在 2014 年 1 月 1 日前已购进的单位价值不超过 5 000 元的固定资产，迄今尚未足额提取折旧的余额；此后新购进的单位价值不超过 5 000 元的固定资产，均允许一次性计入当期成本费用在计算应纳税所得额时扣除，不再分年度计算折旧。有关该项已计入当期成本费用的金额，填入本表第 13 行对应的固定资产种类那一列。

（5）纳税人的固定资产既符合本公告优惠政策条件，同时又符合《国家税务总局关于企业固定资产加速折旧所得税处理有关问题的通知》（国税发〔2009〕81 号）、《财政部 国家税务总局关于进一步鼓励软件产业和集成电路产业发展企业所得税政策的通知》（财税〔2012〕27 号）中相关加速折旧政策条件的，可由纳税人选择其中最优惠的政策执行，且一经选择，不得改变。如果选择享受国税发〔2009〕81 号和财税〔2012〕

27 号文件规定的优惠的，就无需填报此表。

此外，按《国家税务总局关于企业固定资产加速折旧所得税处理有关问题的通知》（国税发〔2009〕81 号）规定进行的固定资产加速折旧，也不填报本表。

(6) 开展研发活动的企业在填报此表时需特别注意：企业只有已在会计上按照国家税务总局 2014 年第 64 号公告规定对专门用于研发活动的仪器、设备进行加速折旧的会计处理，且符合研发费用加计扣除条件，才可以对已经进行会计处理的折旧、费用等金额进行加计扣除，享受双重的优惠。

但是对于小型微利企业研发和生产经营共用的仪器、设备所发生的折旧、费用等金额，即使已在会计上作了加速折旧的会计处理，也不能享受研发费用加计扣除政策。

后续管理注意事项：企业享受此项加速折旧优惠不需要税务机关审批，而是实行事后备案管理。在备案时纳税人只需提供《固定资产加速折旧、扣除明细表》等相应报表，至于发票等原始凭证、记账凭证等无需报送税务机关，留存企业备查即可。同时，为加强管理，企业应建立台账，准确核算税法与会计差异情况，以便以后年度填报《固定资产加速折旧、扣除明细表》时保持连贯性、保证准确性。

十三、固定资产折旧税会差异调整分析

2014 年 5 月 23 日，《国家税务总局关于企业所得税应纳税所得额若干问题的公告》（国家税务总局公告 2014 年第 29 号，以下简称 29 号公告）发布，在 2013 年度企业所得税汇算清缴即将结束之时，出台这个公告，其对企业所得税汇算清缴及所得税征管的重要性、实用性毋庸置疑。

折旧，是指在固定资产使用寿命内，按照确定的方法对应计折旧额（应当计提折旧的固定资产的原价扣除其预计净残值后的金额）进行系统分摊。固定资产应当按月计提折旧，并根据用途计入相关资产的成本或者当期损益；企业按照税法规定计算的固定资产折旧，准予在计算应纳税所得额时扣除。同时，税法规定在计算应纳税所得额时，企业财务、会计处理办法与税收法律、行政法规的规定不一致的，应当依照税收法律、行政法规的规定计算。

由于现行企业所得税法对固定资产分类规定了最低折旧年限，而财务会计制度（准则）对折旧年限没有具体规定，企业在实务中可自行根据固定资产的使用寿命确定折旧年限，因此，税会差异也就在所难免。但在税收征管实务中，就如何处理此类税会差异问题，税企双方对此却有不同的理解。

【案例 4】宏利公司 2011 年 12 月购置价值 15 万元的电脑等电子设备并开始使用，2012 年 1 月起以直线法计提折旧，预计残值 6 000 元，确定会计折旧年限 2 年，2012—2013 年已提折旧 144 000 元；而税法规定，电子设备的折旧年限最低为 3 年，2012—2013 年允许税前扣除折旧 96 000 元，产生的 48 000 元税会折旧差额相应调增这两年的应纳税所得额 48 000 元。

宏利公司会计折旧年限为 2 年，电子产品的税收最低折旧年限为 3 年，会计确定的折旧年限短于税法规定的最低年限，该公司应当在会计确定的折旧年限内，每年就会计提折旧大于税法允许扣除的折旧的差额调增应纳税所得额。这部分调增的差额该如何处理呢？

按照企业会计准则的相关规定，由于其已经提足该项固定资产的会计应计折旧额（指已经提足该项固定资产的应计折旧额），不论能否继续使用，均不再计提折旧。虽然在剩余的税收折旧年限（1 年）已没有会计折旧，但按照税法"企业实际发生的与取得应税收入相关的、合理的成本、费用准予在税前扣除"的规定，因其前期所提会计折旧已实际进行了会计处理，又已将这部分税会差异按税法规定进行了纳税调增，因而应当准予将前期纳税调增的 48 000 元折旧以继续计提折旧的方式，在后期按税法规定以纳税调减的方式予以税前扣除。差额调整情况如表 1-3 所示。

表 1-3　　　　　会计折旧年限短于税法规定最低折旧年限的差额调整　　　金额单位：元

固定资产	折旧年限	2012 年	2013 年	2014 年	累计折旧
会计确定	2 年	72 000	72 000	0	144 000
税法规定（最低）	3 年	48 000	48 000	48 000	144 000
税前允许扣除		48 000	48 000	48 000	144 000
形成税会差异	1 年	24 000	24 000	−48 000	0
税会差异处理	按税法执行	纳税调增	纳税调增	纳税调减	税会一致

因此，29 号公告规定：企业固定资产会计折旧年限如果短于税法规定的最低折旧年限，其按会计折旧年限计提的折旧高于按税法规定的最低折旧年限计提的折旧部分，应调增当期应纳税所得额；企业固定资产会计折旧年限已期满且会计折旧已提足，但税法规定的最低折旧年限尚未到期且税收折旧尚未足额扣除，其未足额扣除的部分准予在剩余的税收折旧年限继续按规定扣除。

【案例 5】宏利公司 2013 年 12 月以 100 万元购置商铺一间并开始使用，2014 年 1 月开始以直线法计提折旧，预计残值 5 万元，会计折旧年限定为 25 年，2014 年已提折旧 38 000 元；而按照税法规定，房屋的折旧年限最低为 20 年，2014 年允许税前扣除折旧有 47 500 元，产生的税会折旧差异 9 500 元该怎么处理呢？

对于企业会计折旧年限长于税法最低折旧年限产生的税会差异，其税前扣除规定与企业实际会计处理之间如何协调，《国家税务总局关于企业所得税应纳税所得额若干税务处理问题的公告》（国家税务总局公告 2012 年第 15 号，以下简称 15 号公告）规定："对企业依据财务会计制度规定，并实际在财务会计处理上已确认的支出，凡没有超过《企业所得税法》和有关税收法规规定的税前扣除范围和标准的，可按企业实际会计处理确认的支出，在企业所得税前扣除，计算其应纳税所得额"。

虽说该条已经明确规定，对于会计上确认的支出低于税法允许扣除标准的，视同会计与税法无差异，按会计年限计算折旧扣除，"可按"企业实际会计处理确认的支出，在企业所得税税前扣除。但由于该条文使用的是授权式的词语"可按"，由此产生了既可以按此处理（按企业实际会计处理确认的折旧扣除）与也可以不按此规定处理（而按税法允许扣除的标准计提折旧扣除）的选择争议。

29 号公告为此特规定：企业固定资产会计折旧年限如果长于税法规定的最低折旧年限，其折旧"应按"会计折旧年限计算扣除，税法另有规定除外。

由于 29 号公告在此条款中，将 15 号公告使用的授权式词语"可按"改为"应按"这一表述义务性规范的词语，排除了纳税人的可选择性，因此，如果企业固定资产会计折旧年限长于税法规定的最低折旧年限，则应视同会计与税法无差异，除税法另有规定外，只能按照会计折旧年限计算折旧扣除，计算其应纳税所得额，而不能在年度汇算清缴时按税会差异金额进行纳税调减。本案例的税会差异处理情况如表 1-4 所示。

表 1-4　　　　　　会计折旧年限长于税法规定最低折旧年限的差额处理

固定资产	折旧年限	每年计提	2014—2033 年	2034—2038 年	累计折旧
会计确定	25 年	38 000	38 000×20＝760 000	38 000×5＝190 000	950 000
税法规定（最低）	20 年	47 500	47 500×20＝950 000	0	950 000
税前允许扣除	25 年	38 000	38 000×20＝760 000	38 000×5＝190 000	950 000
税会差异处理	视为无税会差异，在期间每年纳税申报时不作纳税调整				税会一致

在本案中，宏利公司以 100 万元购置的商铺，预计残值 5 万元，应计折旧额为 95 万元。企业将会计折旧年限定为 25 年，每年应计提折旧 38 000 元；税法规定房屋的折旧年限最低为 20 年，每年可计提折旧 47 500 元，每年该项折旧的税会差异为 9 500 元。因该公司固定资产的会计折旧年限长于税法规定的最低折旧年限，按照 29 号公告的规定，应视为无税会差异，其按财务会计制度的规定计算的折旧与按税法规定的标准计算的折旧，产生的税会折旧差异 9 500 元不能调减应纳税所得额，该公司 2014 年应当以其计提的会计折旧 38 000 元在税前扣除，而不能再按以税法允许扣除的标准计提的折旧 47 500 元扣除。

29 号公告所发布的上述规定适用于 2013 年度及以后年度企业所得税汇算清缴。

十四、减免税等不同税收待遇项目如何弥补亏损

国家对重点扶持和鼓励发展的产业和项目，规定了诸多企业所得税减免税优惠政策，按减免对象和幅度可归纳为对收入或所得额全额免征税款、因减计收入或所得额而减征税款两类。

当一户企业同时从事适用免税、减税和征税等不同企业所得税待遇的项目时，特别是在当年或以前年度的某类项目亏损、某类项目盈利时，其亏损如何弥补、应纳税所得额如何计算以及企业所得税如何申报，许多财务人员为此颇感棘手，还会因少缴或多缴税款而招致税务风险。

（一）减免税优惠项目应当单独计算所得

税法规定，居民企业应当就其来源于中国境内、境外的所得缴纳企业所得税。企业每一纳税年度的收入总额，减除不征税收入、免税收入、各项扣除以及允许弥补的以前年度亏损后的余额，为应纳税所得额。企业的应纳税所得额乘以适用税率，减除依照企业所得税法关于税收优惠的规定减免和抵免的税额后的余额，为应纳税额。

企业所得税所称收入总额，是指以货币形式和非货币形式从各种来源取得的收入。具体包括：销售货物收入；提供劳务收入；转让财产收入；股息、红利等权益性投资收益；利息收入；租金收入；特许权使用费收入；接受捐赠收入；其他收入。

企业实际发生的与取得收入有关的、合理的支出，包括成本、费用、税金、损失和其他支出，准予在计算应纳税所得额时扣除。

企业纳税年度发生的亏损，准予向以后年度结转，用以后年度的所得弥补，但结转年限最长不得超过五年。

为了防止企业滥用税收优惠规定，《企业所得税法实施条例》第一百零二条规定："企业同时从事适用不同企业所得税待遇的项目的，其优惠项目应当单独计算所得，并合理分摊企业的期间费用；没有单独计算的，不得享受企业所得税优惠"。

因此，企业同时从事征税、减税、免税项目的，应分别核算，单独计算优惠项目的计税依据及优惠数额。

1. 农、林、牧、渔业项目减免税规定

现行税法以明确列示项目的方式，对农、林、牧、渔业享受减免企业所得税优惠

的项目作了规定，对涉及国计民生最基础、最重要的项目，关系到最大多数人生计、健康的项目，以及最为薄弱、最需要扶持的项目给予免税待遇；对有一定收入，国家在一定期间仍鼓励发展，仍需要扶持的项目实施减半征收。

与种养业相关的免税项目有：蔬菜、谷物、薯类、油料、豆类、棉花、麻类、糖料、水果、坚果的种植；农作物新品种的选育；中药材的种植；林木的培育和种植；林产品的采集；灌溉、农产品初加工、兽医、农技推广、农机作业和维修等项目以及远洋捕捞。

最常见的牲畜饲养包括猪、牛、羊、马、驴、骡、骆驼等，及在饲养场所进行的乳制品加工，对毛、皮、鬃等副产品的简单加工；家禽饲养包括鸡、鸭、鹅、鸵鸟、鹌鹑等禽类的孵化和饲养，及禽蛋等相关禽产品；牲畜、家禽产生的分泌物、排泄物处置。但不包括鸟类饲养和山鸡、孔雀等其他珍禽饲养。

实行减半征收的项目有：花卉、茶以及其他饮料作物和香料作物，观赏性作物的种植；海水养殖、内陆养殖，以及饲养牲畜、家禽以外的生物养殖。

企业将购入的农、林、牧、渔产品，进行育肥、育秧等再种植、养殖，经过一定的生长周期，使其生物形态发生变化，且并非由于本环节对农产品进行加工而明显增加了产品的使用价值的，可视为农产品的种植、养殖项目享受相应的税收优惠。

企业委托其他企业、个人或者企业受委托，从事上述列明的农、林、牧、渔业项目取得的所得或收入，可享受或比照委托方享受相应的税收优惠政策。例如，企业与农户签订委托养殖合同，向农户提供畜禽苗、饲料、兽药及疫苗等（所有权仍属于企业），农户将畜禽养大成为成品后交付企业回收。该企业此项目的所得可享受减免税优惠政策。

取得的所得不能享受农、林、牧、渔业税收优惠政策的项目有：从事湖泊、水库投饵网箱养殖，超过生态承载力的药材等林产品采集等国家限制和禁止发展的项目的所得；企业对外购茶叶进行筛选、分装、包装后进行销售的所得；企业购买农产品后直接进行销售的贸易活动产生的所得；虽属于农、林、牧、渔业但没有相关税法列明的项目所得。

2. 基础设施、环保节能、技术转让减免税规定

企业综合利用资源，生产符合国家产业政策规定的产品所取得的收入，可以在计算应纳税所得额时减计收入。

企业从事《公共基础设施项目企业所得税优惠目录》规定的港口码头、机场、铁路、公路、城市公共交通、电力、水利等国家重点扶持的公共基础设施项目的投资经营的所得；从事《环境保护、节能节水项目企业所得税优惠目录（试行）》规定的环境保护、节能节水项目，包括公共污水处理、公共垃圾处理、沼气综合开发利用、节能减排技术改造、海水淡化等项目的所得，自项目取得第一笔生产经营收入所属纳税年

度起，第一年至第三年免征企业所得税，第四年至第六年减半征收企业所得税。

一个纳税年度内，居民企业技术转让所得不超过 500 万元的部分，免征企业所得税；超过 500 万元的部分，减半征收企业所得税。

【案例 6】 怡源实业有限公司 2014 年度从事当归种植和香料的生产，财务人员认为都是公司的主营业务，就将两个项目的成本、费用混合记载在一起。次年 3 月进行汇算清缴时，申报种植当归所得 30 万元，免缴企业所得税；香料生产所得 40 万元应缴企业所得税 10 万元。但被税务人员告知：由于未将免税项目与征税项目的成本、费用分别单独核算，不能享受免税优惠，从而应按全部所得缴纳企业所得税 17.50 万元。

【案例 7】 芙蓉发展有限公司 2014 年从事生猪饲养和外购鲜肉切割加工，对收入、成本、费用进行了单独核算，次年汇算清缴时，申报生猪饲养所得 30 万元，免缴企业所得税；外购鲜肉加工所得 40 万元缴纳企业所得税 10 万元。

从以上两个案例可以看出，即使是从事减免税项目的生产经营，也应知晓和遵循税法规定并做好税收筹划。

（二）减税、免税项目弥补亏损的税务处理

由于税法规定是对相关项目的所得减免税，而非对某类企业或对某项收入实行减免税，财务人员需要了解减免税项目所得如何弥补亏损的问题。

企业所得税法规定，纳税年度的收入总额，减除不征税收入、免税收入、各项扣除以及允许弥补的以前年度亏损后的余额，为应纳税所得额。其所称亏损，是指企业依照企业所得税法及其实施条例的规定，将每一纳税年度的收入总额减除不征税收入、免税收入和各项扣除后小于零的数额。企业每个纳税年度发生的亏损，准予向以后年度结转，用以后年度的所得弥补，但结转年限最长不得超过五年。

正常纳税企业弥补亏损的税务处理比较简单，但对于享受减免税优惠的企业弥补亏损，《国家税务总局关于做好 2009 年度企业所得税汇算清缴工作的通知》（国税函〔2010〕148 号）第三条第（六）项有特殊规定："对企业取得的免税收入、减计收入以及减征、免征所得额项目，不得弥补当期及以前年度应税项目亏损；当期形成亏损的减征、免征所得额项目，也不得用当期和以后纳税年度应税项目所得抵补。"该文件第五条特别做了持续性规定："在以后纳税年度企业所得税汇算清缴工作中，上述企业所得税纳税申报口径和汇算清缴工作要求未作调整或特殊规定的，按本通知规定执行。"从该文件下发至 2014 年，该项规定尚未作任何调整，因此，关于免税、减计收入以及减征、免税项目与征税项目之间不得互相弥补亏损的规定一直在有效执行中。（注）

如何理解"优惠项目应当单独计算所得，不同税收待遇项目的所得（亏损）不得

互相弥（抵）补"的规定呢？

一家企业如果仅从事免税项目的生产经营，或只从事减税项目的生产经营，那么该企业在需要弥补亏损时，用以后年度的项目所得按规定弥补以前年度的相同项目的亏损即可。但是如果一家企业既有免税项目又有减半征收项目的生产经营，甚至还有全额征税项目的生产经营，那么该企业弥补亏损的税务处理就比较复杂了。

关于减半征收，《国家税务总局关于进一步明确企业所得税过渡期优惠政策执行口径问题的通知》（国税函〔2010〕157号）第一条第三项予以了说明：可减半征收企业所得税的所得，是指居民企业应就该部分所得单独核算并依照25%的法定税率减半缴纳企业所得税。可见，减半征收项目实际属于征税项目，且应以25%的法定税率计算税额，只是减征一半税款而已。因此，减税项目与免税项目之间的所得与亏损也不能互相弥（抵）补。

【案例8】绿茵有限公司2013年从事花卉作物种植亏损6万元；外购茶叶分装销售亏损7万元。2014年取得观赏性作物种植所得50万元；从事茶叶种植亏损4万元；种植中药材亏损9万元；外购茶叶分装销售取得所得39万元。

（1）分析：2013年减半征收项目（花卉作物种植）亏损6万元，征税项目（外购茶叶分装）亏损7万元。

花卉、观赏性作物和茶叶的种植均属于减半征收项目。相同税收待遇项目所得在同一纳税年度内应合并计算盈亏，并可以弥补以前年度相同项目的亏损，该项目2014年度应纳税所得额为：50－4－6＝40（万元）。

外购茶叶进行筛选、分装后进行销售，不能享受农产品初加工的优惠政策，属于全额征税项目。该项目的所得可以弥补征税项目的以前年度亏损，但是不能弥补减、免税项目的亏损，该征税项目2014年度应纳税所得额为：39－7＝32（万元）。

种植中药材系免税项目，该免税项目2014年应纳税所得额亏损9万元。

（2）2014年应纳税额的计算如下：

减半征收项目应纳所得税额＝40×25%×50%＝5（万元）

征税项目应纳所得税额＝32×25%＝8（万元）

经计算，绿茵有限公司2014年度应缴纳企业所得税13万元。按照现行税法和企业会计准则，企业享受企业所得税减免优惠的税款无需进行会计处理，但应按规定进行备案。

（三）不同税收待遇的项目与同一项目适用不同税收待遇

值得注意的是，在执行"企业同时从事适用不同企业所得税待遇的项目的，其优惠项目应当单独计算所得，并合理分摊企业的期间费用；没有单独计算的，不得享受企业所得税优惠"的规定时,对"减税、免税项目"要有客观、全面、正确的理解,对于某项目因政策规定而在不同阶段享受不同的税收待遇(额度内免超额减半、免二减三、免三减三等)的,仍应认定为同一项目,例如,居民企业技术转让所得不超过500万元的部分,免征企业所得税;超过500万元的部分,减半征收企业所得税。企业从事《公共基础设施项目企业所得税优惠目录》规定的国家重点扶持的公共基础设施项目的投资经营的所得;从事《环境保护、节能节水项目企业所得税优惠目录(试行)》规定的环境保护、节能节水项目的所得,自项目取得第一笔生产经营收入所属纳税年度起,第一年至第三年免征企业所得税,第四年至第六年减半征收企业所得税。

税法规定的是以项目为单位按征税和减、免税分开核算,而非项目享受免税、减税时要分开核算。对于企业从事相同项目的生产经营活动,只是随着获利年度的延续,或者年内应纳税所得额的增加,由免税改为减税优惠的,无需分开核算,同一项目在不同阶段产生的所得(亏损)可以互相弥(抵)补。

【案例9】丰华科技有限公司从事技术转让,2014年第一季度亏损40万元,第二季度取得所得450万元,第三季度取得所得270万元,第四季度亏损60万元。

该公司全年取得所得620万元,不超过500万元的部分免税,超过部分减半征收,全年应缴纳企业所得税:(620−500)×25%×50%=15(万元)。

【案例10】大地实业发展公司从事符合规定的生活垃圾处理项目生产经营,2011年开始取得生产经营收入,当年亏损30万元;2012年取得生产经营所得80万元;2013年亏损15万元;2014年取得生产经营所得175万元。

2012年生活垃圾处理项目的所得80万元弥补2011年同项目亏损30万元,应纳税所得额为50万元,免征企业所得税。

2014年生活垃圾处理项目所得175万元弥补同项目2013年亏损15万元后,应纳税所得额为160万元,应缴企业所得税:160×25%×50%=20(万元)。

不能因为该公司"小型微利"免税、后三年减半征收,就以减税、免税项目的所得不能互相弥补为由,而不允许以2014年(第四年)减半征收期间的所得弥补免税期间2013年的亏损。

编者注:

《国家税务总局关于做好2009年度企业所得税汇算清缴工作的通知》(国税函〔2010〕148号)被废止后,对不同税收待遇项目之间盈亏抵补问题需要加以关注。

《国家税务总局关于发布〈中华人民共和国企业所得税年度纳税申报表(A类,2014年版)〉的公告》(国家税务总局公告2014年第63号)规定:"从2015年1月1日起,《国家税务总局关于做好2009年度企业所得税汇算清缴工作的通知》(国税函〔2010〕148号)同时废止。"

简单地看该项规定，国税函〔2010〕148 号文件已被废止，"对企业取得的免税收入、减计收入以及减征、免征所得额项目，不得弥补当期及以前年度应税项目亏损；当期形成亏损的减征、免征所得额项目，也不得用当期和以后纳税年度应税项目所得抵补"的规定似乎不再存在。但是，下列规定依然有效：

（1）《中华人民共和国企业所得税法实施条例》第一百零二条规定，企业同时从事适用不同企业所得税待遇的项目的，其优惠项目应当单独计算所得，并合理分摊企业的期间费用；没有单独计算的，不得享受企业所得税优惠。

（2）《国家税务总局关于实施农、林、牧、渔业项目企业所得税优惠问题的公告》（国家税务总局公告 2011 年第 48 号）第八条规定，企业同时从事适用不同企业所得税政策规定项目的，应分别核算，单独计算优惠项目的计税依据及优惠数额；分别核算不清的，可由主管税务机关按照比例分摊法或其他合理方法进行核定。

（3）《国家税务总局关于发布〈中华人民共和国企业所得税年度纳税申报表（A 类，2014 年版）〉的公告》的附件 2《〈中华人民共和国企业所得税年度纳税申报表〉填报说明》规定：《企业所得税年度纳税申报表（A 类）（A100000）》第 20 行"减：所得减免"，填报属于税法规定所得减免金额；本行通过《所得减免优惠明细表（A107020）》填报，本行＜0 时，填写负数。

综上，企业同时从事适用不同企业所得税待遇的项目的，其优惠项目应当单独计算所得，"取得的减征、免征所得额项目，不得弥补当期及以前年度应税项目亏损；当期形成亏损的减征、免征所得额项目，也不得用当期和以后纳税年度应税项目所得抵补"这一规定的实质依然存在。

但是，《国家税务总局关于发布〈中华人民共和国企业所得税月（季）度预缴纳税申报表（2015 年版）等报表〉的公告》（国家税务总局公告 2015 年第 31 号）及填报说明规定：在预缴企业所得税时，减免税项目的所得为负数时，填 0 元。

有关此问题，正处于政策调整期，最终以国家税务总局正式发布的文件为准。

十五、债资比例对关联企业扣除借款利息的影响（上）

在税收征管实务中，关联企业之间发生借款业务，在不能证明相关交易活动符合独立交易原则，或者借入方不符合实际税负不高于借出款项的境内关联方的情况下，企业向关联方借款的利息如何计算扣除？居多的一种理解就是"2∶1"，即以接受的投资额的2倍为限额，被投资企业向投资方借款金额不超过投资额2倍的，借款利息可以扣除；超过投资额2倍的借款所对应的利息不得扣除。业界曾流传一个案例：甲企业注册资金1 000万元（关联企业C公司的权益性投资1 000万元）。甲企业向C公司借款（债权性投资）3 000万元，支付利息只能按2∶1的比例确认，因此只能对2 000万元发生的利息进行扣除。

企业接受关联方债权性投资利息支出税前扣除，难道真如该案例所述，企业向关联方借款，超过投资额2倍以上的借款所产生的利息，就不允许在企业所得税税前扣除了吗？笔者认为：绝非如此绝对和简单。

（一）债资比决定关联企业借款利息支出扣除额度

《企业所得税法》第四十六条规定，企业从其关联方接受的债权性投资与权益性投资的比例超过规定标准而发生的利息支出，不得在计算应纳税所得额时扣除。

$$\frac{不得扣除的}{利息}=\frac{年度实际支付的}{全部关联方利息}\times(1-标准比例/关联债资比例)$$

标准比例在《财政部 国家税务总局关于企业关联方利息支出税前扣除标准有关税收政策问题的通知》（财税〔2008〕121号）中已经明确：企业实际支付给关联方的利息支出，其接受关联方债权性投资与其权益性投资比例：金融企业为5∶1；其他企业为2∶1。企业实际支付给关联方的利息支出，不超过规定比例和有关税法规定计算的部分，准予扣除，超过的部分不得在发生当期和以后年度扣除。

关联债资比例，是指企业从其全部关联方接受的债权性投资占企业接受的权益性投资的比例。

关联债权性投资，是指企业直接或者间接从关联方获得的，需要偿还本金和支付利息或者需要以其他具有支付利息性质的方式予以补偿的融资，包括关联方以各种形式提供担保的债权性投资。

权益性投资，是指企业接受的不需要偿还本金和支付利息，投资人对企业净资产拥有所有权的投资。

（二）关联债资比例与利息扣除额度的计算

债资比的具体计算方法如下：

$$\frac{\text{关联债}}{\text{资比例}} = \frac{\text{年度各月平均}}{\text{关联债权投资之和}} \Big/ \frac{\text{年度各月平均}}{\text{权益投资之和}}$$

$$\frac{\text{各月平均关联}}{\text{债权投资}} = \left(\frac{\text{关联债权投资}}{\text{月初账面余额}} + \frac{\text{月末账}}{\text{面余额}}\right) \Big/ 2$$

$$各月平均权益投资 = (\text{权益投资月初账面余额} + \text{月末账面余额}) / 2$$

在计算债资比时，一般情况下，权益投资为企业资产负债表所列示的所有者权益（企业资产扣除负债后由所有者享有的剩余权益）金额。

因此，企业在月度资产负债表日的相关数据对于计算债资比至关重要，必须根据每月实收资本（股本）、资本公积、盈余公积和未分配利润的期初和期末金额，计算权益投资乃至关联债资比。

【案例 11】现以前文所述案例为基础，补充必要条件后形成基础案例：甲企业实收资本 1 000 万元，C 公司占 80% 的股份。甲企业 2013 年期初所有者权益为：未分配利润 200 万元、盈余公积 10 万元、资本公积 40 万元，合计 1 250 万元，其中 C 公司享有权益性投资 1 000 万元。

甲企业在 2013 年度向 C 公司借款（取得债权性投资）3 000 万元（不符合独立交易原则和实际税负不高于境内关联方的条件），按不超过本省金融企业同期同类贷款利率支付利息，且无应资本化的情形。

甲企业 2013 年每月新增未分配利润和月平均权益投资计算结果见表 2-3。

甲企业接受的 C 公司各月平均权益投资计算过程如下：

1 月平均权益投资 =（1 250＋1 250＋20）/2×80% = 1 008（万元）

2 月平均权益投资 =（1 270＋1 270＋20）/2×80% = 1 024（万元）

依此类推如表 1-5 所列计算，甲企业接受的全年各月平均权益投资之和为 14 870 万元，其中属于 C 公司的为 13 080 万元。

表 1-5　　　　　　　　甲企业 2013 年度接受 C 公司权益性投资情况　　　　单位：万元

科目 月份	未分配利润		盈余公积		资本公积		实收资本期初、期末	权益投资期末金额	月平均权益投资	C 公司享有份额 80%
	期初金额	本期发生额	期初金额	本期发生额	期初金额	本期发生额				
1 月	200	20	10	0	40	0	1 000	1 270	1 260	1 008
2 月	220	20	10	0	40	0	1 000	1 290	1 280	1 024

续表

月份＼科目	未分配利润		盈余公积		资本公积		实收资本期初、期末	权益投资期末金额	月平均权益投资	C公司享有份额80%
	期初金额	本期发生额	期初金额	本期发生额	期初金额	本期发生额				
3月	240	20	10	0	40	0	1 000	1 310	1 300	1 040
4月	260	10	10	0	40	0	1 000	1 320	1 315	1 052
5月	270	10	10	0	40	0	1 000	1 330	1 325	1 060
6月	280	10	10	0	40	0	1 000	1 340	1 335	1 068
7月	290	30	10	0	40	0	1 000	1 370	1 355	1 084
8月	320	30	10	0	40	0	1 000	1 400	1 385	1 108
9月	350	30	10	0	40	0	1 000	1 430	1 415	1 132
10月	380	20	10	0	40	0	1 000	1 450	1 440	1 152
11月	400	20	10	0	40	0	1 000	1 470	1 460	1 168
12月	420	20	10	0	40	0	1 000	1 490	1 480	1 184
2013年度1—12月接受的权益性投资之和									14 870	13 080

情形一：假定甲企业借款发生在3月30日，至12月底尚未归还，已支付利息130万元。利息扣除情况计算如下：

1. 接受C公司平均关联债权投资计算如下：

(1) 1—2月平均关联债权投资均为0元。

(2) 3月平均关联债权投资＝(0＋3 000)/2＝1 500（万元）；

(3) 4月平均关联债权投资＝(3 000＋3 000)/2＝3 000（万元）；5—12月每月均如此计算。

全年各月平均关联债权投资之和＝1 500＋3 000×9＝28 500（万元）。

2. 关联债资比例＝28 500/13 080＝2.18，比例＞2。

3. 不得扣除的利息支出＝130×(1－2/2.18)＝130×0.08＝10.4（万元）。

情形二：假定甲企业借款发生在4月1日，至12月底尚未归还，已支付利息130万元。扣除利息情况计算如下：

1. 接受C公司平均关联债权投资计算如下：

(1) 1—3月平均关联债权投资均为0元。

(2) 4月平均关联债权投资＝(0＋3 000)/2＝1 500（万元）。

(3) 5月平均关联债权投资＝(3 000＋3 000)/2＝3 000（万元）；6—12月每月如此计算。

全年各月平均关联债权投资之和＝1 500＋3 000×8＝25 500（万元）。

2. 关联债资比例＝25 500/13 080＝1.95，比例＜2。

3. 甲企业向C公司借款，关联债资比例没有超过规定的标准比例，实际支付给C公司的利息支出全部准予扣除。

由此可见，甲企业实收资本1 000万元，关联企业C公司享有甲企业权益性投资

1 000万元，甲企业向C公司借款3 000万元，支付利息并非只能按2∶1的比例确认即并非只能对2 000万元借款发生的利息进行扣除，而应根据关联债资比例的计算结果来确认。

如果在一个年度内，企业向多个关联方借款（接受债权性投资），应以向多个关联方借款之和占从该多个关联方接受的权益性投资之和的比例，作为当年的关联债资比例。对于不得在税前扣除的利息支出，应按照实际支付给各关联方的利息占关联方利息总额的比例，在各关联方之间进行分配。

综上，由于可扣除利息的标准比例是既定的，而债资比是可变的，所以决定利息扣除额度的指标是债资比。同时向关联方借款（取得债权性投资）的时间对年度计算关联债权投资之和以及关联债资比也有着直接影响，因此，在本月末和次月初这个时间节点上，正确选择借款或者还款时间非常重要，将影响到利息的扣除乃至应缴所得税额。

十六、债资比例对关联企业扣除借款利息的影响（下）

按现行税收政策，关联企业之间发生借款业务，在不能证明相关交易活动符合独立交易原则，或者借入方实际税负高于（等于）境内借出款项的关联方的情况下，企业实际支付给关联方的利息支出，不超过规定标准比例（金融企业为 5∶1；其他企业为 2∶1）和有关税法规定所计算的部分，准予扣除，超过标准比例的部分不得在发生当期和以后年度扣除。

$$\text{不得扣除的利息} = \text{年度实际支付的全部关联方利息} \times (1 - \text{标准比例／关联债资比例})$$

关联债资比例，是指企业从其全部关联方接受的债权性投资占企业接受的权益性投资的比例，计算公式为：年度各月平均关联债权投资之和／年度各月平均权益投资之和。

企业实际支付的利息支出，是指企业按照权责发生制原则计入相关成本、费用的利息。利息支出包括直接或间接关联债权投资实际支付的利息、担保费、抵押费和其他具有利息性质的费用。

在计算债资比时，一般情况下，企业的权益投资即为企业资产负债表所列示的所有者权益金额（见案例 12）。但是，也有两种特殊情形：如果所有者权益小于实收资本（股本）与资本公积之和，则权益投资为实收资本（股本）与资本公积之和；如果实收资本（股本）与资本公积之和小于实收资本（股本）金额，则权益投资为实收资本（股本）金额。

（一）权益性投资不等于所有者权益的情形

【案例 12】乙公司系 A 公司的全资子公司，乙公司 2014 年期初所有者权益合计 750 万元：未分配利润－300 万元、盈余公积 10 万元、资本公积 40 万元，实收资本 1 000 万元。乙公司 3 月 18 日向 A 公司借款 3 000 万元（不符合独立交易原则和实际税负不高于境内关联方的条件），至 12 月底已按不超过本省金融企业同期同类贷款利率支付利息 140 万元，且无应资本化情形。

乙公司 2014 年每月新增未分配利润和月平均权益投资计算结果见表 1-6。

利息扣除情况计算如下：

表 1-6 　　　　　　　乙公司 2014 年度接受 A 公司权益性投资情况 　　　　单位：万元

科目\月份	未分配利润			盈余公积期末金额	资本公积期末金额	实收资本期末金额	所有者权益期末金额	月平均权益投资
	期初金额	本期发生额	期末金额					
1 月	−300	20	−280	10	40	1 000	770	1 040
2 月	−280	20	−260	10	40	1 000	790	1 040
3 月	−260	20	−240	10	40	1 000	810	1 040
4 月	−240	10	−230	10	40	1 000	820	1 040
5 月	−230	10	−220	10	40	1 000	830	1 040
6 月	−220	10	−210	10	40	1 000	840	1 040
7 月	−210	30	−180	10	40	1 000	870	1 040
8 月	−180	30	−150	10	40	1 000	900	1 040
9 月	−150	30	−120	10	40	1 000	930	1 040
10 月	−120	20	−100	10	40	1 000	950	1 040
11 月	−100	20	−80	10	40	1 000	970	1 040
12 月	−80	20	−60	10	40	1 000	990	1 040
2014 年度 1—12 月接受的权益性投资之和								12 480

1. 接受 A 公司平均权益投资：

乙公司 2014 年各月的所有者权益均小于实收资本与资本公积之和（1 040 万元），因此每月平均权益投资均为实收资本与资本公积之和 1 040 万元。

全年各月平均权益投资之和为：1 040×12＝12 480（万元）。

2. 接受 A 公司平均关联债权投资：

（1）1—2 月平均关联债权投资均为 0 元。

（2）3 月平均关联债权投资＝（0＋3 000）/2＝1 500（万元）。

（3）4 月平均关联债权投资＝（3 000＋3 000）/2＝3 000（万元）；5—12 月每月如此计算。

全年各月平均关联债权投资之和＝1 500＋3 000×9＝28 500（万元）。

3. 关联债资比例＝28 500/12 480＝2.28，比例＞2。

4. 不得扣除的利息支出＝140×（1−2/2.28）＝140×0.12＝16.8（万元）。

（二）调整所有者权益可影响利息扣除额度

【案例 13】丙公司 2014 年期初所有者权益合计 1 250 万元：实收资本 1 000 万元、未分配利润 200 万元、盈余公积 10 万元、资本公积 40 万元。丙公司在 2014 年 2 月 17 日向拥有其 100% 股权的 D 公司借款 3 000 万元（不符合独立交易原则和实际税负不高于境内关联方的条件），至年底尚未归还，按照不超过本省金融企业同期同类贷款利率支付利息 160 万元，且无应资本化的情形。

情形一：假定丙公司 3 月份将期初未分配利润 200 万元进行分配，其中提取盈余公积 20 万元，分配给 D 公司 180 万元。

丙公司 2014 年每月新增未分配利润和每月平均权益投资计算结果见表 1-7。利息扣除情况计算如下：

1. 接受 D 公司平均权益投资：

(1) 1 月份平均权益投资＝(1 250＋1 250＋20)/2＝1 260（万元）；

(2) 2 月份平均权益投资＝(1 270＋1 270＋20)/2＝1 280（万元）；

(3) 3 月份平均权益投资＝(1 290＋1 290＋20－200＋20)/2＝1 210（万元）；

依次如表 2-5 所列计算，丙公司全年各月平均权益投资之和为 14 640 万元。

2. 接受 D 公司平均关联债权投资：

(1) 1 月平均关联债权投资为 0 元；

(2) 2 月平均关联债权投资＝(0＋3 000)/2＝1 500（万元）；

(3) 3 月平均关联债权投资＝(3 000＋3 000)/2＝3 000（万元）；4—12 月每月如此计算。

全年各月平均关联债权投资之和＝1 500＋3 000×10＝31 500（万元）。

3. 关联债资比例＝31 500/14 640＝2.15，比例＞2。

4. 不得扣除的利息支出＝160×(1－2/2.15)＝160×0.07＝11.2（万元）。

表 1-7　　　　　丙公司 2014 年度接受 D 公司权益性投资情况 (1)　　　单位：万元

科目 / 月份	未分配利润		盈余公积		资本公积		实收资本	权益投资期末金额	平均权益投资
	期初金额	本期发生额	期初金额	本期发生额	期初金额	本期发生额			
1 月	200	20	10	0	40	0	1 000	1 270	1 260
2 月	220	20	10	0	40	0	1 000	1 290	1 280
3 月	240	－180	10	20	40	0	1 000	1 130	1 210
4 月	60	10	30	0	40	0	1 000	1 140	1 135
5 月	70	10	30	0	40	0	1 000	1 150	1 145
6 月	80	10	30	0	40	0	1 000	1 160	1 155
7 月	90	30	30	0	40	0	1 000	1 190	1 175
8 月	120	30	30	0	40	0	1 000	1 220	1 205
9 月	150	30	30	0	40	0	1 000	1 250	1 235
10 月	180	20	30	0	40	0	1 000	1 270	1 260
11 月	200	20	30	0	40	0	1 000	1 290	1 280
12 月	220	20	30	0	40	0	1 000	1 310	1 300
2014 年度 1—12 月接受的权益性投资之和									14 640

情形二：假定丙公司改在 10 月份才对期初未分配利润 200 万元进行分配，仍旧是提取盈余公积 20 万元，分配给 D 公司 180 万元。

丙公司 2014 年每月新增未分配利润和每月平均权益投资计算结果见表 1-8。扣除利息情况计算如下：

1. 接受 D 公司平均权益投资：

(1) 1 月平均权益投资＝(1 250＋1 250＋20)/2＝1 260（万元）；

(2) 2 月平均权益投资＝(1 270＋1 270＋20)/2＝1 280（万元）；

(3) 10 月平均权益投资＝(1 430＋1 430＋20－200＋20)/2＝1 350（万元）；

(4) 本年其余各月如表 2-6 所列计算。

2014 年度接受各月平均权益投资之和为 15 900 万元。

2. 接受 D 公司平均关联债权投资：

(1) 1 月平均关联债权投资为 0 元；

(2) 2 月平均关联债权投资＝(0＋3 000)/2＝1 500（万元）；

(3) 3 月平均关联债权投资＝(3 000＋3 000)/2＝3 000（万元）；4—12 月每月如此计算。

全年各月平均关联债权投资之和＝1 500＋3 000×10＝31 500（万元）。

3. 关联债资比例＝31 500/15 900＝1.98，比例＜2。

4. 丙公司向 D 公司借款，关联债资比例没有超过规定的标准比例，支付给 D 公司的利息支出全部准予扣除。

表 1-8　　　　　　　　丙公司 2014 年度接受 D 公司权益性投资情况（2）　　　　单位：万元

月份＼科目	未分配利润		盈余公积		资本公积		实收资本	权益投资期末金额	平均权益投资
	期初金额	本期发生额	期初金额	本期发生额	期初金额	本期发生额			
1 月	200	20	10	0	40	0	1 000	1 270	1 260
2 月	220	20	10	0	40	0	1 000	1 290	1 280
3 月	240	20	10	0	40	0	1 000	1 310	1 300
4 月	260	10	10	0	40	0	1 000	1 320	1 315
5 月	270	10	10	0	40	0	1 000	1 330	1 325
6 月	280	10	10	0	40	0	1 000	1 340	1 335
7 月	290	30	10	0	40	0	1 000	1 370	1 355
8 月	320	30	10	0	40	0	1 000	1 400	1 385
9 月	350	30	10	0	40	0	1 000	1 430	1 415
10 月	380	－180	10	20	40	0	1 000	1 270	1 350
11 月	200	20	30	0	40	0	1 000	1 290	1 280
12 月	220	20	30	0	40	0	1 000	1 310	1 300
2014 年度 1—12 月接受的权益性投资之和									15 900

　　情形二和情形一对比，在借款时间与金额均不改变的情况下，仅是将利润分配时间由 3 月份改为 10 月份，关联债资比例即发生变化，这是因为推迟利润分配，暂时延缓了所有者权益减少的时间点，从而使当年各月平均权益性投资之和相对增大，导致债资比变小。

　　可见，利息扣除标准比例是既定的，债资比是可变的，决定利息扣除额度的是债资比。而在债权投资（借款）不变的前提下，能引起债资比高低变化的是权益性投资的金额。

十七、广告费和业务宣传费税前扣除规定解析

有关企业广告费和业务宣传费税前扣除的规定，《企业所得税法实施条例》第四十四条做了"不超过当年销售（营业）收入 15％的部分，准予扣除"的原则性规定，《财政部 国家税务总局关于部分行业广告费和业务宣传费税前扣除政策的通知》（财税〔2009〕72 号，以下简称原 72 号通知）对化妆品制造等企业的广告费和业务宣传费税前扣除做了特殊规定，由于该通知执行至 2010 年底，从 2011 年开始是按 30％还是恢复按 15％扣除，成了悬念。随着《财政部 国家税务总局关于广告费和业务宣传费支出税前扣除政策的通知》（财税〔2012〕48 号，以下简称财税 48 号通知）的出台，相关扣除政策方得以明确，也为结构性减税增添了浓墨重彩的一笔。为此，笔者试对广告费和业务宣传费（以下统称广告宣传费）的扣除，在税收实务中应注意的几个问题做如下解析。

（一）广告费与业务宣传费实行合并扣除

所得税扣除规定中的广告费是指企业通过一定媒介和形式介绍自己所推销的商品或所提供的服务，激发消费者的购买欲望，而支付给广告经营者、发布者的费用；业务宣传费是指企业开展业务宣传活动所支付的费用，主要是指未通过广告发布者传播的广告性支出，包括企业发放的印有企业标志的礼品、纪念品等。二者的根本性区别为是否取得广告业专用发票。

广告费与业务宣传费都是为了达到促销之目的而支付的费用，既有共同属性也有区别，由于现行税法对广告费与业务宣传费实行合并扣除，因此再从属性上对二者进行区分已没有任何实质意义，企业无论是取得广告业专用发票通过广告公司发布广告，还是通过各类印刷、制作单位制作如购物袋、遮阳伞、各类纪念品等印有企业标志的宣传物品，所支付的费用均可合并在规定比例内予以扣除。

（二）三类企业的扣除标准仍延续由 15％增至 30％的规定

据相关统计，食品饮料行业 2011 年销售费用排名前十位的上市公司的广告费用合计近百亿元，而某医药企业 2011 年第四季度就投入广告花费 1.34 亿元。可见广告费用是化妆品、医药、饮料三行业销售费用的主要支出。为扶植该三行业的发展，财税 48 号通知第一条规定："对化妆品制造与销售、医药制造和饮料制造（不含酒类制造，

下同）企业发生的广告费和业务宣传费支出，不超过当年销售（营业）收入30％的部分，准予扣除；超过部分，准予在以后纳税年度结转扣除。"仅此一项就可直接减轻3.75％的税负。

该条延续了原72号通知将化妆品制造、医药制造和饮料制造企业发生的"广告宣传费"支出税前扣除标准由15％增至30％的规定，同时将化妆品销售企业增补到其中。

（三）烟草企业的烟草广告宣传费仍然不得扣除

我国《广告法》对烟草广告做了严格的限制规定，因此，财税48号通知第三条延续了原72号通知关于"烟草企业的烟草广告费和业务宣传费支出，一律不得在计算应纳税所得额时扣除"的规定。据此，烟草生产企业和烟草（专营）销售企业有关烟草的广告费或业务宣传费均不得在税前扣除。

其他企业的广告宣传费扣除标准均为不超过15％。

除以上由财税48号通知列举的化妆品制造与销售、医药制造和饮料制造企业以及烟草企业外，包括酒类制造企业在内的其他企业，仍应按不超过15％的标准进行税前扣除。

（四）对关联企业的广告宣传费可按分摊协议归集扣除

财税48号通知第二条规定："对签订广告费和业务宣传费分摊协议（以下简称分摊协议）的关联企业，其中一方发生的不超过当年销售（营业）收入税前扣除限额比例内的广告费和业务宣传费支出可以在本企业扣除，也可以将其中的部分或全部按照分摊协议归集至另一方扣除。另一方在计算本企业广告费和业务宣传费支出企业所得税税前扣除限额时，可将按照上述办法归集至本企业的广告费和业务宣传费不计算在内"。执行该条规定时应注意以下几点：

（1）根据税法规定，关联企业是指有下列关系之一的公司、企业和其他经济组织：

在资金、经营、购销等方面，存在直接或者间接的拥有或者控制关系；直接或者间接地同为第三者所拥有或者控制；在利益上具有相关联的其他关系。

（2）关联企业之间应签订有广告宣传费分摊协议，可根据分摊协议自由选择是在本企业扣除或归集至另一方扣除。

（3）总体扣除限额不得超出规定标准。归集到另一方扣除的广告宣传费只能是费用发生企业依法可扣除限额内的部分或者全部，而不是实际发生额。如一般企业应先按不超过销售（营业）收入的15％，化妆品制造与销售等前述三类企业按不超过销售（营业）收入的30％，计算出本年可扣除限额。

（4）接受归集扣除的关联企业不占用本企业原扣除限额。即本企业可扣除的广告宣传费按规定照常计算扣除限额，另外还可以将关联企业未扣除而归集来的广告宣传费在本企业扣除。

该条是财税48号通知新设立的规定，也是重大亮点，对有关联企业，特别是关联企业较多的大型企业集团是重大利好，可以在盈利与亏损、税率高与低的关联企业之间合法地进行税收筹划。

（五）新扣除规定的执行期间及相关调整事项

（1）财税48号通知从2011年开始执行至2015年止。既与原72号通知执行结束时间2010年相衔接，又符合对行政相对人有利的可作追溯规定的立法原则；明确规定有效期为5年，有利于保持税收政策的稳定性，便于纳税人谋划生产经营活动。

（2）由于财税48号通知公布时，2011年度的企业所得税汇算清缴已经结束，而原72号通知又于2011年1月1日失效，纳税人在汇算清缴2011年度企业所得税时，只能按《企业所得税法实施条例》的规定，对广告宣传费按不超过销售（营业）收入15％的标准扣除。

根据《国家税务总局关于企业所得税应纳税所得额若干税务处理问题的公告》（国家税务总局公告2012年第15号）第六条关于"对企业发现以前年度实际发生的、按照税收规定应在企业所得税前扣除而未扣除或者少扣除的支出，企业做出专项申报及说明后，准予追补至该项目发生年度计算扣除，但追补确认期限不得超过5年"的规定，化妆品制造与销售、医药和饮料制造企业因应扣除但未扣除广告宣传费，而多缴的企业所得税款可以在追补确认年度的企业所得税应纳税款中抵扣，不足抵扣的，可以向以后年度递延抵扣或申请退税。

（3）应特别提示的是，化妆品销售企业是财税48号通知新增加的可按30％扣除的企业，此类企业更应尽快熟悉新政策，做出专项申报及说明，将2011年度少扣除的广告宣传费追补在2011年计算扣除。

（六）扣除基数即销售（营业）收入的分类确认

税法规定，企业应以当年销售（营业）收入额作为广告宣传费扣除的基数：一般工商企业为主营业务收入、其他业务收入和视同销售收入之和；金融企业为银行业务收入、保险业务收入、证券业务收入、其他金融业务收入加视同销售收入之和；事业单位、社会团体、民办非企业单位以包括财政补助收入、上级补助收入、拨入专款、事业收入、经营收入、附属单位缴款在内的营业收入为扣除基数。

（七）超出扣除限额部分可结转下年扣除

企业当年实际发生的符合条件的广告宣传费支出，按照《企业所得税法实施条例》和财税 48 号通知规定的扣除基数和比例计算扣除后，仍有余额不能在当年扣除的，准予结转下一年度继续扣除，但仍需符合规定的扣除基数和比例标准。

十八、股权投资损益的税会差异处理与所得税申报表填报

在大众创业、万众创新的大潮中，股权投资是资本市场的活跃因素。在 2014 年版的新企业所得税年度纳税申报表启用后，成本法和权益法核算下的对外股权投资收益或损失，其会计处理、纳税调整有何区别，特别是该如何填报新申报表？有对外投资业务的企业财务人员，为这些问题感到纠结的还不少。下面就是宏维实业有限责任公司（以下简称宏维公司）财务人员遇到的实际问题。

宏维公司 2013 年初先后与他人合做投资成立甲、乙两个子公司，分别占甲公司股权的 25％，但不具有重大影响；占乙公司股权的 40％，对其具有重大影响。

宏维公司 2014 年生产经营利润为 80 万元（无其他应调增事项）。甲公司 2014 年可分配利润为 40 万元，暂无利润分配方案；但在 2014 年 12 月份宣布分派 2013 年利润 32 万元（宏维公司可分得 8 万元），尚未支付。乙公司 2014 年度亏损 65 万元。就如何计算宏维公司 2014 年利润总额和填制企业所得税纳税申报表，财务人员发生了争执：

小万认为，甲公司 2014 年利润虽然未分配，但应按出资比例核算增加宏维公司投资收益 10 万元（40×25％），甲公司宣布分配的 2013 年利润 8 万元因尚未收到可不增加投资收益；乙公司 2014 年亏损，无利可分也不做账务处理。因此，宏维公司 2014 年度的利润总额为 90 万元（80＋10），应以此金额做为应纳税所得额，申报缴纳企业所得税 22.50 万元。

老樊认为，应按对甲公司的出资比例核算增加 2014 年投资收益 10 万元；尚未收到但已宣布分配的 2013 年利润 8 万元也应增加投资收益。乙公司 2014 年利润是亏损，应减少投资收益 26 万元（65×40％）。增减计算后宏维公司的净投资收益为－8 万元（10＋8－26）。据此，宏维公司 2014 年本年利润总额应为 72 万元（80－8），应据此申报缴纳企业所得税 18 万元。

因两人意见无法统一，遂向文涛税官咨询，究竟该如何填报新的所得税申报表。文涛税官了解情况后告知她们，两人的意见都有错误之处。正确的处理方法应为：

（一）权益法、成本法核算的投资损益及本年利润核算

（1）宏维公司对甲公司的投资虽高于 20％但因不具有共同控制或重大影响（不存

在活跃市场、公允价值不能可靠计量），应按成本法核算投资收益。成本法注重的是初始投资成本，不随被投资企业权益的增减而调整投资企业的长期股权投资，只有当被投资企业宣告分派现金股利或利润之日，投资方才确认为当期投资收益。甲公司 2014 年利润尚未宣布分配，不应增加投资收益，也不做会计处理。但在甲公司宣告分派 2013 年的利润时，不管是否实际收到，均应增加投资收益并做会计处理（单位：万元）：

   借：应收股利   8

    贷：投资收益   8

  （2）宏维公司占乙公司股权的 40%，且对其具有重大影响，应按权益法核算投资收益，即以初始成本计量后，在投资持有期间根据享有被投资企业所有者权益份额的变动，在资产负债表日确认投资损益，对长期股权投资的账面价值进行调整。乙公司 2014 年亏损 65 万元，宏维公司应在资产负债表日（2014 年 12 月 31 日）按出资比例做相应减少投资收益 26 万元（65×40%）的会计处理（如果是盈利，则做反向会计分录）（单位：万元）：

   借：投资收益   26

    贷：长期股权投资——损益调整   26

  （3）经以上计算后，宏维公司 2014 年投资收益为 -18 万元（8-26），2014 年利润总额应为 62 万元（80+8-26）。

（二）对外投资业务相关的应纳税所得额的调整及计算

1. 取得对居民企业的投资收益计入免税收入

根据企业所得税法实施条例及《国家税务总局关于贯彻落实企业所得税法若干税收问题的通知》（国税函〔2010〕79 号）第四条规定，企业权益性投资取得股息、红利等收入，应以被投资企业股东会或股东大会做出利润分配或者转股决定的日期，确定收入的实现。同时，按照企业所得税法的规定，居民企业直接投资于其他居民企业取得的股息、红利等权益性投资收益（连续持有居民企业公开发行并上市流通的股票不足 12 个月取得的投资收益除外）属于免税收入。

不管是采用成本法核算还是权益法核算，投资方从被投资企业取得的上述符合条件的投资收益，应在被投资企业股东会或股东大会做出利润分配或转股决定的当日确定收入的实现。同时，在计算应纳税所得额时，都应做纳税调整减少。

因此在计算宏维公司 2014 年应纳税所得额时，其取得的甲公司投资收益 8 万元应做纳税调整减少。

2. 被投资企业的经营亏损不得在投资方扣除

《国家税务总局关于企业所得税若干问题的公告》（国家税务总局公告 2011 年第 34 号）第五条第二款规定：被投资企业发生的经营亏损，由被投资企业按规定结转弥补；投资企业不得调整减低其投资成本，也不得将其确认为投资损失。

这是因为在被投资企业经营期间，投资方按权益法确认的投资收益在税法上不做收入处理，所以被投资企业的经营亏损也不允许在企业所得税税前扣除。

由于按权益法核算时，宏维公司按比例应分担的乙公司经营亏损 26 万元已计入了 2014 年度的损益（减少投资收益），在会计上减少了本年利润，为此，在计算应纳税所得额时，应将该项损失支出 26 万元做纳税调整增加。

3. 应纳税所得额的计算

宏维公司 2014 年度应纳税所得额＝本年利润 62 万元＋（纳税调增）26 万元－（纳税调减）8 万元＝80（万元）。

（三）投资方企业所得税年度纳税申报表的填报

由于宏维公司的所得税纳税申报涉及股权投资收益的纳税调整事项，首先填报《中华人民共和国企业所得税年度纳税申报表（A 类，2014 年版）》的相关二级表、三级表。

1. 填报《投资收益纳税调整明细表（A105030)》

（1）第 6 行"长期股权投资"：在第 1 列"账载金额"栏中填入－18 万元（会计上确认的对甲公司投资收益增加额 8 万元与对乙公司投资亏损额－26 万元，即"投资收益"科目记载的不同被投资对象的投资损益相抵后，账载"长期股权投资的投资收益"为－18 万元）；

（2）第 6 行"长期股权投资"：在第 2 列"税收金额"栏中，填入 8 元（取得符合免税条件的投资收益）；

（3）第 6 行"长期股权投资"：在第 3 列"纳税调整金额"栏中，填入 26 万元（第 2 列税收金额—第 3 列账载金额）；与该表第 10 列"处置收益"相关数据共同合计为第 11 列"纳税调整金额"栏的金额。

2. 填报《纳税调整项目明细表（A105000)》

将《投资收益纳税调整明细表（A105030)》的相关数据填入《纳税调整项目明细表（A105000)》第 4 行的相应栏中。

第 4 行"投资收益"：在第 3 列"调整金额"栏中填入 26 万元。

3. 填报《符合条件的居民企业之间的股息、红利等权益性投资收益优惠明细表（A107011）》

根据被投资企业情况，以每个被投资企业为一行，分别据实填写每行"被投资企业名称""投资性质""投资成本""投资比例"等第 1 列至第 5 列的基础信息。然后在"被投资企业利润分配确认金额"第 6 列"依决定归属于本公司的股息红利"栏中填入相应金额；与该表第 9 列、第 15 列"应确认的股息所得"相关数据共同合计为每行第 16 列该栏的合计金额。

（1）在第 1 行第 6 列"依决定归属于本公司的股息红利"栏中填入甲公司分回的股息红利 8 万元；

（2）乙公司当年无"被投资企业股东会或股东大会做出利润分配或转股决定"事项，无需填报。

4. 填报《免税、减计收入及加计扣除优惠明细表（A107010）》

将《符合条件的居民企业之间的股息、红利等权益性投资收益优惠明细表（A107011）》第 16 列各行该栏相加之合计金额，填入《免税、减计收入及加计扣除优惠明细表（A107010）》第 3 行的金额栏中。与该表第 2 行、第 4 列、第 5 行相关数据共同合计为第 1 行"免税收入"的合计金额。

第 3 行"符合条件的居民企业之间的股息、红利等权益性投资收益"：在金额栏中填入 8 万元。

其次填写《中华人民共和国企业所得税年度纳税申报表（A 类，A100000）》。

（1）第 13 行"利润总额"：金额栏中填入 62 万元。即根据企业核算的会计利润填报。

（2）第 15 行"加：纳税调整增加额"：填入 26 万元。即填报"按照税法规定确认的投资收益税收金额"减去"企业根据会计规定核算的投资收益账载损益净额"得出的纳税调整金额。

本行通过《纳税调整项目明细表（A105000）》第 4 行填报。由此形成主表第 15 行"纳税调整增加额"26 万元。

（3）第 17 行"减：免税、减计收入及加计扣除"：填入 8 万元。即填报计入利润总额但属于税法规定免税的"符合条件的居民企业之间的股息、红利等权益性投资收益"等免税收入。

本行通过《免税、减计收入及加计扣除优惠明细表（A107010）》第 1 行填报。由此形成主表第 17 行"免税、减计收入及加计扣除"8 万元。

（4）最后形成企业所得税年度纳税申报表主表第 19 行"纳税调整后所得"以及第 23 行的"应纳税所得额"80 万元。

（四）权益法核算投资收益的税会处理与申报表填报

在讲述了上述计算及填表事项后，为帮助企业做好企业所得税汇算清缴，文涛税官又告知宏维公司财务人员一项本案例中未涉及，但对外投资经常遇到的涉税事项的处理：

假设乙公司 2014 年盈利，其可分配利润也是 65 万元，按权益法核算，在资产负债表日，宏维公司则在会计上确认 2014 年投资收益 26 万元，但是在税收上要作纳税调整减少 26 万元，即税会差异的调整处理。其会计分录、应纳税所得额计算、纳税申报表及附表填制时，与上述投资亏损业务做反向操作即可。而在被投资企业股东会作出利润分配或转股决定后，则应在税收上确认为应税所得，同时作免税收入即税收优惠的相关税收处理。（单位：万元）

（1）在被投资企业利润产生的当年的年度资产负债表日，根据被投资企业的可分配利润计算投资方享有的份额：

①会计处理：

借：长期股权投资——损益调整　　　　　　　　　　　　　　　26

　　贷：投资收益　　　　　　　　　　　　　　　　　　　　　　26

②企业所得税年度纳税申报表填报。

由于会计处理时计入本年利润的时间（被投资企业利润产生的当年）与税收上作应税所得的时间（被投资企业决定分配的年度）有差异，因此应在申报时做税会差异的纳税调整。

在《投资收益纳税调整明细表（A105030）》第 6 行第 1 列"账载金额"栏中填入 26 万元，第 2 列"税收金额"栏中填入 0 元，第 3 列"纳税调整金额"栏中填入－26 万元。即税会差异调整导致调减 26 万元。

（2）在被投资企业股东会作出利润分配或转股决定的年度，投资方根据分配方案计算可分回的利润（假定全额分配）作会计处理：

借：应收股利　　　　　　　　　　　　　　　　　　　　　　　26

　　贷：长期股权投资——损益调整　　　　　　　　　　　　　　26

（3）按照税法及相关税收政策规定填报企业所得税年度纳税申报表：

①由于税收上作应税所得的时间（被投资企业决定分配的年度）与会计处理时计入本年利润的时间（被投资企业利润产生当年）有差异，因此应在纳税申报时作税会差异的纳税调整。

在《投资收益纳税调整明细表（A105030）》第 6 行第 1 列"账载金额"栏中填报 0 元，第 2 列"税收金额"栏中填入 26 万元，第 3 列"纳税调整金额"栏中填入 26 万元。即税会差异调整导致纳税调增 26 万元。

②由于分回的 26 万元属于"符合条件的居民企业之间的股息、红利等权益性投资收益"，按税法规定享受免税优惠。因此在纳税申报时还需作免税收入的税务处理。

在《符合条件的居民企业之间的股息、红利等权益性投资收益优惠明细表（A107011）》第 6 列"依决定归属于本公司的股息红利"栏中填入 26 万元，即把分得的投资收益计入免税收入。

③依前例所述，将《投资收益纳税调整明细表（A105030）》的纳税调增金额归入《纳税调整项目明细表（A105000）》相应栏中；将《符合条件的居民企业之间的股息、红利等权益性投资收益优惠明细表（A107011）》的股息、红利所得归入《免税、减计收入及加计扣除优惠明细表（A107010）》相应栏中。

④再将上述两项金额分别对应填入《中华人民共和国企业所得税年度纳税申报表（A 类，A100000）》的第 15 行"加：纳税调整增加额"和第 17 行"减：免税、减计收入及加计扣除"的金额栏中，最后形成企业所得税年度纳税申报表主表第 19 行"纳税调整后所得"以及第 23 行的"应纳税所得额"的金额。

（4）在取得分回的"符合条件的居民企业之间的股息、红利等权益性投资收益"当年，一定要同时填报上述《投资收益纳税调整明细表（A105030）》和《符合条件的居民企业之间的股息、红利等权益性投资收益优惠明细表（A107011）》，否则将会造成多缴或少缴企业所得税的差错。

（五）按规定办理减免税备案手续

企业做为投资方取得符合条件的居民企业之间的股息、红利等权益性投资收益免缴企业所得税，无需税务机关审批，但应按规定办理事后备案手续。

在每年的企业所得税汇算清缴期内（年度终了后 5 个月内）携带前述填制的整套《中华人民共和国企业所得税年度纳税申报表（A 类，2014 年版）》以及《企业所得税优惠事项备案表》，向主管税务机关办理上年的纳税申报和减免税备案手续，并取得税务机关填发的备案受理回执。

（六）对外投资损益的会计、税收处理总原则

对外投资收益或损失的账务处理及企业所得税纳税调整总的原则如下：

权益法核算的，在每年底（资产负债表日）按在被投资企业的出资比例核算投资

收益或亏损，分别作利润增加或减少的会计处理；在税收上相应作减少或增加应纳税所得额的纳税调整。即被投资企业发生亏损，投资方作纳税调整增加；被投资企业产生盈利，投资方作纳税调整减少。

权益法、成本法核算的，被投资企业宣告或实际分派利润时，会计上作利润增加处理；税收上按免税收入作减少应纳所得额的纳税调整。

不论何种核算方法，被投资企业经营期间的亏损均不得由投资方按持股比例进行扣除，即不得用投资方的应纳所得额弥补被投资企业经营期间的亏损。

十九、"买一送一"受让股权后分得的股息红利能否免税

2014 年 2 月，甲居民企业购买乙居民企业持有的居民企业 A 公司的股权，A 公司在 2014 年 3 月随即对 2013 年的利润进行分配，甲企业分得的是 A 公司股东股权转让前的利润，准确表述应为，受让含权的股权后取得以股权转让前留存收益分配的股息红利（"买一送一"）。那么，股权受让方取得该项分配的利润，是否可以享受《企业所得税法》及其实施条例所规定的免税呢？

《企业所得税法实施条例》第八十三条的相关原文为"企业所得税法第二十六条第（二）项所称符合条件的居民企业之间的股息、红利等权益性投资收益，是指居民企业直接投资于其他居民企业取得的投资收益"。

认为不能享受免税优惠的理由有二：一是此股利不符合"直接投资取得"的规定。二是此股利对应的对价已经形成了其（税收上的）投资成本，将来再转让时可以扣除，取得此股利时不能再免税。

仔细领会相关法条，可以看出上述第一个理由存在逻辑错误，为辨清这个问题，我们可以先看看何谓"直接投资"。

直接投资一般是指投资者将货币资金直接投入投资项目，形成实物资产或者购买现有企业的投资。通过直接投资，投资者便可以拥有全部或一定数量的被投资企业的资产及经营所有权，直接进行或参与对被投资企业的经营管理。直接投资的主要形式包括：①投资者开办独资企业，并独自经营；②与其他企业合作开办合资企业或合作企业，从而取得各种直接经营企业的权利，并派人员进行管理或参与管理；③投资者投入资本，不参与经营，必要时可派人员任顾问或指导；④投资者在股票市场上买入现有企业一定数量的股票，通过股权获得全部或相当部分的经营权，从而达到收购该企业的目的。

与直接投资相对应的是间接投资。直接投资与间接投资同属于投资者对预期能带来收益的资产的购买行为，但二者有着实质性的区别：直接投资是资金所有者和资金使用者的合一，是资产所有权和资产经营权的统一运动，一般是生产事业，会形成实物资产；而间接投资是资金所有者和资金使用者的分解，是资产所有权和资产经营权的分离运动，投资者对企业资产及其经营没有直接的所有权和控制权，其目的只是取得其资本收益或保值。

法条对免税设定的限制条件是，将该项免税收入限于居民企业直接投资于其他居

民企业取得的投资收益，从而将非直接投资所取得的权益性收益排除在外，但并未对投资方是否属于初始投资者以及股权是否发生转让和转让次数设置限制。直接投资行为并不排斥投资者转让和受让股权，只要受让方符合居民企业之间的直接投资条件，其取得的权益性投资收益即可享受免税。

对于认为不能免税的第二个理由"此股利对应的对价已经形成了其（税收上的）投资成本，将来再转让时可以扣除，取得此股利时不能再免税"，笔者认为，该理由混淆了"转让财产（股权）收入"与"股息、红利等权益性投资收益"这两项企业所得税应税收入的关系。

的确"此股利对应的对价已经形成了其（税收上的）投资成本，将来再转让时可以扣除"，但是这是受让方将来转让财产（股权）收入应税项目的扣除问题，既然受让股权时支付了对价也就是投资成本，以后转让该股权，理所当然要以此为扣除金额。

该理由中"取得此股利时不能再免税"，说的是受让方取得股息、红利等权益性投资收益的征免税问题，投资者因持有股权而取得股息、红利等权益性投资收益时是征税还是免税，与该股权将来是否会发生转让，以及未来的转让价格和扣除项目金额等并无必然的逻辑关系，也许该股权不再发生转让，也许该股权将来转让时的价格比取得时的价格要低甚至还低于初始账面价值，那又该如何处理呢？

投资者因持有股权而取得股息、红利等权益性投资收益时是征税还是免税，应当根据税法对该项收入的征免税规定来确定，现行税法的规定是，居民企业直接投资于其他居民企业取得的权益性投资收益免征企业所得税。

"转让财产（股权）收入"与"股息、红利等权益性投资收益"是企业所得税中两项不同的收入项目，不能因为两者是基于同一股权发生的，就将彼此混为一谈。

同时，正因为"此股利对应的对价已经形成了受让方（税收上的）投资成本"，由此引发了笔者另外一个论据：转让方已将此对价作为转让收入缴纳企业所得税。

《国家税务总局关于贯彻落实企业所得税法若干税收问题的通知》（国税函〔2010〕79号）第三条规定，企业在计算股权转让所得时，不得扣除被投资企业未分配利润等股东留存收益中按该项股权所可能分配的金额。

根据该条规定，被投资企业未分配利润等股东留存收益中按股权所可能分配的金额，在股权转让方计算转让所得时是不能扣除的，因此，转让方在转让该项股权时，已经把未来有可能会由被投资企业分配股息红利的该项留存收益计入转让应税所得中缴纳了企业所得税。

据此，根据计税基础相衔接的原理，受让方将来再转让该项股权时，理应将已含有上述留存收益的该项股权的对价金额作为扣除项目金额。

对于同一项符合免税条件的居民企业之间直接投资产生的股息红利等权益性收益，转让方因转让股权时该收益尚未形成（未分配），也就没有享受免税，那么受让方在取得该项收益时理当享受免税优惠，否则，该项法定的免税收益就成了征税收入，相关优惠政策就无法落实。

综上所述，依照现行税法规定，股权受让方取得股权转让前留存利润分配的股息红利（持有公开上市流通股票不超过 12 个月的所得除外）属于"居民企业直接投资于其他居民企业取得的投资收益"，应作为免税收入免征企业所得税。

二十、详解"重点群体"创业就业税收优惠政策的运用

为扩大就业，鼓励以创业带动就业，财政部、国家税务总局、人力资源社会保障部在原相关优惠政策到期后，发布了《关于继续实施支持和促进重点群体创业就业有关税收政策的通知》（财税〔2014〕39号）；随后，国家税务总局、财政部、人力资源社会保障部、教育部、民政部发布了《关于支持和促进重点群体创业就业有关税收政策具体实施问题的公告》（国家税务总局公告2014年第34号）；在2015年1月，财政部、国家税务总局、人力资源和社会保障部、教育部又联合发布了《关于支持和促进重点群体创业就业税收政策有关问题的补充通知》（财税〔2015〕18号），对2014年至2016年期间，支持和促进重点群体创业、就业的有关税收优惠政策具体实施问题进行了明确。

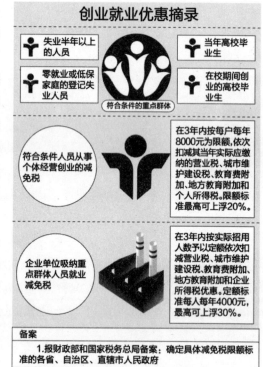

创业就业优惠摘录

失业半年以上的人员　　当年高校毕业生

零就业或低保家庭的登记失业人员　　在校期间创业的高校毕业生

符合条件的重点群体

符合条件人员从事个体经营创业的减免税

在3年内按每户每年8000元为限额，依次扣减其当年实际应缴纳的营业税、城市维护建设税、教育费附加、地方教育附加和个人所得税。限额标准最高可上浮20%。

企业单位吸纳重点群体人员就业减免税

在3年内按实际招用人数予以定额依次扣减营业税、城市维护建设税、教育费附加、地方教育附加和企业所得税优惠。定额标准最高每人每年4000元，最高可上浮30%。

备案
1.报财政部和国家税务总局备案：确定具体减免税限额标准的各省、自治区、直辖市人民政府
2.向主管税务机关备案：从事个体经营的纳税人；吸纳符合条件的失业人员的企业、民办非企业单位

（一）符合享受创业就业税收优惠条件的重点群体

在人力资源社会保障部门公共就业服务机构登记失业半年以上的人员；零就业家庭或享受城市居民最低生活保障家庭劳动年龄内的登记失业人员；毕业所在自然年内，从实施高等学历教育的普通高等学校、成人高等学校毕业的高校毕业生。同时持有公共就业服务机构颁发的《就业创业证》（2015年以前已发放的《就业失业登记证》继续有效，不再统一更换），并由就业、创业地的人力资源社会保障部门在《就业创业证》上注明"自主创业税收政策"或"企业吸纳税收政策"字样。

毕业年度内，高校毕业生从事个体经营的，持《就业创业证》（注明"毕业年度内

自主创业税收政策")享受税收优惠政策。

相关证件的办理：毕业年度内的高校毕业生在校期间，按规定向公共就业服务机构，凭学生证申领或委托所在高校就业指导中心代为申领《就业创业证》；毕业年度内高校毕业生离校后，直接向公共就业服务机构按规定申领《就业创业证》。（从2015年起，取消了原"高校毕业生从事个体经营享受税收政策需向学校所在地省级教育行政部门申领《高校毕业生自主创业证》"的前提条件；简化了高校毕业生申领《就业创业证》的程序。）

（二）符合条件人员从事个体经营创业的减免税额度计算

持《就业创业证》人员从事个体经营的，在3年内按每户每年8 000元为限额依次扣减其当年实际应缴纳的营业税、城市维护建设税、教育费附加、地方教育附加和个人所得税。

纳税人的实际经营期不足一年的，应当以实际月份按"减免税限额＝年度减免税限额÷12×实际经营月数"换算其减免税限额。

纳税人实际应缴纳的营业税、城市维护建设税、教育费附加、地方教育附加和个人所得税小于减免税限额的，以实际应缴纳的税费金额为限；实际应缴纳的营业税、城市维护建设税、教育费附加、地方教育附加和个人所得税大于减免税限额的，以减免税限额为限。在扣减应缴税费时，应注意不同税费的顺序，不能颠倒。

【案例14】符合减免税条件的王先生从2014年5月开始从事个体餐饮经营（所在地省人民政府已规定免税限额上浮20％为9 600元），其2014年（5—12月份，共8个月）可享受的减免税限额为：9 600÷12×8＝6 400（元）。其享受免税的期限为2014年5月到2017年4月。

假设1：王先生2014年5—12月份，起征点以上月份应缴营业税、城市维护建设税、教育费附加、地方教育附加和个人所得税合计6 200元，其2014年免税限额以应缴的6 200元限，当年应缴税费全免。

假设2：王先生2014年5—12月份，起征点以上月份应缴营业税5 500元、城市维护建设税385元、教育费附加165元、地方教育附加110元、个人所得税2 200元，合计8 360元。其2014年可以享受的减免税限额为6 400元，可扣减的减免税费金额依次为：营业税5 500元、城市维护建设税385元、教育费附加165元、地方教育附加110元、个人所得税240元，当年尚应缴纳个人所得税1 960元。如果王先生已分月将当月应缴的各税费缴纳，则可根据计算的可扣减的减免税费金额申请办理退税，同时办理免税备案手续。

（三）企业单位吸纳重点群体人员就业减免税顺序及计算

商贸企业、劳动就业服务企业中的加工型企业和街道社区具有加工性质的小型企业实体企业、从事现行营业税"服务业"税目规定经营活动的服务型企业、民办非企业单位，在新增加的岗位中，当年新招用在公共就业服务机构登记失业一年以上且持《就业创业证》（注明"企业吸纳税收政策"）人员，与其签订1年以上期限劳动合同且依法缴纳社会保险费，并取得县以上人力资源社会保障部门核发《企业实体吸纳失业人员认定证明》的，在3年内按实际招用人数予以定额依次扣减营业税、城市维护建设税、教育费附加、地方教育附加（合称营业税及附加）和企业所得税优惠。定额标准为每人每年4 000元。

纳税人自吸纳失业人员的次月起享受税收优惠政策，每名失业人员享受税收优惠政策的期限最长不超过3年。纳税人按本单位吸纳人数和签订的劳动合同时间核定本单位减免税总额（$\sum$ 每名失业人员本年度在本企业工作月份÷12×定额），在减免税总额内每月依次扣减营业税及附加。

纳税人实际应缴纳的营业税及附加大于核定减免税总额的，以核定减免税总额为限。

纳税人实际应缴纳的营业税及附加小于核定减免税总额的，以实际应缴纳的营业税及附加为限；纳税年度终了，纳税人在企业所得税汇算清缴时，以差额部分扣减企业所得税。当年扣减不足的，不再结转以后年度扣减。

【案例15】 某省确定减免税定额标准为4 800元，该省某服务型企业2014年1—6月份招收符合条件的失业人员20人，7—12月份新增10人，该企业2014年核定减免税总额为：（20人×12＋10人×6）÷12×4 000元＝100 000（元）。

假设1：该企业2014年应缴纳营业税96 000元、城市维护建设税6 720元、教育费附加2 880元、地方教育附加1 920元，合计已到达107 520元，该公司2014年可享受的减免税金额为核定的减免税总额100 000元，依此扣减营业税96 000元、城市维护建设税4 000元；还应缴纳城市维护建设税2 720元、教育费附加2 880元、地方教育附加1 920元，合计应缴税费7 520元。

假设2：该企业2014年应缴纳营业税及附加89 600元（营业税80 000元、城市维护建设税5 600元、教育费附加2 400元、地方教育附加1 600元），汇算清缴时应缴企业所得税8 000元。该公司2014年可享受的减免税额先以应缴的营业税及附加89 600元为限，全部予以扣减；已扣减的营业税及附加89 600元与核定的减免税总额100 000元尚有差额10 400元，汇算清缴时再扣减其应缴的企业所得税8 000元；在依次扣减2014年全部应缴的营业税及附加和企业所得税合计97 600元后，仍有差额2 400元没有扣减，则不得结转下年再扣减。

（四）此项税收优惠涉及的相关备案规定

重点群体人员从事个体经营，每年可扣减的免税限额为 8 000 元，最高可上浮 20%；企业、民办非企业单位吸纳符合条件的失业人员，可扣减的减免税定额标准为每人每年 4 000 元，最高可上浮 30%。各省、自治区、直辖市人民政府可根据本地区实际情况在此幅度内确定具体限额标准，并报财政部和国家税务总局备案。

从事个体经营的重点群体纳税人在享受税收优惠政策后的当月，持《纳税人减免税备案登记表》、《就业创业证》（注明"自主创业税收政策"）及身份证明原件及复印件和税务机关要求的其他材料向其主管税务机关备案。

吸纳符合条件的失业人员的企业、民办非企业单位持《纳税人减免税备案登记表》、县以上人力资源社会保障部门核发的《企业实体吸纳失业人员认定证明》、《持〈就业创业证〉人员本年度实际工作时间表》和取得收入的相关证明材料、劳动合同或服务协议原件及复印件、工资发放及社会保险费缴纳清单等税务机关要求的其他材料，在享受税收优惠政策后的当月向主管税务机关备案。纳税年度终了前招用失业人员发生变化的，应当在人员变化次月按照前项规定重新备案。

二十一、免征营业税、增值税优惠政策亮点综述

为进一步加大对小微企业的税收支持力度，在 2013 年 7 月出台的《财政部 国家税务总局关于暂免征收部分小微企业增值税和营业税的通知》（财税〔2013〕52 号，以下简称 52 号文件）基础上，2014 年 9 月又印发了《财政部 国家税务总局关于进一步支持小微企业增值税和营业税政策的通知》（财税〔2014〕71 号，以下简称 71 号文件），随后，《国家税务总局关于小微企业免征增值税和营业税有关问题的公告》（国家税务总局公告 2014 年第 57 号，以下简称 57 号公告）也如期而至。至此，增值税小规模纳税人月销售额和营业税纳税人月营业额不超过 3 万元（按季纳税 9 万元）免征增值税、营业税的相关政策及管理细则已基本完善。

上述几项税收优惠政策的核心就是对销售（营业）额不超过规定金额的特定纳税人免征营业税、增值税，71 号文件是以 52 号文件为基础，而 57 号公告则是对 71 号文件的细化。综合增值税、营业税暂行条例及其实施细则以及相关文件，现行免征增值税、营业税新政主要有以下几个亮点。

（一）免税额大幅提升，享受面放射扩展效应显著

71 号文件和 57 号公告将免税销售（营业）额上限，由原来的月 2 万元提升到 3 万元（季度 6 万元提升至 9 万元），比例高达 50%，纳税人享受的免税金额得以大幅提升。

同时，由于免税销售（营业）额上限的大幅提升，使得能享受优惠的纳税人数量也大幅增加，优惠面呈放射状扩展，让更多的纳税人得以分享政策红利。

虽然 71 号文件规定对月销售（营业）额为"2 万元至 3 万元"的小微企业免税，但由于 52 号文件已经对不超过 2 万元的部分、相关起征点的政策对未达到 2 万元的部分相应规定了免税，因此，本次的免税新政结合原有的免税政策，在效果上相当于将现行增值税和营业税的起征点由月销售（营业）额 2 万元提高到 3 万元。

（二）免税政策范围涵盖各种经济性质的纳税人

按照 52 号文件的规定，从 2013 年 8 月起，对月销售（营业）额不超过 2 万元的增值税小规模纳税人和营业税纳税人，暂免征收增值税和营业税，但适用对象限定于企

业或非企业单位。

增值税和营业税暂行条例及其实施细则对于个体户和自然人个人执行的是起征点的规定，即月销售（营业）额未达到 2 万元的个体户和自然人个人免征增值税或营业税。

2014 年 10 月 1 日起施行的免税新政策文件中，适用的增值税免税对象依然是"小规模纳税人"，但是，营业税免税对象由"企业或非企业性单位"改为"纳税人"，因此，适用范围涵盖了所有月销售额或营业额不超过 3 万元（按季纳税 9 万元）的增值税小规模纳税人和所有营业税纳税人，包括企业、非企业性单位、个体工商户和其他个人。

（三）为小规模纳税人代开发票的诸多政策变化

此前的税收政策规定，未超过规定销售额（月 2 万元，季度 6 万元）的小规模纳税人中的企业和非企业单位，当期因代开增值税专用发票（含货物运输业增值税专用发票）和普通发票已经缴纳的税款，在发票全部联次追回后可以向主管税务机关申请退还。

纳税人申请代开发票就是因为需要凭发票与付款方结账后取得收入款项，是不可能再去追回发票来退税的，从而很难实际享受到该项免税优惠。

57 号公告则有效地解决了此项问题，对于申请代开普通发票的，取消了也要追回发票方能退税的规定。至于代开普通发票时是否征收税款，可按《国家税务总局关于加强和规范税务机关代开普通发票工作的通知》（国税函〔2004〕1024 号）中关于"申请代开发票经营额达不到省、自治区、直辖市税务机关确定的按次起征点的，只代开发票，不征税。但根据代开发票记录，属于同一申请代开发票的单位和个人，在一个纳税期内累计开票金额达到按月起征点的，应在达到起征点的当次一并计算征税"的规定办理。

由于增值税暂行条例已规定"适用免税规定的不得开具增值税专用发票"，因此对于月销售额不超过 3 万元（季度 9 万元）的增值税小规模纳税人，其申请代开增值税专用发票（含货物运输业增值税专用发票）时已经缴纳的税款，需在将增值税专用发票全部联次追回或者按规定开具红字专用发票后，方可以向主管税务机关申请退还。

另外，57 号公告还废止了"对销售额未达到起征点的个体工商业户，税务机关不得为其代开专用发票"的规定，这就意味着已办理税务登记的个体经营者，即使未达起征点也可按照《税务机关代开增值税专用发票管理办法（试行）》（国税发〔2004〕153 号）的规定，在缴纳税款后申请代开专用发票。但是，需要特别注意"纳税人销售货物或应税劳务以及提供应税服务，适用免税、减税规定的，可以放弃免税、减税，依照规定缴纳增值税。放弃免税、减税后的 36 个月内不得再申请免税、减税"的规定。

（四）执行免税新政应注意几项问题以规避风险

所称月销售（营业）额不超过 3 万元（以一个季度为纳税期限的 9 万元），均含本数，个体工商户和其他个人由未达到起征点免税变为不超过该金额的免税，而纳税人取得的销售（营业）额超过上述规定金额的则应全额计税。

纳税人兼营增值税和营业税应税项目的，应当分别核算增值税的销售额和营业税的营业额，并分别享受免征增值税和免征营业税的免税优惠，而不应将当月的销售额和营业额合并计算。但未分别核算的，则将被依法核定销售额、营业额，并可能因此丧失免税优惠待遇。

对于免征增值税或营业税的纳税人，自然也就无需计征城市维护建设税和教育费附加及地方教育附加。

温馨提示：纳税人应依照法律、行政法规的规定办理减税、免税。纳税人在享受减税、免税期间仍应依法履行纳税申报义务，并对所申报的减税、免税事项的真实性承担法律责任。

二十二、小型微型企业划型标准在印花税减免中的运用

《财政部　国家税务总局关于金融机构与小型微型企业签订借款合同免征印花税的通知》（财税〔2011〕105 号）和《财政部　国家税务总局关于金融机构与小型微型企业签订借款合同免征印花税的通知》（财税〔2014〕78 号）相继规定，自 2011 年 11 月 1 日起至 2017 年 12 月 31 日止，对金融机构与小型、微型企业签订的借款合同免征印花税。

在具体执行该规定时，征纳双方对"小型、微型企业"的标准却常有歧义，易与企业所得税法中的"小型微利企业"标准混淆。其症结就在于该项规定中的小型、微型企业标准是按工业和信息化部、国家统计局、国家发展和改革委员会、财政部等四部委（局）共同制定的《中小企业划型标准规定》认定，而非按税务部门的标准来认定。

工信部等四部委（局）制定的《中小企业划型标准规定》将中小企业划分为中型、小型、微型三种类型，具体标准是根据企业从业人员、营业收入、资产总额等指标，结合行业特点制定。现将各行业小型、微型企业的认定标准归纳列示如下（未标明"以上"、"以下"、"以内"的含本数）：

住宿业、餐饮业，从业人员 10 人至 100 人以内，且营业收入 100 万元至 2 000 万元以下的为小型企业；从业人员 10 人以下或营业收入 100 万元以下的为微型企业。

建筑业，营业收入 300 万元至 6 000 万元以内，且资产总额 300 万元至 5 000 万元以下的为小型企业；营业收入 300 万元以下或资产总额 300 万元以下的为微型企业。

仓储业，从业人员 20 人至 100 人以内，且营业收入 100 万元至 1 000 万元以下的为小型企业；从业人员 20 人以下或营业收入 100 万元以下的为微型企业。

交通运输业，从业人员 20 人至 300 人以内，且营业收入 200 万元至 3 000 万元以下的为小型企业；从业人员 20 人以下或营业收入 200 万元以下的为微型企业。

物业管理，从业人员 100 人至 300 人以内，且营业收入 500 万元至 1 000 万元以下的为小型企业；从业人员 100 人以下或营业收入 500 万元以下的为微型企业。

租赁和商务服务业，从业人员 10 人至 100 人以内，且资产总额 100 万元至 8 000 万元以下的为小型企业；从业人员 10 人以下或资产总额 100 万元以下的为微型

企业。

信息传输业，从业人员 10 人至 100 人以内，且营业收入 100 万元至 1 000 万元以下的为小型企业；从业人员 10 人以下或营业收入 100 万元以下的为微型企业。

软件和信息技术服务业，从业人员 10 人至 100 人以内，且营业收入 50 万元至 1 000 万元以下的为小型企业；从业人员 10 人以下或营业收入 50 万元以下的为微型企业。

房地产开发经营，营业收入 100 万元至 1 000 万元以内，且资产总额 2 000 万元至 5 000 万元以下的为小型企业；营业收入 100 万元以下或资产总额 2 000 万元以下的为微型企业。

邮政业，从业人员 20 人至 300 人以内，且营业收入 100 万元至 2 000 万元以下的为小型企业；从业人员 20 人以下或营业收入 100 万元以下的为微型企业。

工业，从业人员 20 人至 300 人以内，且营业收入 300 万元至 2 000 万元以下的为小型企业；从业人员 20 人以下或营业收入 300 万元以下的为微型企业。

批发业，从业人员 5 人至 20 人以内，且营业收入 1 000 万元至 5 000 万元以内的为小型企业；从业人员 5 人以下或营业收入 1 000 万元以下的为微型企业。

零售业，从业人员 10 人至 50 人以内，且营业收入 100 万元至 500 万元以下的为小型企业；从业人员 10 人以下或营业收入 100 万元以下的为微型企业。

农、林、牧、渔业，营业收入 50 万元至 500 万元以下的为小型企业；营业收入 50 万元以下的为微型企业。

以上未列明的其他行业（包括科学研究和技术服务业，水利、环境和公共设施管理业，居民服务、修理和其他服务业，社会工作，文化、体育和娱乐业等），从业人员 10 人至 100 人以内的为小型企业；从业人员 10 人以下的为微型企业。

凡在我国境内依法设立的企业，符合上述条件的即为小型或微型企业与金融机构签订的借款合同，在 2011 年 11 月 1 日起至 2017 年 12 月 31 日期间，双方均可享受免征印花税的优惠。

印花税属于小税种，但对小型、微型企业的减免税却是国家的大政策。对小型、微型企业借款合同免征印花税，体现了国家鼓励金融机构对小型、微型企业提供金融支持，同时运用税收政策促进中小企业发展的惠民政策。税务机关及税务人员了解知晓上述划型标准，有利于贯彻落实国家的税收优惠政策，同时也能防范因不知晓划型标准而滥用减免税权利招致的执法风险。

二十三、核定征收企业所得税的两项特别规定

国家税务总局发布的《关于企业所得税核定征收有关问题的公告》（国家税务总局公告 2012 年第 27 号，以下简称 27 号公告）主要解决了对专门从事股权（股票）投资业务的企业（以下简称专业股权投资企业）是否可以核定征收企业所得税，以及已实行定率征收的企业取得的股权（股票）转让收入是按全额还是差额核定，这两个企业所得税征管中颇有争议的问题。明确规定对专业股权投资企业不得核定征收企业所得税；已按核定方式征收企业所得税的企业，取得的转让股权（股票）收入等转让财产收入，应全额计入应税收入额，按照主营项目（业务）确定适用的应税所得率计算征税。

（一）专门从事股权（股票）投资业务的企业属于不得核定征收所得税的特定纳税人

核定征收企业所得税，是税法规定的一种税款征收方式。即以核定应税所得率或应纳所得税额的方式征收所得税。

但并非所有企业都可适用核定方式征收企业所得税，国家税务总局制定的《企业所得税核定征收办法（试行）》（国税发〔2008〕30 号）第三条以及《国家税务总局关于企业所得税核定征收若干问题的通知》（国税函〔2009〕377 号）规定，汇总纳税企业、上市公司、银行、保险、证券公司以及社会中介机构等特定纳税人的企业所得税均不适用核定方式。

对于 PE 机构、创投公司等专业股权投资企业可否采用核定方式征收企业所得税，由于上述文件没有予以明确，因此各地的税务机关对此问题的规定也不尽一致，使得同一类型的纳税人仅因地域不同而税负各异。

专业股权投资企业从事的主业就是资本运作，一笔股权投资业务动用的资金少则成百上千万元，多则上亿元，企业应当也必须设有专门的财务管理团队，按规定建账且财务核算健全是基本要求，否则又何以从事资本运作呢。况且股权（股票）交易的收入来源与成本支出比较单纯，容易核算清楚，对其企业所得税应当查账征收。

本次 27 号公告明确规定"专门从事股权（股票）投资业务的企业，不得核定征收

企业所得税"，就是根据该行业的经营特点及内在要求，将专业股权投资企业纳入特定纳税人范围，从制度上统一和规范了对股权投资企业的所得税征管。

【**案例16**】甲投资公司2014年2月以现金600万元对乙公司进行股权投资，占总股本的60%且准备长期持有，2015年4月以1 000万元将全部股权转让给丙公司，甲公司作如下会计处理（不考虑乙公司的盈亏，单位：元）：

对外投资取得股权时：

借：长期股权投资（成本）——乙公司	6 000 000
贷：银行存款	6 000 000

取得转让股权收入时：

借：银行存款	10 000 000
贷：长期股权投资（成本）——乙公司	6 000 000
投资收益	4 000 000

期末将投资收益结转本年利润：

借：投资收益	4 000 000
贷：本年利润	4 000 000

甲投资公司必须根据企业会计准则的要求，准确核算投资及产生的损益。

现行税法规定，除特殊重组业务等另有规定外，企业不论是以货币形式、还是非货币形式取得的财产转让收入，原则上均应一次性计入确认收入的年度计算缴纳企业所得税。企业转让股权收入，应于转让协议生效、且完成股权变更手续时，确认收入的实现。转让股权收入扣除为取得该股权所发生的成本后，为股权转让所得。计算股权转让所得时，不得扣除被投资企业未分配利润等股东留存收益中按该项股权所可能分配的金额。

（二）核定征税企业取得的转让股权等财产转让收入应随主业核定征收企业所得税

企业转让固定资产、无形资产、股权、债权等财产取得的收入统称转让财产收入。对于核定征收企业所得税的企业，偶尔取得股权转让等财产转让收入如何征收企业所得税，在税收征管中存在两种处理方式：一种是将股权等财产转让收入与日常生产经营收入合并为收入总额，按已核定的应税所得率计税；另一种是对股权及其他财产转让收入等非日常经营项目的收入，允许扣除其对应的成本费用后直接计入应纳税所得额，再按适用税率计税，也就是单独对财产转让收入实行查账征收企业所得税。以致企业发生相同的应税行为只因地域不同而税负不等。

然而，根据《企业所得税核定征收办法（试行）》第七条的规定，实行应税所得率方式核定征收企业所得税的纳税人，经营多业的，无论其经营项目是否单独核算，均由税务机关根据其主营项目确定适用的应税所得率。可见，对一个纳税人同一纳税年度的企业所得税不应同时采用两种征收方式。

同时，27 号公告在上述规定的基础上，对原已采用核定方式征收所得税的企业，偶尔取得的股权等财产转让收入，明确规定"应全额计入应税收入额，按照主营项目（业务）确定适用的应税所得率计算征收企业所得税"。

【案例 17】A 公司 2015 年 1—6 月取得经营收入 80 万元；5 月份还取得股权转让收入 20 万元，对应的股权初始成本 15 万元。A 公司系采取核定征收企业所得税的企业，核定的应税所得率为 10%，A 公司申报企业所得税时：

（1）填写《中华人民共和国企业所得税月（季）度和年度预缴纳税申报表（B 类，2015 年版）》；

（2）将经营收入与股权转让收入之和 100 万元填入申报表的第 1 行"收入总额"，乘以核定的"应税所得率"10% 后得出"应纳税所得额"10 万元填入第 11 行，应缴税款 2.5 万元填入申报表的第 16 行"应纳所得税额"的累计金额栏。

（3）视该公司是否符合小型微利企业的条件，如果符合，再继续计算应减除的"符合条件的小型微利企业减免所得额"填入第 17 行、第 18 行。最后计算"应补（退）所得税额"。

为何要按财产转让收入的全额而非差额作为核定征税的应税收入？这是因为《企业所得税法》以及《国家税务总局关于企业所得税核定征收若干问题的通知》均已规定，企业所得税的应税收入额等于收入总额减去不征税收入和免税收入后的余额，因而不能以减去成本后的余额作为应税收入。

企业如果以平价或低于初始投资成本转让股权（股票）时，按转让收入全额作为应税收入核定征收所得税，的确会影响其税负，但由于适用核定征收方式的企业规模本身就有限，其偶尔发生的股权（股票）交易及财产转让收入金额相应也不会很大，按主营业务确定应税所得率征税，对这类企业的整体税负影响不大。

（三）执行股权及财产转让收入企业所得税征管新规应注意的其他问题

27 号公告规定，对专业股权投资企业不得核定征收企业所得税，主要是不允许事先对该类企业的整体所得核定，对于企业出现应依法核定征收情形的，税务机关仍然可以依法对某项所得实行事后核定。

企业的生产经营范围、主营业务发生重大变化的，纳税人应及时向税务机关申报调整已确定的应税所得率。在年度汇算清缴时，主管税务机关应按照变化后的主营项目（业务）重新确定适用的应税所得率计缴企业所得税。

二十四、《小企业会计准则》——小企业减轻税负的良友

《小企业会计准则》从 2013 年起在全国施行，《小企业会计制度》同时停止执行。符合工信部等四部门颁布的《中小企业划型标准规定》中的小微企业标准的企业，在财务核算时，都应停止执行《小企业会计制度》和《企业会计制度》，转为执行《小企业会计准则》。小微企业是我国国民经济和社会发展的重要力量，促进小企业可持续发展，是关系民生和社会稳定的重大战略任务。新准则的施行，将有助于小微企业加强内部管理，充分发挥在国民经济和社会发展中的重要作用；有助于贯彻落实有关扶持小企业的法规政策，加强小企业税收征管，促进小企业税负公平为小企业减轻税负提供了更具体的保障。

（一）财务核算不健全是导致小企业被实行核定征收企业所得税的重要原因

在常见的工业、商业、餐饮、服务等行业中，数量众多的企业都属于小微企业的范围。就税收而言，对小企业影响较大的主要是企业所得税的征收方式不同带来的税负差异。

现行企业所得税的征收方式分为查账征收和核定征收两种，按照《税收征收管理法》和《企业所得税核定征收办法（试行）》（国税发〔2008〕30 号）的相关规定，对符合"依照法律、行政法规的规定可以不设置账簿的；依照法律、行政法规的规定应当设置但未设置账簿的；擅自销毁账簿或者拒不提供纳税资料的；虽设置账簿，但账目混乱或者成本资料、收入凭证、费用凭证残缺不全，难以查账的"等情形之一的纳税人实行核定征收企业所得税。可见，纳税人无账可查、账目混乱、有账难查等在账簿设置和会计核算方面存在的诸多问题，将导致被确定为以核定方式征收企业所得税。

在税收实务中，小微企业被以核定应税所得率的方式核定征收企业所得税，其主要原因是：

（1）企业往往经营规模不大，经营业务、收入来源单一，缺乏现代企业的管理理念，内部控制有限；

（2）财务核算制度不健全，常常不设专门财务机构，不配置或不按企业规模配置

专职财会人员，甚至不依法建账，对原始凭证取得环节控制不够严格，收据、白条甚至虚假发票都可用作记账依据；

（3）缺乏相应的监管机制，经常出现账表不符、账账不符、账实不符等现象，导致会计信息质量不高或失真，降低和影响了财务数据、财务信息的真实性和有效性。

由以上三点可以看出，由于账务核算不健全，账目混乱或者成本资料、收入凭证、费用凭证残缺不全，以致不能正确核算收入和成本费用。

（二）《小企业会计准则》为小企业健全账务核算，加强收入、成本核算提供了规范

会计准则重点规范会计决策过程，规范的目标、内容主要是对会计要素的确认和计量进行"定性"的规定，它详细分析各项业务或项目的特点，然后以确认与计量为中心并兼顾披露，对围绕该业务或项目有可能发生的各种问题做出处理的规范。我国现已逐步建成了由 1 项基本会计准则、41 项具体会计准则和 39 项应用指南等构成的企业会计准则体系，但均只适用于不执行《小企业会计制度》的企业。长期以来，由于小微企业一直没有为其量身打造的会计准则，除了纳税人自身的主观原因外，没有适用的会计准则也是造成小微企业财务会计核算不健全的一个客观因素。

就以往情况来看，小微企业有的是执行《小企业会计制度》，有的勉强套用《企业会计准则》，由于没有专门的会计准则，对会计决策过程规范不够，特别是缺乏经济业务发生前的财务、税收筹划决策，对业务或项目有可能发生的各种问题没有预警；大多数小企业的财务工作基本上还局限于对已既成的事实进行核算，忽视事前预测、事中监督和事后检查。

作为小微企业纳税人要改变企业所得税征收方式，最重要的前提条件就是符合"账务健全，能正确核算收入和成本费用"的标准，也就必须依法进行财务会计核算，会计准则的作用就是提供会计工作的基本规范标准和依据指南。

（三）争取将企业所得税核定征收改为查账征收对小企业降低税负有实质作用

由于核定征收是带有一定惩戒性质的征收方式，因此，其企业所得税税负一般要高于查账征收的税负，如饮食业、文化体育业、房地产行业的企业所得税核定征收的最高税负可达到营业收入的 6.25%，这个税负率以及返算的利润率水平，在当前的经济状况下是比较高的，一般情况下要明显高于查账征收的纳税人的税负率。

纳税人一旦被确定为核定征收企业所得税，在一个年度内将不可改变征收方法。

按照国税发〔2008〕30 号文件的规定，主管税务机关在每年 6 月底以前对上年度实行核定征收企业所得税的纳税人进行重新鉴定，因此纳税人可在这个鉴定期内申请改变征收方式。

国家出台《小企业会计准则》的着眼点之一就是促进小企业税负公平，在设置上既满足税收征管信息需求，加强小企业税收征管，又有助于银行信贷决策等有关扶持小企业的法规政策的落实。为广大的小企业规范会计确认、计量和报告行为，健全和加强财务会计核算体系，正确核算收入和成本费用，从而实行征收方式的调整提供了一次极佳的机会。试想，一个连账务都不能健全和准确核算的企业，所得税都是核定征收的，要想取得银行的信任获得贷款，是何等不易的事情。

实行核定征收的小微企业应该以执行《小企业会计准则》为契机，改变"游击队"理念，逐步转向"正规军"，依法建账建制，改善经营管理，管理者应及时更新现代企业的管理理念，财会人员不应再局限于过去的财务会计核算和计量，应由一个被动的财务核算工具，转变为一个具有创新管理意识的主动参与者，给管理者提供有价值的决策信息，降低企业经营风险和涉税风险，同时应加强与税务机关联系，积极参加主管税务机关"纳税人学校"的学习，掌握相关财会和税收政策，从而准确核算和申报应纳税所得额。

小微企业财会人员应认真学习和掌握《小企业会计准则》的具体内容，与企业负责人沟通、宣讲执行该准则后对企业在加强财务管理、降低税负等方面的益处，按要求执行新准则，严格规范企业的财务核算，及时准确地确认收入和核算成本费用，按准则规定编制财务报表，在会计利润的基础上依法进行纳税调整，按应纳税所得额准确申报企业所得税，力争达到符合查账征收条件，以便在企业所得税征收方式鉴定时，得到主管税务机关的认可，由核定征收调整为查账征收方式，既减轻企业税负，又有利于加强企业管理，促进经济效益的提高。

二十五、资产重组不征增值税、营业税并非无条件

《国务院关于进一步优化企业兼并重组市场环境的意见》（国发〔2014〕14 号）再次明确：企业通过合并、分立、出售、置换等方式，转让全部或者部分实物资产以及与其相关联的债权、债务和劳动力的，不属于增值税和营业税征收范围，不应视同销售而征收增值税和营业税。

资产重组是在市场经济条件下进行资源配置和再配置的一个重要组成部分，对社会经济的发展具有显著的积极作用。为了鼓励该项事物，国家税务总局在 2011 年先后出台 13 号公告，即《关于纳税人资产重组有关增值税问题的公告》，和 51 号公告，即《关于纳税人资产重组有关营业税问题的公告》（以下统称两个公告），规定对资产重组不征收增值税和营业税，对资产重组中涉及货物和不动产、土地使用权转让是否征收增值税和营业税这个纠结了十几年的问题终于尘埃落定。这是对资产重组最大的税收政策支持。

但是，笔者发现，在对这两个公告的评述和理解中，大都是把目光集中在重组方式和不征税这两点，好像这两个公告就是规定对资产重组中所有转让货物和不动产、土地使用权的行为，都绝对不征收增值税和营业税。果真如此吗？仔细研读这两个公告后，得出的结论却是：非也。

之所以得出绝对不征税的错误结论，是因为忽视了两个公告中都有的"劳动力"这三个字。这三个字看似不起眼，实则是这两个公告的灵魂所在，是确定征税还是不征税的关键。忽视这三个字，就会造成对公告的误读，给资本运作、税收筹划带来很大的风险。

这两个公告规定，纳税人在资产重组过程中，通过合并、分立、出售、置换等方式，将全部或者部分实物资产以及与其相关联的债权、负债和劳动力一并转让给其他单位和个人，不属于增值税、营业税的征税范围，其中涉及的货物转让，不征收增值税；涉及的不动产、土地使用权转让，不征收营业税。在公告中，"合并、分立、出售、置换"是对资产重组方式的列举；而"全部或者部分实物资产以及与其相关联的债权、债务和劳动力"则是转让的具体对象；"一并转让"是必备条件；"涉及的货物转让，不征收增值税"和"涉及的不动产、土地使用权转让，不征收营业税"是做出的结论。

在公告所列转让对象中，"实物资产"、"债权、负债"、"劳动力"这三个具体转让对象之间用的是"以及"、"和"这两个表示并列关系的连词，而不是表示选择关系的

连词"或者";在转让前面加上了"一并"这个必备条件,"一并"的意思就是将几件事合在一起办。通过这样仔细解析,我们可以得知,"实物资产"、"债权、负债"、"劳动力"这三个转让对象必须合在一起同时转让,缺一不可。只有符合"实物资产以及与其相关联的债权、债务和劳动力一并转让"的条件,才对资产转让时涉及的货物、不动产及土地使用权转移行为,分别不征增值税和营业税。反之,缺少任何一个转让对象或者不是"一并"转让的,就应当征税。

而在资产重组的实际操作过程中,大家以往都习惯只要实物资产和相关的债权、负债一并转让就可以不征税,而"劳动力"必须一起转让才符合不征税的条件,却是很容易被忽视的问题。我们不去苛解"劳动力"在政治经济学中的词义,这里的劳动力即是指企业员工。在资产重组中,拥有优良资产或者拥有股市壳资源的,重组各方会各取所需,而由于种种原因,重组的相对方往往对资产更感兴趣,而对劳动力有时候是不愿意接受或全部接受的,所以,在实际重组案例中,并不是每次重组都必定伴随有劳动力的一并转让。下面我们试以分立和置换这两种常见的重组方式来加以分析。

分立,是指一个公司分设成两个以上的公司,即一家企业将部分或全部资产分离转让给现存或新设的企业。以原有公司法人资格是否消灭为标准,又可分为新设分立和派生分立两种。新设分立,又称解散分立,以原有公司的法人资格消灭为前提,将一个公司的全部财产分割,分别归入两个或两个以上新公司中的行为。派生分立,又称存续分立,是指一个公司将一部分财产或营业依法分出,成立两个或两个以上公司的行为。在存续分立中,原公司继续存在,新公司取得法人资格,原公司也继续保留法人资格。

【案例18】以新设分立为例,一个公司分成两个或多个公司,为了集中优质资产达到上市等目的或提高获利能力等,很可能出现将被分立企业原有的地域条件好的厂房、土地等集中到新设的公司,而将员工安排到其他几个分立企业的情况。如某公司有多处厂房和土地,本次采取派生分立的方法,分立成两家公司,其中,与他人合作成立一家房地产公司,将坐落在市中心金融街上的两处厂房及一块土地转让到新设的房地产公司,由于房地产公司不需要多少员工,需要的也是房地产专业人才和有销售能力的售楼人员,因此除以董事会名义委派一名经理外,其他人员全部外聘,被分立企业的员工全部留在原公司继续从事原来的生产。

该公司通过分立的方式,将部分实物资产与其相关的债权、债务一并转让,看似符合51号公告规定,但最重要的一个转让对象"劳动力"并没有随同上述资产一并转让,因此,该分立情形所转让的不动产和土地就不符合51号公告中"涉及的不动产、土地使用权转让,不征收营业税"的条件,对转让的厂房和土地就应按照销售不动产和转让无形资产征收营业税。

置换,是指在商业活动中交易双方直接进行的物品等值交换活动,资产置换一般是指上市公司控股股东以优质资产或现金置换上市公司的呆滞资产,或以主营业务资产置换非主营业务资产等情况，包括整体资产置换和部分资产置换等形式，资产置换双方企业都不解散。资产置换后，公司的产业结构将得以调整，资产状况将得以改善。

【案例 19】 某上市公司发布资产置换暨关联交易公告称，拟以化工原料分公司账面原值为 3 000 万元的存货以及 4 000 万元的厂房及合计 5 000 万元的其他资产，置换集团公司拥有的价值 3 350 万元的土地使用权和集团公司持有的某通信有限责任公司 60% 股权（享有权益性资产评估为 8 500 万元），差额 150 万元由上市公司以货币资金支付。公告同时还称，根据资产置换协议，在资产置换实施时，原原料分公司所有人员的劳动合同解除，由公司根据资产置换后业务发展需要，重新聘请有关通信方面的专业人员来经营。根据该公司披露的公告可以看出，在这次资产置换过程中，置出资产方该上市公司没有将劳动力随同存货、不动产等一并转让，而置入方某集团公司也没有将劳动力随同土地使用权一并置换到上市公司。本次资产置换双方的行为，都不符合两个公告规定的不征增值税和营业税的必备前置条件，因此，对该上市公司置出的 3 000 万元存货应征收增值税，对其他资产中涉及的货物也应征收增值税；对置出的 4 000 万元厂房应按销售不动产征收营业税；而对集团公司置出价值 3 350 万元的土地使用权行为，也应按转让无形资产征收营业税。

在企业改制过程中，以合并和出售的方式进行资产重组，先对原企业的员工采取解除劳动合同、买断工龄等方法进行安置，再将企业进行合并或者出售资产，是很常见的。在这种情形下，货物、不动产和土地使用权的转让也都不符合两个公告关于不征税的规定。

对企业资产重组过程中转让实物资产是否征收流转税问题的纠结，从国税函〔2002〕165 号文件下发后已有 10 年，虽然此后国家税务总局又做出了几个批复，但都属于对个案的批复，这些年间，浙江、江苏、福建等不少省的税务部门相继出台了一些对此项行为不征营业税的规定，如《浙江省地方税务局关于营业税若干政策业务问题的通知》（浙地税函〔2009〕423 号）规定，"在合并、分立、兼并等企业重组过程中发生转让企业产权涉及的不动产、土地使用权转移行为，不征收营业税。"

此前以往各地对产权转让所做的不征税规定，都未附加劳动力一并转让这个条件，只是直白地规定对资产重组过程中涉及的企业产权、资产转移或者不动产、土地使用权转让不征营业税。那么，51 号公告与以往这些规定有哪些主要的不同呢？首先，这是以总局公告形式发布的规范性文件，对全国各地都具有约束力；其次，与以往一些省级税务部门的不征税规定最大的区别就是增加了"劳动力一并转让"这个前置条件。

国家鼓励企业兼并重组的目的，是加快国有经济布局和结构的战略性调整，鼓励和支持民营企业参与竞争性领域国有企业改革、改制和改组，促进非公有制经济和中小企业发展。国家税务总局发布的这两个公告，是为了鼓励真正的资产重组，因而企业员工是否随资产一并转移，就成为鉴别真假重组的标准之一。从国税函〔2002〕165

号文件到 13 号公告、51 号公告，都设置了必须是劳动力随资产一并转让才能不征税这个条件，就是为了不给借重组之名行销售货物和不动产、买卖土地使用权之实的假重组行为提供避税、逃税的机会，因此，作为税务机关和税务人员更应深刻领悟这两个公告的实质内涵，只能对资产重组过程中符合条件的销售货物、不动产和土地使用权转让行为不征税，不能混淆为对合并、分立、出售、置换等产权转移行为不管是否符合全部条件就都不征税。

资产重组涉及的资产动辄上千万元，多的高达数亿元，一旦出现误判，就将面临被追征巨额营业税、增值税。在进行资产重组时，相关企业特别是以往省级税务部门做过不征税规定的地区的纳税人，一定要认真研读国家税务总局这两个公告的内容和实质，切不可带有惯性思维而管中窥豹误读了这两个公告，以免在资产重组过程中进行税收筹划时，因忽视了不征税的法定前置条件，而事后被追征税款造成巨大的税收风险。

二十六、计税房产原值不能只看账面房产原值

对于从价计征房产税的，税法规定依照房产原值一次减除10%~30%后的余值计算缴纳，那么，企业账面应税房产的原值是否就是从价计征房产税的唯一计税依据呢？

【案例20】某地税稽查局的检查小组对甲上市公司进行检查后，出具了稽查报告，其中关于房产税是这样表述的：该公司"固定资产"科目中房屋原值2 000万元，减除20%后的余值为1 600万元，按1.2%的税率计算，2010年和2013年各应缴房产税19.2万元，均已缴纳，暂未发现少缴房产税的问题。

审理人员在审理时认为，甲公司作为上市公司执行的是《企业会计准则》，其与房屋相关的土地价值必定是另外在"无形资产"科目中核算，而从稽查报告反映，检查人员只依据"固定资产"科目中记载的房屋原值计算了应缴房产税，很可能遗漏了土地价值。于是将此案退回补充检查。

不日，检查人员将补充稽查报告和相关证据材料再次报送审理，正如审理人员所怀疑的那样，该公司2007年以2 500万元（含支付的税费等）购买了土地使用权后用于建造厂房等建筑物，容积率为0.8。当时执行的是《企业会计制度》，房屋建成后将地价与房屋建造成本一并转入固定资产，并以此为计税依据缴纳了房产税。2009年公司上市后改为执行《企业会计准则》，该公司根据《企业会计准则》的有关规定，将房屋中归属于土地使用权的地价款2 500万元从原"固定资产"账面价值中分离到"无形资产"科目中，作为土地使用权的成本，从2009年开始，按"固定资产"科目记载的房产原值2 000万元计算缴纳房产税。

按照《财政部　国家税务总局关于房产税、城镇土地使用税有关问题的通知》（财税〔2008〕152号）关于"自2009年1月1日起，对依照房产原值计税的房产，不论是否记载在会计账簿固定资产科目中，均应按照房屋原价计算缴纳房产税。房屋原价应根据国家有关会计制度规定进行核算"的规定，该公司2009年至2010年按照房屋原值2 000万元计算缴纳房产税并无不妥。

但是，《财政部　国家税务总局关于安置残疾人就业单位城镇土地使用税等政策的通知》（财税〔2010〕121号）于2010年12月份颁布后，从价计征房产税的计税依据发生了重大变化。

该文件第三条规定，"对按照房产原值计税的房产，无论会计上如何核算，房产原值均应包含地价，包括为取得土地使用权支付的价款、开发土地发生的成本费用等。

宗地容积率低于 0.5 的，按房产建筑面积的 2 倍计算土地面积并据此确定计入房产原值的地价。本通知自发文之日起执行。此前规定与本通知不一致的，按本通知执行。"

该公司从 2011 年起申报的房产税，由于未将 2 500 万元的地价并入房产计税原值，因而从 2011 年开始，每年均少缴了房产税。据此，稽查局做出了责令补缴税款并加收滞纳金的处理决定。

【分析】有关从价计征房产税的计税依据，财税〔2008〕152 号文件规定"房屋原价应根据国家有关会计制度规定进行核算"，而财税〔2010〕121 号文件修改为"无论会计上如何核算，房产原值均应包含地价"，这一变化，对于执行《企业会计制度》的纳税人来说没有影响；但对于执行《企业会计准则》的纳税人影响很大，从 2011 年开始，企业在账务处理上仍应按准则执行，将与房屋相关的土地使用权价款在"无形资产"中核算，但是在申报房产税时必须将地价计入房产原值作为房产税的计税依据。

因此，在对上市公司以及执行《企业会计准则》的企业进行房产税检查时，切勿以惯性思维仅仅只检查"固定资产"中的房产原值，还必须着重对"无形资产"科目中的土地使用权价款进行核实检查，以防少计房产原值少缴房产税。

二十七、企业出借资金取得利息的营业税征免问题

随着市场经济的发展，融资渠道从单一向多元转变，企业向非金融企业借用资金的情况越来越普遍。现对非金融企业借出资金取得利息收入是否征收营业税问题总结如下。

（一）非金融企业之间出借资金取得的利息征税是一般规定

根据《营业税暂行条例》及其税目注释、《国家税务总局关于印发〈营业税问题解答（之一）〉的通知》（国税函发〔1995〕156号）的规定，贷款指将资金有偿贷与他人使用的业务，属于"金融保险业"税目的征税范围。

据此，不论金融企业还是其他单位或个人，只要是发生将资金贷与他人使用的行为，均应视为发生贷款的应税行为。

对非金融企业将资金提供给其他单位或个人（不具有非法转贷或其他违法行为）并收取利息，如企业与企业之间借用周转金而收取资金占用费，行政机关或企业主管部门将资金提供给所属单位或企业而收取资金占用费等，均应按"金融保险业"适用5％的税率征收营业税，营业额为其收取的全部利息收入（包括各种加息和罚息及价外费用）。

（二）统借统还业务收取的利息适用不征税的特殊规定

符合不征税条件的统借统还业务主要有以下两种形式：

一是企业主管部门或企业集团中的核心企业等单位向金融企业借款后，将所借资金分拨给独立或非独立核算的下属单位，并按支付给金融企业的借款利率水平向下属单位收取用于归还金融企业的利息的业务。

二是企业集团或集团内的核心企业（以下简称企业集团）委托所属财务公司代理统借统还业务，即企业集团从金融企业取得统借统还贷款后，由集团所属财务公司与企业集团或集团内下属企业签订统借统还贷款合同并分拨借款，按应支付给金融企业的借款利率收取利息，再转付给企业集团，由其统一将借款和利息归还金融企业的业务。

为缓解中小企业融资难的问题，《财政部 国家税务总局关于非金融企业统借统还业务征收营业税问题的通知》（财税字〔2000〕7号）和《国家税务总局关于贷款业务征收营业税问题的通知》（国税发〔2002〕13号）对符合上述条件的统借统还或代理统借统还业务，均规定不征收营业税，具体规定如下：

企业主管部门按支付给金融企业的借款利率水平向下属借款单位收取用于归还金融企业的利息不征营业税（因企业主管部门这一概念与现代公司制度已不相适应，后文不再涉及）；企业集团委托所属财务公司代理统借统还业务，取得的用于归还金融企业的利息不征收营业税。

（三）非金融企业出借资金收取利息不征税应符合规定条件

出借与借用资金双方是否属于同一企业集团；是否由财务公司与借款企业签订统借统还贷款合同并分拨借款；收取利息的利率是否符合规定；这是判别非金融企业资金出借业务是否征收营业税的三项标准。

只有企业集团内的财务公司与借款企业签订统借统还贷款合同并分拨借款，向集团内借款企业收取的利息不高于支付给金融企业的借款利率水平，企业集团通过财务公司从事统借统还业务取得的利息才能不征收营业税。

如果财务公司收取的借款利息高于企业集团支付给金融企业的借款利率标准，则不属于国税发〔2002〕13号文件所称的"统借统还"业务，也就不符合不征收营业税的条件，对企业集团通过财务公司从借款方取得的利息则应视为从事贷款业务全额征收营业税，而不能片面理解为收取的利息中用于归还金融企业的利息不征收营业税，超过标准多收取的贷款利息才缴纳营业税。

（四）正确区分普通关联企业与企业集团内企业是关键

不属于同一企业集团的关联企业即普通股权投资关系的关联企业（以下简称普通关联企业）之间也常有互相借用资金业务发生，按照现行税法规定，对于普通关联企业之间的资金出借业务产生的利息，不能按照企业集团统借统还业务不征收营业税。

企业集团内的企业之间均系关联企业，但并非所有关联企业就一定同属于一个企业集团。普通关联企业尤其是单纯母子公司与企业集团在形式上很容易混为一谈，两者的企业之间均以股权为纽带，或以股东身份投资另一企业，或母公司控股子公司，或同属一个母公司。

由于国税发〔2002〕13号文件只规定对企业集团统借统还业务的利息免征营业税，因此必须对出借与借用资金各方是否属于同一个企业集团进行审查，不能只以相互之间的股权关系来判别，更不能只看企业名称是否有"集团"二字，而应根据国家工商行政管理总局印发的《企业集团登记管理暂行规定》（工商企字〔1998〕59号）所规定的条件来判别，具体条件如下：

企业集团指以资本为主要联结纽带的母子公司为主体，以集团章程为共同行为规范的母公司、子公司、参股公司及其他成员企业或企业共同组建而成的具有一定规模的企业法人联合体。企业集团应持有工商行政管理机关颁发的《企业集团登记证》，企业集团本身不具有企业法人资格，其名称可以在宣传和广告中使用，但不得以企业集团名义订立经济合同，从事经营活动；企业集团的母公司注册资本在5 000万元人民币以上，并至少拥有5家子公司；母公司和其子公司的注册资本总和在1亿元人民币以上；集团成员单位均具有法人资格。

在审核相关企业是否属于同一企业集团时，应认真审核母公司是否持有《企业集团登记证》，是否符合上述条件。有些企业联合体虽然对外称为"集团"，但并未办理企业集团设立登记，只是单纯的股权投资与被投资关系，该类企业并非真正意义上的企业集团，其相关企业之间出借资金产生的利息即使没有高于银行借款利率水平，也不能不征营业税。对普通关联企业之间的资金出借业务应视为贷款业务，对资金出借取得的全部利息依法征收营业税。

【案例21】某税务稽查局对乙企业进行检查时，发现有这样几笔会计分录：

借：银行存款 ××万元

　　贷：其他应付款——丙公司 ××万元

月末，

借：其他应付款——丙公司 ××万元

　　贷：开发成本——间接开发费——利息 ××万元

一般情况下，只有收到银行存款的利息时才会做冲减利息的账务处理，为什么要把企业间的往来款冲减利息呢？经核查，乙企业是甲公司的子公司，乙企业又对外投资成立了丙公司，由于丙公司所开发的项目贷款比较困难，就由乙企业出面从银行贷款再转给丙公司，丙公司按银行贷款利率支付利息给乙企业，乙企业收到丙公司的利息后，冲减本公司的利息，待到与银行结息时由乙企业按总贷款额应付利息一并支付给银行。

乙企业辩称其与丙公司同属甲公司集团联合体内的企业，乙企业只是将从银行借来的资金转借与丙公司，且是按银行利率收取丙公司的利息，再支付给银行，该部分利息应按国税发〔2002〕13号文件规定，作为企业集团统借统还业务的利息免征营业税。

但是经稽查人员核实，甲公司虽称为集团，但并无《企业集团登记证》；对丙公司的股权投资者是乙企业而非甲公司，甲公司是乙企业的母公司，乙企业是丙公司的母公司，因此，甲企业与乙公司、丙公司只是普通关联企业而非企业集团关系；从银行取得的贷款是以乙企业名义获得的，乙公司是生产经营企业而非集团内的财务公司，丙公司与乙企业签订的是普通借款合同而非统借统还合同。由此可认定，该业务是乙企业将资金借与丙公司使用，而非企业集团的统借统还业务，对乙企业从丙公司收取的利息应全额征收营业税。

二十八、企业买卖股票要缴哪些税

对股票等金融商品买卖的税收征缴和检查，是税务机关和纳税人都非常关注的问题。本文对企业从事股票等金融商品买卖业务涉及的相关税收政策进行了梳理。

（一）企业买卖股票如何计缴营业税

1. 政策依据

（1）营业税暂行条例及其实施细则；

（2）《财政部 国家税务总局关于个人金融商品买卖等营业税若干免税政策的通知》（财税〔2009〕111 号）；

（3）《国家税务总局关于金融商品转让业务有关营业税问题的公告》（国家税务总局公告 2013 年第 63 号）；

（4）《财政部 国家税务总局关于营业税若干政策问题的通知》（财税〔2003〕16 号）。

2. 操作提示

（1）纳税主体。

修订前的《中华人民共和国营业税暂行条例实施细则》（财法字〔1993〕第 40 号）第三条规定，非金融机构和个人买卖外汇、有价证券或期货，不征收营业税。

而从 2009 年开始实施的修订后的《中华人民共和国营业税暂行条例》（国务院第 540 号令）第五条第（四）项及《中华人民共和国营业税暂行条例实施细则》（财政部 国家税务总局第 52 号令）第十八条规定，纳税人从事的外汇、有价证券、期货等金融商品买卖业务，以卖出价减去买入价后的余额为营业额，计算缴纳营业税。

修订后的营业税条例及实施细则规定对所有纳税人买卖金融商品均应征收营业税，取消了原来非金融机构和个人买卖金融商品不征收营业税的规定。至此，买卖金融商品应税行为的适用范围增加了"其他金融商品"，适用主体由"金融机构"扩大到"所有单位或者个人"，即单位和个人从事股票买卖业务，均应征收营业税。

综合考虑我国资本交易市场的现状，国家财税主管部门相应出台了对个人股票买卖业务的免税规定，《财政部 国家税务总局关于个人金融商品买卖等营业税若干免税政策的通知》（财税〔2009〕111 号）规定，自 2009 年 1 月 1 日起，对个人（包括个体工商户及其他个人）从事股票买卖业务取得的收入，暂免征收营业税。

综上，自 2009 年 1 月 1 日起，所有单位纳税人从事股票转让等金融商品买卖业务取得的收益，均应缴纳营业税。

（2）营业额的确定。

按照相关税收政策规定，股票买卖业务的营业额为股票卖出原价（不扣除任何费用和税金）减去买入原价（不包括各种费用和税金）的差价收入，适用 5% 的税率。

国家税务总局 2013 年第 63 号公告规定，纳税人从事金融商品转让业务，从 2013 年 12 月起，不再按股票、债券、外汇、其他四大类来划分，统一归为"金融商品"，不同品种金融商品买卖出现的正负差，在同一个纳税期内可以相抵，按盈亏相抵后的余额为营业额计算缴纳营业税。若相抵后仍出现负差的，可结转下一个纳税期相抵，但在年末时仍出现负差的，不得转入下一个会计年度。该规定改变了原将金融商品按股票、债券、外汇、其他四大类划分，只有同一大类中的金融商品买卖出现的正负差，才可以在同一个会计年度内相抵的规定。

（3）营业额（买卖价差）的计算。

对纳税人买卖股票时，实际操作中可以根据不同取得方式和价格确定股票买卖价格，主要存在以下确定方式：

①二级证券交易市场买卖股票：价格以纳税人买卖成交价格为依据，即以纳税人交易交割单据记录价格来确定买入价和卖出价。

②以合同、协议方式买卖股票：价格以合同、协议中记载交易价格为依据，确定股票买卖价格。

③以拍卖、抵债方式买卖股票：拍卖方式以拍卖成交价格作为双方股票买卖价格为依据，而抵债的以抵债金额为依据，确定股票买卖价格。

④参与新股、增发申购、配股认购取得股票：以发行和增发价格确认为买入价格，而配股认购方式主要以公司股东所持有股票为基础，以较低价格进行一定比例配股，以配股价格为买入价。

对于纳税人所持股票因上市公司分红派息出现除权或除息，导致股票数量和价格有所变动，不能直接以所持股票卖出价减买入价来计算价差收入的，应根据财税〔2003〕16 号文件关于"买入价依照财务会计制度规定，以股票、债券的购入价减去股票、债券持有期间取得的股票、债券红利收入的余额确定"的规定，或采取复权的方法，还原为股票购入时的价格。

（二）企业买卖股票如何计缴企业所得税

1. 政策依据

（1）企业所得税法及其实施条例；

（2）《国家税务总局关于贯彻落实企业所得税法若干税收问题的通知》（国税函〔2010〕79号）；

（3）《国家税务总局关于企业所得税若干问题的公告》（国家税务总局公告2011年第34号）；

（4）《财政部　国家税务总局关于企业清算业务企业所得税处理若干问题的通知》（财税〔2009〕60号）；

（5）《国家税务总局关于企业股权投资损失所得税处理问题的公告》（国家税务总局公告2010年第6号）；

（6）《国家税务总局关于发布〈企业资产损失所得税税前扣除管理办法〉的公告》（国家税务总局公告2011年第25号）。

2. 操作提示

（1）收入总额的确定。

根据《企业所得税法》及其实施条例的规定，企业的收入总额为以货币形式和非货币形式从各种来源取得的收入，包括转让财产（股权、债权等）收入，股息、红利等权益性投资收益，利息收入等。企业对外投资期间，投资资产的成本计算应纳税所得额时不得扣除。

税法同时规定，符合条件的居民企业之间的股息、红利等权益性投资收益为免税收入，但是不包括连续持有居民企业公开发行并上市流通的股票不足12个月取得的投资收益。

（2）股权转让所得和权益性投资收益收入的确认。

国税函〔2010〕79号文件规定，股权转让所得为转让股权收入扣除为取得该股权所发生的成本（股权转让所得＝转让股权收入－为取得该股权所发生的成本）。企业在计算股权转让所得时，不得扣除被投资企业未分配利润等股东留存收益中按该项股权所可能分配的金额。

企业权益性投资取得股息、红利等收入，应以被投资企业股东会或股东大会做出利润分配或转股决定的日期，确定收入的实现。被投资企业将股权（票）溢价所形成的资本公积转为股本的，不作为投资方企业的股息、红利收入，投资方企业也不得增加该项长期投资的计税基础。

（3）投资企业撤回或减少投资的税务处理。

国家税务总局2011年第34号公告规定，投资企业从被投资企业撤回或减少投资，其取得的资产中，相当于初始出资的部分，应确认为投资收回；相当于被投资企业累计未分配利润和累计盈余公积按减少实收资本比例计算的部分，应确认为股息所得；其余部分确认为投资资产转让所得。

被投资企业发生的经营亏损，由被投资企业按规定结转弥补；投资企业不得调整减低其投资成本，也不得将其确认为投资损失。

（4）企业清算所得或损失的确认。

企业全部资产的可变现价值或交易价格减除清算费用，职工的工资、社会保险费用和法定补偿金，结清清算所得税、以前年度欠税等税款，清偿企业债务，按规定计算可以向所有者分配的剩余资产。

财税〔2009〕60号文件规定，被清算企业的股东分得的剩余资产的金额，其中相当于被清算企业累计未分配利润和累计盈余公积中按该股东所占股份比例计算的部分，应确认为股息所得；剩余资产减除股息所得后的余额，超过或低于股东投资成本的部分，应确认为股东的投资转让所得或损失。

被清算企业的股东从被清算企业分得的资产应按可变现价值或实际交易价格确定计税基础。

（5）企业股权投资损失的税务处理。

国家税务总局2010年第6号公告规定，企业对外进行权益性（简称股权）投资所发生的损失，在经确认的损失发生年度，作为企业损失在计算企业应纳税所得额时一次性扣除。

国家税务总局2011年第25号公告规定，企业按照市场公平交易原则，通过各种交易场所、市场等买卖债券、股票、期货、基金以及金融衍生产品等发生的损失可以清单申报的方式向主管税务机关申报扣除；除此以外的股权、债权等投资损失应以专项申报的方式办理税前扣除申报手续。

（三）企业买卖股票如何计缴印花税

1. 政策依据

（1）《国家税务局关于印花税若干具体问题的解释和规定的通知》（国税发〔1991〕155号）；

（2）《财政部 国家税务总局关于证券交易印花税改为单边征收问题的通知》（财税明电〔2008〕2号）。

2. 操作提示

国税发〔1991〕155号文件规定，"财产所有权"转移书据的征税范围是：经政府管理机关登记注册的动产、不动产的所有权转移所立的书据，以及企业股权转让所立的书据。财税明电〔2008〕2号文件规定，经国务院批准，财政部、国家税务总局决定从2008年9月19日起，调整证券（股票）交易印花税征收方式，将现行的对买卖、继承、赠与所书立的 A 股、B 股股权转让书据按千分之一的税率对双方当事人征收证券（股票）交易印花税，调整为单边征税，即对买卖、继承、赠与所书立的 A 股、B 股股权转让书据的出让方按千分之一的税率征收证券（股票）交易印花税，对受让方不再征税。

二十九、资本公积转增股本的个人所得税征免辨析

时逢大众创业、万众创新之际，又遇注册制 IPO 大改革之时，随着在主板尤其是创业板、新三板上市的公司数量将迅猛增加，资本公积转增股本征免所得税的问题，尤需引起准上市公司股东的注意。对以股本和资本溢价形成的资本公积转增股（资）本的税收征免，笔者认为，应根据投资者的身份，以及所投资企业类型的差异来区分。

（一）企业投资者获得转增股本免征企业所得税

作为企业投资者，《国家税务总局关于贯彻落实企业所得税法若干税收问题的通知》（国税函〔2010〕79 号）第四条第二款规定：被投资企业将股权（票）溢价所形成的资本公积转为股本的，不作为投资方企业的股息、红利收入，投资方企业也不得增加该项长期投资的计税基础。

被投资企业以股权（票）溢价所形成的资本公积转增股本，企业投资者在获得转增股本时不缴纳企业所得税；但由于获得的转增股本不能增加长期股权投资计税成本，在以后转让或处置股权时，也不得扣除转增增加的部分，获得的转增股本就形成了转让收入的组成部分，届时实际就是与转让差价所得一并缴纳企业所得税。

（二）特定对象免征个人所得税引发的征免争议

现行税收政策中涉及公积金转增股本免征个人所得税的规定有两项：

一是《国家税务总局关于股份制企业转增股本和派发红股征免个人所得税的通知》（国税发〔1997〕198 号）第一条的规定：股份制企业用资本公积金转增股本不属于股息、红利性质的分配，对个人取得的转增股本数额，不作为个人所得，不征收个人所得税。

二是《国家税务总局关于原城市信用社在转制为城市合作银行过程中个人股增值所得应纳个人所得税的批复》（国税函〔1998〕289 号）第二条的解释及补充规定：国税发〔1997〕198 号文件中所称的"资本公积金"是指股份制企业股票溢价发行收入所形成的资本公积金。将此转增股本由个人取得的数额，不作为应税所得征收个人所得

税。而与此不相符合的其他资本公积金分配个人所得部分，则应当依法征收个人所得税。

在税收征纳实务中，对上述免征个人所得税的歧义有二：

一是只看到第一个文件而没看到第二个文件，由此造成错误的理解，片面的认为个人取得的以所有来源形成的资本公积金转增股本数额，都不征收个人所得税。而忽略了对不征税的资本公积的来源还有限制规定，仅指"股份制企业股票溢价发行收入所形成"。

二是对国税发〔1997〕198号文件中"股份制企业股票溢价发行收入所形成的资本公积金"这句话的理解有歧义，首先是把争议的焦点放在有限责任公司是否属于"股份制企业"这个问题上。有人认为有限责任公司和股份有限公司都属于股份制企业，并由此得出错误的结论：只要是这两类公司以资本和股本溢价形成的资本公积转增股本，就都可以不征个人所得税。在各类媒体的诸多解读、解答中，甚至是基层税务机关在进行税收征管时，常把不征税范围扩展到有限责任公司。

笔者认为，正确理解上述文件的关键不在于去纠结"股份制企业是否包括有限责任公司"，而在于正确理解"股票溢价发行"的慨念。

（1）《公司法》规定，股份有限公司的资本划分为股份，公司的股份采取股票的形式，股票是公司签发的证明股东所持股份的凭证。由此可见，只有股份有限公司的股本划分为股份后所对应的凭证才称为股票。

（2）发行股票，必须符合一定的条件。《股票发行与交易管理暂行条例》第七条规定：股票发行人必须是具有股票发行资格的股份有限公司，包括已经成立的股份有限公司和经批准拟成立的股份有限公司。

（3）《证券法》第一百二十八条规定："股票发行价格可以按票面金额，也可以超过票面金额，但不得低于票面金额。"股票溢价发行即指发行人按高于面额的价格发行股票。

以上所述可见，在我国依法可以签发股票的只能是股份有限公司，有限责任公司无权发行股票。股票溢价与资本溢价是完全不同的慨念。而国税发〔1997〕198号文件很明确的规定：现行税收政策中不征收个人所得税的转增股本，只能是股份有限公司以溢价发行股票收入形成的资本公积转增的股本；而没有包括有限责任公司资本溢价吸收新股东时形成的资本公积。因此，那种简单的认为以资本和股本溢价形成的资本公积转增股本（资本），获转的自然人股东都无需缴纳个人所得税的观点是不正确的。

（三）股东投资溢价而形成的资本公积归属之争

对于公积金转增股本征免个人所得税这个问题，还有一种观点，认为谁投入的资本（现金或非货币性资产）形成的资本公积就是该股东个人的，股东获得的转增股本是获得自己原来的投资。那么，厘清什么是资本公积，什么是现代公司制度，将有利于理解这误区。

资本公积是投资者的出资中超出其在注册资本中所占份额的部分，以及直接计入所有者权益的利得和损失，它不直接表明所有者对企业的基本产权关系。

按照《公司法》第三条，公司是企业法人，有独立的法人财产，享有法人财产权；股东以其认缴的出资额（认购的股份）为限对公司承担责任。

股东投入公司的财产（资本、股本、溢价形成的资本公积）等归谁所有？是归某个特定股东，还是归公司也即全体股东所有？按照《公司法》确定的现代公司制度，股东不管以什么方式对公司的投资，股东均只以享有的股权分享公司的收益，而资本公积则是属于公司的财产，股东同样以所占股权享有资本公积。

假设甲股东投入现金 100 万元，60 万元作为股本，另外 40 万元计入资本公积；乙股东以价值 50 万元的固定资产入股，其中股本 30 万元，资本公积 20 万元。现在出现突发状况，该固定资产毁损了但现金资产仍然存在，那么是不是意味着乙股东就不占有公司的股权了？也不再享有资本公积了？这个公司就成为甲股东一个人的了？显然不是，因为毁损的是公司的财产，乙股东在公司的股本（股权）并不因此单方面直接发生影响（灭失）。

公司法人制度是现代公司制度的基础，企业法人具有独立的人格，企业人格完全区别投资者的人格，法人的人格以其财产为基础，它不仅要拥有财产，而且要拥有独立的财产，企业财产完全区别投资者的财产。股东作为投资者，投入到公司的财产，不管是资本溢价形成的资本公积还是其他方式形成的，资本公积属于公司财产，归属于公司法人，而不单独属于某个投资者，投资者只能以持有的股权享有相应的权益。

（四）股本溢价的资本公积转股应征个人所得税

资本公积金转增资本，其实质是"股息、红利分配"和"分配的所得再投资"两种行为同时发生。《个人所得税法》第二条规定，个人取得利息、股息、红利所得应纳个人所得税。《个人所得税法实施条例》第八条第（七）项规定：利息、股息、红利所得，是指个人拥有债权、股权而取得的利息、股息、红利所得。第十条明确"个人所得的形式，包括现金、实物、有价证券和其他形式的经济利益"。

国家税务总局 2010 年 5 月 31 日发布的《国家税务总局关于进一步加强高收入者个人所得税征收管理的通知》（国税发〔2010〕54 号）第二条第（二）项目明确规定"对以未分配利润、盈余公积和除股票溢价发行外的其他资本公积转增注册资本和股本的，要按照'利息、股息、红利所得'项目，依据现行政策规定计征个人所得税。"

《股权转让所得个人所得税管理办法（试行）》（国家税务总局公告 2014 年第 67 号）发布第十五条第（四）项关于"被投资企业以资本公积、盈余公积、未分配利润转增股本，个人股东已依法缴纳个人所得税的，以转增额和相关税费之和确认其新转增股本的股权原值"的规定；以及《国家税务总局关于个人投资者收购企业股权后将原盈余积累转增股本个人所得税问题的公告》（国家税务总局公告 2013 年第 23 号）的有关规定，虽未直接表述但实质上均从另一个角度，表述了"对以除股票溢价发行外的其他资本公积转增注册资本和股本的，应按照'利息、股息、红利所得'项目计征个人所得税"的要求。

《财政部 国家税务总局关于推广中关村国家自主创新示范区税收试点政策有关问题的通知》（财税〔2015〕62 号）明确：自 2015 年 1 月 1 日起，北京中关村、武汉东湖、上海张江、深圳、长株潭、苏南、天津滨海高新区等七个国家自主创新示范区以及合芜蚌自主创新综合试验区和绵阳科技城内的中小高新技术企业，以未分配利润、盈余公积、资本公积向个人股东转增股本时，个人股东一次缴纳个人所得税确有困难的，经主管税务机关审核，可分期缴纳，但最长不得超过 5 年。

（五）正进行股改的公司及股东应谨防涉税风险

在将现有企业改造为股份有限公司时，一般都会对净资产等进行评估清理，将账面盈余公积、未分配利润和资本公积转增股本，对于以原资本溢价形成的资本公积转增股本涉及的个人所得税问题，正在股改的准股份有限公司很容易与国税函〔1998〕289 号文件中"股份制企业"混淆。

从法律角度鉴别，正在进行股改的企业尚不是股份有限公司，也就不存在以股票作为所持股权的凭证，因此该类企业的资本公积中含有的溢价部分不属于"股票溢价发行收入"而只是资本溢价；且即使以后新成立的股份有限公司，原企业的资本公积计入新公司的资本公积后，其中原资本溢价部分也仍不属于新公司的"股票溢价发行收入"，仍然是股本溢价。对于股份有限公司以资本公积等转增股本的，应追根朔源查清该资本公积的初始来源，切不可只看转增时的公司性质或账面记载，应当追溯到每一笔计入资本公积的资金来源性质。按照前文已阐明的原则，以上两类公司以资本溢价形成的资本公积向个人股东转增股本时，不符合不征税的条件。

综上，按照现行税收政策，个人取得上市公司和其他股份有限公司以股票溢价发行收入形成的资本公积转增股本时，不作为应税所得，不征收个人所得税。而与所述免税情形不符的，即，所有公司以受赠资产、拨款转入等其他来源形成的资本公积金转增股本，有限责任公司以资本溢价（非股票溢价发行收入）形成的资本公积金转增股本，个人股东取得的转增股本，应按"利息、股息、红利所得"项目依法缴纳个人所得税。

三十、赠送礼品、发放奖品涉及的各项税收处理

《财政部 国家税务总局关于企业促销展业赠送礼品有关个人所得税问题的通知》（财税〔2011〕50号）就企业在营销活动中以折扣、折让、赠品、抽奖等方式，向个人赠送现金、消费券、物品、服务等涉及的个人所得税问题进行了明确。根据该文件，企业在销售商品（产品）和提供服务过程中向个人赠送礼品分为两种类型，第一种类型不征收个人所得税，第二种类型则需要征收个人所得税，本文试就企事业单位赠送礼品涉及的个人所得税、营业税、增值税、企业所得税解析如下。

（一）促销礼品赠送的个人所得税处理

1. 不征收个人所得税的类型

（1）企业通过价格折扣、折让方式向个人销售商品（产品）和提供服务；

（2）企业在向个人销售商品（产品）和提供服务的同时给予赠品，如通信企业对个人购买手机赠话费、入网费，或者购话费赠手机等；

（3）企业对累积消费达到一定额度的个人按消费积分反馈礼品。

这些赠送的共同点是，只有个人购买了企业的商品或提供的劳务才会获得相应物品或服务的赠送，实质上是企业的一种促销行为，相关赠品的成本已经被企业销售商品或提供劳务取得的收入所吸收。换句话说，个人实际已经为取得这些赠品变相支付了价款。因此，这些赠品的取得是有偿的，不需要征收个人所得税。

2. 应征收个人所得税的类型

（1）企业在业务宣传、广告等活动中，随机向本单位以外的个人赠送礼品，对个人取得的礼品所得，按照"其他所得"项目，全额适用20%的税率缴纳个人所得税。

（2）企业在年会、座谈会、庆典以及其他活动中向本单位以外的个人赠送礼品，对个人取得的礼品所得，按照"其他所得"项目，全额适用20%的税率缴纳个人所得税。

（3）企业对累积消费达到一定额度的顾客，给予额外抽奖机会，个人的获奖所得，按照"偶然所得"项目，全额适用20%的税率缴纳个人所得税。

在这些项目中，企业赠送礼品并不以个人购买企业的商品或提供的服务为前提。

因此，个人是无偿取得这些赠品的。财税〔2011〕50号文件规定，对于个人取得的这些赠品应征收个人所得税。其中，对个人取得的因企业在业务宣传、广告等活动中，随机向本单位以外的个人赠送礼品和企业在年会、座谈会、庆典以及其他活动中向本单位以外的个人赠送礼品，按照"其他所得"项目征收个人所得税。而对于企业对累积消费达到一定额度的顾客，给予额外抽奖机会，个人的获奖所得，按照"偶然所得"项目征收个人所得税。

对于涉及赠品（包括实物和劳务）的应纳税所得额的确定问题，财税〔2011〕50号文件规定，企业赠送的礼品是自产产品（服务）的，按该产品（服务）的市场销售价格确定个人的应税所得；是外购商品（服务）的，按该商品（服务）的实际购置价格确定个人的应税所得。

当然，在第二种需要扣缴个人所得税的类型中，必须是企业直接向个人发放赠品，才需要扣缴个人所得税。如果发放的形式有所变化，则未必需要扣缴个人所得税。比如，某洗发水生产企业推出一款新洗发水，需要进行广告宣传，如果该洗发水生产企业直接将赠品随机发放（包括现场发放或邮寄发放），都需要按"其他所得"项目扣缴个人所得税。如果该企业不是直接发放，而是把赠品无偿提供给某时尚杂志（当然，一般该洗发水生产企业在该杂志上做了相应的广告），通过时尚杂志捆绑发放，该洗发水生产企业是把赠品无偿赠送给杂志的，不涉及个人所得税问题。而杂志在销售时捆绑提供该赠品，则属于财税〔2011〕50号文件第一种不征收个人所得税的类型。企业在向个人销售商品（产品）和提供服务的同时给予赠品，杂志发行机构不需要扣缴个人所得税。

对于应征收个人所得税的三种赠品发放类型，企业在计算应扣缴的个人所得税时应注意以下三个方面：

第一，在（3）所述情况下，企业对累积消费达到一定额度的顾客，给予额外抽奖机会，个人的获奖所得，企业可以要求个人先完税后再给予赠送，而对于（1）和（2）情况下的赠品，企业很难扣缴个人应纳所得税。这就意味着，在（1）所述和（2）的情况下，需要扣缴的个人所得税基本是由企业承担的。需要注意的是，虽然这部分个人所得税由企业承担，但是企业不能将承担的这部分个人所得税作为企业的成本、费用在企业所得税税前扣除。

第二，关于个人所得税全员全额明细申报的问题。目前，各地都在推行个人所得税全员全额明细申报，企业在扣缴个人所得税时，需要提供个人身份证等相关信息。除了（3）是关于个人抽奖所得可以操作外，在（1）和（2）所述情况下，企业即使自行承担了个人所得税，也很难获取这些取得赠品个人的相关身份信息。如果当地税务机关要求企业就这部分项目进行明细申报，企业可能会面临现实操作中的难题。

第三，如果是企业在业务宣传、广告等活动中或在年会、座谈会、庆典以及其他活动中向本单位个人发放赠品的，应按工资、薪金所得扣缴个人所得税，计税依据的确定可以根据财税〔2011〕50号文件的规定执行。

（二）促销礼品赠送的流转税处理

企业促销礼品赠送面临的首要问题是流转税的处理，货物赠送的涉及增值税，劳务赠送的涉及营业税。

对于企业在促销活动中赠品的增值税问题，在国家层面并无明确的文件规定，实务中通常是将企业的赠品赠送行为作为无偿赠与行为，视同销售缴纳增值税。近年来，部分地方税务机关在这个问题的处理上有所变动，主要针对财税〔2011〕50号文件第一条提到的不征收个人所得税的促销礼品赠送行为。例如，《安徽省国家税务局关于若干增值税政策和管理问题的通知》（皖国税函〔2008〕10号）规定，商业企业在顾客购买一定金额的商品后，给予顾客一定数额的代金券，允许顾客在指定时间和指定商品范围内，使用代金券购买商品的行为，不属于无偿赠送商品的行为，不应按视同销售征收增值税。《四川省国家税务局关于印发〈增值税若干政策问题解答（之一）〉的通知》中对于对商业企业采取"购物返券"、"买一赠一"等方式赠送给消费者的货物和购物券，应如何确定增值税应税销售额的问题规定，商业企业的"购物返券"行为不是无偿赠送，不能视同销售计算增值税；购物返券与商业折扣的销售方式相似，因此购物返券应该比照商业折扣，按实际取得的现金（或银行存款）收入计算增值税。商场从顾客手中收回的购物券，其收入已在购物返券时体现，不应征收增值税。买一赠一是目前商业零售企业普遍采用的一种促销方式，其行为性质属于降价销售，应按照实际取得的销售收入计算缴纳增值税。而对于财税〔2011〕50号文件第二条提到的需要征收个人所得税的赠送类型中，企业发放赠品在增值税上需要视同销售缴纳增值税。

如果企业赠送的是服务，就涉及营业税问题。需要注意的是，根据《营业税暂行条例实施细则》第五条的规定，只有单位或者个人将不动产或者土地使用权无偿赠送其他单位或个人的行为和单位或者个人自建建筑物后销售，其所发生的自建行为，属于视同发生营业税应税行为，需要征收营业税外，单位或个人无偿提供其他营业税应税行为，并无视同发生应税行为的规定，不需要征收营业税。

对于财税〔2011〕50号文件第一条中不征收个人所得税的类型，如果涉及赠送劳务的，对单位只按其实际取得的营业额征收营业税。例如，某餐饮企业实行消费积分，积累一定的积分可以兑换一定的餐饮消费金额，或者企业采取充值100元按120元计算可消费金额，这里都是按企业实际取得的收入额征税。而对于财税〔2011〕50号文件第二条提到的需要征收个人所得税的赠送中，企业无偿提供服务的，也不需要缴纳营业税。例如，某餐饮企业开业第一天，对随机对象实行免费试吃，此时企业虽然提供了营业税应税劳务，但未取得营业额，不属于《营业税暂行条例实施细则》第五条列举的视同提供应税劳务的行为，则营业额为零，应纳税额为零。

（三）礼品赠送的企业所得税处理

根据《国家税务总局关于确认企业所得税收入若干问题的通知》（国税函〔2008〕875 号）的规定，企业以买一赠一等方式组合销售本企业商品的，不属于捐赠，应将总的销售金额按各项商品的公允价值的比例来分摊确认各项销售收入。

而对于企业在业务宣传、广告等活动中，在年会、座谈会、庆典以及其他活动中和对累积消费达到一定额度的顾客给予的额外抽奖奖励支出，在性质上如何界定？如果界定为捐赠，则这些捐赠不属于公益性捐赠，不能在企业所得税税前扣除。这在实务中还有待探讨。作者认为，对于企业在业务宣传和广告中的对随机对象发放的相关赠品支出，可以作为业务宣传费在企业所得税税前按限额扣除。对于企业在年会、座谈会、庆典以及其他活动中向非本单位人员发放的赠品支出如何处理，可能有很大争议，实务中要视具体情况而定。如果发放的是一些印有企业宣传标志的小额礼品，可以作为业务宣传费扣除。如果属于大额的礼品赠送，比如某企业开年会，参会者每人发一台苹果手机或笔记本电脑，也作为企业的业务宣传费则很难得到认同。对于企业对累积消费达到一定额度的顾客，给予额外抽奖，这部分奖励支出应该作为企业的合理费用在企业所得税税前据实扣除，因为企业在产品或服务定价时应该考虑了这部分支出，对应的收入也已经在销售收入中体现。

最后，企业的促销赠送行为中，为个人承担的个人所得税支出一律不能在企业所得税税前扣除。

三十一、年金递延缴纳个税应如何计算

《财政部 国家税务总局 人力资源和社会保障部关于企业年金、职业年金个人所得税有关问题的通知》（财税〔2013〕103 号）规定，从 2014 年开始，对于符合规定标准的企业年金和职业年金（以下简称年金）实行 EET 模式（E 代表免税，T 代表征税）的个人所得税递延纳税政策，即在年金缴费环节和年金基金投资收益环节暂不征收个人所得税，将纳税义务递延到个人实际领取年金的环节。

（一）企业年金、职业年金及运作模式

企业年金和职业年金是我国养老保险体系中补充养老保险的组成部分，分别指企业、事业单位（以下统称单位）及其任职或者受雇的职工，在依法参加基本养老保险的基础上，建立的补充养老保险制度。建立年金应当符合三个条件：依法参加基本养老保险并履行缴费义务，具有相应的经济负担能力，已建立集体协商机制。

年金所需费用均由单位和职工共同缴纳，与年金基金投资运营净收益额（按份额分配到个人）共同组成年金基金，实行完全积累，采用个人账户方式进行管理。职工在达到国家规定的退休条件并依法办理退休手续后，可以从本人年金个人账户中一次或定期（分期）领取年金。

建立年金的企业、事业单位，应当确定年金受托人管理年金；由受托人委托具有资格的年金账户管理机构作为账户管理人，负责管理年金账户；受托人委托具有资格的投资运营机构作为投资管理人，负责年金基金的投资运营；选择具有资格的商业银行作为托管人，负责托管企业年金基金。

（二）年金个人所得税的原计税办法

对于职业年金，以往尚未规定个人所得税计税办法。对于企业年金，2014 年以前适用现行税收政策：个人缴费部分，不得在个人当月工资、薪金计税时扣除；企业缴费部分计入个人账户时，应当作为个人一个月的工资、薪金（按季度、半年或年度缴费时，不得分摊还原到所属月份），不与当月正常工资、薪金合并，也不扣除任何费用，按照适用税率计算扣缴个人所得税。

对于月工资收入低于费用扣除标准的职工，企业缴费部分计入职工个人账户时，与当月个人工资、薪金所得之和，超过费用扣除标准的，其超过部分按前述规定计税；未超过费用扣除标准的，不征收个人所得税。

【案例 22】裕华有限公司职工刘先生 2013 年每月实发工资 5 500 元（已扣除个人缴纳年金 500 元），公司于 12 月为其缴纳年金 6 000 元。

刘先生个人每月缴付的年金 500 元不得扣除，每月工资 6 000 元，2013 年每月应缴纳个人所得税 （6 000－3 500）×10%－105＝145 （元），2013 年全年应缴纳税款 1 740 元由该企业扣缴。

公司在 12 月为其缴付年金 6 000 元，应单独视为一个月的工资且不得扣除 3 500 元的费用，该部分需缴纳个人所得税 645 元 （6 000×20%－555）。

（三）年金个人所得税的新计税办法

财税〔2013〕103 号文件对年金缴付、年金基金运作分红、年金领取三个环节的涉税问题分别做出规定：在年金缴费环节，个人缴付的年金不超过本人缴费工资计税基数 4% 的部分，暂从个人当期的应纳税所得额中扣除；对单位根据国家有关政策规定为职工支付的年金缴费，在计入个人账户时，个人暂不缴纳个人所得税。在年金基金投资环节，年金基金投资运营收益分配计入个人账户时，暂不征收个人所得税。在年金领取环节，个人达到国家规定的退休年龄退休后领取的年金，按照工资、薪金所得适用的税率，计征个人所得税。具体计算方式又分为三种情形：

第一种情形：从 2014 年开始，按月领取的年金，全额按照适用税率计征个人所得税；按年或按季度领取的年金，先平均分摊计入各月，再按每月的领取额全额（分月）计征个人所得税。

第二种情形：对单位和个人在 2014 年以前缴付年金缴费且已按原计税办法缴纳了个人所得税的，从 2014 年起，个人领取年金时允许减除该部分已税年金，就其余额按照前种情形规定的方式征税。个人分期领取年金时，可按 2014 年前缴付的年金缴费金额占全部缴费金额的百分比减计当期的应纳税所得额，就减计后的余额按照前种情形规定的方式计算征税。避免已税年金在领取时被重复征税。

第三种情形：对个人因出境定居（或个人死亡后，其指定的受益人或法定继承人）一次性领取的年金个人账户余额，允许按 12 个月分摊到各月，就其每月分摊额，分别按照前两种情形规定的方式计算征税。对个人除上述特殊原因外一次性领取年金的，则不允许采取分摊的方法，应就其一次性领取的总额，单独作为一个月的工资、薪金所得，分别按照前两种情形规定的方式计税。

但并非所有年金都可以享受递延纳税优惠政策。对单位和个人缴付年金超过国家规定标准的部分，应在缴付时并入个人当期的工资、薪金所得，依法计征个人所得税。

企业年金和职业年金的运作模式基本相同，单位缴费的列支渠道按国家有关规定执行，个人缴费由单位从个人工资中代扣。但缴费比例相差较大。

国家规定的现行年金缴付标准是：企业缴费不超过本企业上年度职工工资总额的1/12，企业和职工个人缴费合计一般不超过本企业上年度职工工资总额的1/6；事业单位最高不超过本单位上年度缴费工资基数的8%；个人缴费不超过本人缴费工资计税基数的4%。

企业年金个人缴费工资计税基数为上一年度按国家统计局规定列入工资总额统计的项目计算的本人月平均工资，职业年金个人缴费工资计税基数为职工岗位工资和薪级工资之和。

超过职工工作地所在设区城市上一年度职工月平均工资300%以上的部分，不计入个人缴费工资计税基数。

（四）年金应缴个人所得税代扣方式有变化

超过规定标准缴付的年金的个人所得税，由建立年金的单位代扣代缴，并向主管税务机关申报解缴。

个人领取年金时应纳的个人所得税，由年金托管人代扣代缴，并向托管人所在地主管税务机关申报解缴。

【案例 23】裕华有限公司职工刘先生 2014 年每月实发工资 5 500 元（已扣除个人缴纳年金 500 元），公司于 12 月份按本企业上年度职工工资总额的 1/15 为职工缴付年金，其中为刘先生缴纳年金 6 000 元。

刘先生个人每月缴纳的年金准予按工资的 4% 扣除（5 500＋500）×4%＝240（元），其每月取得工资应缴纳个人所得税（6 000－240－3 500）×10%－105＝121（元），2014 年全年应缴纳税款 1 452 元由该企业扣缴。

公司于 12 月为刘先生缴纳年金 6 000 元，在计入其个人账户时，刘先生个人暂不缴纳个人所得税，在以后领取年金时，由年金托管人代扣代缴其应纳的个人所得税。

温馨提示：2014 年起执行的年金个人所得税递延征税办法，在年金缴费环节并非绝对暂不征收个人所得税，个人缴付的年金如果超过本人缴费工资计税基数 4%，企业超过本企业上年度职工工资总额 1/12 或者事业单位超过本单位上年度缴费工资基数 8% 的比例，为职工缴付的年金，在计入个人账户时，均应并入当月工薪计算缴纳个人所得税。

三十二、律师行业个人所得税综述

律师，是指依法取得律师执业证书，接受委托或者指定，为当事人提供法律服务的执业人员。律师事务所只能由律师合伙设立、律师个人设立或由国家出资设立，律师事务所和律师应当依法纳税。目前我国律师已逾 21.5 万人，为规范律师行业的个人所得税征管，2012 年末《国家税务总局关于律师事务所从业人员有关个人所得税问题的公告》（国家税务总局公告 2012 年第 53 号，以下简称 53 号公告）发布，对《国家税务总局关于律师事务所从业人员取得收入征收个人所得税有关业务问题的通知》（国税发〔2000〕149 号，以下简称 149 号文件）进行了修订和补充。鉴于对律师行业个人所得税的征管涉及多个单行文件规定，笔者现对合伙律师事务所和个人律师事务所（以下称律所）的个人所得税征管问题作如下综合性解析。

（一）出资律师的所得缴纳个人所得税的系列规定

合伙律师事务所和个人律师事务所均以个人为设立人，依照个人所得税法及其实施条例以及《财政部 国家税务总局关于印发〈关于个人独资企业和合伙企业投资者征收个人所得税的法规〉的通知》（财税〔2000〕91 号，以下简称 91 号文件）、国家税务总局令第 35 号公布的《个体工商户个人所得税计税办法》（以下简称计税办法）等规定，出资设立律所的律师均为纳税义务人，其经营所得比照"个体工商户的生产、经营所得"应税项目，适用 5%～35% 的五级超额累进税率征收个人所得税。

1. 应纳税所得额的确定

以律所每一纳税年度的收入总额，减除成本、费用、税金、损失、其他支出以及允许弥补的以前年度亏损后的余额，为应纳税所得额。

合伙律所以年度经营所得（包括分配给出资律师的所得和律所当年留存的所得）全额作为基数，按合伙协议约定的分配比例计算各出资律师应分配的应纳税所得额；个人律所则以年度全部经营所得为该出资律师的应纳税所得额。

2. 实行两种征收方式

根据税收征收管理法、个人所得税法及其实施条例等规定，对出资律师的个人所得税实行查账征收和核定征收两种方式。

以查账征收为基本方式。对具备查账征收条件的律师事务所，其出资律师的个人所得税均应实行查账征收：

应纳所得税＝应纳税所得额×适用税率

以核定征收为辅助方式。对确实无法实行查账征收的律所，经地市级地方税务局批准，可采取核定应税所得率的方式：

应纳所得税＝收入总额×应税所得率×适用税率

（1）查账征收相关扣除规定。在计算应纳税所得额时，须凭合法有效凭据按照个人所得税法和相关规定扣除费用。

在计算经营所得时，出资律师本人的工资、薪金不得扣除；雇员律师已从其分成收入中扣除的办案费用不得再在律所重复列支扣除；资本性支出，各种赞助支出，缴纳的个人所得税以及各种税收的滞纳金、罚款等与经营无关的其他支出，计提的执业风险准备金等均不允许扣除。

律所按规定的比例支付给雇员律师的分成可扣除；实际支付给从业人员（雇员律师及行政辅助人员）合理的工资、薪金支出，允许据实扣除；拨缴的工会经费、发生的职工福利费、职工教育经费支出分别在工资薪金总额2%、14%、2.5%的标准内据实扣除。

发生的广告费和业务宣传费不超过当年营业收入15%的部分，可据实扣除；超过部分，准予在以后纳税年度结转扣除。发生的业务招待费支出，按照发生额的60%扣除，但最高不得超过当年营业收入的5‰。

出资律师本人的费用扣除标准为每人42 000元/年（3 500元/月）。出资律师在办案过程中发生的交通费、通讯费等支出和其他费用，准予扣除的项目和列支标准，按照税收法律、法规以及"计税办法"等规定执行。

（2）查账征收特殊扣除规定。凭合法有效凭据扣除费用是查账征收的基本要求，但是鉴于律师行业的实际情况，53号公告做了特殊规定，在2013年至2015年期间，对合伙人律师确实不能提供合法有效凭据而实际发生与业务有关的费用，经当事人签名确认后，可再按下列标准扣除费用：个人年营业收入不超过50万元的部分，按8%扣除；年营业收入超过50万元至100万元的部分，按6%扣除；年营业收入超过100万元的部分，按5%扣除。

（3）核定征收的相关事项。对部分确实无法实行查账征收的律所，可依法采取核定征收的方式。对于采用核定征收方式的，不再扣除任何费用，不能享受个人所得税的优惠政策。核定征收时一般采取核定应税所得率的形式，以91号文件规定的应税所得率为标准。

（二）雇员律师、兼职律师缴纳个人所得税的相关规定

1. 雇员律师分成收入的纳税规定

出资律师以外的其他雇员律师取得的分成收入、工资奖金等所得，按"工资、薪金所得"应税项目缴纳个人所得税。

2. 税前扣除费用的规定

律所不负担雇员律师办案费用（如交通费、资料费、通讯费等）的，允许雇员律师从其当月分成收入中扣除一定比例的费用。53号公告对扣除限额进行了调整：在2013年1月1日至2015年12月31日期间，税前扣除费用的限额从原来的30％调整为35％，具体标准由各省级地方税务局确定。

雇员律师的办案费用或其他个人费用在律师事务所报销的，则不得再按上述标准扣除费用。

3. 兼职律师的缴税规定

兼职律师是指取得律师资格和律师执业证书，不脱离本职工作从事律师职业的人员。

兼职律师从律所取得工资、薪金性质的所得，由律所代扣代缴个人所得税，代扣税款时不再减除个人所得税法规定的费用扣除标准，按全部应税所得直接确定适用税率扣缴个人所得税。

（三）律师特殊的征税及费用扣除规定

1. 法律事务服务报酬的缴税方式有所改变

律师从接受法律事务服务的当事人处取得法律顾问费或其他酬金收入，原149号文件规定，按"劳务报酬所得"应税项目征收个人所得税，税款由支付报酬的单位或个人代扣代缴。

根据律所财务管理的现状，53号公告规定，从2013年开始，所有律师取得的上述收入应与其从律所取得的其他收入合并，计算缴纳个人所得税。从而在一定程度上减轻了律师的税负。

2. 符合条件的培训费可扣除

考虑到全国律师协会对律师每年参加业务培训有强制要求，53号公告规定，从2013

年开始，所有律师个人承担的按照律师协会规定参加的业务培训费用，可作为费用据实扣除。但律师自行参加的培训以及与律师业务无关的培训产生的费用不适用该规定。

（四）其他工作人员缴纳个人所得税的规定

1. 律所雇请其他雇员的缴税规定

律所的行政辅助人员等其他工作人员取得的工资、奖金、津贴补贴等，按"工资、薪金所得"应税项目缴纳个人所得税。

2. 律师个人聘请人员的缴税规定

律师以个人名义再聘请其他人员为其工作而支付的报酬，取得报酬者应按"劳务报酬所得"应税项目缴纳个人所得税。

（五）纳税申报的相关规定

出资律师从律所取得的经营所得应纳的个人所得税，按年计算，每月终了后 15 日内预缴，年度终了后 3 个月内汇算清缴，多退少补。出资律师应向律所实际经营管理所在地主管税务机关申报缴纳个人所得税，各合伙律师应缴的个人所得税由该合伙律所代为申报缴纳。

雇员律师取得的分成收入和工资薪金所得，律所其他从业人员取得的工资薪金所得，由支付所得的律所代扣个人所得税，在每月终了后 15 日内解缴。

兼职律师从律所取得的所得，由律所代扣代缴个人所得税。兼职律师还应将两处或多处取得的工资、薪金所得合并计算应纳税款，于取得收入的次月 15 日前，自行向主管税务机关申报。

律师以个人名义聘请人员为其工作而支付的报酬，由该律师代扣个人所得税，税款可由其任职的律所代为解缴。

凡年所得 12 万元以上者，均应在纳税年度终了后 3 个月内向主管税务机关办理纳税申报。

三十三、展业成本可从佣金中减除：证券经纪人税负减轻

《国家税务总局关于证券经纪人佣金收入征收个人所得税问题的公告》（国家税务总局公告 2012 年第 45 号，以下简称 45 号公告）发布后，受到证券机构及其从业人员的普遍欢迎。但在相关后续报道中，出现了一些误读，如有的报道标题是《10 月起证券经纪人佣金收入需缴个税》，极易让人误认为"证券经纪人佣金收入以前不缴税，2012 年 10 月起才对其开征个人所得税"。另外，有些证券公司的财务人员对该项个人所得的应税所得额及应缴税款计算还不甚了解，对新规定执行时间也认识不一。为此，笔者试就相关问题和税款计算做如下解析。

（一）证券经纪人的定义及佣金构成和性质

所称证券经纪人，即《证券公司监督管理条例》及《证券经纪人管理暂行规定》（中国证券监督管理委员会公告〔2009〕2 号）中的"接受证券公司的委托，代理其从事客户招揽和客户服务等活动的证券公司以外的自然人"。

按照相关规定，证券公司与证券经纪人签订的是委托代理合同而不是劳动雇佣合同，两者之间的法律关系为委托代理关系，不构成任何劳动关系，证券经纪人不具有该证券公司任何类别的员工身份，证券经纪人作为证券公司员工以外的证券从业人员，只能接受一家证券公司的委托，并专门代理证券公司从事客户招揽和客户服务等活动。因此，证券经纪人从事证券经纪业务取得的佣金（返佣），是指由委托代理的证券公司支付给独立的有权（具有证券从业资格）从事证券经纪服务的个人的劳务报酬，而不是工资、薪金等劳动报酬。

45 号公告确认证券经纪人佣金收入由展业成本和劳务报酬构成，并规定以其取得的佣金收入减去 40% 的展业成本后的余额作为劳务报酬征收个人所得税。

（二）45 号公告的意义与执行时间的把握

45 号公告的出台，并非表示证券经纪人从 10 月 1 日起才开始缴纳个人所得税，证券经纪人取得的返佣收入以往一直在按照劳务报酬所得缴纳个人所得税，而且不能扣除展业成本，按取得的佣金减去营业税及附加后的余额缴纳个人所得税。考虑到证券经纪人

和保险经纪人一样，为招揽客户及维护客户需要自行额外负担展业成本，保险营销经纪人的展业成本可在税前扣除，而证券经纪人未明确可否扣除，造成其实际承担的税负高于保险营销员。为了公平税负，降低证券经纪人的税收负担，促进证券经纪行业健康发展，国家税务总局出台了45号公告，明确证券经纪人按取得的返佣扣除40％的展业成本后的余额作为应税劳务报酬所得计税，从而大幅度降低了证券经纪人的税负。这对证券经纪人是一个重大利好，整体减轻的税负在40％以上，堪称结构性减税的又一利民举措。

对于执行时间，应以佣金实际发放的时间而非所属时间来划分是否适用新政策。45号公告从2012年10月1日起开始执行，证券公司在10月1日以后向证券经纪人支付佣金时，应按新政策计算并扣缴个人所得税。如果佣金已于9月发放，仅在10月申报缴纳个人所得税，则仍按原规定执行，不得扣除展业成本。

（三）营业税及附加的征缴规定

依照《营业税暂行条例》及其实施细则的规定，除单位或者个体工商户聘用的员工为本单位或者雇主提供劳务外，其他有偿提供应税劳务的个人属于营业税的纳税人，应当依法缴纳营业税。所称有偿，是指取得货币、货物或者其他经济利益。

作为证券经纪人，与证券公司没有雇佣劳动关系，两者之间不构成任何雇佣劳动关系，证券经纪人代理证券公司从事客户招揽和客户服务等证券经纪业务，是向委托方提供独立的代理劳务，即个人从事服务业，不属于税法规定的不征税的"员工为本单位或者雇主提供的劳务"。因此，证券经纪人取得的佣金应按服务业依5％的税率缴纳营业税及附加，合计税负为佣金收入的5.6％左右。

（四）个人所得税的计算方式及步骤

（1）应税项目的确定。证券经纪人从事经纪业务取得的所得，根据个人所得税法规定，属于劳务报酬所得，应按劳务报酬项目的计税规定缴纳个人所得税。

劳务报酬与工资、薪金所得的内在区别，就在于是否因任职或者受雇而取得所得，也即是否独立提供劳务，证券经纪人与支付所得的公司没有雇佣关系且提供的是独立劳务，因此，应按劳务报酬所得征税。证券公司的员工因任职或受雇于该证券公司而取得的工资、薪金、奖金、补贴等收入，按工资、薪金所得缴纳个人所得税。

（2）应税所得额的计算。证券经纪人以1个月内取得的返佣收入为一次收入，即在证券公司计发佣金的当月内，经纪人不论分几次取得佣金收入，都合并为一次收入征税。其应税所得的计算分为三步：

第一步，以每月取得的返佣收入减去实际缴纳的营业税及附加。

第二步，再减去展业成本，得出劳务报酬应税所得。

计算展业成本应注意计算基数，45号公告规定，证券经纪人展业成本的比例为每次返佣收入额的40%，因此，要以应取得的未减除营业税及附加的初始佣金收入为基数，乘以40%后的积为展业成本。

第三步，以前述应税所得减去法定扣除费用后的余额为应税所得额。

在确定费用扣除标准时应注意，以返佣收入减除税金和展业成本后的余额为应税所得，再以此确定费用扣除金额。费用扣除标准为：每月所得不超过4000元的，减除费用800元；每月所得在4000元以上的，减除20%的费用，其余额为应纳税所得额。

（3）应缴税款的计算。按照税法规定，劳务报酬的基本税率是20%；应纳税所得额超过2万元至5万元的部分，按应缴税款加征五成（即实际税率为30%）；超过5万元的部分，加征十成（即实际税率为40%）。

（五）相关事项的说明

证券经纪人从事证券经纪业务取得所有货币和非货币收入及其他经济利益，无论采用何种支付方式，均应计入应税佣金返佣收入。在实际操作中，部分证券公司按应支付给经纪人的返佣金额的5%～10%作为风险准备金留存在公司，这部分暂存的风险准备金，已经从费用中计提并在企业所得税前作了扣除，账务上作为应付款也已计入各经纪人名下，待半年或一年后再发放给经纪人。因此，所留存的风险准备金应分别计入各经纪人当月的返佣收入中一并计税，而不应等到发放时再计入该月的返佣收入计税。这样既符合税法的规定，又可避免造成发放月份的收入畸高而增加税负。

按照相关税法规定，支付佣金的证券公司为法定扣缴义务人，在支付佣金时应依法代扣证券经纪人的营业税及附加和个人所得税。证券公司应按规定在次月15日以前办理全员全额扣缴申报，向主管地税机关报送公司所有证券经纪人（不论应税所得是否达到纳税标准）的基本信息、支付所得项目和数额、扣缴税款数额以及其他相关涉税信息，同时解缴所代扣的税款。

特别提示：虽然证券经纪人每月取得的返佣收入已经由证券公司代扣了个人所得税，但是如果每年取得的返佣收入（扣除展业成本但不减除费用），与当年取得的其他应税所得合计在12万元以上的，按照《个人所得税法实施条例》第三十六条的规定，其本人应当依法在年度终了后3个月内到主管税务机关进行纳税申报，按照规定办理税款的征、补、退、抵手续。

【案例24】某证券公司的证券经纪人甲，9月和10月分别应得返佣收入20 000元（暂存风险准备金2 000元，当月实发18 000元），其应纳个人所得税计算如下：

每月应缴营业税及附加均为：20 000×5.6%＝1 120（元）。

9月，按原计税规定计算个人所得税：（20 000－1 120）×（1－20％）×20％＝3 020.8（元）。

10月，按45号公告新规计算个人所得税：（20 000－1 120－20 000×40％）×（1－20％）×20％＝1 740.8（元）。

该证券公司在计发返佣时，做如下会计分录：

借：手续费及佣金支出——经纪人——甲		20 000.00
贷：其他应付款——风险准备金——甲		2 000.00
应交税费——应交营业税		1 000.00
——应交城市维护建设税		70.00
——应交教育费附加		50.00
——应交个人所得税（代扣）		1 740.80
银行存款		15 139.20

三十四、修订后的扣缴申报类个税申报表填报事宜

本着与税制发展方向、税收征管改革目标、电子信息发展趋势相适应的原则，国家税务总局对 1993 年以来陆续发布的多种个人所得税申报表进行了整合、修订，以《国家税务总局关于发布个人所得税申报表的公告》（国家税务总局公告 2013 年第 21 号）发布了修订后的 9 张个人所得税申报表。

修订后的 9 张申报表中属于扣缴申报类的申报表共有 2 张，即适用于扣缴义务人办理全员全额扣缴个人所得税申报的《扣缴个人所得税报告表》（附件 3）；适用于特定行业职工工资、薪金所得个人所得税年度申报的《特定行业个人所得税年度申报表》（附件 4）。另外，对《限售股转让所得扣缴个人所得税报告表》未做修订而直接予以保留。

为帮助扣缴义务人正确填写申报表，现对本次做了修订的 2 张扣缴类申报表的修订内容及填写等事项做如下解析。

（一）《扣缴个人所得税报告表》（附表 3）的填报

1. 本次修订情况

（1）原《扣缴个人所得税报告表》是国家税务总局作为《个人所得税全员全额扣缴申报管理暂行办法》（国税发〔2005〕205 号）的附件 1 发布的；同时发布的还有《支付个人收入明细表》（附件 2）。

《扣缴个人所得税报告表》填写实际缴纳了个人所得税的个人情况；《支付个人收入明细表》填写支付了应税所得但未达到纳税标准的个人情况。这 2 张表共同组成个人所得税全员全额扣缴的申报表。

（2）按照全员全额申报的要求，向个人支付了应税所得但未达到纳税标准的也应申报。以往扣缴义务人扣缴了税款的需填报《扣缴个人所得税报告表》，向个人支付应税所得，对低于减除费用、不需扣缴税款的也应填报《支付个人收入明细表》。本次取消了《支付个人收入明细表》，但并不表示就不再需要申报未达到扣税标准的所得的支付情况，而是把其填报内容并入修订后的《扣缴个人所得税报告表》。

（3）取消了《国家税务总局关于印发个人所得税申报表式样的通知》（国税发〔1993〕145 号，已废止）发布的《特定行业个人所得税月份申报表》，而以修订后的《扣缴个人所得税报告表》替之。从 2013 年 8 月起，特定行业职工工资、薪

金所得个人所得税的（按月预缴）月份申报也使用修订后的《扣缴个人所得税报告表》。

（4）综上，修订后的《扣缴个人所得税报告表》已将原《扣缴个人所得税报告表》、《支付个人收入明细表》、《特定行业个人所得税月份申报表》等 3 张表整合为 1 张申报表。修订后的《扣缴个人所得税报告表》不仅用于已代扣税款的申报，也用于向个人支付所得未超过扣税标准，不需扣缴税款情形的申报，还适用于特定行业职工工资、薪金所得个人所得税的月份申报（按月预缴）。

2.《扣缴个人所得税报告表》的填写规定

（1）对于扣缴义务人所属行业，扣缴义务人按以下两种情形在对应框内打"√"：

一般行业：是指除《中华人民共和国个人所得税法》（以下简称税法）及其实施条例规定的特定行业以外的其他所有行业。

特定行业：指符合个人所得税法及其实施条例规定的采掘业、远洋运输业、远洋捕捞业以及国务院财政、税务主管部门确定的其他行业。

（2）所得项目：分为工资、薪金所得；劳务报酬所得；稿酬所得；特许权使用费所得；利息、股息、红利所得；财产租赁所得；财产转让所得；偶然所得；其他所得。同一纳税人有多项所得时，应分行填写。

（3）所得期间：填写扣缴义务人支付所得的时间。应注意分清"支付所得的时间"与"所得所属时间"的区别，有些单位是次月发放上月的工资，例如 6 月份支付某人 5 月份的工资所得，扣缴义务人在 7 月份申报时，所得期间应填写为 6 月份。

（4）收入额：填报纳税人实际取得的全部收入额。免税所得：填报税法第四条规定可以免税的十项所得。

（5）税前扣除项目：是指按照税法及其他法律法规规定，可在税前扣除的项目。

（6）减除费用：是指税法第六条规定可以在税前减除的费用。没有的，则不填。例如，工资、薪金所得的减除费用为 3 500 元。利息、股息、红利所得、偶然所得和其他所得，则不填费用扣除金额。兼职律师从律所取得工资、薪金所得，律所代扣税款时不再减除费用扣除标准，按全部应税所得直接确定适用税率扣缴个人所得税。

（7）税率及速算扣除数：按照税法第三条规定填写。其中，劳务报酬所得一次收入畸高需要加成征收的，填写的税率为基本税率加上法定加成的成数换算出的税率。例如，应纳税所得额超过 2 万元未超过 5 万元的，税率直接填写为 30%，速扣数为 2 000 元；超过 5 万元的，税率填 40%，速扣数为 7 000 元。

（8）减免税额：是指符合税法规定可以减免的税额。其中，纳税人取得稿酬所得按应纳税额减征的 30%，填入此栏。

（9）已扣缴税额：是指扣缴义务人当期实际扣缴的个人所得税税款，即本次申报的代扣税额。而不应理解为以往申报期（上期）已扣缴的税额。

（10）对不是按月发放的工资薪金所得，但又适用"工资、薪金所得"项目计算的税额，填报时则可以不完全按照申报表的逻辑关系填写。例如，申报年终一次性奖金所代扣的税额时，现行计算方式是没有扣除项目也没有减除费用金额的，可以不必填写这些栏目，只需将应税奖金金额填写在收入额一栏，再将找到的适用税率（速扣数）及计算得出的税额填到相应栏目。

（11）特定行业职工工资、薪金所得应纳税额：特定行业个人所得税月份申报时，"应纳税额"为每月预缴所得税额。

3. 扣缴义务人必须依法履行个人所得税全员全额扣缴申报义务

在向个人支付应税所得时，不论其是否属于本单位人员、支付的应税所得是否达到纳税标准，即使向个人支付的应税所得低于费用扣除标准（如工资低于 3 500 元），支付人均应当在次月申报期内，按每个人逐栏逐项填写《扣缴个人所得税报告表》，向主管税务机关报送其支付所得个人的基本信息、支付所得数额以及扣缴税款的具体数额和总额以及其他相关涉税信息。

（二）《特定行业个人所得税年度申报表》（附表 4）的填报

1. 本次修订情况

对原以《国家税务总局关于印发个人所得税申报表式样的通知》（国税发〔1993〕145 号）发布的《特定行业个人所得税年度申报表》进行了多处修改。

改变了原申报表以月为基本计算单位的方式，修订后的申报表以年度应纳税为计税基础。增加了"年免税所得"、"年税前扣除项目"等项目；将月"减除费用"改为"年减除费用"；特别是将原申报表很难分清是月还是年度的"应纳税所得额"明确为"月平均应纳税所得额"，再增设了"年应扣缴税额"一栏。

2.《特定行业个人所得税年度申报表》的填写规定

（1）本表只限于采掘业、远洋运输业、远洋捕捞业以及国务院财政、税务主管部门确定的其他行业（统称特定行业）的扣缴义务人，向个人支付工资、薪金项目的应税所得，代扣个人所得税后申报解缴时适用。本表的所得项目只填写工资、薪金。

（2）年免税所得：是指税法第四条规定可以免税的所得的全年汇总额。年减除费用：是指税法第六条规定可以在计税前减除的费用的全年合计额。

（3）年预缴税额：是指扣缴义务人全年已扣缴的该人的个人所得税总额。即特定行业个人以《扣缴个人所得税报告表》（附表3）申报的"应纳税额"（每月预缴所得税额）年度之和。

（4）根据税法规定，特定行业职工的工资、薪金所得应纳的税款，在年度终了后合计其全年工资、薪金所得，再按12个月平均，并计算出实际的应纳税款，减去该年已按月预缴的税金合计数额，余数填入"应补（退）税额"一栏，即多退少补。

上述个人所得税申报表经过整合、修订，减少了种类，增加了单张申报表的信息量，从而有效减轻了扣缴义务人和纳税人的负担和工作量，进一步规范全员全额扣缴明细申报制度，完善基础申报信息，统一数据口径标准，更直观明了地反映了扣缴义务人支付个人所得的全貌。

三十五、以案说法：法定纳税义务发生时间不得人为改变

（一）基本案情

某稽查局在对甲房地产公司进行检查后，发现该公司 2013 年 12 月有下列项目未申报缴纳营业税及附加：已开具发票并收到的售房款 325 万元；收到银行拨付的按揭款 1 830 万元；按销售合同约定有 27 户业主应在 12 月份交付但未收取的房款 785 万元，经核对其中已开具发票金额 435 万元，其余未开具发票；已签订购房合同的业主交付的诚意金、VIP 会员费 20 万元。

甲公司财务人员解释说：因为年底事情比较多，而银行又在月末才拨付按揭款，公司财务人手少，忙于收款和开发票，因此已开发票收取的部分现金和收到的按揭款就没有在当月入账也未申报纳税，但已计入 2014 年 1 月的收入在 2 月初申报纳税了。有关按销售合同约定应在 12 月份收取的 27 户业主的房款，由于业主未按合同约定的时间交款，公司并未收到这 785 万元，所以未申报缴税，至于部分已开发票，是为避免人多的时候忙不过来，就在空闲的时候按合同应收款先开好了一些发票。有关诚意金、VIP 会员费 20 万元，公司认为是预收款项，暂不须缴税。

经审理后稽查局下达处理决定：依照相关税法规定，该公司上述款项都应当在当期申报缴纳营业税及附加，遂责令其补缴税款并加收滞纳金；对延缓缴税期限缴纳的税款追补加收滞纳金；对其中构成偷税的行为还做出了处罚决定。该公司虽接受了处理，但是对在合同约定的时间内未实际收到业主的购房款也要缴税以及收取诚意金、VIP 会员费后就要缴税还是不甚理解。

（二）法理分析

税法对纳税义务发生时间及纳税期限均有明确规定，《营业税暂行条例》第十二条规定，"营业税纳税义务发生时间为纳税人提供应税劳务、转让无形资产或者销售不动产并收讫营业收入款项或者取得索取营业收入款项凭据的当天。国务院财政、税务主管部门另有规定的，从其规定。"第十五条规定，"纳税人以 1 个月或者 1 个季度为一个纳税期的，自期满之日起 15 日内申报纳税。"《营业税暂行条例实施细则》第二十五条规定，"纳税人转让土地使用权或者销售不动产，采取预收款方式的，其纳税义务发

生时间为收到预收款的当天。"因此，房地产企业销售房屋纳税义务的发生时间，在遵循普通条款规定的同时，还应遵循特殊条款的规定。本案例中几种情形纳税义务发生的时间及纳税期限分别为：

（1）房地产公司收到业主缴纳的购房余款并开具发票，以及收到银行按揭款未做收入的情形。上述款项均系销售房屋过程中收取的售房款，按照《营业税暂行条例》第十二条、十五条以及《营业税暂行条例实施细则》第二十四条第一款关于"条例第十二条所称收讫营业收入款项，是指纳税人应税行为发生过程中或者完成后收取的款项"的规定，该情形属于销售不动产并收讫营业收入款项的情形，其纳税义务在收款当期已发生，应当在次月15日申报缴纳营业税及附加。至于该公司提出的集中收款时间正值月末，交款的业主多而财务人手少，以致收入没及时入账申报纳税等理由，系公司内部管理问题，并非不可抗力的法定缓期申报缴税原由，不能因此而延缓税款的申报和缴纳。尽管该公司已在次月补计了收入并在第二个月补缴了税款，可不追究其偷税的法律责任，但其还得为延缓缴税时间付出缴纳滞纳金的代价。

（2）业主未按售房合同约定交款时间交付购房款的情形。该785万元属于售房合同约定应在12月份收取但未收取的购房款，依照《营业税暂行条例》第十二条、第十五条以及《营业税暂行条例实施细则》第二十四条第二款关于"条例第十二条所称取得索取营业收入款项凭据的当天，为书面合同确定的付款日期的当天；未签订书面合同或者书面合同未确定付款日期的，为应税行为完成的当天"的规定，该公司与业主签订的房屋销售合同既已约定在12月份应收取该785万元房款，即使因业主方面的原因致使该公司未实际收到这部分售房款，但已达到"取得索取营业收入款项凭据"的条件，其营业税纳税义务已在当月发生，不受是否开具发票的影响，仍应申报缴纳营业税及附加。

（3）收取诚意金、VIP会员费的情形。房地产公司收取客户交付的诚意金、VIP会员费是否应申报缴纳营业税及附加，应分两种情况处理：一种情况是房地产公司尚未与客户签订购房合同，不能认定是在销售房屋应税行为发生过程中收取的这些款项，在会计上作往来（其他应付）款处理，也不必申报缴纳营业税及附加；另一种情况是房地产公司已与客户签订了售房合同而收取的，在会计上作预收款处理，但应申报缴纳营业税及附加。

因此，该公司向已签订购房合同的业主收取的诚意金、VIP会员费20万元，按照《营业税暂行条例》第十二条、第十五条以及《营业税暂行条例实施细则》第二十四条第一款和第二十五条的规定，属于在销售房屋的应税行为发生过程中采取预收款方式收取的售房款，其营业税纳税义务在收到上述预收款的当期已发生，应在次月15日前申报缴纳营业税及附加。不如实申报纳税的，应以进行虚假纳税申报按偷税论处。

（三）税官建议

纳税人在生产经营活动中，应认真学习和知晓税法对各税种的纳税义务发生时间的规定，特别是房地产、建筑安装、租赁业企业等还应知晓相关行业纳税义务发生时间的特殊规定，正确区分会计处理与税收处理的差异；更不得以客户交款时间集中、公司财务人员少等自身的主观原因作为不遵守税法规定的借口；对各类应税行为应依照税法规定按期申报纳税，以避免因对纳税义务发生时间的错误认识，而遭受被追缴税款后还被加收滞纳金甚至罚款等税务风险。另外，关于发票开具的时间，一定要遵守《发票管理办法实施细则》第二十六条关于"填开发票的单位和个人必须在发生经营业务确认营业收入时开具发票。未发生经营业务一律不准开具发票"的规定，不应提前也不得延后。

三十六、税官警示：收购物小票换发票是违法行为

"你好，请问你的小票能给我吗？""兄弟，你的小票还要吗？"随着题为《收小票、倒小票、变发票》的新闻调查在新华网刊发，购物小票背后的灰色利益链得以披露：繁华的商场、超市门前"索票族"云集，看到手上拎东西较多的人就会主动凑上去索要购物小票，如要不到免费的小票，就会提出按小票面值1％左右的价格来购买。"索票族"在索要或收购了这些购物小票后，转手卖给职业票贩子，几经倒手，这些小票最终卖给了一些企事业单位或需要发票报账的个人，买家再去商场、超市将小票换开成发票。这些看似无用的购物小票一旦换开成发票，顿时身价百倍。

企业财务人员将买来的购物小票换开成发票，一是用来虚增费用或列支一些不便入账的费用；二是以费用名义列支，冲销不便于在账面体现的高额工资或超过法定扣除限额的福利费。其目的都是减少应纳税所得额，少缴企业所得税。

另有一些企业以避税为名，要求员工以发票报销的形式兑换部分工资、福利费，特别是高额的年终奖。员工就去购买小票，再按"要求"换开成发票拿到单位领款，从而少缴个人所得税。

由于以购物小票换开的都是正规发票，可以"办公用品"等名义堂而皇之入账，看似远比以假发票入账的风险要小，被查处的几率也小，使得这些买家对此趋之若鹜。

以买来的购物小票换开发票入账，不论是无中生有虚增费用，还是移花接木假报费用，均是违法甚至犯罪行为。

在税务检查中，不管品名是办公用品还是其他货物，这类购物发票都是税务人员高度关注的重点。一旦受票单位无法提供所购物品的去向，以及此项业务的真实性、合理性证明，这些发票将被直接判定为虚假发票。除了调增应纳税所得额，补缴企业所得税、个人所得税外，还将给予行政处罚，构成犯罪的，将移送司法机关追究刑事责任。

对采取多列支出或进行虚假纳税申报的手段，少缴税款的，依照《税收征收管理法》第六十三条第一款规定，在追缴少缴税款后，还将处以50％～5倍的罚款；对于调整后应纳税所得额仍为亏损，未造成当期少缴税款的，也将依照《税收征收管理法》第六十四条第一款规定，处5万元以下的罚款。

让他人为自己开具与实际经营业务情况不符的发票是虚开发票行为，依照《发票管理办法》第三十七条规定，将没收违法所得；累计虚开金额在1万元以下的，可并

处 5 万元以下的罚款；累计虚开金额超过 1 万元的，将并处 5 万元以上 50 万元以下的罚款。

　　取得上述虚开的普通发票，数量在 100 份以上或金额累计超过 40 万元的，将以涉嫌虚开发票罪被追究刑事责任，《刑法》第二百零五条之一规定，个人犯虚开发票罪的，可处管制、拘役，2 年以下或 2 年以上 7 年以下有期徒刑，并处罚金；单位犯该罪的，对单位处以罚金，对其直接负责的主管人员和其他直接责任人员按前述对个人犯罪处以刑罚的规定量刑处罚。

2

第二篇
税收优惠政策篇

一、《中华人民共和国税收征收管理法》第三十三条

根据全国人民代表大会常务委员会《关于修改〈中华人民共和国港口法〉等七部法律的决定》（国家主席令第二十三号），对《中华人民共和国税收征收管理法》的第三十三条进行修改，自 2015 年 4 月 24 日起施行。

《中华人民共和国税收征收管理法》 第三十三条修改前后对照

修改后：

第三十三条　纳税人依照法律、行政法规的规定办理减税、免税。

地方各级人民政府、各级人民政府主管部门、单位和个人违反法律、行政法规规定，擅自作出的减税、免税决定无效，税务机关不得执行，并向上级税务机关报告。

修改前：

第三十三条　纳税人可以依照法律、行政法规的规定书面申请减税、免税。

减税、免税的申请须经法律、行政法规规定的减税、免税审查批准机关审批。地方各级人民政府、各级人民政府主管部门、单位和个人违反法律、行政法规规定，擅自作出的减税、免税决定无效，税务机关不得执行，并向上级税务机关报告。

二、企业所得税税收优惠管理规定

国家税务总局关于发布《税收减免管理办法》的公告

国家税务总局公告 2015 年第 43 号

为贯彻落实国务院行政审批制度改革精神，进一步做好减免税管理有关工作，现将国家税务总局修订后的《税收减免管理办法》予以发布，自 2015 年 8 月 1 日起施行。

特此公告。

国家税务总局

2015 年 6 月 8 日

税收减免管理办法

第一章 总 则

第一条 为了规范和加强减免税管理工作，根据《中华人民共和国税收征收管理法》（以下简称税收征管法）及其实施细则和有关税收法律、法规对减免税的规定，制定本办法。

第二条 本办法所称的减免税是指国家对特定纳税人或征税对象，给予减轻或者免除税收负担的一种税收优惠措施，包括税基式减免、税率式减免和税额式减免三类。不包括出口退税和财政部门办理的减免税。

第三条 各级税务机关应当遵循依法、公开、公正、高效、便利的原则，规范减免税管理，及时受理和核准纳税人申请的减免税事项。

第四条 减免税分为核准类减免税和备案类减免税。核准类减免税是指法律、法规规定应由税务机关核准的减免税项目；备案类减免税是指不需要税务机关核准的减免税项目。

第五条　纳税人享受核准类减免税，应当提交核准材料，提出申请，经依法具有批准权限的税务机关按本办法规定核准确认后执行。未按规定申请或虽申请但未经有批准权限的税务机关核准确认的，纳税人不得享受减免税。

纳税人享受备案类减免税，应当具备相应的减免税资质，并履行规定的备案手续。

第六条　纳税人依法可以享受减免税待遇，但是未享受而多缴税款的，纳税人可以在税收征管法规定的期限内申请减免税，要求退还多缴的税款。

第七条　纳税人实际经营情况不符合减免税规定条件的或者采用欺骗手段获取减免税的、享受减免税条件发生变化未及时向税务机关报告的，以及未按照本办法规定履行相关程序自行减免税的，税务机关依照税收征管法有关规定予以处理。

第二章　核准类减免税的申报和核准实施

第八条　纳税人申请核准类减免税的，应当在政策规定的减免税期限内，向税务机关提出书面申请，并按要求报送相应的材料。

纳税人对报送材料的真实性和合法性承担责任。

第九条　税务机关对纳税人提出的减免税申请，应当根据以下情况分别作出处理：

（一）申请的减免税项目，依法不需要由税务机关核准后执行的，应当即时告知纳税人不受理；

（二）申请的减免税材料存在错误的，应当告知并允许纳税人更正；

（三）申请的减免税材料不齐全或者不符合法定形式的，应当场一次性书面告知纳税人；

（四）申请的减免税材料齐全、符合法定形式的，或者纳税人按照税务机关的要求提交全部补正减免税材料的，应当受理纳税人的申请。

第十条　税务机关受理或者不予受理减免税申请，应当出具加盖本机关专用印章和注明日期的书面凭证。

第十一条　减免税的审核是对纳税人提供材料与减免税法定条件的相关性进行审核，不改变纳税人真实申报责任。

第十二条　减免税申请符合法定条件、标准的，税务机关应当在规定的期限内作出准予减免税的书面决定。依法不予减免税的，应当说明理由，并告知纳税人享有依法申请行政复议以及提起行政诉讼的权利。

第十三条　纳税人在减免税书面核准决定未下达之前应按规定进行纳税申报。纳税人在减免税书面核准决定下达之后，所享受的减免税应当进行申报。纳税人享受减免税的情形发生变化时，应当及时向税务机关报告，税务机关对纳税人的减免税资质进行重新审核。

第三章　备案类减免税的申报和备案实施

第十四条　备案类减免税的实施可以按照减轻纳税人负担、方便税收征管的原则，要求纳税人在首次享受减免税的申报阶段在纳税申报表中附列或附送材料进行备案，也可以要求纳税人在申报征期后的其他规定期限内提交报备资料进行备案。

第十五条　纳税人随纳税申报表提交附送材料或报备材料进行备案的，应当在税务机关规定的减免税期限内，报送以下资料：

（一）列明减免税的项目、依据、范围、期限等；

（二）减免税依据的相关法律、法规规定要求报送的材料。

纳税人对报送材料的真实性和合法性承担责任。

第十六条　税务机关对纳税人提请的减免税备案，应当根据以下情况分别作出处理：

（一）备案的减免税材料存在错误的，应当告知并允许纳税人更正；

（二）备案的减免税材料不齐全或者不符合法定形式的，应当场一次性书面告知纳税人；

（三）备案的减免税材料齐全、符合法定形式的，或者纳税人按照税务机关的要求提交全部补正减免税材料的，应当受理纳税人的备案。

第十七条　税务机关受理或者不予受理减免税备案，应当出具加盖本机关专用印章和注明日期的书面凭证。

第十八条　备案类减免税的审核是对纳税人提供资料完整性的审核，不改变纳税人真实申报责任。

第十九条　税务机关对备案材料进行收集、录入，纳税人在符合减免税资质条件期间，备案材料一次性报备，在政策存续期可一直享受。

第二十条　纳税人享受备案类减免税的，应当按规定进行纳税申报。纳税人享受减免税到期的，应当停止享受减免税，按照规定进行纳税申报。纳税人享受减免税的情形发生变化时，应当及时向税务机关报告。

第四章　减免税的监督管理

第二十一条　税务机关应当结合税收风险管理，将享受减免税的纳税人履行纳税义务情况纳入风险管理，加强监督检查，主要内容包括：

（一）纳税人是否符合减免税的资格条件，是否以隐瞒有关情况或者提供虚假材料等手段骗取减免税；

（二）纳税人享受核准类减免税的条件发生变化时，是否根据变化情况经税务机关重新审查后办理减免税；

（三）纳税人是否存在编造虚假计税依据骗取减免税的行为；

（四）减免税税款有规定用途的，纳税人是否按照规定用途使用减免税款；

（五）减免税有规定减免期限的，是否到期停止享受税收减免；

（六）是否存在纳税人应经而未经税务机关批准自行享受减免税的情况；

（七）已享受减免税是否按时申报。

第二十二条 纳税人享受核准类或备案类减免税的，对符合政策规定条件的材料有留存备查的义务。纳税人在税务机关后续管理中不能提供相关印证材料的，不得继续享受税收减免，追缴已享受的减免税款，并依照税收征管法的有关规定处理。

税务机关在纳税人首次减免税备案或者变更减免税备案后，应及时开展后续管理工作，对纳税人减免税政策适用的准确性进行审核。对政策适用错误的告知纳税人变更备案，对不应当享受减免税的，追缴已享受的减免税款，并依照税收征管法的有关规定处理。

第二十三条 税务机关应当将减免税核准和备案工作纳入岗位责任制考核体系中，建立税收行政执法责任追究制度：

（一）建立健全减免税跟踪反馈制度。各级税务机关应当定期对减免税核准和备案工作情况进行跟踪与反馈，适时完善减免税工作机制；

（二）建立减免税案卷评查制度。各级税务机关应当建立各类减免税资料案卷，妥善保管各类案卷资料，上级税务机关应定期对案卷资料进行评查；

（三）建立层级监督制度。上级税务机关应建立经常性的监督制度，加强对下级税务机关减免税管理工作的监督，包括是否按本办法规定的权限、条件、时限等实施减免税核准和备案工作。

第二十四条 税务机关需要对纳税人提交的减免税材料内容进行实地核实的，应当指派 2 名以上工作人员按照规定程序进行实地核查，并将核查情况记录在案。上级税务机关对减免税实地核查工作量大、耗时长的，可委托企业所在地的区县税务机关具体组织实施。

因税务机关的责任批准或者核实错误，造成企业未缴或少缴税款，依照税收征管法的有关规定处理。

税务机关越权减免税的，除依照税收征管法规定撤销其擅自作出的决定外，补征应征未征税款，并由上级机关追究直接负责的主管人员和其他直接责任人员的行政责任；构成犯罪的，依法追究刑事责任。

第二十五条 税务机关应对享受减免税企业的实际经营情况进行事后监督检查。检查中，发现有关专业技术或经济鉴证部门认定失误的，应及时与有关认定部门协调沟通，提请纠正后，及时取消有关纳税人的优惠资格，督促追究有关责任人的法律责任。有关部门非法提供证明，导致未缴、少缴税款的，依照税收征管法的有关规定处理。

第五章 附 则

第二十六条 单个税种的减免税核准备案管理制度，依据本办法另行制定。

第二十七条 各省、自治区、直辖市和计划单列市国家税务局、地方税务局可根据本办法制定具体实施办法。

第二十八条 本办法自 2015 年 8 月 1 日起施行。《税收减免税管理办法（试行）》（国税发〔2005〕129 号印发）同时废止。

国家税务总局关于税务行政审批制度改革若干问题的意见（节选）

税总发〔2014〕107 号

二、严格实行税务行政审批目录化管理

（四）实行行政审批目录化管理。实行行政审批目录化管理，是推进行政审批制度改革，把权力关进制度笼子的重要举措。2014 年 2 月，税务总局发布《国家税务总局关于公开行政审批事项等相关工作的公告》（国家税务总局公告 2014 年第 10 号，以下简称 10 号公告），公开了各级税务机关实施的行政审批事项目录（不包括仅由地方税务局实施的行政审批事项，下同），并规定不得在公开清单外实施其他行政审批。因此，凡是不在 10 号公告公布的行政审批事项目录范围内的税务事项，包括依据《税收减免管理办法（试行）》（国税发〔2005〕129 号印发）等税收规范性文件设立的备案事项，不得再采取具有核准性质的事前备案和其他形式的行政审批管理方式。各级税务机关不得以未列入行政审批事项目录范围内的税务事项的设立依据尚未修改或者废止为由，对该税务事项继续采取行政审批管理方式；不得对已经取消的税务行政审批事项变相保留或者恢复。

四、坚持放管结合强化事中事后管理

（十）推进放管结合。各级税务机关应当全面落实税务行政审批制度改革精神和要求，既要简政放权，全面清理非行政许可审批事项，取消和下放行政审批项目，发挥市场在资源配置中的决定性作用；又要转变职能，加强事中事后监管，把该管的管住、管好、管到位，更好发挥税务机关的职能作用。应当注重统筹协调，把取消和下放行政审批事项的后续管理工作融入日常税收征管工作之中，做到有机结合、无缝衔接，提高税收管理的信息化、精细化和科学化水平。

（十一）实施备案管理。各级税务机关应当严格区分行政审批和备案管理方式，不得以事前核准性备案方式变相实施审批。实施备案管理的事项，纳税人等行政相对人

应当按照规定向税务机关报送备案材料，税务机关应当将其作为加强后续管理的资料，但不得以纳税人等行政相对人没有按照规定备案为由，剥夺或者限制其依法享有的权利、获得的利益、取得的资格或者可以从事的活动。纳税人等行政相对人未按照规定履行备案手续的，税务机关应当依法进行处理。

（十三）加强风险管理。各级税务机关应当根据纳税申报信息、第三方信息，运用风险评估模型分析判断取消和下放审批事项的风险等级，与其他相关税收管理工作相统筹，分别采取案头评估、日常检查、重点稽查等方式分类实施后续管理，提高后续管理的针对性和有效性。

国家税务总局

2014 年 9 月 15 日

国家税务总局关于 3 项企业所得税事项取消审批后加强后续管理的公告

国家税务总局公告 2015 年第 6 号

根据《国务院关于取消和调整一批行政审批项目等事项的决定》（国发〔2014〕27号、国发〔2014〕50号）规定，取消"享受小型微利企业所得税优惠的核准"、"收入全额归属中央的企业下属二级及二级以下分支机构名单的备案审核"和"汇总纳税企业组织结构变更审核"等项目审批，现就有关企业所得税后续管理问题公告如下：

一、进一步简化小型微利企业享受所得税优惠政策备案手续

实行查账征收的小型微利企业，在办理 2014 年及以后年度企业所得税汇算清缴时，通过填报《国家税务总局关于发布〈中华人民共和国企业所得税年度纳税申报表（A类，2014 年版）的公告〉》（国家税务总局公告 2014 年第 63 号）之《基础信息表》（A000000 表）中的"104 从业人数"、"105 资产总额（万元）"栏次，履行备案手续，不再另行备案。

二、取消"收入全额归属中央的企业下属二级及二级以下分支机构名单的备案审核"的后续管理

收入全额归属中央的企业（本条简称中央企业）所属二级及二级以下分支机构名单发生变化的，按照以下规定分别向其主管税务机关报送相关资料：

（一）中央企业所属二级分支机构名单发生变化的，中央企业总机构应将调整后情况及分支机构变化情况报送主管税务机关。

（二）中央企业新增二级及以下分支机构的，二级分支机构应将营业执照和总机构

出具的其为二级或二级以下分支机构证明文件，在报送企业所得税预缴申报表时，附送其主管税务机关。

新增的三级及以下分支机构，应将营业执照和总机构出具的其为三级或三级以下分支机构证明文件，报送其主管税务机关。

（三）中央企业撤销（注销）二级及以下分支机构的，被撤销分支机构应当按照《中华人民共和国税收征收管理法》规定办理注销手续。二级分支机构应将撤销（注销）二级及以下分支机构情况报送其主管税务机关。

主管税务机关应根据中央企业二级及以下分支机构变更备案情况，及时调整完善税收管理信息。

三、取消"汇总纳税企业组织结构变更审核"的后续管理

汇总纳税企业改变组织结构的，总机构和相关二级分支机构应于组织结构改变后30日内，将组织结构变更情况报告主管税务机关。总机构所在省税务局按照《国家税务总局关于印发〈跨地区经营汇总纳税企业所得税征收管理办法〉的公告》（国家税务总局公告2012年第57号）第二十九条规定，将汇总纳税企业组织结构变更情况上传至企业所得税汇总纳税信息管理系统。

废止国家税务总局公告2012年第57号第二十四条第三款"汇总纳税企业以后年度改变组织结构的，该分支机构应按本办法第二十三条规定报送相关证据，分支机构所在地主管税务机关重新进行审核鉴定"的规定。

四、除第一条外，本公告自2015年1月1日起施行。

特此公告。

国家税务总局

2015年2月2日

国家税务总局关于进一步做好小微企业税收优惠政策贯彻落实工作的通知

税总发〔2015〕35号

各省、自治区、直辖市和计划单列市国家税务局、地方税务局：

为支持小微企业（含个体工商户，下同）发展和创业创新，全面落实小微企业各项税收优惠政策，释放小微企业税收优惠政策红利，根据国务院决策部署，税务总局决定围绕四个方面，采取10项有效措施，进一步做好小微企业各项税收优惠政策贯彻

落实工作。现通知如下：

一、全力宣传，确保每一户应享受税收优惠的小微企业"应享尽知"

1. 持续开展小微企业税收优惠政策宣传工作。各级税务机关充分利用报纸、杂志、电视、网站、12366 纳税服务热线等载体，持续性开展小微企业税收优惠政策的普及性宣传。在税务网站开辟"小微企业税收优惠"专栏，编制和发布小微企业税收优惠政策目录，自动链接并及时维护。

2. 开展"小微企业税收优惠政策宣传周"活动。结合税法宣传月和"便民办税春风行动"，今年 3 月底至 4 月上旬，各级税务机关开展"小微企业税收优惠政策宣传周"活动，通过在线访谈、新闻发布等方式，加大小微企业各项税收优惠政策宣传力度。各省国税局、地税局联合编印小微企业税收优惠政策宣传手册，免费送达每一户小微企业。

3. 加强政策业务培训。抓好税务干部税收优惠政策业务培训，使其熟练掌握税收政策，帮助纳税人享受税收优惠政策。

二、全程服务，努力让每一户小微企业办理税收优惠手续更为便捷

4. 将专门备案改为通过填写纳税申报表自动履行备案手续。税务总局将进一步修改企业所得税季度预缴申报表，使纳税人通过填写申报表有关栏次自动履行备案手续，不再另行报送专门备案材料，进一步减轻小微企业办税负担。

5. 完善小微企业所得税纳税申报软件。省税务机关通过核心征管系统或开发应用小微企业纳税申报税务端软件，运用软件自动识别小微企业身份，主动提示享受优惠政策。同时通过手机短信或其他形式告知纳税情况，使其享受税收优惠更便捷、更明白。

6. 对未享受优惠的小微企业及时采取补救措施。对于因各种原因未及时享受优惠政策的小微企业，主管税务机关要及时采取电话、上门温馨提示等跟踪服务，进一步提高享受税收优惠政策的纳税人覆盖面。

7. 严格定额征税管理。采取民主评议、公示等程序按规定时间调整小微企业纳税定额，对违反规定调整定额增加小微企业税收负担的，一经发现，严肃追究有关税务人员责任。

三、全年督查，切实让每一级税务机关履行好落实小微企业税收优惠政策的责任

8. 把落实小微企业税收优惠政策作为今年税务部门"一号督查"事项和绩效考评事项。税务总局已组成督查组开展督查，以后每季度督查一次，并通过报纸、网站公开督查情况。把落实小微企业税收优惠列入各级税务机关绩效考评项目，严格实行绩效考评。今年 7 月份，税务总局将委托第三方社会评估机构，对小微企业税收优惠政策落实情况开展评估。

9. 建立小微企业咨询服务岗和 12366 反映诉求平台。在办税服务厅设立"小微企业优惠政策落实咨询服务岗",实行"首问责任制"。依托 12366 纳税服务热线、税务网站"局长信箱"受理纳税人投诉。一旦纳税人反映应享受未享受税收优惠政策情况,接收当日转办,当地主管税务机关要专人全程负责,在 3 个工作日内调查核实,确保税收优惠政策落实到位。

四、全面分析,尽力让每一申报期间内的小微企业税收优惠政策效应分析工作具体深入

10. 加强统计分析工作。及时、全面掌握小微企业各项减免税户数、减免税额等数据,建立典型企业调查制度,开展减免税效果分析,查找问题及差距,全面实施小微企业税收优惠政策落实情况的跟踪问效。

国家税务总局

2015 年 3 月 13 日

国家税务总局关于贯彻落实小型微利企业所得税优惠政策的通知

税总发〔2014〕58 号

各省、自治区、直辖市和计划单列市国家税务局、地方税务局:

小型微利企业是推动国民经济发展、促进市场繁荣、稳定扩大就业和加快技术创新的重要力量。为扶持小型微利企业发展,国务院决定,自 2014 年 1 月 1 日至 2016 年 12 月 31 日,将小型微利企业减半征收企业所得税的政策,从年应纳税所得额低于 6 万元,扩大到年应纳税所得额低于 10 万元 [**注:《财政部 国家税务总局关于小型微利企业所得税优惠政策的通知》(财税〔2015〕34 号)已提升至 20 万元**]。为有效落实小型微利企业所得税优惠政策,现就有关问题通知如下:

一、广泛深入宣传,做到家喻户晓

各级税务机关要根据小型微利企业的特点,强化政策宣传,多渠道、多平台、多视角宣传报道,将宣传贯彻落实活动纳入税务机关"便民办税春风行动"中统一部署。要充分利用广播、电视、网络、短信和 12366 热线,广泛宣传小型微利企业所得税优惠政策内容、办税流程、申报要求、管理方式,特别是核定征税的小型微利企业允许享受优惠政策等,做到家喻户晓。

二、优化纳税服务,规范管理流程

各级税务机关要按照《国家税务总局关于扩大小型微利企业减半征收企业所得税

范围有关问题的公告》（国家税务总局公告 2014 年第 23 号）的要求，强化小型微利企业的纳税服务工作。一是针对政策落实过程中可能存在的各种情况，规范管理流程，简便办税程序，做好落实工作。二是针对小型微利企业享受优惠政策统一改为备案管理的规定，清理以前的管理规定，取消各地出台的审批要求。今后，各级税务机关不得以任何理由擅自变更、设定管理方式，也不得进行变相审批。三是按照统一要求，规范资料受理，不得要求小型微利企业额外报送报表资料。四是切实做好核定征税的小型微利企业优惠政策落实工作。五是及时修订纳税申报软件，在软件设计上，对符合条件的小型微利企业，主动给予享受优惠，积极帮助小型微利企业享受优惠政策。

三、采取有效措施，完善后续管理

各级税务机关要结合小型微利企业享受优惠政策管理方式的调整，采取有效措施，加强后续管理。一是汇算清缴过程中或结束后，要及时掌握小型微利企业享受优惠政策情况，对于未享受减半征税的小型微利企业，应及时办理退税或抵减下年度应缴税款。二是汇算清缴结束后，做好小型微利企业优惠情况的统计分析，掌握享受优惠政策的户数、占比、减免税额、存在问题，及同比增减情况，开展优惠政策的效应评估。三是对小型微利企业享受优惠政策情况进行抽样检查，原则上检查抽样数量不得低于本地区小型微利企业总数的 2%。四是积极开展对小型微利企业享受优惠政策的绩效分析，为完善优惠政策和创新管理方式提出合理建议。

四、加强组织领导，落实管理责任

扩大小型微利企业税收优惠政策，是国务院根据当前我国经济发展情况做出的重要决策，各级税务机关要高度重视，加强组织领导，增强服务观念，精心谋划周密部署，落实管理责任，确定责任人和责任部门，积极稳妥地落实小型微利企业优惠政策。

国家税务总局

2014 年 4 月 22 日

国家税务总局关于非货币性资产投资企业所得税有关征管问题的公告

国家税务总局公告 2015 年第 33 号

《国务院关于进一步优化企业兼并重组市场环境的意见》（国发〔2014〕14 号）和《财政部 国家税务总局关于非货币性资产投资企业所得税政策问题的通知》（财税〔2014〕116 号）发布后，各地陆续反映在非货币性资产投资企业所得税政策执行过程中有些征管问题亟需明确。经研究，现就非货币性资产投资企业所得税有关征管问题公告如下：

一、实行查账征收的居民企业（以下简称企业）以非货币性资产对外投资确认的非货币性资产转让所得，可自确认非货币性资产转让收入年度起不超过连续 5 个纳税年度的期间内，分期均匀计入相应年度的应纳税所得额，按规定计算缴纳企业所得税。

二、关联企业之间发生的非货币性资产投资行为，投资协议生效后 12 个月内尚未完成股权变更登记手续的，于投资协议生效时，确认非货币性资产转让收入的实现。

三、符合财税〔2014〕116 号文件规定的企业非货币性资产投资行为，同时又符合《财政部 国家税务总局关于企业重组业务企业所得税处理若干问题的通知》（财税〔2009〕59 号）、《财政部 国家税务总局关于促进企业重组有关企业所得税处理问题的通知》（财税〔2014〕109 号）等文件规定的特殊性税务处理条件的，可由企业选择其中一项政策执行，且一经选择，不得改变。

四、企业选择适用本公告第一条规定进行税务处理的，应在非货币性资产转让所得递延确认期间每年企业所得税汇算清缴时，填报《中华人民共和国企业所得税年度纳税申报表》（A 类，2014 年版）中"A105100 企业重组纳税调整明细表"第 13 行"其中：以非货币性资产对外投资"的相关栏目，并向主管税务机关报送《非货币性资产投资递延纳税调整明细表》（详见附件）。

五、企业应将股权投资合同或协议、对外投资的非货币性资产（明细）公允价值评估确认报告、非货币性资产（明细）计税基础的情况说明、被投资企业设立或变更的工商部门证明材料等资料留存备查，并单独准确核算税法与会计差异情况。

主管税务机关应加强企业非货币性资产投资递延纳税的后续管理。

六、本公告适用于 2014 年度及以后年度企业所得税汇算清缴。此前尚未处理的非货币性资产投资，符合财税〔2014〕116 号文件和本公告规定的可按本公告执行。

特此公告。

附件：非货币性资产投资递延纳税调整明细表（略）

国家税务总局
2015 年 5 月 8 日

财政部 国家税务总局关于非货币性资产投资企业所得税政策问题的通知

财税〔2014〕116 号

各省、自治区、直辖市、计划单列市财政厅（局）、国家税务局、地方税务局，新疆生

产建设兵团财务局：

为贯彻落实《国务院关于进一步优化企业兼并重组市场环境的意见》（国发〔2014〕14 号），根据《中华人民共和国企业所得税法》及其实施条例有关规定，现就非货币性资产投资涉及的企业所得税政策问题明确如下：

一、居民企业（以下简称企业）以非货币性资产对外投资确认的非货币性资产转让所得，可在不超过 5 年期限内，分期均匀计入相应年度的应纳税所得额，按规定计算缴纳企业所得税。

二、企业以非货币性资产对外投资，应对非货币性资产进行评估并按评估后的公允价值扣除计税基础后的余额，计算确认非货币性资产转让所得。

企业以非货币性资产对外投资，应于投资协议生效并办理股权登记手续时，确认非货币性资产转让收入的实现。

三、企业以非货币性资产对外投资而取得被投资企业的股权，应以非货币性资产的原计税成本为计税基础，加上每年确认的非货币性资产转让所得，逐年进行调整。

被投资企业取得非货币性资产的计税基础，应按非货币性资产的公允价值确定。

四、企业在对外投资 5 年内转让上述股权或投资收回的，应停止执行递延纳税政策，并就递延期内尚未确认的非货币性资产转让所得，在转让股权或投资收回当年的企业所得税年度汇算清缴时，一次性计算缴纳企业所得税；企业在计算股权转让所得时，可按本通知第三条第一款规定将股权的计税基础一次调整到位。

企业在对外投资 5 年内注销的，应停止执行递延纳税政策，并就递延期内尚未确认的非货币性资产转让所得，在注销当年的企业所得税年度汇算清缴时，一次性计算缴纳企业所得税。

五、本通知所称非货币性资产，是指现金、银行存款、应收账款、应收票据以及准备持有至到期的债券投资等货币性资产以外的资产。

本通知所称非货币性资产投资，限于以非货币性资产出资设立新的居民企业，或将非货币性资产注入现存的居民企业。

六、企业发生非货币性资产投资，符合《财政部 国家税务总局关于企业重组业务企业所得税处理若干问题的通知》（财税〔2009〕59 号）等文件规定的特殊性税务处理条件的，也可选择按特殊性税务处理规定执行。

七、本通知自 2014 年 1 月 1 日起执行。本通知发布前尚未处理的非货币性资产投资，符合本通知规定的可按本通知执行。

财政部 国家税务总局

2014 年 12 月 31 日

国家税务总局关于加强企业所得税后续管理的指导意见

税总发〔2013〕55 号

各省、自治区、直辖市和计划单列市国家税务局、地方税务局：

加强企业所得税后续管理是落实国务院关于职能转变特别是深化行政审批制度改革，取消和下放行政审批项目，同时加强后续管理要求的具体体现，是新形势下全面推进企业所得税科学化、专业化和精细化管理的必然要求，是落实税源专业化管理和深化税收征管部署的工作措施。为深入贯彻国务院关于职能转变的各项要求，推动企业所得税后续管理工作深入开展，现提出以下指导意见。

一、加强后续管理的指导思想和主要目标

加强企业所得税后续管理的指导思想是：认真贯彻国务院关于职能转变、深化行政审批制度改革的部署，按照该放的权坚决放开放到位、该管的事必须管住管好的要求，围绕企业所得税管理的"二十四字"总体要求，以加强税收风险管理为导向，以实施信息管税为依托，突出跨年度事项、重大事项、高风险事项和重点行业管理，着力构建企业所得税后续管理的长效机制，实现企业所得税的动态化、可持续管理。

加强企业所得税后续管理的主要目标是：通过加强后续管理，保持企业所得税管理的连续性，保障企业所得税各项政策的贯彻落实，切实防止出现管理真空，进一步提升税法遵从度，不断提高企业所得税的征管质量和效率。

二、加强后续管理的主要内容

企业所得税后续管理是在做好日常管理的基础上，着力在企业所得税管理的关键环节，主要利用台账管理和专家团队管理等方法，大力依托信息化手段，重点对跨年度事项、重大事项、高风险事项和重点行业加强跟踪管理和动态监控的一种税源管理方式。

（一）明确后续管理对象

后续管理的对象涵盖影响企业所得税应纳税所得额和应纳税额的重要事项和重点行业，包括跨年度事项、重大事项、高风险事项和若干重点行业。

跨年度事项是指对企业以后年度的应纳税所得额和应纳税额造成实际影响的事项。跨年度事项主要包括：债务重组递延所得、跨境重组递延收入、政策性搬迁收入、公允价值变动净收益、权益法核算长期股权投资初始成本形成的营业外收入，政策性搬

迁支出、跨年度结转扣除的职工教育经费支出、广告费和业务宣传费支出、不征税收入后续支出，固定资产和生产性生物资产折旧、无形资产和长期待摊费用摊销、油气资产折耗，亏损弥补，创业投资抵扣应纳税所得额，专用设备投资抵免应纳税额，等等。鉴于跨年度事项的递延性质，需要通过台账管理等方法准确记录该类事项对以后年度的税收影响，便于跟踪管理。

重大事项涵盖了税务行政审批制度改革后管理方式发生重大改变的事项，以及一些对企业所得税影响重大的、复杂的交易事项。前者主要包括企业所得税优惠事项和资产损失税前扣除事项，这类事项由审批改为备案或自行申报后，必须加强对其真实性和合法性的后续管理。后者包括企业重组、清算、股权转让、居民企业间关联交易、境外所得税收抵免、跨地区经营汇总纳税、集团企业合并纳税等重点事项，这些事项交易过程复杂、交易方较多、交易信息不透明，有的还涉及税源跨地区转移，需要利用专家团队、结合第三方信息等加强后续管理。

高风险事项是企业所得税管理中风险发生概率较高、易造成重大税款流失的事项，如适用特殊性税务处理的企业重组、上市公司限售股减持等交易事项。要将风险管理理念贯穿税源专业化管理全过程，选取体现税种特征的关键风险指标值，分地区、分企业规模、分行业类型建立风险预警指标体系、评估模型和风险特征库，通过分析识别和等级排序，将高风险事项纳入后续管理范围。

重点行业是指企业所得税税种特征明显、税源较大、生产经营流程较复杂、管理难度较高的一些行业，如房地产开发企业、建筑企业、石油石化企业等。要结合应用企业所得税行业管理操作指南，制定重点行业企业所得税管理办法，建立行业管理专家团队，加大对重点行业的后续管理力度。

（二）抓住后续管理环节

后续管理的着力点应集中在企业备案或自行申报后、预缴申报后以及汇算清缴后的管理上，主要侧重汇算清缴后的管理。

在备案或自行申报后，以实质性审核为重点加强后续管理。对列入备案管理的优惠项目，应在相关性审核的基础上，加强对税法与会计差异的审查，对跨年度优惠项目建立管理台账进行动态监控，通过纳税评估和税务检查对优惠项目的真实性和准确性进一步开展实质性审核。对自行申报的资产损失项目，应区分项目、损失类型和申报形式，建立企业资产损失税前扣除管理台账和纳税档案，及时进行风险评估，对需要实地核查的应及时进行核查。

在预缴申报后，以税源实时监控为重点加强后续管理。定期分析本地区企业所得税预缴情况，动态掌握本地区企业所得税税源重要变化和趋势；对预缴税款发生显著变化的企业，及时了解分析收入变化的主要原因；审核纳税人是否按照规定的预缴方式进行预缴申报；加强对实际利润额、减免税额、特定业务预缴税款和总分机构纳税人分配入库税款准确性的审核。

在汇算清缴后，以风险识别应对为重点加强后续管理。结合年度纳税申报表、财务会计报告、管理台账、中介机构鉴证报告以及获取的各类内外部信息，运用企业所得税风险特征库，集中识别汇算清缴重要风险点，并区分风险性质、风险程度和纳税人遵从行为特征，采用纳税提醒、纳税评估、税务检查等差异化和递进式的策略实施风险应对。

（三）掌握后续管理方法

后续管理方法主要有台账管理、专家团队管理、第三方信息运用和风险管理等。

强化应用管理台账对跨年度事项进行跟踪管理。台账的数据来源应主要来自于企业申报信息和税收征管系统，除评估、核查的结果反馈外，尽量减少税务机关主观数据的录入。根据跨年度事项的特点和管理需要分门别类地设计台账，不断完善台账结构。通过应用台账，为汇缴后的申报表分析比对、风险评估和税务检查提供基础资料。

强调通过专家评审对重大事项和重点行业实施团队管理。培养熟悉所得税政策和管理的业务专家，必要时邀请熟悉行业运营特点的技术专家，组建专家团队。充分依托专家团队加强专业化审核，提高税收政策运用的准确性和行业运行掌握的权威性。

突出运用第三方信息对重大事项和重点行业进行后续管理。借助与第三方部门建立的常态信息沟通机制和有效的信息共享平台，提取有关企业所得税的重点涉税信息，在税收优惠、资产损失、企业重组、清算、股权转让等重大事项以及房地产等重点行业的后续管理中，重点采集来自工商、统计、科技、质检、法院、文化、证监、发改、房产、建委等部门的相关信息。加强对中介机构涉税鉴证报告质量的审核，逐步加大鉴证报告在后续管理中的应用力度。

坚持运用风险管理方法对企业所得税的全过程加强后续管理。针对项目特点、行业特征和区域差别，分别创设风险指标和风险特征库，形成风险分析识别、等级排序和应对处理的闭环系统。实行分类分级管理，建立重大风险事项控管制度和重点风险企业监控机制，提高风险应对的针对性和有效性；提升高风险事项和行业的管理层级，加大优势资源配置力度，着力发挥专家团队的管理抓手作用。

（四）强化信息化支撑

积极践行信息管税、便利税收业务执行的理念，主动利用信息化作为企业所得税后续管理的实现路径。

加强信息采集，确保后续管理信息来源的充分性。规范信息采集，提高涉税数据质量；拓宽采集渠道，加强信息共享平台建设；全面推行电子申报，降低涉税信息获取成本；做好与"金税三期"工程的融合，实现数据整合与功能互补。

完善所得税信息管理平台，便捷实现后续管理功能。结合"金税三期"工程，进一步优化业务需求，在企业所得税管理模块中完善后续管理的功能。逐步建立全省统一的适用于基层税务机关的电子台账，实现与企业所得税申报和风险识别的有机衔接。推进针对重点事项、重点行业等单项后续管理功能的实现。

三、加强后续管理的制度建设

税务总局负责领导全国企业所得税后续管理工作，提出加强后续管理的指导意见，指导各地结合实际开展具体管理；针对亟需加强后续管理的若干跨年度事项、重大事项和高风险事项，研究出台一系列单项的后续管理办法；在深化应用行业管理操作指南的基础上，将行业特征明显、实践证明确实行之有效的管理经验进一步提炼、规范，制定若干重点行业的后续管理办法。力争在三年内建立一个企业所得税后续管理的基本制度框架。

省及省以下税务机关要根据本地区所得税征管实际，细化和落实全国企业所得税后续管理指导意见、单项后续管理办法、重点行业后续管理办法和具体工作要求，确保后续管理各项工作落实到位。各地要根据后续管理的特点，将企业所得税后续管理纳入目标考核，明确考核标准，细化考核内容，突出考核重点，促进企业所得税后续管理工作的深入开展。

各级税务机关要进一步加强企业所得税后续管理工作调查研究，对发现的新情况、新问题要及时向上级税务机关反馈，提出解决问题的意见或建议，不断完善相关制度办法。

四、加强后续管理的工作要求

（一）加强组织领导。加强后续管理已成为当前和今后一个时期企业所得税管理的一项重要任务，各级税务机关应将其列入税源专业化管理工作的重要议程，以此带动企业所得税整体管理质效的提高。主要领导负总责，统筹协调解决有关问题。分管领导要切实履行职责，认真组织开展各项工作。企业所得税管理部门牵头，相关部门相互配合，各负其责，确保企业所得税后续管理的各项措施落到实处。

（二）融入税收征管改革大局。加强企业所得税后续管理，必须适应深化税收征管改革的总体要求，将企业所得税管理融入税收征管改革和税源专业化管理的大局之中。各级税务机关应重点探索如何将后续管理的总体要求匹配到具体的征管流程和岗位职责中去，并据此开展企业所得税税源监控、风险评估和风险应对等工作。税源专业化管理试点地区，应结合税收风险管理的总体要求，设定后续管理主要风险点，建立后续管理风险特征库，将后续管理具体事项合理整合、嵌入具体的风险管理节点，将后续管理纳入风险应对的总体框架，统一部署，统一实施。

（三）加强协同管理。各级税务机关应明确后续管理的岗位职责，建立分工明确、指导有力、管理到位、上下协作、奖罚分明的后续管理运行机制。要建立各税（费）

种联动、国税局和地税局协同、部门间配合的协同机制，形成管理合力。要整合企业所得税与其他税种的管理要求，统一落实到具体管理工作中。

国家税务总局

2013 年 5 月 20 日

财政部 国家税务总局关于执行企业所得税优惠政策若干问题的通知

财税〔2009〕69 号

各省、自治区、直辖市、计划单列市财政厅（局）、国家税务局、地方税务局，新疆生产建设兵团财务局：

根据《中华人民共和国企业所得税法》（以下简称企业所得税法）及《中华人民共和国企业所得税法实施条例》（国务院令第 512 号，以下简称实施条例）的有关规定，现就企业所得税优惠政策执行中有关问题通知如下：

一、执行《国务院关于实施企业所得税过渡优惠政策的通知》（国发〔2007〕39 号）规定的过渡优惠政策及西部大开发优惠政策的企业，在定期减免税的减半期内，可以按照企业适用税率计算的应纳税额减半征税。其他各类情形的定期减免税，均应按照企业所得税 25％的法定税率计算的应纳税额减半征税。

二、《国务院关于实施企业所得税过渡优惠政策的通知》（国发〔2007〕39 号）第三条所称不得叠加享受，且一经选择，不得改变的税收优惠情形，限于企业所得税过渡优惠政策与企业所得税法及其实施条例中规定的定期减免税和减低税率类的税收优惠。

企业所得税法及其实施条例中规定的各项税收优惠，凡企业符合规定条件的，可以同时享受。

三、企业在享受过渡税收优惠过程中发生合并、分立、重组等情形的，按照《财政部 国家税务总局关于企业重组业务企业所得税处理若干问题的通知》（财税〔2009〕59 号）的统一规定执行。

四、2008 年 1 月 1 日以后，居民企业之间分配属于 2007 年度及以前年度的累积未分配利润而形成的股息、红利等权益性投资收益，均应按照企业所得税法第二十六条及实施条例第十七条、第八十三条的规定处理。

五、企业在 2007 年 3 月 16 日之前设立的分支机构单独依据原内、外资企业所得税法的优惠规定已享受有关税收优惠的，凡符合《国务院关于实施企业所得税过渡优惠政策的通知》（国发〔2007〕39 号）所列政策条件的，该分支机构可以单独享受国发〔2007〕39 号规定的企业所得税过渡优惠政策。

六、实施条例第九十一条第（二）项所称国际金融组织，包括国际货币基金组织、世界银行、亚洲开发银行、国际开发协会、国际农业发展基金、欧洲投资银行以及财政部和国家税务总局确定的其他国际金融组织；所称优惠贷款，是指低于金融企业同期同类贷款利率水平的贷款。

七、实施条例第九十二条第（一）项和第（二）项所称从业人数，是指与企业建立劳动关系的职工人数和企业接受的劳务派遣用工人数之和；从业人数和资产总额指标，按企业全年月平均值确定，具体计算公式如下：

月平均值＝（月初值＋月末值)÷2

全年月平均值＝全年各月平均值之和÷12

（注：根据《财政部 国家税务总局关于小型微利企业所得税优惠政策的通知》（财税〔2015〕34 号）规定，上述计算方法自 2015 年起已作修改。）

年度中间开业或者终止经营活动的，以其实际经营期作为一个纳税年度确定上述相关指标。

八、企业所得税法第二十八条规定的小型微利企业待遇，应适用于具备建账核算自身应纳税所得额条件的企业，按照《企业所得税核定征收办法》（国税发〔2008〕30 号）缴纳企业所得税的企业，在不具备准确核算应纳税所得额条件前，暂不适用小型微利企业适用税率。

（注：根据《财政部 国家税务总局关于小型微利企业所得税优惠政策有关问题的通知》（财税〔2014〕34 号）和《国家税务总局关于扩大小型微利企业减半征收企业所得税范围有关问题的公告》（国家税务总局公告 2014 年第 23 号）规定，本条自 2014 年起废止。）

九、2007 年底前设立的软件生产企业和集成电路生产企业，经认定后可以按《财政部 国家税务总局关于企业所得税若干优惠政策的通知》（财税〔2008〕1 号）的规定享受企业所得税定期减免税优惠政策。在 2007 年度或以前年度已获利并开始享受定期减免税优惠政策的，可自 2008 年度起继续享受至期满为止。

十、实施条例第一百条规定的购置并实际使用的环境保护、节能节水和安全生产专用设备，包括承租方企业以融资租赁方式租入的、并在融资租赁合同中约定租赁期届满时租赁设备所有权转移给承租方企业，且符合规定条件的上述专用设备。凡融资租赁期届满后租赁设备所有权未转移至承租方企业的，承租方企业应停止享受抵免企业所得税优惠，并补缴已经抵免的企业所得税税款。

十一、实施条例第九十七条所称投资于未上市的中小高新技术企业 2 年以上的，包括发生在 2008 年 1 月 1 日以前满 2 年的投资；所称中小高新技术企业是指按照《高新技术企业认定管理办法》（国科发火〔2008〕172 号）和《高新技术企业认定管理工作指引》（国科发火〔2008〕362 号）取得高新技术企业资格，且年销售额和资产总额均不超过 2 亿元、从业人数不超过 500 人的企业，其中 2007 年底前已取得高新技术企业资格的，在其规定有效期内不需重新认定。

十二、本通知自 2008 年 1 月 1 日起执行。

财政部 国家税务总局

2009 年 4 月 24 日

国家税务总局关于进一步明确企业所得税过渡期优惠政策执行口径问题的通知

国税函〔2010〕157 号

各省、自治区、直辖市和计划单列市国家税务局、地方税务局：

根据《财政部 国家税务总局关于执行企业所得税优惠政策若干问题的通知》（财税〔2009〕69 号）的有关规定，现就执行企业所得税过渡期优惠政策问题进一步明确如下：

一、关于居民企业选择适用税率及减半征税的具体界定问题

（一）居民企业被认定为高新技术企业，同时又处于《国务院关于实施企业所得税过渡优惠政策的通知》（国发〔2007〕39 号）第一条第三款规定享受企业所得税"两免三减半"、"五免五减半"等定期减免税优惠过渡期的，该居民企业的所得税适用税率可以选择依照过渡期适用税率并适用减半征税至期满，或者选择适用高新技术企业的 15％税率，但不能享受 15％税率的减半征税。

（二）居民企业被认定为高新技术企业，同时又符合软件生产企业和集成电路生产企业定期减半征收企业所得税优惠条件的，该居民企业的所得税适用税率可以选择适用高新技术企业的 15％税率，也可以选择依照 25％的法定税率减半征税，但不能享受15％税率的减半征税。

（三）居民企业取得中华人民共和国企业所得税法实施条例第八十六条、第八十七条、第八十八条和第九十条规定可减半征收企业所得税的所得，是指居民企业应就该部分所得单独核算并依照 25％的法定税率减半缴纳企业所得税。

（四）高新技术企业减低税率优惠属于变更适用条件的延续政策而未列入过渡政策，因此，凡居民企业经税务机关核准 2007 年度及以前享受高新技术企业或新技术企业所得税优惠，2008 年及以后年度未被认定为高新技术企业的，自 2008 年起不得适用高新技术企业的 15％税率，也不适用《国务院实施企业所得税过渡优惠政策的通知》（国发〔2007〕39 号）第一条第二款规定的过渡税率，而应自 2008 年度起适用 25％的

法定税率。

二、关于居民企业总分机构的过渡期税率执行问题

居民企业经税务机关核准 2007 年度以前依照《国家税务总局关于外商投资企业分支机构适用所得税税率问题的通知》（国税发〔1997〕49 号）规定，其处于不同税率地区的分支机构可以单独享受所得税减低税率优惠的，仍可继续单独适用减低税率优惠过渡政策；优惠过渡期结束后，统一依照《国家税务总局关于印发〈跨地区经营汇总纳税企业所得税征收管理暂行办法〉的通知》（国税发〔2008〕28 号）第十六条的规定执行。

国家税务总局

2010 年 4 月 21 日

国家税务总局关于发布 《企业资产损失所得税税前扣除管理办法》 的公告

国家税务总局公告 2011 年第 25 号

现将《企业资产损失所得税税前扣除管理办法》予以发布，自 2011 年 1 月 1 日起施行。

特此公告。

国家税务总局

2011 年 3 月 31 日

分送：各省、自治区、直辖市和计划单列市国家税务局、地方税务局

企业资产损失所得税税前扣除管理办法

第一章 总 则

第一条 根据《中华人民共和国企业所得税法》（以下简称企业所得税法）及其实施条例、《中华人民共和国税收征收管理法》（以下简称征管法）及其实施细则、《财政部 国家税务总局关于企业资产损失税前扣除政策的通知》（财税〔2009〕57 号）（以下简称《通知》）的规定，制定本办法。

第二条　本办法所称资产是指企业拥有或者控制的、用于经营管理活动相关的资产，包括现金、银行存款、应收及预付款项（包括应收票据、各类垫款、企业之间往来款项）等货币性资产，存货、固定资产、无形资产、在建工程、生产性生物资产等非货币性资产，以及债权性投资和股权（权益）性投资。

第三条　准予在企业所得税税前扣除的资产损失，是指企业在实际处置、转让上述资产过程中发生的合理损失（以下简称实际资产损失），以及企业虽未实际处置、转让上述资产，但符合《通知》和本办法规定条件计算确认的损失（以下简称法定资产损失）。

第四条　企业实际资产损失，应当在其实际发生且会计上已作损失处理的年度申报扣除；法定资产损失，应当在企业向主管税务机关提供证据资料证明该项资产已符合法定资产损失确认条件，且会计上已作损失处理的年度申报扣除。

第五条　企业发生的资产损失，应按规定的程序和要求向主管税务机关申报后方能在税前扣除。未经申报的损失，不得在税前扣除。

第六条　企业以前年度发生的资产损失未能在当年税前扣除的，可以按照本办法的规定，向税务机关说明并进行专项申报扣除。其中，属于实际资产损失，准予追补至该项损失发生年度扣除，其追补确认期限一般不得超过五年，但因计划经济体制转轨过程中遗留的资产损失、企业重组上市过程中因权属不清出现争议而未能及时扣除的资产损失、因承担国家政策性任务而形成的资产损失以及政策定性不明确而形成资产损失等特殊原因形成的资产损失，其追补确认期限经国家税务总局批准后可适当延长。属于法定资产损失，应在申报年度扣除。

企业因以前年度实际资产损失未在税前扣除而多缴的企业所得税税款，可在追补确认年度企业所得税应纳税款中予以抵扣，不足抵扣的，向以后年度递延抵扣。

企业实际资产损失发生年度扣除追补确认的损失后出现亏损的，应先调整资产损失发生年度的亏损额，再按弥补亏损的原则计算以后年度多缴的企业所得税税款，并按前款办法进行税务处理。

第二章　申报管理

第七条　企业在进行企业所得税年度汇算清缴申报时，可将资产损失申报材料和纳税资料作为企业所得税年度纳税申报表的附件一并向税务机关报送。

第八条　企业资产损失按其申报内容和要求的不同，分为清单申报和专项申报两种申报形式。其中，属于清单申报的资产损失，企业可按会计核算科目进行归类、汇总，然后再将汇总清单报送税务机关，有关会计核算资料和纳税资料留存备查；属于专项申报的资产损失，企业应逐项（或逐笔）报送申请报告，同时附送会计核算资料及其他相关的纳税资料。

企业在申报资产损失税前扣除过程中不符合上述要求的，税务机关应当要求其改正，企业拒绝改正的，税务机关有权不予受理。

第九条 下列资产损失，应以清单申报的方式向税务机关申报扣除：

（一）企业在正常经营管理活动中，按照公允价格销售、转让、变卖非货币资产的损失；

（二）企业各项存货发生的正常损耗；

（三）企业固定资产达到或超过使用年限而正常报废清理的损失；

（四）企业生产性生物资产达到或超过使用年限而正常死亡发生的资产损失；

（五）企业按照市场公平交易原则，通过各种交易场所、市场等买卖债券、股票、期货、基金以及金融衍生产品等发生的损失。

第十条 前条以外的资产损失，应以专项申报的方式向税务机关申报扣除。企业无法准确判别是否属于清单申报扣除的资产损失，可以采取专项申报的形式申报扣除。

第十一条 在中国境内跨地区经营的汇总纳税企业发生的资产损失，应按以下规定申报扣除：

（一）总机构及其分支机构发生的资产损失，除应按专项申报和清单申报的有关规定，各自向当地主管税务机关申报外，各分支机构同时还应上报总机构；

（二）总机构对各分支机构上报的资产损失，除税务机关另有规定外，应以清单申报的形式向当地主管税务机关进行申报；

（三）总机构将跨地区分支机构所属资产捆绑打包转让所发生的资产损失，由总机构向当地主管税务机关进行专项申报。

第十二条 企业因国务院决定事项形成的资产损失，应向国家税务总局提供有关资料。国家税务总局审核有关情况后，将损失情况通知相关税务机关。企业应按本办法的要求进行专项申报。

（注：本条已废止。《国家税务总局关于企业因国务院决定事项形成的资产损失税前扣除问题的公告》（国家税务总局公告 2014 年第 18 号）修改为：自 2013 年度及以后年度的企业所得税申报，企业因国务院决定事项形成的资产损失，应以专项申报的方式向主管税务机关申报扣除。）

第十三条 属于专项申报的资产损失，企业因特殊原因不能在规定的时限内报送相关资料的，可以向主管税务机关提出申请，经主管税务机关同意后，可适当延期申报。

第十四条 企业应当建立健全资产损失内部核销管理制度，及时收集、整理、编制、审核、申报、保存资产损失税前扣除证据材料，方便税务机关检查。

第十五条 税务机关应按分项建档、分级管理的原则，建立企业资产损失税前扣除管理台账和纳税档案，及时进行评估。对资产损失金额较大或经评估后发现不符合资产损失税前扣除规定、或存有疑点、异常情况的资产损失，应及时进行核查。对有证据证明申报扣除的资产损失不真实、不合法的，应依法作出税收处理。

第三章　资产损失确认证据

第十六条　企业资产损失相关的证据包括具有法律效力的外部证据和特定事项的企业内部证据。

第十七条　具有法律效力的外部证据，是指司法机关、行政机关、专业技术鉴定部门等依法出具的与本企业资产损失相关的具有法律效力的书面文件，主要包括：

（一）司法机关的判决或者裁定；

（二）公安机关的立案结案证明、回复；

（三）工商部门出具的注销、吊销及停业证明；

（四）企业的破产清算公告或清偿文件；

（五）行政机关的公文；

（六）专业技术部门的鉴定报告；

（七）具有法定资质的中介机构的经济鉴定证明；

（八）仲裁机构的仲裁文书；

（九）保险公司对投保资产出具的出险调查单、理赔计算单等保险单据；

（十）符合法律规定的其他证据。

第十八条　特定事项的企业内部证据，是指会计核算制度健全、内部控制制度完善的企业，对各项资产发生毁损、报废、盘亏、死亡、变质等内部证明或承担责任的声明，主要包括：

（一）有关会计核算资料和原始凭证；

（二）资产盘点表；

（三）相关经济行为的业务合同；

（四）企业内部技术鉴定部门的鉴定文件或资料；

（五）企业内部核批文件及有关情况说明；

（六）对责任人由于经营管理责任造成损失的责任认定及赔偿情况说明；

（七）法定代表人、企业负责人和企业财务负责人对特定事项真实性承担法律责任的声明。

第四章　货币资产损失的确认

第十九条　企业货币资产损失包括现金损失、银行存款损失和应收及预付款项损失等。

第二十条 现金损失应依据以下证据材料确认：

（一）现金保管人确认的现金盘点表（包括倒推至基准日的记录）；

（二）现金保管人对于短缺的说明及相关核准文件；

（三）对责任人由于管理责任造成损失的责任认定及赔偿情况的说明；

（四）涉及刑事犯罪的，应有司法机关出具的相关材料；

（五）金融机构出具的假币收缴证明。

第二十一条 企业因金融机构清算而发生的存款类资产损失应依据以下证据材料确认：

（一）企业存款类资产的原始凭据；

（二）金融机构破产、清算的法律文件；

（三）金融机构清算后剩余资产分配情况资料。

金融机构应清算而未清算超过三年的，企业可将该款项确认为资产损失，但应有法院或破产清算管理人出具的未完成清算证明。

第二十二条 企业应收及预付款项坏账损失应依据以下相关证据材料确认：

（一）相关事项合同、协议或说明；

（二）属于债务人破产清算的，应有人民法院的破产、清算公告；

（三）属于诉讼案件的，应出具人民法院的判决书或裁决书或仲裁机构的仲裁书，或者被法院裁定终（中）止执行的法律文书；

（四）属于债务人停止营业的，应有工商部门注销、吊销营业执照证明；

（五）属于债务人死亡、失踪的，应有公安机关等有关部门对债务人个人的死亡、失踪证明；

（六）属于债务重组的，应有债务重组协议及其债务人重组收益纳税情况说明；

（七）属于自然灾害、战争等不可抗力而无法收回的，应有债务人受灾情况说明以及放弃债权申明。

第二十三条 企业逾期三年以上的应收款项在会计上已作为损失处理的，可以作为坏账损失，但应说明情况，并出具专项报告。

第二十四条 企业逾期一年以上，单笔数额不超过五万或者不超过企业年度收入总额万分之一的应收款项，会计上已经作为损失处理的，可以作为坏账损失，但应说明情况，并出具专项报告。

第五章 非货币资产损失的确认

第二十五条 企业非货币资产损失包括存货损失、固定资产损失、无形资产损失、在建工程损失、生产性生物资产损失等。

第二十六条 存货盘亏损失，为其盘亏金额扣除责任人赔偿后的余额，应依据以下证据材料确认：

（一）存货计税成本确定依据；

（二）企业内部有关责任认定、责任人赔偿说明和内部核批文件；

（三）存货盘点表；

（四）存货保管人对于盘亏的情况说明。

第二十七条 存货报废、毁损或变质损失，为其计税成本扣除残值及责任人赔偿后的余额，应依据以下证据材料确认：

（一）存货计税成本的确定依据；

（二）企业内部关于存货报废、毁损、变质、残值情况说明及核销资料；

（三）涉及责任人赔偿的，应当有赔偿情况说明；

（四）该项损失数额较大的（指占企业该类资产计税成本10％以上，或减少当年应纳税所得、增加亏损10％以上，下同），应有专业技术鉴定意见或法定资质中介机构出具的专项报告等。

第二十八条 存货被盗损失，为其计税成本扣除保险理赔以及责任人赔偿后的余额，应依据以下证据材料确认：

（一）存货计税成本的确定依据；

（二）向公安机关的报案记录；

（三）涉及责任人和保险公司赔偿的，应有赔偿情况说明等。

第二十九条 固定资产盘亏、丢失损失，为其账面净值扣除责任人赔偿后的余额，应依据以下证据材料确认：

（一）企业内部有关责任认定和核销资料；

（二）固定资产盘点表；

（三）固定资产的计税基础相关资料；

（四）固定资产盘亏、丢失情况说明；

（五）损失金额较大的，应有专业技术鉴定报告或法定资质中介机构出具的专项报告等。

第三十条 固定资产报废、毁损损失，为其账面净值扣除残值和责任人赔偿后的余额，应依据以下证据材料确认：

（一）固定资产的计税基础相关资料；

（二）企业内部有关责任认定和核销资料；

（三）企业内部有关部门出具的鉴定材料；

（四）涉及责任赔偿的，应当有赔偿情况的说明；

（五）损失金额较大的或自然灾害等不可抗力原因造成固定资产毁损、报废的，应有专业技术鉴定意见或法定资质中介机构出具的专项报告等。

第三十一条 固定资产被盗损失，为其账面净值扣除责任人赔偿后的余额，应依据以下证据材料确认：

（一）固定资产计税基础相关资料；

（二）公安机关的报案记录，公安机关立案、破案和结案的证明材料；

（三）涉及责任赔偿的，应有赔偿责任的认定及赔偿情况的说明等。

第三十二条 在建工程停建、报废损失，为其工程项目投资账面价值扣除残值后的余额，应依据以下证据材料确认：

（一）工程项目投资账面价值确定依据；

（二）工程项目停建原因说明及相关材料；

（三）因质量原因停建、报废的工程项目和因自然灾害和意外事故停建、报废的工程项目，应出具专业技术鉴定意见和责任认定、赔偿情况的说明等。

第三十三条 工程物资发生损失，可比照本办法存货损失的规定确认。

第三十四条 生产性生物资产盘亏损失，为其账面净值扣除责任人赔偿后的余额，应依据以下证据材料确认：

（一）生产性生物资产盘点表；

（二）生产性生物资产盘亏情况说明；

（三）生产性生物资产损失金额较大的，企业应有专业技术鉴定意见和责任认定、赔偿情况的说明等。

第三十五条 因森林病虫害、疫情、死亡而产生的生产性生物资产损失，为其账面净值扣除残值、保险赔偿和责任人赔偿后的余额，应依据以下证据材料确认：

（一）损失情况说明；

（二）责任认定及其赔偿情况的说明；

（三）损失金额较大的，应有专业技术鉴定意见。

第三十六条 对被盗伐、被盗、丢失而产生的生产性生物资产损失，为其账面净值扣除保险赔偿以及责任人赔偿后的余额，应依据以下证据材料确认：

（一）生产性生物资产被盗后，向公安机关的报案记录或公安机关立案、破案和结案的证明材料；

（二）责任认定及其赔偿情况的说明。

第三十七条 企业由于未能按期赎回抵押资产，使抵押资产被拍卖或变卖，其账面净值大于变卖价值的差额，可认定为资产损失，按以下证据材料确认：

（一）抵押合同或协议书；

（二）拍卖或变卖证明、清单；

（三）会计核算资料等其他相关证据材料。

第三十八条　被其他新技术所代替或已经超过法律保护期限，已经丧失使用价值和转让价值，尚未摊销的无形资产损失，应提交以下证据备案：

（一）会计核算资料；

（二）企业内部核批文件及有关情况说明；

（三）技术鉴定意见和企业法定代表人、主要负责人和财务负责人签章证实无形资产已无使用价值或转让价值的书面申明；

（四）无形资产的法律保护期限文件。

第六章　投资损失的确认

第三十九条　企业投资损失包括债权性投资损失和股权（权益）性投资损失。

第四十条　企业债权投资损失应依据投资的原始凭证、合同或协议、会计核算资料等相关证据材料确认。下列情况债权投资损失的，还应出具相关证据材料：

（一）债务人或担保人依法被宣告破产、关闭、被解散或撤销、被吊销营业执照、失踪或者死亡等，应出具资产清偿证明或者遗产清偿证明。无法出具资产清偿证明或者遗产清偿证明，且上述事项超过三年以上的，或债权投资（包括信用卡透支和助学贷款）余额在三百万元以下的，应出具对应的债务人和担保人破产、关闭、解散证明、撤销文件、工商行政管理部门注销证明或查询证明以及追索记录等（包括司法追索、电话追索、信件追索和上门追索等原始记录）；

（二）债务人遭受重大自然灾害或意外事故，企业对其资产进行清偿和对担保人进行追偿后，未能收回的债权，应出具债务人遭受重大自然灾害或意外事故证明、保险赔偿证明、资产清偿证明等；

（三）债务人因承担法律责任，其资产不足归还所借债务，又无其他债务承担者的，应出具法院裁定证明和资产清偿证明；

（四）债务人和担保人不能偿还到期债务，企业提出诉讼或仲裁的，经人民法院对债务人和担保人强制执行，债务人和担保人均无资产可执行，人民法院裁定终结或终止（中止）执行的，应出具人民法院裁定文书；

（五）债务人和担保人不能偿还到期债务，企业提出诉讼后被驳回起诉的、人民法院不予受理或不予支持的，或经仲裁机构裁决免除（或部分免除）债务人责任，经追偿后无法收回的债权，应提交法院驳回起诉的证明，或法院不予受理或不予支持证明，或仲裁机构裁决免除债务人责任的文书；

（六）经国务院专案批准核销的债权，应提供国务院批准文件或经国务院同意后由国务院有关部门批准的文件。

第四十一条 企业股权投资损失应依据以下相关证据材料确认：

（一）股权投资计税基础证明材料；

（二）被投资企业破产公告、破产清偿文件；

（三）工商行政管理部门注销、吊销被投资单位营业执照文件；

（四）政府有关部门对被投资单位的行政处理决定文件；

（五）被投资企业终止经营、停止交易的法律或其他证明文件；

（六）被投资企业资产处置方案、成交及入账材料；

（七）企业法定代表人、主要负责人和财务负责人签章证实有关投资（权益）性损失的书面申明；

（八）会计核算资料等其他相关证据材料。

第四十二条 被投资企业依法宣告破产、关闭、解散或撤销、吊销营业执照、停止生产经营活动、失踪等，应出具资产清偿证明或者遗产清偿证明。

上述事项超过三年以上且未能完成清算的，应出具被投资企业破产、关闭、解散或撤销、吊销等的证明以及不能清算的原因说明。

第四十三条 企业委托金融机构向其他单位贷款，或委托其他经营机构进行理财，到期不能收回贷款或理财款项，按照本办法第六章有关规定进行处理。

第四十四条 企业对外提供与本企业生产经营活动有关的担保，因被担保人不能按期偿还债务而承担连带责任，经追索，被担保人无偿还能力，对无法追回的金额，比照本办法规定的应收款项损失进行处理。

与本企业生产经营活动有关的担保是指企业对外提供的与本企业应税收入、投资、融资、材料采购、产品销售等生产经营活动相关的担保。

第四十五条 企业按独立交易原则向关联企业转让资产而发生的损失，或向关联企业提供借款、担保而形成的债权损失，准予扣除，但企业应作专项说明，同时出具中介机构出具的专项报告及其相关的证明材料。

第四十六条 下列股权和债权不得作为损失在税前扣除：

（一）债务人或者担保人有经济偿还能力，未按期偿还的企业债权；

（二）违反法律、法规的规定，以各种形式、借口逃废或悬空的企业债权；

（三）行政干预逃废或悬空的企业债权；

（四）企业未向债务人和担保人追偿的债权；

（五）企业发生非经营活动的债权；

（六）其他不应当核销的企业债权和股权。

第七章 其他资产损失的确认

第四十七条 企业将不同类别的资产捆绑（打包），以拍卖、询价、竞争性谈判、招标等市场方式出售，其出售价格低于计税成本的差额，可以作为资产损失并准予在税前申报扣除，但应出具资产处置方案、各类资产作价依据、出售过程的情况说明、出售合同或协议、成交及入账证明、资产计税基础等确定依据。

第四十八条 企业正常经营业务因内部控制制度不健全而出现操作不当、不规范或因业务创新但政策不明确、不配套等原因形成的资产损失，应由企业承担的金额，可以作为资产损失并准予在税前申报扣除，但应出具损失原因证明材料或业务监管部门定性证明、损失专项说明。

第四十九条 企业因刑事案件原因形成的损失，应由企业承担的金额，或经公安机关立案侦查两年以上仍未追回的金额，可以作为资产损失并准予在税前申报扣除，但应出具公安机关、人民检察院的立案侦查情况或人民法院的判决书等损失原因证明材料。

第八章 附　则

第五十条 本办法没有涉及的资产损失事项，只要符合企业所得税法及其实施条例等法律、法规规定的，也可以向税务机关申报扣除。

第五十一条 省、自治区、直辖市和计划单列市国家税务局、地方税务局可以根据本办法制定具体实施办法。

第五十二条 本办法自 2011 年 1 月 1 日起施行，《国家税务总局关于印发〈企业资产损失税前扣除管理办法〉的通知》（国税发〔2009〕88 号）、《国家税务总局关于企业以前年度未扣除资产损失企业所得税处理问题的通知》（国税函〔2009〕772 号）、《国家税务总局关于电信企业坏账损失税前扣除问题的通知》（国税函〔2010〕196 号）同时废止。本办法生效之日前尚未进行税务处理的资产损失事项，也应按本办法执行。

财政部 国家税务总局关于非营利组织企业所得税免税收入问题的通知

财税〔2009〕122 号

各省、自治区、直辖市、计划单列市财政厅（局）、国家税务局、地方税务局，新疆生产建设兵团财务局：

根据《中华人民共和国企业所得税法》第二十六条及《中华人民共和国企业所得税法实施条例》（国务院令第 512 号）第八十五条的规定，现将符合条件的非营利组织企业所得税免税收入范围明确如下：

一、非营利组织的下列收入为免税收入：

（一）接受其他单位或者个人捐赠的收入；

（二）除《中华人民共和国企业所得税法》第七条规定的财政拨款以外的其他政府补助收入，但不包括因政府购买服务取得的收入；

（三）按照省级以上民政、财政部门规定收取的会费；

（四）不征税收入和免税收入孳生的银行存款利息收入；

（五）财政部 国家税务总局规定的其他收入。

二、本通知从 2008 年 1 月 1 日起执行。

财政部 国家税务总局

2009 年 11 月 11 日

财政部 国家税务总局关于非营利组织免税资格认定管理有关问题的通知

财税〔2014〕13 号

各省、自治区、直辖市、计划单列市财政厅（局）、国家税务局、地方税务局，新疆生产建设兵团财务局：

根据《中华人民共和国企业所得税法》（以下简称《企业所得税法》）第二十六条及《中华人民共和国企业所得税法实施条例》（以下简称《实施条例》）第八十四条的规定，现对非营利组织免税资格认定管理有关问题明确如下：

一、依据本通知认定的符合条件的非营利组织，必须同时满足以下条件：

（一）依照国家有关法律法规设立或登记的事业单位、社会团体、基金会、民办非企业单位、宗教活动场所以及财政部 国家税务总局认定的其他组织；

（二）从事公益性或者非营利性活动；

（三）取得的收入除用于与该组织有关的、合理的支出外，全部用于登记核定或者章程规定的公益性或者非营利性事业；

（四）财产及其孳息不用于分配，但不包括合理的工资薪金支出；

（五）按照登记核定或者章程规定，该组织注销后的剩余财产用于公益性或者非营利性目的，或者由登记管理机关转赠给与该组织性质、宗旨相同的组织，并向社会公告；

（六）投入人对投入该组织的财产不保留或者享有任何财产权利，本款所称投入人是指除各级人民政府及其部门外的法人、自然人和其他组织；

（七）工作人员工资福利开支控制在规定的比例内，不变相分配该组织的财产，其中：工作人员平均工资薪金水平不得超过上年度税务登记所在地人均工资水平的两倍，工作人员福利按照国家有关规定执行；

（八）除当年新设立或登记的事业单位、社会团体、基金会及民办非企业单位外，事业单位、社会团体、基金会及民办非企业单位申请前年度的检查结论为"合格"；

（九）对取得的应纳税收入及其有关的成本、费用、损失应与免税收入及其有关的成本、费用、损失分别核算。

二、经省级（含省级）以上登记管理机关批准设立或登记的非营利组织，凡符合规定条件的，应向其所在地省级税务主管机关提出免税资格申请，并提供本通知规定的相关材料；经市（地）级或县级登记管理机关批准设立或登记的非营利组织，凡符合规定条件的，分别向其所在地市（地）级或县级税务主管机关提出免税资格申请，并提供本通知规定的相关材料。

财政、税务部门按照上述管理权限，对非营利组织享受免税的资格联合进行审核确认，并定期予以公布。

三、申请享受免税资格的非营利组织，需报送以下材料：

（一）申请报告；

（二）事业单位、社会团体、基金会、民办非企业单位的组织章程或宗教活动场所的管理制度；

（三）税务登记证复印件；

（四）非营利组织登记证复印件；

（五）申请前年度的资金来源及使用情况、公益活动和非营利活动的明细情况；

（六）具有资质的中介机构鉴证的申请前会计年度的财务报表和审计报告；

（七）登记管理机关出具的事业单位、社会团体、基金会、民办非企业单位申请前年度的年度检查结论；

（八）财政、税务部门要求提供的其他材料。

四、非营利组织免税优惠资格的有效期为五年。非营利组织应在期满前三个月内提出复审申请，不提出复审申请或复审不合格的，其享受免税优惠的资格到期自动失效。

非营利组织免税资格复审，按照初次申请免税优惠资格的规定办理。

五、非营利组织必须按照《中华人民共和国税收征收管理法》（以下简称《税收征管法》）及《中华人民共和国税收征收管理法实施细则》（以下简称《实施细则》）等有关规定，办理税务登记，按期进行纳税申报。取得免税资格的非营利组织应按照规定向主管税务机关办理免税手续，免税条件发生变化的，应当自发生变化之日起十五日内向主管税务机关报告；不再符合免税条件的，应当依法履行纳税义务；未依法纳税的，主管税务机关应当予以追缴。取得免税资格的非营利组织注销时，剩余财产处置违反本通知第一条第五项规定的，主管税务机关应追缴其应纳企业所得税款。

主管税务机关应根据非营利组织报送的纳税申报表及有关资料进行审查，当年符合《企业所得税法》及其《实施条例》和有关规定免税条件的收入，免予征收企业所得税；当年不符合免税条件的收入，照章征收企业所得税。主管税务机关在执行税收优惠政策过程中，发现非营利组织不再具备本通知规定的免税条件的，应及时报告核准该非营利组织免税资格的财政、税务部门，由其进行复核。

核准非营利组织免税资格的财政、税务部门根据本通知规定的管理权限，对非营利组织的免税优惠资格进行复核，复核不合格的，取消其享受免税优惠的资格。

六、已认定的享受免税优惠政策的非营利组织有下述情况之一的，应取消其资格：

（一）事业单位、社会团体、基金会及民办非企业单位逾期未参加年检或年度检查结论为"不合格"的；

（二）在申请认定过程中提供虚假信息的；

（三）有逃避缴纳税款或帮助他人逃避缴纳税款行为的；

（四）通过关联交易或非关联交易和服务活动，变相转移、隐匿、分配该组织财产的；

（五）因违反《税收征管法》及其《实施细则》而受到税务机关处罚的；

（六）受到登记管理机关处罚的。

因上述第（一）项规定的情形被取消免税优惠资格的非营利组织，财政、税务部门在一年内不再受理该组织的认定申请；因上述规定的除第（一）项以外的其他情形被取消免税优惠资格的非营利组织，财政、税务部门在五年内不再受理该组织的认定申请。

七、本通知自 2013 年 1 月 1 日起执行。《财政部 国家税务总局关于非营利组织免税资格认定管理有关问题的通知》（财税〔2009〕123 号）同时废止。

财政部 国家税务总局

2014 年 1 月 29 日

国家税务总局关于印发 《企业所得税汇算清缴管理办法》 的通知

国税发〔2009〕79 号

各省、自治区、直辖市和计划单列市国家税务局、地方税务局：

为加强企业所得税征收管理，进一步规范企业所得税汇算清缴工作，在总结近年来内、外资企业所得税汇算清缴工作经验的基础上，根据《中华人民共和国企业所得税法》及其实施条例，税务总局重新制定了《企业所得税汇算清缴管理办法》，现印发给你们，请遵照执行。执行中有何问题，请及时向税务总局报告。

国家税务总局

2009 年 4 月 16 日

企业所得税汇算清缴管理办法

第一条 为加强企业所得税征收管理，进一步规范企业所得税汇算清缴管理工作，根据《中华人民共和国企业所得税法》及其实施条例（以下简称企业所得税法及其实施条例）和《中华人民共和国税收征收管理法》及其实施细则（以下简称税收征管法及其实施细则）的有关规定，制定本办法。

第二条 企业所得税汇算清缴，是指纳税人自纳税年度终了之日起 5 个月内或实际经营终止之日起 60 日内，依照税收法律、法规、规章及其他有关企业所得税的规定，自行计算本纳税年度应纳税所得额和应纳所得税额，根据月度或季度预缴企业所得税的数额，确定该纳税年度应补或者应退税额，并填写企业所得税年度纳税申报表，向主管税务机关办理企业所得税年度纳税申报、提供税务机关要求提供的有关资料、结清全年企业所得税税款的行为。

第三条 凡在纳税年度内从事生产、经营（包括试生产、试经营），或在纳税年度中间终止经营活动的纳税人，无论是否在减税、免税期间，也无论盈利或亏损，均应按照企业所得税法及其实施条例和本办法的有关规定进行企业所得税汇算清缴。

实行核定定额征收企业所得税的纳税人，不进行汇算清缴。

第四条 纳税人应当自纳税年度终了之日起 5 个月内，进行汇算清缴，结清应缴应退企业所得税税款。

纳税人在年度中间发生解散、破产、撤销等终止生产经营情形，需进行企业所得税清算的，应在清算前报告主管税务机关，并自实际经营终止之日起 60 日内进行汇算清缴，结清应缴应退企业所得税税款；纳税人有其他情形依法终止纳税义务的，应当自停止生产、经营之日起 60 日内，向主管税务机关办理当期企业所得税汇算清缴。

第五条 纳税人 12 月份或者第四季度的企业所得税预缴纳税申报，应在纳税年度终了后 15 日内完成，预缴申报后进行当年企业所得税汇算清缴。

第六条 纳税人需要报经税务机关审批、审核或备案的事项，应按有关程序、时限和要求报送材料等有关规定，在办理企业所得税年度纳税申报前及时办理。

第七条 纳税人应当按照企业所得税法及其实施条例和企业所得税的有关规定，正确计算应纳税所得额和应纳所得税额，如实、正确填写企业所得税年度纳税申报表及其附表，完整、及时报送相关资料，并对纳税申报的真实性、准确性和完整性负法律责任。

第八条 纳税人办理企业所得税年度纳税申报时，应如实填写和报送下列有关资料：

（一）企业所得税年度纳税申报表及其附表；

（二）财务报表；

（三）备案事项相关资料；

（四）总机构及分支机构基本情况、分支机构征税方式、分支机构的预缴税情况；

（五）委托中介机构代理纳税申报的，应出具双方签订的代理合同，并附送中介机构出具的包括纳税调整的项目、原因、依据、计算过程、调整金额等内容的报告；

（六）涉及关联方业务往来的，同时报送《中华人民共和国企业年度关联业务往来报告表》；

（七）主管税务机关要求报送的其他有关资料。

纳税人采用电子方式办理企业所得税年度纳税申报的，应按照有关规定保存有关资料或附报纸质纳税申报资料。

第九条 纳税人因不可抗力，不能在汇算清缴期内办理企业所得税年度纳税申报或备齐企业所得税年度纳税申报资料的，应按照税收征管法及其实施细则的规定，申请办理延期纳税申报。

第十条 纳税人在汇算清缴期内发现当年企业所得税申报有误的，可在汇算清缴期内重新办理企业所得税年度纳税申报。

第十一条 纳税人在纳税年度内预缴企业所得税税款少于应缴企业所得税税款的，应在汇算清缴期内结清应补缴的企业所得税税款；预缴税款超过应纳税款的，主管税务机关应及时按有关规定办理退税，或者经纳税人同意后抵缴其下一年度应缴企业所得税税款。

第十二条 纳税人因有特殊困难，不能在汇算清缴期内补缴企业所得税款的，应按照税收征管法及其实施细则的有关规定，办理申请延期缴纳税款手续。

第十三条 实行跨地区经营汇总缴纳企业所得税的纳税人，由统一计算应纳税所得额和应纳所得税额的总机构，按照上述规定，在汇算清缴期内向所在地主管税务机关办理企业所得税年度纳税申报，进行汇算清缴。分支机构不进行汇算清缴，但应将分支机构的营业收支等情况在报总机构统一汇算清缴前报送分支机构所在地主管税务机关。总机构应将分支机构及其所属机构的营业收支纳入总机构汇算清缴等情况报送各分支机构所在地主管税务机关。

第十四条 经批准实行合并缴纳企业所得税的企业集团，由集团母公司（以下简称汇缴企业）在汇算清缴期内，向汇缴企业所在地主管税务机关报送汇缴企业及各个成员企业合并计算填写的企业所得税年度纳税申报表，以及本办法第八条规定的有关资料及各个成员企业的企业所得税年度纳税申报表，统一办理汇缴企业及其成员企业的企业所得税汇算清缴。

汇缴企业应根据汇算清缴的期限要求，自行确定其成员企业向汇缴企业报送本办法第八条规定的有关资料的期限。成员企业向汇缴企业报送的上述资料，应经成员企业所在地的主管税务机关审核。

第十五条 纳税人未按规定期限进行汇算清缴，或者未报送本办法第八条所列资料的，按照税收征管法及其实施细则的有关规定处理。

第十六条 各级税务机关要结合当地实际，对每一纳税年度的汇算清缴工作进行统一安排和组织部署。汇算清缴管理工作由具体负责企业所得税日常管理的部门组织实施。税务机关内部各职能部门应充分协调和配合，共同做好汇算清缴的管理工作。

第十七条 各级税务机关应在汇算清缴开始之前和汇算清缴期间，主动为纳税人提供税收服务。

（一）采用多种形式进行宣传，帮助纳税人了解企业所得税政策、征管制度和办税程序。

（二）积极开展纳税辅导，帮助纳税人知晓汇算清缴范围、时间要求、报送资料及其他应注意的事项。

（三）必要时组织纳税培训，帮助纳税人进行企业所得税自核自缴。

第十八条 主管税务机关应及时向纳税人发放汇算清缴的表、证、单、书。

第十九条 主管税务机关受理纳税人企业所得税年度纳税申报表及有关资料时，如发现企业未按规定报齐有关资料或填报项目不完整的，应及时告知企业在汇算清缴期内补齐补正。

第二十条 主管税务机关受理纳税人年度纳税申报后，应对纳税人年度纳税申报表的逻辑性和有关资料的完整性、准确性进行审核。审核重点主要包括：

（一）纳税人企业所得税年度纳税申报表及其附表与企业财务报表有关项目的数字是否相符，各项目之间的逻辑关系是否对应，计算是否正确。

（二）纳税人是否按规定弥补以前年度亏损额和结转以后年度待弥补的亏损额。

（三）纳税人是否符合税收优惠条件、税收优惠的确认和申请是否符合规定程序。

（四）纳税人税前扣除的财产损失是否真实、是否符合有关规定程序。跨地区经营汇总缴纳企业所得税的纳税人，其分支机构税前扣除的财产损失是否由分支机构所在地主管税务机关出具证明。

（五）纳税人有无预缴企业所得税的完税凭证，完税凭证上填列的预缴数额是否真实。跨地区经营汇总缴纳企业所得税的纳税人及其所属分支机构预缴的税款是否与《中华人民共和国企业所得税汇总纳税分支机构分配表》中分配的数额一致。

（六）纳税人企业所得税和其他各税种之间的数据是否相符、逻辑关系是否吻合。

第二十一条 主管税务机关应结合纳税人企业所得税预缴情况及日常征管情况，对纳税人报送的企业所得税年度纳税申报表及其附表和其他有关资料进行初步审核后，按规定程序及时办理企业所得税补、退税或抵缴其下一年度应纳所得税款等事项。

第二十二条 税务机关应做好跨地区经营汇总纳税企业和合并纳税企业汇算清缴的协同管理。

（一）总机构和汇缴企业所在地主管税务机关在对企业的汇总或合并纳税申报资料审核时，发现其分支机构或成员企业申报内容有疑点需进一步核实的，应向其分支机构或成员企业所在地主管税务机关发出有关税务事项协查函；该分支机构或成员企业所在地主管税务机关应在要求的时限内就协查事项进行调查核实，并将核查结果函复总机构或汇缴企业所在地主管税务机关。

（二）总机构和汇缴企业所在地主管税务机关收到分支机构或成员企业所在地主管税务机关反馈的核查结果后，应对总机构和汇缴企业申报的应纳税所得额及应纳所得税额作相应调整。

第二十三条 汇算清缴工作结束后，税务机关应组织开展汇算清缴数据分析、纳税评估和检查。纳税评估和检查的对象、内容、方法、程序等按照国家税务总局的有关规定执行。

第二十四条 汇算清缴工作结束后，各级税务机关应认真总结，写出书面总结报告逐级上报。各省、自治区、直辖市和计划单列市国家税务局、地方税务局应在每年7月底前将汇算清缴工作总结报告、年度企业所得税汇总报表报送国家税务总局（所得税司）。总结报告的内容应包括：

（一）汇算清缴工作的基本情况；

（二）企业所得税税源结构的分布情况；

（三）企业所得税收入增减变化及原因；

（四）企业所得税政策和征管制度贯彻落实中存在的问题和改进建议。

第二十五条 本办法适用于企业所得税居民企业纳税人。

第二十六条 各省、自治区、直辖市和计划单列市国家税务局、地方税务局可根据本办法制定具体实施办法。

第二十七条 本办法自2009年1月1日起执行。《国家税务总局关于印发〈企业所得税汇算清缴管理办法〉的通知》（国税发〔2005〕200号）、《国家税务总局关于印发新修订的〈外商投资企业和外国企业所得税汇算清缴工作规程〉的通知》（国税发〔2003〕12号）和《国家税务总局关于印发新修订的〈外商投资企业和外国企业所得税汇算清缴管理办法〉的通知》（国税发〔2003〕13号）同时废止。

2008年度企业所得税汇算清缴按本办法执行。

第二十八条 本办法由国家税务总局负责解释。

三、小型微利企业专享的企业所得税优惠政策

（截至 2015 年 5 月止现行有效文件）

——《中华人民共和国企业所得税法》

第五条 企业每一纳税年度的收入总额，减除不征税收入、免税收入、各项扣除以及允许弥补的以前年度亏损后的余额，为应纳税所得额。

第二十八条 符合条件的小型微利企业，减按 20% 的税率征收企业所得税。

——《中华人民共和国企业所得税法实施条例》

第九十二条 企业所得税法第二十八条第一款所称符合条件的小型微利企业，是指从事国家非限制和禁止行业，并符合下列条件的企业：

（一）工业企业，年度应纳税所得额不超过 30 万元，从业人数不超过 100 人，资产总额不超过 3 000 万元；

（二）其他企业，年度应纳税所得额不超过 30 万元，从业人数不超过 80 人，资产总额不超过 1 000 万元。

国家税务总局关于贯彻落实
扩大小型微利企业减半征收企业所得税范围有关问题的公告

国家税务总局公告 2015 年第 17 号

为落实国务院第 83 次常务会议关于扩大小型微利企业减半征收企业所得税优惠政策实施范围的决定，根据《中华人民共和国企业所得税法》及其实施条例、《财政部国家税务总局关于小型微利企业所得税优惠政策的通知》（财税〔2015〕34 号）规定，对落实小型微利企业所得税优惠政策问题公告如下：

一、符合规定条件的小型微利企业，无论采取查账征收还是核定征收方式，均可享受小型微利企业所得税优惠政策。

小型微利企业所得税优惠政策，包括企业所得税减按 20% 税率征收（以下简称减低税率政策），以及财税〔2015〕34 号文件规定的优惠政策（以下简称减半征税政策）。

二、符合规定条件的小型微利企业，在季度、月份预缴企业所得税时，可以自行享受小型微利企业所得税优惠政策，无须税务机关审核批准。

小型微利企业在预缴和汇算清缴时通过填写企业所得税纳税申报表"从业人数、资产总额"等栏次履行备案手续，不再另行专门备案。在 2015 年企业所得税预缴纳税申报表修订之前，小型微利企业预缴申报时，暂不需提供"从业人数、资产总额"情况。

三、小型微利企业预缴时享受企业所得税优惠政策，按照以下规定执行：

（一）查账征收的小型微利企业。上一纳税年度符合小型微利企业条件，且年度应纳税所得额不超过 20 万元（含）的，分别按照以下情况处理：

1. 本年度按照实际利润额预缴企业所得税的，预缴时累计实际利润额不超过 20 万元的，可以享受小型微利企业所得税减半征税政策；超过 20 万元的，应当停止享受减半征税政策。

2. 本年度按照上年度应纳税所得额的季度（或月份）平均额预缴企业所得税的，可以享受小型微利企业减半征税政策。

（二）定率征税的小型微利企业。上一纳税年度符合小型微利企业条件，且年度应纳税所得额不超过 20 万元（含）的，本年度预缴企业所得税时，累计应纳税所得额不超过 20 万元的，可以享受减半征税政策；超过 20 万元的，不享受减半征税政策。

（三）定额征税的小型微利企业，由主管税务机关根据优惠政策规定相应调减定额后，按照原办法征收。

（四）本年度新办的小型微利企业预缴企业所得税时，凡累计实际利润额或应纳税所得额不超过 20 万元的，可以享受减半征税政策；超过 20 万元的，停止享受减半征税政策。

（五）企业根据本年度生产经营情况，预计本年度符合小型微利企业条件的，季度、月份预缴企业所得税时，可以享受小型微利企业所得税优惠政策。

四、企业预缴时享受了小型微利企业优惠政策，但年度汇算清缴超过规定标准的，应按规定补缴税款。

五、《国家税务总局关于发布〈中华人民共和国企业所得税月（季）度预缴纳税申报表（2014 年版）等报表〉的公告》（国家税务总局公告 2014 年第 28 号）附件 2、附件 4 涉及以下相关行次的填报说明中，原 10 万元统一修改为 20 万元：

（一）附件 2《中华人民共和国企业所得税月（季）度预缴纳税申报表（A 类，2014 年版）》填报说明第五条第（一）项之 13. 第 14 行的填报说明。

（二）附件 2《中华人民共和国企业所得税月（季）度预缴纳税申报表（A 类，2014 年版）》填报说明第五条第（二）项之 5. 第 25 行的填报说明。

（三）附件 4《中华人民共和国企业所得税月（季）度和年度纳税申报表（B 类，

2014 年版)》填报说明第三条第（三）项之 1. 第 12 行的填报说明。

六、本公告适用于 2015 年至 2017 年度小型微利企业申报缴纳企业所得税。本公告发布之日起，《国家税务总局关于扩大小型微利企业减半征收企业所得税范围有关问题的公告》（国家税务总局公告 2014 年第 23 号）废止。

特此公告。

国家税务总局

2015 年 3 月 18 日

财政部 国家税务总局关于小型微利企业所得税优惠政策的通知

财税〔2015〕34 号

各省、自治区、直辖市、计划单列市财政厅（局）、国家税务局、地方税务局，新疆生产建设兵团财务局：

为了进一步支持小型微利企业发展，经国务院批准，现就小型微利企业所得税政策通知如下：

一、自 2015 年 1 月 1 日至 2017 年 12 月 31 日，对年应纳税所得额低于 20 万元（含 20 万元）的小型微利企业，其所得减按 50％计入应纳税所得额，按 20％的税率缴纳企业所得税。

前款所称小型微利企业，是指符合《中华人民共和国企业所得税法》（以下简称企业所得税法）及其实施条例规定的小型微利企业。

二、企业所得税法实施条例第九十二条第（一）项和第（二）项所称从业人数，包括与企业建立劳动关系的职工人数和企业接受的劳务派遣用工人数。

从业人数和资产总额指标，应按企业全年的季度平均值确定。具体计算公式如下：

季度平均值＝（季初值＋季末值）÷2

全年季度平均值＝全年各季度平均值之和÷4

年度中间开业或者终止经营活动的，以其实际经营期作为一个纳税年度确定上述相关指标。

上述计算方法自 2015 年 1 月 1 日起执行，《财政部 国家税务总局关于执行企业所得税优惠政策若干问题的通知》（财税〔2009〕69 号）第七条同时停止执行。

三、各级财政、税务部门要密切配合，严格按照本通知的规定，抓紧做好小型微利企业所得税优惠政策落实工作。同时，要及时跟踪、了解优惠政策的执行情况，对发现的新问题及时反映，确保优惠政策落实到位。

财政部 国家税务总局

2015 年 3 月 13 日

财政部 国家税务总局关于小型微利企业所得税优惠政策有关问题的通知

财税〔2014〕34 号

各省、自治区、直辖市、计划单列市财政厅（局）、国家税务局、地方税务局，新疆生产建设兵团财务局：

为了进一步支持小型微利企业发展，经国务院批准，现就小型微利企业所得税政策通知如下：

一、自 2014 年 1 月 1 日至 2016 年 12 月 31 日，对年应纳税所得额低于 10 万元（含 10 万元）的小型微利企业，其所得减按 50% 计入应纳税所得额，按 20% 的税率缴纳企业所得税。

二、本通知所称小型微利企业，是指符合《中华人民共和国企业所得税法》及其实施条例以及相关税收政策规定的小型微利企业。

请遵照执行。

财政部 国家税务总局

2014 年 4 月 8 日

国家税务总局关于扩大小型微利企业减半征收企业所得税范围有关问题的公告

国家税务总局公告 2014 年第 23 号

为落实国务院扶持小型微利企业发展的税收优惠政策，根据《中华人民共和国企业所得税法》及其实施条例、《财政部 国家税务总局关于小型微利企业所得税优惠政策有关问题的通知》（财税〔2014〕34 号）规定，经商财政部同意，现就落实小型微利企业所得税优惠政策有关问题公告如下：

一、符合规定条件的小型微利企业（包括采取查账征收和核定征收方式的企业），均可按照规定享受小型微利企业所得税优惠政策。

小型微利企业所得税优惠政策，包括企业所得税减按 20％征收（以下简称减低税率政策），以及财税〔2014〕34 号文件规定的优惠政策（以下简称减半征税政策）。

二、符合规定条件的小型微利企业，在预缴和年度汇算清缴企业所得税时，可以按照规定自行享受小型微利企业所得税优惠政策，无需税务机关审核批准，但在报送年度企业所得税纳税申报表时，应同时将企业从业人员、资产总额情况报税务机关备案。

三、小型微利企业预缴企业所得税时，按以下规定执行：

（一）查账征收的小型微利企业，上一纳税年度符合小型微利企业条件，且年度应纳税所得额低于 10 万元（含 10 万元）的，本年度采取按实际利润额预缴企业所得税款，预缴时累计实际利润额不超过 10 万元的，可以享受小型微利企业所得税优惠政策；超过 10 万元的，应停止享受其中的减半征税政策；本年度采取按上年度应纳税所得额的季度（或月份）平均额预缴企业所得税的，可以享受小型微利企业优惠政策。

（二）定率征税的小型微利企业，上一纳税年度符合小型微利企业条件，且年度应纳税所得额低于 10 万元（含 10 万元）的，本年度预缴企业所得税时，累计应纳税所得额不超过 10 万元的，可以享受优惠政策；超过 10 万元的，不享受其中的减半征税政策。

定额征税的小型微利企业，由当地主管税务机关相应调整定额后，按照原办法征收。

（三）本年度新办的小型微利企业，在预缴企业所得税时，凡累计实际利润额或应纳税所得额不超过 10 万元的，可以享受优惠政策；超过 10 万元的，应停止享受其中的减半征税政策。

四、小型微利企业符合享受优惠政策条件，但预缴时未享受的，在年度汇算清缴时统一计算享受。

小型微利企业在预缴时享受了优惠政策，但年度汇算清缴时超过规定标准的，应按规定补缴税款。

五、本公告所称的小型微利企业，是指符合《中华人民共和国企业所得税法实施条例》第九十二条规定的企业。其中，从业人员和资产总额，按照《财政部 国家税务总局关于执行企业所得税优惠政策若干问题的通知》（财税〔2009〕69 号）第七条的规定执行。

六、小型微利企业 2014 年及以后年度申报纳税适用本公告，以前规定与本公告不一致的，按本公告规定执行。本公告发布之日起，财税〔2009〕69 号文件第八条废止。

本公告实施后，未享受减半征税政策的小型微利企业多预缴的企业所得税，可以在以后季（月）度应预缴的税款中抵减。

特此公告。

国家税务总局

2014 年 4 月 18 日

（注：全文已废止。从 2015 年起按照《国家税务总局关于贯彻落实扩大小型微利企业减半征收企业所得税范围有关问题的公告》（国家税务总局公告 2015 年第 17 号）执行。）

国家税务总局关于非居民企业不享受小型微利企业所得税优惠政策问题的通知

国税函〔2008〕650 号

各省、自治区、直辖市和计划单列市国家税务局、地方税务局：

关于非居民企业是否享受企业所得税法规定的对小型微利企业的税收优惠政策问题，现明确如下：

企业所得税法第二十八条规定的小型微利企业是指企业的全部生产经营活动产生的所得均负有我国企业所得税纳税义务的企业。因此，仅就来源于我国所得负有我国纳税义务的非居民企业，不适用该条规定的对符合条件的小型微利企业减按 20％税率征收企业所得税的政策。

国家税务总局

2008 年 7 月 3 日

四、最新固定资产加速折旧税收优惠政策

国家税务总局关于固定资产加速折旧税收政策有关问题的公告

国家税务总局公告 2014 年第 64 号

为落实国务院完善固定资产加速折旧政策，促进企业技术改造，支持创业创新，根据《中华人民共和国企业所得税法》（以下简称企业所得税法）及其实施条例、《财政部国家税务总局关于完善固定资产加速折旧企业所得税政策的通知》（财税〔2014〕75 号）规定，现就落实完善固定资产加速折旧企业所得税政策有关问题公告如下：

一、对生物药品制造业，专用设备制造业，铁路、船舶、航空航天和其他运输设备制造业，计算机、通信和其他电子设备制造业，仪器仪表制造业，信息传输、软件和信息技术服务业等行业企业（以下简称六大行业），2014 年 1 月 1 日后购进的固定资产（包括自行建造），允许按不低于企业所得税法规定折旧年限的 60% 缩短折旧年限，或选择采取双倍余额递减法或年数总和法进行加速折旧。

六大行业按照国家统计局《国民经济行业分类与代码（GB/4754—2011）》确定。今后国家有关部门更新国民经济行业分类与代码，从其规定。

六大行业企业是指以上述行业业务为主营业务，其固定资产投入使用当年主营业务收入占企业收入总额 50%（不含）以上的企业。所称收入总额，是指企业所得税法第六条规定的收入总额。

二、企业在 2014 年 1 月 1 日后购进并专门用于研发活动的仪器、设备，单位价值不超过 100 万元的，可以一次性在计算应纳税所得额时扣除；单位价值超过 100 万元的，允许按不低于企业所得税法规定折旧年限的 60% 缩短折旧年限，或选择采取双倍余额递减法或年数总和法进行加速折旧。

用于研发活动的仪器、设备范围口径，按照《国家税务总局关于印发〈企业研究开发费用税前扣除管理办法（试行）〉的通知》（国税发〔2008〕116 号）或《科学技术部财政部国家税务总局关于印发〈高新技术企业认定管理工作指引〉的通知》（国科发火〔2008〕362 号）规定执行。

企业专门用于研发活动的仪器、设备已享受上述优惠政策的，在享受研发费加计扣除时，按照《国家税务总局关于印发〈企业研发费用税前扣除管理办法（试行）〉的通知》（国税发〔2008〕116 号）、《财政部国家税务总局关于研究开发费用税前加计扣

除有关政策问题的通知》（财税〔2013〕70 号）的规定，就已经进行会计处理的折旧、费用等金额进行加计扣除。

六大行业中的小型微利企业研发和生产经营共用的仪器、设备，可以执行本条第一、二款的规定。所称小型微利企业，是指企业所得税法第二十八条规定的小型微利企业。

三、企业持有的固定资产，单位价值不超过 5 000 元的，可以一次性在计算应纳税所得额时扣除。企业在 2013 年 12 月 31 日前持有的单位价值不超过 5 000 元的固定资产，其折余价值部分，2014 年 1 月 1 日以后可以一次性在计算应纳税所得额时扣除。

四、企业采取缩短折旧年限方法的，对其购置的新固定资产，最低折旧年限不得低于企业所得税法实施条例第六十条规定的折旧年限的 60％；企业购置已使用过的固定资产，其最低折旧年限不得低于实施条例规定的最低折旧年限减去已使用年限后剩余年限的 60％. 最低折旧年限一经确定，一般不得变更。

五、企业的固定资产采取加速折旧方法的，可以采用双倍余额递减法或者年数总和法。加速折旧方法一经确定，一般不得变更。

所称双倍余额递减法或者年数总和法，按照《国家税务总局关于企业固定资产加速折旧所得税处理有关问题的通知》（国税发〔2009〕81 号）第四条的规定执行。

六、企业的固定资产既符合本公告优惠政策条件，同时又符合《国家税务总局关于企业固定资产加速折旧所得税处理有关问题的通知》（国税发〔2009〕81 号）、《财政部国家税务总局关于进一步鼓励软件产业和集成电路产业发展企业所得税政策的通知》（财税〔2012〕27 号）中相关加速折旧政策条件的，可由企业选择其中最优惠的政策执行，且一经选择，不得改变。

七、企业固定资产采取一次性税前扣除、缩短折旧年限或加速折旧方法的，预缴申报时，须同时报送《固定资产加速折旧（扣除）预缴情况统计表》（见附件 1），年度申报时，实行事后备案管理，并按要求报送相关资料。

企业应将购进固定资产的发票、记账凭证等有关凭证、凭据（购入已使用过的固定资产，应提供已使用年限的相关说明）等资料留存备查，并应建立台账，准确核算税法与会计差异情况。

主管税务机关应对适用本公告规定优惠政策的企业加强后续管理，对预缴申报时享受了优惠政策的企业，年终汇算清缴时应对企业全年主营业务收入占企业收入总额的比例进行重点审核。

八、本公告适用于 2014 年及以后纳税年度。

特此公告。

附件：1. 固定资产加速折旧（扣除）预缴情况统计表（略）

国家税务总局

2014 年 11 月 14 日

财政部 国家税务总局关于完善固定资产加速折旧企业所得税政策的通知

财税〔2014〕75 号

各省、自治区、直辖市、计划单列市财政厅（局）、国家税务局、地方税务局，新疆生产建设兵团财务局：

为贯彻落实国务院完善固定资产加速折旧政策精神，现就有关固定资产加速折旧企业所得税政策问题通知如下：

一、对生物药品制造业，专用设备制造业，铁路、船舶、航空航天和其他运输设备制造业，计算机、通信和其他电子设备制造业，仪器仪表制造业，信息传输、软件和信息技术服务业等 6 个行业的企业 2014 年 1 月 1 日后新购进的固定资产，可缩短折旧年限或采取加速折旧的方法。

对上述 6 个行业的小型微利企业 2014 年 1 月 1 日后新购进的研发和生产经营共用的仪器、设备，单位价值不超过 100 万元的，允许一次性计入当期成本费用在计算应纳税所得额时扣除，不再分年度计算折旧；单位价值超过 100 万元的，可缩短折旧年限或采取加速折旧的方法。

二、对所有行业企业 2014 年 1 月 1 日后新购进的专门用于研发的仪器、设备，单位价值不超过 100 万元的，允许一次性计入当期成本费用在计算应纳税所得额时扣除，不再分年度计算折旧；单位价值超过 100 万元的，可缩短折旧年限或采取加速折旧的方法。

三、对所有行业企业持有的单位价值不超过 5 000 元的固定资产，允许一次性计入当期成本费用在计算应纳税所得额时扣除，不再分年度计算折旧。

四、企业按本通知第一条、第二条规定缩短折旧年限的，最低折旧年限不得低于企业所得税法实施条例第六十条规定折旧年限的 60%；采取加速折旧方法的，可采取双倍余额递减法或者年数总和法。本通知第一至三条规定之外的企业固定资产加速折旧所得税处理问题，继续按照企业所得税法及其实施条例和现行税收政策规定执行。

五、本通知自 2014 年 1 月 1 日起执行。

财政部 国家税务总局

2014 年 10 月 20 日

五、符合条件的企业均可享受的企业所得税优惠政策

（一）按所得税优惠类型归集的政策条款

1. 免税收入

（1）国债利息收入。

企业取得的国债利息收入，免征企业所得税。具体按以下规定执行：

企业从发行者直接投资购买的国债持有至到期，其从发行者取得的国债利息收入，全额免征企业所得税。

企业到期前转让国债、或者从非发行者投资购买的国债，其按以下公式计算的国债利息收入，免征企业所得税。

$$国债利息收入＝国债金额 \times （适用年利率 \div 365） \times 持有天数$$

政策依据：

《企业所得税法》第二十六条第一款、《企业所得税法实施条例》第八十二条

《国家税务总局关于企业国债投资业务企业所得税处理问题的公告》（国家税务总局公告 2011 年第 36 号）

（温馨提示：请注意区分国债利息收入和国债转让收益。）

（2）符合条件的居民企业之间的股息、红利等权益性投资收益。

居民企业直接投资于其他居民企业取得的股息、红利等权益性投资收益，为免税收入。但不包括连续持有居民企业公开发行并上市流通的股票不足 12 个月取得的投资收益。

政策依据：

《企业所得税法》第二十六条第二款、《企业所得税法实施条例》第八十三条

（温馨提示：居民企业直接投资于非上市其他居民企业取得的股息、红利等权益性投资收益，无股权持有期限的限制。）

（3）非营利组织的收入。

符合条件的非营利组织的下列收入为免税收入：

接受其他单位或者个人捐赠的收入；

除《企业所得税法》第七条规定的财政拨款以外的其他政府补助收入，但不包括

因政府购买服务取得的收入；

按照省级以上民政、财政部门规定收取的会费；

不征税收入和免税收入孳生的银行存款利息收入；

财政部 国家税务总局规定的其他收入。

政策依据：

《企业所得税法》第二十六条、《企业所得税法实施条例》第八十五条

《财政部 国家税务总局关于非营利组织企业所得税免税收入问题的通知》（财税〔2009〕122 号）

（温馨提示：请注意区分取得的政府补助收入与因政府购买服务而取得的收入。）

（4）地方政府债券利息收入。

对企业取得的 2009 年及以后年度发行的地方政府债券利息收入，免征企业所得税。

政策依据：

《财政部 国家税务总局关于地方政府债券利息所得免征所得税问题的通知》（财税〔2011〕76 号）

《财政部 国家税务总局关于地方政府债券利息免征所得税问题的通知》（财税〔2013〕5 号）

（温馨提示：地方政府债券是指经国务院批准，以省、自治区、直辖市和计划单列市政府为发行和偿还主体的债券。）

（5）投资者从证券投资基金分配中取得的收入。

对企业从证券投资基金分配中取得的收入，暂不征收企业所得税。

政策依据：

《财政部 国家税务总局关于企业所得税若干优惠政策的通知》（财税〔2008〕1 号）

（温馨提示：证券投资基金是指中国证监会批准设立的封闭式、开放式证券投资基金。）

2. 不征税收入

企业每一纳税年度的收入总额，减除不征税收入、免税收入、各项扣除以及允许弥补的以前年度亏损后的余额，为应纳税所得额。

不征税收入包括财政拨款，依法收取并纳入财政管理的行政事业性收费、政府性基金，国务院规定的其他不征税收入。

其他不征税收入，是指企业取得的，由国务院财政、税务主管部门规定专项用途并经国务院批准的财政性资金。

（1）企业从县级以上各级人民政府财政部门及其他部门取得的的应计入收入总额

的财政性资金，同时符合"能够提供规定资金专项用途的资金拨付文件、财政部门或其他拨付资金的政府部门对该资金有专门的资金管理办法或具体管理要求、对该资金以及以该资金发生的支出单独进行核算"条件的，可作为不征税收入，在计算应纳税所得额时从收入总额中减除。

（2）县级以上人民政府将国有资产无偿划入企业，凡指定专门用途并按《财政部 国家税务总局关于专项用途财政性资金企业所得税处理问题的通知》（财税〔2011〕70号）规定进行管理的，企业可作为不征税收入进行企业所得税处理。其中，该项资产属于非货币性资产的，应按政府确定的接收价值计算不征税收入。

（3）企业取得的不征税收入，应按照《财政部 国家税务总局关于专项用途财政性资金企业所得税处理问题的通知》（财税〔2011〕70号）的规定进行处理。凡未按照《通知》规定进行管理的，应作为企业应税收入计入应纳税所得额，依法缴纳企业所得税。

政策依据：

《企业所得税法》第五条、第七条，《企业所得税法实施条例》第二十六条

《财政部 国家税务总局关于专项用途财政性资金企业所得税处理问题的通知》（财税〔2011〕70号）

《国家税务总局关于企业所得税应纳税所得额若干税务处理问题的公告》（国家税务总局公告2012年第15号）

《国家税务总局关于企业所得税应纳税所得额若干问题的公告》（国家税务总局公告2014年第29号）

（温馨提示：不征税收入用于支出所形成的费用，不得在计算应纳税所得额时扣除；用于支出所形成的资产，其计算的折旧、摊销不得在计算应纳税所得额时扣除。）

3. 减计收入

（1）综合利用资源取得的收入。

企业以《资源综合利用企业所得税优惠目录》规定的资源作为主要原材料，生产国家非限制和禁止并符合国家和行业相关标准的产品取得的收入，减按90%计入收入总额。

政策依据：

《企业所得税法》第三十三条、《企业所得税法实施条例》第九十九条

《国家税务总局关于资源综合利用企业所得税优惠管理问题的通知》（国税函〔2009〕185号）

《财政部 国家税务总局、国家发展改革委关于公布资源综合利用企业所得税优惠目录（2008年版）的通知》（财税〔2008〕117号）

《财政部 国家税务总局关于执行资源综合利用企业所得税优惠目录有关问题的通

知》（财税〔2008〕47号）

（温馨提示：不构成企业所得税纳税人的内设非法人分支机构，从事规定范围内的生产活动，产品直接供给所属公司使用，不计入企业收入，不能享受该项优惠政策。企业同时从事非资源综合利用项目，取得的收入与生产资源综合利用产品取得的收入没有分开核算的，不得享受资源综合利用的企业所得税优惠。）

（2）铁路建设债券利息收入。

企业持有2011年～2015年发行的中国铁路建设债券取得的利息收入，减半征收企业所得税。

政策依据：

《财政部 国家税务总局关于铁路建设债券利息收入企业所得税政策的通知》（财税〔2011〕99号）

《财政部 国家税务总局关于2014、2015年铁路建设债券利息收入企业所得税政策的通知》（财税〔2014〕2号）

（温馨提示：中国铁路建设债券是指经国家发展改革委核准，以铁道部为发行和偿还主体的债券。）

4. 加计扣除

（1）研究开发费用加计扣除。

企业为开发新技术、新产品、新工艺发生的研究开发费用，未形成无形资产计入当期损益的，在按照规定据实扣除的基础上，按照研究开发费用的50％加计扣除；形成无形资产的，按照无形资产成本的150％摊销。

政策依据：

《企业所得税法》第三十条第一款、《企业所得税法实施条例》第九十五条

《国家税务总局关于印发〈企业研究开发费用税前扣除管理办法（试行）〉的通知》（国税发〔2008〕116号）

《财政部 国家税务总局关于研究开发费用税前加计扣除有关政策问题的通知》（财税〔2013〕70号）

［温馨提示：（1）适用于财务核算健全并能准确归集研究开发费用的居民企业，实行核定征收企业所得税的企业不适用该项加计扣除政策。（2）研究开发活动是指企业为获得科学与技术（不包括人文、社会科学）新知识，创造性运用科学技术新知识，或实质性改进技术、工艺、产品（服务）而持续进行的具有明确目标的研究开发活动。即：企业通过研究开发活动在技术、工艺、产品（服务）方面的创新取得了有价值的成果，对本地区（省、自治区、直辖市或计划单列市）相关行业的技术、工艺领先具有推动作用，不包括企业产品（服务）的常规性升级或对公开的科研成果直接应用等

（如直接采用公开的新工艺、材料、装置、产品、服务或知识等）活动。]

（2）安置残疾人员所支付的工资加计扣除。

企业安置残疾人员的，在按照支付给残疾职工工资据实扣除的基础上，按照支付给残疾职工工资的100％加计扣除。

企业就支付给残疾职工的工资，在进行企业所得税预缴申报时，允许据实计算扣除；在年度终了进行企业所得税年度申报和汇算清缴时，再依照规定计算加计扣除。

企业享受安置残疾职工工资100％加计扣除应同时具备如下条件：

①依法与安置的每位残疾人签订了1年以上（含1年）的劳动合同或服务协议，并且安置的每位残疾人在企业实际上岗工作。

②为安置的每位残疾人按月足额缴纳了企业所在区县人民政府根据国家政策规定的基本养老保险、基本医疗保险、失业保险和工伤保险等社会保险。

③定期通过银行等金融机构向安置的每位残疾人实际支付了不低于企业所在区县适用的经省级人民政府批准的最低工资标准的工资。

④具备安置残疾人上岗工作的基本设施。

政策依据：

《企业所得税法》第三十条第二款、《企业所得税法实施条例》第九十六条

《财政部　国家税务总局关于安置残疾人员就业有关企业所得税优惠政策问题的通知》（财税〔2009〕70号）

（温馨提示：企业享受安置残疾职工工资100％加计扣除应当具备规定的条件。）

（3）加速折旧扣除。

企业拥有并用于生产经营的主要或关键的固定资产，由于技术进步、产品更新换代较快，或者常年处于强震动、高腐蚀状态，确需加速折旧的，可以采取缩短折旧年限或者加速折旧的方法。

政策依据：

《企业所得税法》第三十二条、《企业所得税法实施条例》第九十八条

《国家税务总局关于企业固定资产加速折旧所得税处理有关问题的通知》（国税发〔2009〕81号）

（温馨提示：采取缩短折旧年限方法的，最低折旧年限不得低于《企业所得税法实施条例》第六十条规定折旧年限的60％；采取加速折旧方法的，可以采取双倍余额递减法或者年数总和法。）

加速折旧扣除的最新政策：

一、对生物药品制造业，专用设备制造业，铁路、船舶、航空航天和其他运输设备制造业，计算机、通信和其他电子设备制造业，仪器仪表制造业，信息传输、软件和信息技术服务业等6个行业的企业2014年1月1日后新购进的固定资产，可缩短折

旧年限或采取加速折旧的方法。

对上述 6 个行业的小型微利企业 2014 年 1 月 1 日后新购进的研发和生产经营共用的仪器、设备，单位价值不超过 100 万元的，允许一次性计入当期成本费用在计算应纳税所得额时扣除，不再分年度计算折旧；单位价值超过 100 万元的，可缩短折旧年限或采取加速折旧的方法。

二、对所有行业企业 2014 年 1 月 1 日后新购进的专门用于研发的仪器、设备，单位价值不超过 100 万元的，允许一次性计入当期成本费用在计算应纳税所得额时扣除，不再分年度计算折旧；单位价值超过 100 万元的，可缩短折旧年限或采取加速折旧的方法。

三、对所有行业企业持有的单位价值不超过 5 000 元的固定资产，允许一次性计入当期成本费用在计算应纳税所得额时扣除，不再分年度计算折旧。

《财政部 国家税务总局关于完善固定资产加速折旧企业所得税具体规定的通知》（财税〔2014〕75 号）

5. 减免所得额

（1）从事农、林、牧、渔业项目的所得。

企业从事下列项目的所得，免征企业所得税：

①蔬菜、谷物、薯类、油料、豆类、棉花、麻类、糖料、水果、坚果的种植；

②农作物新品种的选育；

③中药材的种植；

④林木的培育和种植；

⑤牲畜、家禽（含猪、兔）的饲养，饲养牲畜、家禽产生的分泌物、排泄物的处理；

⑥林产品的采集；

⑦灌溉、农产品初加工（不含企业对外购茶叶进行筛选、分装、包装后进行销售的所得）、兽医、农技推广、农机作业和维修等农、林、牧、渔服务业项目；

⑧远洋捕捞。

企业从事下列项目的所得，减半征收企业所得税：

①花卉、茶以及其他饮料作物和香料作物的种植，观赏性作物的种植；

②海水养殖、内陆养殖；

③"牲畜、家禽的饲养"以外的生物养殖项目，按"海水养殖、内陆养殖"项目处理。

政策依据：

《企业所得税法》第二十七条第一款、《企业所得税法实施条例》第八十六条

《国家税务总局关于贯彻落实从事农、林、牧、渔业项目企业所得税优惠政策有关事项的通知》（国税函〔2008〕850 号）

《财政部 国家税务总局关于发布享受企业所得税优惠政策的农产品初加工范围（试行）的通知》（财税〔2008〕149 号）

《国家税务总局关于"公司＋农户"经营模式企业所得税优惠问题的公告》（国家税务总局公告 2010 年第 2 号）

《财政部 国家税务总局关于享受企业所得税优惠的农产品初加工有关范围的补充通知》（财税〔2011〕26 号）

国家税务总局关于实施农、林、牧、渔业项目企业所得税优惠问题的公告（国家税务总局公告 2011 年第 48 号）

（温馨提示：企业购买农产品后直接进行销售的贸易活动产生的所得，不能享受农、林、牧、渔业项目的税收优惠政策。）

（2）从事国家重点扶持的公共基础设施项目投资经营的所得。

企业从事国家重点扶持的公共基础设施（《公共基础设施项目企业所得税优惠目录》规定的港口码头、机场、铁路、公路、城市公共交通、电力、水利等）项目的投资经营的所得，自项目取得第一笔生产经营收入所属纳税年度起，第一年至第三年免征企业所得税，第四年至第六年减半征收企业所得税。

所称第一笔生产经营收入，是指公共基础设施项目建成并投入运营（包括试运营）后所取得的第一笔主营业务收入。

对饮水工程运营管理单位从事《公共基础设施项目企业所得税优惠目录》规定的饮水工程新建项目投资经营的所得，自项目取得第一笔生产经营收入所属纳税年度起，第一年至第三年免征企业所得税，第四年至第六年减半征收企业所得税。

企业投资经营符合《公共基础设施项目企业所得税优惠目录》规定条件和标准的公共基础设施项目，采用一次核准、分批次（如码头、泊位、航站楼、跑道、路段、发电机组等）建设的，凡同时符合"不同批次在空间上相互独立；每一批次自身具备取得收入的功能；以每一批次为单位进行会计核算，单独计算所得，并合理分摊期间费用"这三个条件的，可按每一批次为单位计算所得，并享受企业所得税"三免三减半"优惠。

政策依据：

《企业所得税法》第二十七条第（二）项、《企业所得税法实施条例》第八十七条

《财政部 国家税务总局、国家发展和改革委员会关于公布《公共基础设施项目企业所得税优惠目录（2008 年版）》的通知》（财税〔2008〕116 号）

《财政部 国家税务总局关于执行公共基础设施项目企业所得税优惠目录有关问题的通知》（财税〔2008〕46 号）

《国家税务总局关于实施国家重点扶持的公共基础设施项目企业所得税优惠问题的通知》（国税发〔2009〕80号）

《财政部 国家税务总局关于公共基础设施项目和环境保护节能节水项目企业所得税优惠政策问题的通知》（财税〔2012〕10号）

《财政部 国家税务总局关于支持农村饮水安全工程建设运营税收政策的通知》（财税〔2012〕30号）

《财政部 国家税务总局关于公共基础设施项目享受企业所得税优惠政策问题的补充通知》（财税〔2014〕55号）

（温馨提示：企业承包经营、承包建设和内部自建自用公共基础设施项目，不得享受本项规定的企业所得税优惠。）

（3）从事符合条件的环境保护、节能节水项目的所得。

企业从事符合条件的环境保护、节能节水（包括公共污水处理、公共垃圾处理、沼气综合开发利用、节能减排技术改造、海水淡化等）项目的所得，自项目取得第一笔生产经营收入所属纳税年度起，第一年至第三年免征企业所得税，第四年至第六年减半征收企业所得税。

政策依据：

《企业所得税法》第二十七条第（三）项、《企业所得税法实施条例》第八十八条

《财政部 国家税务总局 国家发展改革委关于公布环境保护节能节水项目企业所得税优惠目录〔试行〕》的通知》（财税〔2009〕166号）

《财政部 国家税务总局关于公共基础设施项目和环境保护节能节水项目企业所得税优惠政策问题的通知》（财税〔2012〕10号）

（温馨提示：环境保护、节能节水项目的具体条件和范围由国务院财政、税务主管部门商国务院有关部门制订，报国务院批准后公布施行。）

（4）节能服务产业（合同能源管理项目）。

对符合条件的节能服务公司实施合同能源管理项目，符合企业所得税税法有关规定的，自项目取得第一笔生产经营收入所属纳税年度起，第一年至第三年免征企业所得税，第四年至第六年按照25％的法定税率减半征收企业所得税。

对实施节能效益分享型合同能源管理项目的节能服务企业，凡实行查账征收所得税的居民企业，并符合企业所得税法和国家税务总局、发展和改革委员会2013年第77号公告有关规定的，该项目可享受企业所得税"三免三减半"优惠政策。如节能服务企业的分享型合同约定的效益分享期短于6年的，按实际分享期享受优惠。

节能服务企业享受"三免三减半"项目的优惠期限，应连续计算。对在优惠期限内转让所享受优惠的项目给其他符合条件的节能服务企业，受让企业承续经营该项目的，可自项目受让之日起，在剩余期限内享受规定的优惠；优惠期限届满后转让的，

受让企业不得就该项目重复享受优惠。

节能服务企业应在项目取得第一笔收入的次年4个月内，完成项目享受优惠备案。

政策依据：

有关节能服务产业（合同能源管理项目）税收优惠的政策较为复杂，对企业应符合的条件、项目应符合的条件及项目确认、享受税收优惠的备案时限及资料等均有详细规定，为便于纳税人准确掌握相关政策，防范税收风险，相关税收政策请见篇末所列"节能服务产业（合同能源管理项目）专题"税收优惠文件。

（5）技术转让所得。

一个纳税年度内，居民企业技术转让所得不超过500万元的部分，免征企业所得税；超过500万元的部分，减半征收企业所得税。

技术转让的范围，包括居民企业转让专利技术（是指法律授予独占权的发明、实用新型和非简单改变产品图案的外观设计）、计算机软件著作权、集成电路布图设计权、植物新品种、生物医药新品种，以及财政部和国家税务总局确定的其他技术。

所称技术转让，是指居民企业转让其拥有上述技术的所有权或5年以上（含5年）全球独占许可使用权的行为。

$$技术转让所得＝技术转让收入－技术转让成本－相关税费$$

技术转让收入是指当事人履行技术转让合同后获得的价款，不包括销售或转让设备、仪器、零部件、原材料等非技术性收入。不属于与技术转让项目密不可分的技术咨询、技术服务、技术培训等收入（转让方为使受让方掌握所转让的技术投入使用、实现产业化而提供的必要的技术咨询、技术服务、技术培训，并同时符合"在技术转让合同中约定的与该技术转让相关的技术咨询、技术服务、技术培训；技术咨询、技术服务、技术培训收入与该技术转让项目收入一并收取价款"的条件所产生的收入），不得计入技术转让收入。

技术转让成本是指转让的无形资产的净值，即该无形资产的计税基础减除在资产使用期间按照规定计算的摊销扣除额后的余额。

相关税费是指技术转让过程中实际发生的有关税费，包括除企业所得税和允许抵扣的增值税以外的各项税金及其附加、合同签订费用、律师费等相关费用及其他支出。

政策依据：

《企业所得税法》第二十七条第四款、《企业所得税法实施条例》第九十条

《国家税务总局关于技术转让所得减免企业所得税有关问题的通知》（国税函〔2009〕212号）

《财政部 国家税务总局关于居民企业技术转让有关企业所得税政策问题的通知》（财税〔2010〕111号）

《国家税务总局关于技术转让所得减免企业所得税有关问题的公告》（国家税务总

局公告 2013 年第 62 号）

（**温馨提示：享受技术转让所得减免企业所得税优惠的企业，应单独计算技术转让所得，并合理分摊企业的期间费用；没有单独计算的，不得享受技术转让所得企业所得税优惠。**）

6. 减免税额

（1）高新技术企业。

国家需要重点扶持的高新技术企业，减按 15％的税率征收企业所得税。

高新技术企业须同时满足的条件：

①在中国境内（不含港、澳、台地区）注册的企业，近三年内通过自主研发、受让、受赠、并购等方式，或通过 5 年以上的独占许可方式，对其主要产品（服务）的核心技术拥有自主知识产权。

②产品（服务）属于《国家重点支持的高新技术领域》规定的范围。

③具有大学专科以上学历的科技人员占企业当年职工总数的 30％以上，其中研发人员占企业当年职工总数的 10％以上。

④企业为获得科学技术（不包括人文、社会科学）新知识，创造性运用科学技术新知识，或实质性改进技术、产品（服务）而持续进行了研究开发活动，且近三个会计年度的研究开发费用总额占销售收入总额的比例符合如下要求：A. 最近一年销售收入小于 5 000 万元的企业，比例不低于 6％；B. 最近一年销售收入在 5 000 万元至 20 000 万元的企业，比例不低于 4％；C. 最近一年销售收入在 20 000 万元以上的企业，比例不低于 3％。其中，企业在中国境内发生的研究开发费用总额占全部研究开发费用总额的比例不低于 60％。企业注册成立时间不足三年的，按实际经营年限计算。

⑤高新技术产品（服务）收入占企业当年总收入的 60％以上。

⑥企业研究开发组织管理水平、科技成果转化能力、自主知识产权数量、销售与总资产成长性等指标符合《高新技术企业认定管理工作指引》的要求。

政策依据：

《企业所得税法》第二十八条第二项、《企业所得税法实施条例》第九十三条

《科技部 财政部国家税务总局关于印发〈高新技术企业认定管理办法〉的通知》（国科发火〔2008〕172 号）

《科技部 财政部 国家税务总局关于印发〈高新技术企业认定管理工作指引〉的通知》（国科发火〔2008〕362 号）

《国家税务总局关于高新技术企业 2008 年度缴纳企业所得税问题的通知》（国税函〔2008〕985 号）

《国家税务总局关于实施高新技术企业所得税优惠有关问题的通知》（国税函

〔2009〕203 号）

《国家税务总局关于高新技术企业资格复审期间企业所得税预缴问题的公告》（国家税务总局公告 2011 年第 4 号）

《财政部 国家税务总局关于高新技术企业境外所得适用税率及税收抵免问题的通知》（财税〔2011〕47 号）

（温馨提示：享受高新技术企业所得税优惠需先认定高新技术企业资格。高新技术企业自认定（复审）批准的有效期当年开始可享受税收优惠政策，并按照证书有效期三年享受税收优惠。高新技术企业应在资格期满前三个月内提出复审申请，在通过复审之前，在其高新技术企业资格有效期内，其当年企业所得税暂按 15% 的税率预缴。）

（2）软件企业。

软件企业实行增值税即征即退政策，其所退还的增值税税款，由企业用于研究开发软件产品和扩大再生产，不作为企业所得税应税收入，不予征收企业所得税。

我国境内符合条件的新办软件企业经认定后，在 2017 年 12 月 31 日前自获利年度起，第一年和第二年免征企业所得税，第三年至第五年按照 25% 的法定税率减半征收企业所得税。其中"获利年度"是指企业当年应纳税所得额大于零的纳税年度。

国家规划布局内的重点软件企业，如当年未享受免税优惠的，减按 10% 的税率征收企业所得税。

软件企业的职工培训费用，可按实际发生额在计算应纳税所得额时扣除。

符合条件的软件企业，是指以软件产品开发为主营业务并同时符合下列条件的企业：

①2011 年 1 月 1 日后依法在中国境内成立并经认定取得软件企业资质的法人企业；

②签订劳动合同关系且具有大学专科以上学历的职工人数占企业当年月平均职工总人数的比例不低于 40%，其中研究开发人员占企业当年月平均职工总数的比例不低于 20%；

③拥有核心关键技术，并以此为基础开展经营活动，且当年度的研究开发费用总额占企业销售（营业）收入总额的比例不低于 6%；其中，企业在中国境内发生的研究开发费用金额占研究开发费用总额的比例不低于 60%；

④软件企业的软件产品开发销售（营业）收入占企业收入总额的比例一般不低于 50%（嵌入式软件产品和信息系统集成产品开发销售（营业）收入占企业收入总额的比例不低于 40%），其中软件产品自主开发销售（营业）收入占企业收入总额的比例一般不低于 40%（嵌入式软件产品和信息系统集成产品开发销售（营业）收入占企业收入总额的比例不低于 30%）；

⑤主营业务拥有自主知识产权，其中软件产品拥有省级软件产业主管部门认可的软件检测机构出具的检测证明材料和软件产业主管部门颁发的《软件产品登记证书》；

⑥具有保证设计产品质量的手段和能力，并建立符合软件工程要求的质量管理体系并提供有效运行的过程文档记录；

⑦具有与软件开发相适应的生产经营场所、软硬件设施等开发环境（如 EDA 工具、合法的开发工具等），以及与所提供服务相关的技术支撑环境。

政策依据：

《企业所得税法》第三十六条

《国务院关于印发进一步鼓励软件产业和集成电路产业发展若干政策的通知》（国发〔2011〕4 号）

《财政部 国家税务总局关于进一步鼓励软件产业和集成电路产业发展企业所得税政策的通知》（财税〔2012〕27 号）

《国家税务总局关于软件和集成电路企业认定管理有关问题的公告》（国家税务总局公告 2012 年第 19 号）

《国家税务总局关于执行软件企业所得税优惠政策有关问题的公告》（国家税务总局公告 2013 年第 43 号）

（温馨提示：享受软件企业所得税优惠需先认定软件企业资格。软件企业的获利年度，是指软件企业开始生产经营后，第一个应纳税所得额大于零的纳税年度，包括对企业所得税实行核定征收方式的纳税年度；软件企业享受定期减免税优惠的期限应当连续计算，不得因中间发生亏损或其他原因而间断。）

（3）集成电路产业。

自 2014 年 1 月 1 日起，符合条件的集成电路封装、测试企业以及集成电路关键专用材料生产企业、集成电路专用设备生产企业，在 2017 年（含 2017 年）前实现获利的，自获利年度起，第一年至第二年免征企业所得税，第三年至第五年按照 25％的法定税率减半征收企业所得税，并享受至期满为止；2017 年前未实现获利的，自 2017 年起计算优惠期，享受至期满为止。

符合条件的集成电路封装、测试企业，必须同时满足以下条件：

①2014 年 1 月 1 日后依法在中国境内成立的法人企业；

②签订劳动合同关系且具有大学专科以上学历的职工人数占企业当年月平均职工总人数的比例不低于 40％，其中，研究开发人员占企业当年月平均职工总数的比例不低于 20％；

③拥有核心关键技术，并以此为基础开展经营活动，且当年度的研究开发费用总额占企业销售（营业）收入（主营业务收入与其他业务收入之和，下同）总额的比例不低于 3.5％，其中，企业在中国境内发生的研究开发费用金额占研究开发费用总额的比例不低于 60％；

④集成电路封装、测试销售（营业）收入占企业收入总额的比例不低于 60％；

⑤具有保证产品生产的手段和能力，并获得有关资质认证（包括 150 质量体系认证、人力资源能力认证等）；

⑥具有与集成电路封装、测试相适应的经营场所、软硬件设施等基本条件。

符合条件的集成电路关键专用材料生产企业或集成电路专用设备生产企业，必须同时满足以下条件：

①2014 年 1 月 1 日后依法在中国境内成立的法人企业；

②签订劳动合同关系且具有大学专科以上学历的职工人数占企业当年月平均职工总人数的比例不低于 40%，其中，研究开发人员占企业当年月平均职工总数的比例不低于 20%；

③拥有核心关键技术，并以此为基础开展经营活动，且当年度的研究开发费用总额占企业销售（营业）收入总额的比例不低于 5%，其中，企业在中国境内发生的研究开发费用金额占研究开发费用总额的比例不低于 60%；

④集成电路关键专用材料或专用设备销售收入占企业销售（营业）收入总额的比例不低于 30%；

⑤具有保证集成电路关键专用材料或专用设备产品生产的手段和能力，并获得有关资质认证（包括 150 质量体系认证、人力资源能力认证等）；

⑥具有与集成电路关键专用材料或专用设备生产相适应的经营场所、软硬件设施等基本条件。

集成电路关键专用材料或专用设备的范围，分别按照《集成电路关键专用材料企业所得税优惠目录》、《集成电路专用设备企业所得税优惠目录》的规定执行。

集成电路封装、测试企业以及集成电路关键专用材料生产企业、集成电路专用设备生产企业等依照本通知规定可以享受的企业所得税优惠政策与其他定期减免税优惠政策存在交叉的，由企业选择一项最优惠政策执行，不叠加享受。

符合财税〔2015〕6 号文件规定的减免税条件的企业，应在年度终了之日起 4 个月内，按照文件及企业所得税相关税收优惠政策管理的规定，凭省级相关部门出具的证明向主管税务机关办理减免税手续。

政策依据：

《企业所得税法》第三十六条

《国务院关于印发进一步鼓励软件产业和集成电路产业发展若干政策的通知》（国发〔2011〕4 号）

《财政部 国家税务总局 发展改革委 工业和信息化部关于进一步鼓励集成电路产业发展企业所得税政策的通知》（财税〔2015〕6 号）

《国家税务总局关于软件和集成电路企业认定管理有关问题的公告》（国家税务总局公告 2012 年第 19 号）

（温馨提示：享受税收优惠的企业，其税收优惠条件发生变化的，应当自发生变化之日起 15 日内向主管税务机关报告；不再符合税收优惠条件的，应当依法履行纳税义务；未依法纳税的，主管税务机关应当予以追缴。同时，主管税务机关在执行税收优惠政策过程中，发现企业不符合享受税收优惠条件的，可暂停企业享受的相关税收优惠，并提请相关部门进行有关条件复核。）

（4）动漫企业。

根据《国务院办公厅转发财政部等部门关于推动我国动漫产业发展若干意见的通知》（国办发〔2006〕32 号）的规定，为促进我国动漫产业健康快速发展，增强动漫产业的自主创新能力，国家出台了有关增值税、营业税、企业所得税、关税等一系列扶持动漫产业发展的税收政策。其中，经认定的动漫企业自主开发、生产动漫产品，可申请享受国家现行鼓励软件产业发展的所得税优惠政策。具体优惠政策同"软件企业"。

申请认定为动漫企业应同时符合以下标准：

①在我国境内依法设立的企业；

②动漫企业经营动漫产品的主营收入占企业当年总收入的 60% 以上；

③自主开发生产的动漫产品收入占主营收入的 50% 以上；

④具有大学专科以上学历的或通过国家动漫人才专业认证的、从事动漫产品开发或技术服务的专业人员占企业当年职工总数的 30% 以上，其中研发人员占企业当年职工总数的 10% 以上；

⑤具有从事动漫产品开发或相应服务等业务所需的技术装备和工作场所；

⑥动漫产品的研究开发经费占企业当年营业收入 8% 以上；

⑦动漫产品内容积极健康，无法律法规禁止的内容；

⑧企业产权明晰，管理规范，守法经营。

上述动漫企业申请认定为重点动漫企业的，应在申报前开发生产出 1 部以上重点动漫产品，并符合以下标准之一：

①注册资本 1 000 万元人民币以上的；

②动漫企业年营业收入 500 万元人民币以上，且连续 2 年不亏损的；

③动漫企业的动漫产品版权出口和对外贸易年收入 200 万元人民币以上，且自主知识产权动漫产品出口收入占总收入 30% 以上的；

④经省级认定机构、全国性动漫行业协会、国家动漫产业基地等推荐的在资金、人员规模、艺术创意、技术应用、市场营销、品牌价值、社会影响等方面具有示范意义的动漫企业。

政策依据：

《财政部 国家税务总局关于扶持动漫产业发展有关税收政策问题的通知》（财税

〔2009〕65 号）

《文化部 财政部 国家税务总局关于印发〈动漫企业认定管理办法（试行）〉的通知》（文市发〔2008〕51 号）

《文化部 财政部 国家税务总局关于实施〈动漫企业认定管理办法（试行）〉有关问题的通知》（文产发〔2009〕18 号）

（温馨提示：享受动漫企业所得税优惠需先认定动漫企业资格。重点动漫企业只能享受（普通）软件企业所得税优惠，不能享受重点软件企业所得税优惠。）

7. 抵免税额

（1）企业购置用于环境保护、节能节水、安全生产等专用设备的投资额，可以按一定比例实行税额抵免。

企业购置并实际使用《环境保护专用设备其所得税优惠目录》、《节能节水专用设备企业所得税优惠目录》和《安全生产专用设备企业所得税优惠目录》规定的环境保护、节能节水、安全生产等专用设备的，该专用设备的投资额的 10% 可以从企业当年的应纳税额中抵免；当年不足抵免的，可以在以后 5 个纳税年度结转抵免。

当年应纳税额，是指企业当年的应纳税所得额乘以适用税率，扣除依照企业所得税法和国务院有关税收优惠规定以及税收过渡优惠规定减征、免征税额后的余额。

专用设备投资额的确定：

①如增值税进项税额允许抵扣，其专用设备投资额不再包括增值税进项税额；如增值税进项税额不允许抵扣，其专用设备投资额应为增值税专用发票上注明的价税合计金额。企业购买专用设备取得普通发票的，其专用设备投资额为普通发票上注明的金额。

②企业利用自筹资金和银行贷款购置专用设备的投资额，可以按企业所得税法的规定抵免企业应纳所得税额；企业利用财政拨款购置专用设备的投资额，不得抵免企业应纳所得税额。

特殊情况的处理：

①企业购置并实际投入适用、已开始享受税收优惠的专用设备，如从购置之日起 5 个纳税年度内转让、出租的，应在该专用设备停止使用当月停止享受企业所得税优惠，并补缴已经抵免的企业所得税税款。转让的受让方可以按照该专用设备投资额的 10% 抵免当年企业所得税应纳税额；当年应纳税额不足抵免的，可以在以后 5 个纳税年度内结转抵免。

②购置并实际使用的环境保护、节能节水和安全生产专用设备，包括承租方企业以融资租赁方式租入的、并在融资租赁合同中约定租赁期届满时租赁设备所有权转移给承租方企业，且符合规定条件的上述专用设备。凡融资租赁期届满后租赁设备所有权未转移至承租方企业的，承租方企业应停止享受抵免企业所得税优惠，并补缴已经

抵免的企业所得税税款。

政策依据：

《企业所得税法》第三十四条、《企业所得税法实施条例》第一百条

《财政部 国家税务总局 国家发展改革委关于公布节能节水专用设备企业所得税优惠目录（2008年版）和环境保护专用设备企业所得税优惠目录（2008年版）的通知》（财税〔2008〕115号）

《财政部 国家税务总局 安全监管总局关于公布〈安全生产专用设备企业所得税优惠目录（2008年版）〉的通知》（财税〔2008〕118号）

《财政部 国家税务总局关于执行环境保护专用设备企业所得税优惠目录、节能节水专用设备企业所得税优惠目录和安全生产专用设备企业所得税优惠目录有关问题的通知》（财税〔2008〕48号）

《财政部 国家税务总局关于执行企业所得税优惠政策若干问题的通知》（财税〔2009〕69号）

《国家税务总局关于环境保护节能节水安全生产等专用设备投资抵免企业所得税有关问题的通知》（国税函〔2010〕256号）

（温馨提示：企业利用自筹资金和银行贷款购置专用设备的投资额，可以按企业所得税法的规定抵免企业应纳所得税额；企业利用财政拨款购置专用设备的投资额，不得抵免企业应纳所得税额。）

（2）企业吸纳就业失业人员税收优惠政策。

2014年1月1日至2016年12月31日，对商贸企业、服务型企业、劳动就业服务企业中的加工型企业和街道社区具有加工性质的小型企业实体，在新增加的岗位中，当年新招用在人力资源社会保障部门公共就业服务机构登记失业一年以上且持《就业失业登记证》（注明"企业吸纳税收政策"）的人员，与其签订1年以上期限劳动合同并依法缴纳社会保险费的，在3年内按实际招用人数予以定额依次扣减营业税、城市维护建设税、教育费附加、地方教育附加和企业所得税优惠。定额标准为每人每年4 000元，最高可上浮30％，各省、自治区、直辖市人民政府可根据本地区实际情况在此幅度内确定具体定额标准，并报财政部和国家税务总局备案。

所称服务型企业是指从事现行营业税"服务业"税目规定经营活动的企业以及按照《民办非企业单位登记管理暂行条例》（国务院令第251号）登记成立的民办非企业单位。

$$减免税总额 = \sum 每名失业人员本年度在本企业工作月份 \div 12 \times 定额$$

企业、民办非企业单位自吸纳失业人员的次月起享受税收优惠政策。纳税人按本单位吸纳人数和签订的劳动合同时间核定本单位减免税总额，在减免税总额内每月依次扣减营业税、城市维护建设税、教育费附加和地方教育附加；纳税人实际应缴纳的

营业税、城市维护建设税、教育费附加和地方教育附加小于核定减免税总额的，以实际应缴纳的营业税、城市维护建设税、教育费附加、地方教育附加为限；实际应缴纳的营业税、城市维护建设税、教育费附加和地方教育附加大于核定减免税总额的，以核定减免税总额为限。

纳税年度终了，如果纳税人实际减免的营业税、城市维护建设税、教育费附加和地方教育附加小于核定的减免税总额，纳税人在企业所得税汇算清缴时，以差额部分扣减企业所得税。当年扣减不足的，不再结转以后年度扣减。

自 2015 年起，将《就业失业登记证》更名为《就业创业证》，已发放的《就业失业登记证》继续有效，不再统一更换。

毕业年度内高校毕业生在校期间凭学生证向公共就业服务机构按规定申领《就业创业证》，或委托所在高校就业指导中心向公共就业服务机构按规定代为其申领《就业创业证》；毕业年度内高校毕业生离校后直接向公共就业服务机构按规定申领《就业创业证》。

政策依据：

《财政部 国家税务总局 人力资源社会保障部关于继续实施支持和促进重点群体创业就业有关税收政策的通知》（财税〔2014〕39 号）〔同时废止《财政部 国家税务总局关于支持和促进就业有关税收政策的通知》（财税〔2010〕84 号）〕

《国家税务总局 财政部 人力资源和社会保障部 教育部 民政部关于支持和促进重点群体创业就业有关税收政策具体实施问题的公告》（国家税务总局公告 2014 年第 34 号）〔同时废止《国家税务总局 财政部 人力资源和社会保障部、教育部关于支持和促进就业有关税收政策具体实施问题的公告》（2010 年第 25 号）〕

《财政部 国家税务总局 人力资源和社会保障部 教育部关于支持和促进重点群体创业就业税收政策有关问题的补充通知》（财税〔2015〕18 号）

（温馨提示：在纳税年度终了前招用失业人员发生变化的，应当在人员变化次月按照前项规定重新备案。）

（3）扶持自主就业退役士兵创业就业税收优惠政策。

2014 年 1 月 1 日至 2016 年 12 月 31 日，对商贸企业、服务型企业、劳动就业服务企业中的加工型企业和街道社区具有加工性质的小型企业实体，在新增加的岗位中，当年新招用自主就业退役士兵，与其签订 1 年以上期限劳动合同并依法缴纳社会保险费的，在 3 年内按实际招用人数予以定额依次扣减营业税、城市维护建设税、教育费附加、地方教育附加和企业所得税优惠。定额标准为每人每年 4 000 元，最高可上浮 50%，各省、自治区、直辖市人民政府可根据本地区实际情况在此幅度内确定具体定额标准，并报财政部和国家税务总局备案。

所称服务型企业是指从事现行营业税"服务业"税目规定经营活动的企业以及按照《民办非企业单位登记管理暂行条例》（国务院令第 251 号）登记成立的民办非企业单位。

纳税人按企业招用人数和签订的劳动合同时间核定企业减免税总额，在核定减免税总额内每月依次扣减营业税、城市维护建设税、教育费附加和地方教育附加。

纳税人实际应缴纳的营业税、城市维护建设税、教育费附加和地方教育附加小于核定减免税总额的，以实际应缴纳的营业税、城市维护建设税、教育费附加和地方教育附加为限；实际应缴纳的营业税、城市维护建设税、教育费附加和地方教育附加大于核定减免税总额的，以核定减免税总额为限。

纳税年度终了，如果企业实际减免的营业税、城市维护建设税、教育费附加和地方教育附加小于核定的减免税总额，企业在企业所得税汇算清缴时扣减企业所得税。当年扣减不足的，不再结转以后年度扣减。

$$\frac{企业}{减免税总额} = \sum \frac{每名自主就业退役士兵}{本年度在本企业工作月份} \div 12 \times 定额标准$$

企业自招用自主就业退役士兵的次月起享受税收优惠政策，并于享受税收优惠政策的当月，持下列材料向主管税务机关备案：①新招用自主就业退役士兵的《中国人民解放军义务兵退出现役证》或《中国人民解放军士官退出现役证》；②企业与新招用自主就业退役士兵签订的劳动合同（副本），企业为职工缴纳的社会保险费记录；③自主就业退役士兵本年度在企业工作时间表（附件略）；④税务机关要求的其他相关材料。

政策依据：

《财政部 国家税务总局 民政部关于调整完善扶持自主就业退役士兵创业就业有关税收政策的通知》（财税〔2014〕42号）〔同时废止《财政部 国家税务总局关于扶持城镇退役士兵自谋职业有关税收优惠政策的通知》（财税〔2004〕93号）〕

（温馨提示：所称自主就业退役士兵是指依照《退役士兵安置条例》的规定退出现役并按自主就业方式安置的退役士兵。如果企业招用的自主就业退役士兵既适用本通知规定的税收优惠政策，又适用其他扶持就业的税收优惠政策，企业可选择适用最优惠的政策，但不能重复享受。）

（二）减免所得额之"节能服务产业（合同能源管理项目）专题"税收优惠文件

国家税务总局 国家发展改革委关于落实节能服务企业合同能源管理项目企业所得税优惠政策有关征收管理问题的公告

国家税务总局 国家发展改革委公告2013年第77号

为鼓励企业采用合同能源管理模式开展节能服务，规范合同能源管理项目企业所得税管理，根据《中华人民共和国企业所得税法》及其实施条例（以下简称企业所得税法）、《国务院办公厅转发发展改革委等部门关于加快推行合同能源管理促进节能服务产业发展意见的通知》（国办发〔2010〕25号）、《财政部 国家税务总局关于促进节能服务产业发展增值税 营业税和企业所得税政策问题的通知》（财税〔2010〕110号）和《国家税务总局关于进一步做好税收促进节能减排工作的通知》（国税函〔2010〕180号）的有关规定，现就落实合同能源管理项目企业所得税优惠政策有关征收管理问题公告如下：

一、对实施节能效益分享型合同能源管理项目（以下简称项目）的节能服务企业，凡实行查账征收所得税的居民企业并符合企业所得税法和本公告有关规定的，该项目可享受财税〔2010〕110号规定的企业所得税"三免三减半"优惠政策。如节能服务企业的分享型合同约定的效益分享期短于6年的，按实际分享期享受优惠。

二、节能服务企业享受"三免三减半"项目的优惠期限，应连续计算。对在优惠期限内转让所享受优惠的项目给其他符合条件的节能服务企业，受让企业承续经营该项目的，可自项目受让之日起，在剩余期限内享受规定的优惠；优惠期限届满后转让的，受让企业不得就该项目重复享受优惠。

三、节能服务企业投资项目所发生的支出，应按税法规定作资本化或费用化处理。形成的固定资产或无形资产，应按合同约定的效益分享期计提折旧或摊销。

节能服务企业应分别核算各项目的成本费用支出额。对在合同约定的效益分享期内发生的期间费用划分不清的，应合理进行分摊，期间费用的分摊应按照项目投资额和销售（营业）收入额两个因素计算分摊比例，两个因素的权重各为50%。

四、节能服务企业、节能效益分享型能源管理合同和合同能源管理项目应符合财税〔2010〕110号第二条第（三）项所规定的条件。

五、享受企业所得税优惠政策的项目应属于《财政部 国家税务总局 国家发展改革委关于公布环境保护节能节水项目企业所得税优惠目录（试行）的通知》（财税〔2009〕166号）规定的节能减排技术改造项目，包括余热余压利用、绿色照明等节能效益分享型合同能源管理项目。

六、合同能源管理项目优惠实行事前备案管理。节能服务企业享受合同能源管理项目企业所得税优惠的，应向主管税务机关备案。涉及多个项目优惠的，应按各项目分别进行备案。节能服务企业应在项目取得第一笔收入的次年4个月内，完成项目享受优惠备案。办理备案手续时需提供以下资料：

（一）减免税备案申请；

（二）能源管理合同复印件；

（三）国家发展改革委、财政部公布的第三方机构出具的《合同能源管理项目情况确认表》（附件1略），或者政府节能主管部门出具的合同能源管理项目确认意见；

（四）《合同能源管理项目应纳税所得额计算表》（附件 2 略）；

（五）项目第一笔收入的发票复印件；

（六）合同能源管理项目发生转让的，受让节能服务企业除提供上述材料外，还需提供项目转让合同、项目原享受优惠的备案文件。

七、企业享受优惠条件发生变化的，应当自发生变化之日起 15 日内向主管税务机关书面报告。如不再符合享受优惠条件的，应停止享受优惠，并依法缴纳企业所得税。对节能服务企业采取虚假手段获取税收优惠的、享受优惠条件发生变化而未及时向主管税务机关报告的以及未按本公告规定报送备案资料而自行减免税的，主管税务机关应按照税收征管法等有关规定进行处理。税务部门应设立节能服务企业项目管理台账和统计制度，并会同节能主管部门建立监管机制。

八、合同能源管理项目确认由国家发展改革委、财政部公布的第三方节能量审核机构负责，并出具《合同能源管理项目情况确认表》，或者由政府节能主管部门出具合同能源管理项目确认意见。第三方机构在合同能源管理项目确认过程中应严格按照国家有关要求认真审核把关，确保审核结果客观、真实。对在审核过程中把关不严、弄虚作假的第三方机构，一经查实，将取消其审核资质，并按相关法律规定追究责任。

九、本公告自 2013 年 1 月 1 日起施行。本公告发布前，已按有关规定享受税收优惠政策的，仍按原规定继续执行；尚未享受的，按本公告规定执行。

特此公告。

国家税务总局 国家发展改革委

2013 年 12 月 17 日

财政部 国家税务总局关于促进节能服务产业发展
增值税、 营业税和企业所得税政策问题的通知

财税〔2010〕110 号

各省、自治区、直辖市、计划单列市财政厅（局）、国家税务局、地方税务局，新疆生产建设兵团财务局：

为鼓励企业运用合同能源管理机制，加大节能减排技术改造工作力度，根据税收法律法规有关规定和《国务院办公厅转发发展改革委等部门关于加快推进合同能源管理促进节能服务产业发展意见的通知》（国办发〔2010〕25 号）精神，现将节能服务公司实施合同能源管理项目涉及的增值税、营业税和企业所得税政策问题通知如下：

一、关于增值税、营业税政策问题

（一）对符合条件的节能服务公司实施合同能源管理项目，取得的营业税应税收入，暂免征收营业税。

（二）节能服务公司实施符合条件的合同能源管理项目，将项目中的增值税应税货物转让给用能企业，暂免征收增值税。

（三）本条所称"符合条件"是指同时满足以下条件：

1. 节能服务公司实施合同能源管理项目相关技术应符合国家质量监督检验检疫总局和国家标准化管理委员会发布的《合同能源管理技术通则》（gb/t24915—2010）规定的技术要求；

2. 节能服务公司与用能企业签订《节能效益分享型》合同，其合同格式和内容，符合《合同法》和国家质量监督检验检疫总局和国家标准化管理委员会发布的《合同能源管理技术通则》（gb/t24915—2010）等规定。

二、关于企业所得税政策问题

（一）对符合条件的节能服务公司实施合同能源管理项目，符合企业所得税税法有关规定的，自项目取得第一笔生产经营收入所属纳税年度起，第一年至第三年免征企业所得税，第四年至第六年按照25％的法定税率减半征收企业所得税。

（二）对符合条件的节能服务公司，以及与其签订节能效益分享型合同的用能企业，实施合同能源管理项目有关资产的企业所得税税务处理按以下规定执行：

1. 用能企业按照能源管理合同实际支付给节能服务公司的合理支出，均可以在计算当期应纳税所得额时扣除，不再区分服务费用和资产价款进行税务处理；

2. 能源管理合同期满后，节能服务公司转让给用能企业的因实施合同能源管理项目形成的资产，按折旧或摊销期满的资产进行税务处理，用能企业从节能服务公司接受有关资产的计税基础也应按折旧或摊销期满的资产进行税务处理；

3. 能源管理合同期满后，节能服务公司与用能企业办理有关资产的权属转移时，用能企业已支付的资产价款，不再另行计入节能服务公司的收入。

（三）本条所称"符合条件"是指同时满足以下条件：

1. 具有独立法人资格，注册资金不低于100万元，且能够单独提供用能状况诊断、节能项目设计、融资、改造（包括施工、设备安装、调试、验收等）、运行管理、人员培训等服务的专业化节能服务公司；

2. 节能服务公司实施合同能源管理项目相关技术应符合国家质量监督检验检疫总局和国家标准化管理委员会发布的《合同能源管理技术通则》（gb/t24915—2010）规定的技术要求；

3. 节能服务公司与用能企业签订《节能效益分享型》合同，其合同格式和内容，符合《合同法》和国家质量监督检验检疫总局和国家标准化管理委员会发布的《合同

能源管理技术通则》(gb/t24915—2010)等规定;

4. 节能服务公司实施合同能源管理的项目符合《财政部 国家税务总局 国家发展改革委关于公布环境保护节能节水项目企业所得税优惠目录(试行)的通知》(财税〔2009〕166号)"4、节能减排技术改造"类中第一项至第八项规定的项目和条件;

5. 节能服务公司投资额不低于实施合同能源管理项目投资总额的70%;

6. 节能服务公司拥有匹配的专职技术人员和合同能源管理人才,具有保障项目顺利实施和稳定运行的能力。

(四)节能服务公司与用能企业之间的业务往来,应当按照独立企业之间的业务往来收取或者支付价款、费用。不按照独立企业之间的业务往来收取或者支付价款、费用,而减少其应纳税所得额的,税务机关有权进行合理调整。

(五)用能企业对从节能服务公司取得的与实施合同能源管理项目有关的资产,应与企业其他资产分开核算,并建立辅助账或明细账。

(六)节能服务公司同时从事适用不同税收政策待遇项目的,其享受税收优惠项目应当单独计算收入、扣除,并合理分摊企业的期间费用;没有单独计算的,不得享受税收优惠政策。

三、本通知自2011年1月1日起执行

财政部 国家税务总局

2010年12月30日

六、为促进小微企业发展对其他企业的所得税优惠政策

（一）为鼓励科技企业孵化器向孵化企业提供孵化服务，给予多项税收优惠政策

为鼓励科技企业孵化器（也称高新技术创业服务中心，以下简称孵化器）向孵化企业提供科技创业等孵化服务，国家给予多项税收优惠政策。

财政部 国家税务总局关于科技企业孵化器税收政策的通知

财税〔2013〕117 号

一、自 2013 年 1 月 1 日至 2015 年 12 月 31 日，对符合条件的孵化器自用以及无偿或通过出租等方式提供给孵化企业使用的房产、土地，免征房产税和城镇土地使用税；对其向孵化企业出租场地、房屋以及提供孵化服务的收入，免征营业税。营业税改征增值税后的营业税优惠政策处理问题由营改增试点过渡政策另行规定。

二、符合非营利组织条件的孵化器的收入，按照企业所得税法及其实施条例和有关税收政策规定享受企业所得税优惠政策。

三、享受税收优惠的"孵化器"应同时符合以下条件：

（一）孵化器的成立和运行符合国务院科技行政主管部门发布的认定和管理办法，经国务院科技行政管理部门认定，并取得国家级孵化器资格。

（二）孵化器应将面向孵化企业出租场地、房屋以及提供孵化服务的业务收入在财务上单独核算。

（三）孵化器提供给孵化企业使用的场地面积（含公共服务场地）应占孵化器可自主支配场地面积的 75％以上（含 75％），孵化企业数量应占孵化器内企业总数量的 75％以上（含 75％）。

公共服务场地是指孵化器提供给孵化企业共享的活动场所，包括公共餐厅、接待室、会议室、展示室、活动室、技术检测室和图书馆等非盈利性配套服务场地。

四、所称"孵化企业"应当同时符合以下条件：

（一）企业注册地和主要研发、办公场所必须在孵化器的孵化场地内。

（二）属新注册企业或申请进入孵化器前企业成立时间不超过 24 个月。

（三）企业在孵化器内孵化的时间不超过 42 个月。纳入"创新人才推进计划"及"海外高层次人才引进计划"的人才或从事生物医药、集成电路设计、现代农业等特殊领域的创业企业，孵化时间不超过 60 个月。

（四）符合《中小企业划型标准规定》所规定的小型、微型企业划型标准。

（五）属迁入企业的，上年营业收入不超过 500 万元。

（六）单一在孵企业入驻时使用的孵化场地面积不大于 1 000 平方米。从事航空航天等特殊领域的在孵企业，不大于 3 000 平方米。

（七）企业产品（服务）属于科学技术部 财政部 国家税务总局印发的《国家重点支持的高新技术领域》规定的范围，且研究开发费用总额占销售收入总额的比例不低于 4%。

五、所称"孵化服务"是指为孵化企业提供的属于营业税"服务业"税目中"代理业"、"租赁业"和"其他服务业"中的咨询和技术服务范围内的服务。

（二）为鼓励国家大学科技园向孵化企业提供孵化服务，给予多项税收优惠政策

为鼓励国家大学科技园向孵化企业提供高等学校科技成果转化、高新技术企业孵化、创新创业人才培养、产学研结合提供支撑的平台和服务等孵化服务，国家给予多项税收优惠政策。

财政部 国家税务总局关于国家大学科技园税收政策的通知

财税〔2013〕118 号

一、自 2013 年 1 月 1 日至 2015 年 12 月 31 日，对符合条件的科技园自用以及无偿或通过出租等方式提供给孵化企业使用的房产、土地，免征房产税和城镇土地使用税；对其向孵化企业出租场地、房屋以及提供孵化服务的收入，免征营业税。营业税改征增值税后的营业税优惠政策处理问题由营改增试点过渡政策另行规定。

二、符合非营利组织条件的科技园的收入，按照企业所得税法及其实施条例和有关税收政策规定享受企业所得税优惠政策。

三、享受税收优惠的"科技园"应同时符合以下条件：

（一）科技园的成立和运行符合国务院科技和教育行政主管部门公布的认定和管理办法，经国务院科技和教育行政管理部门认定，并取得国家大学科技园资格。

（二）科技园应将面向孵化企业出租场地、房屋以及提供孵化服务的业务收入在财务上单独核算。

（三）科技园提供给孵化企业使用的场地面积（含公共服务场地）应占科技园可自主支配场地面积的 60% 以上（含 60%），孵化企业数量应占科技园内企业总数量的 75% 以上（含 75%）。

公共服务场地是指科技园提供给孵化企业共享的活动场所，包括公共餐厅、接待室、会议室、展示室、活动室、技术检测室和图书馆等非盈利性配套服务场地。

四、所称"孵化企业"应当同时符合以下条件：

（一）企业注册地及主要研发、办公场所必须在科技园工作场地内。

（二）属新注册企业或申请进入科技园前企业成立时间不超过 3 年。

（三）企业在科技园的孵化时间不超过 42 个月。海外高层次创业人才或从事生物医药、集成电路设计等特殊领域的创业企业，孵化时间不超过 60 个月。

（四）符合《中小企业划型标准规定》所规定的小型、微型企业划型标准。

（五）迁入的企业，上年营业收入不超过 500 万元。

（六）单一在孵企业使用的孵化场地面积不大于 1 000 平方米。从事航空航天、现代农业等特殊领域的单一在孵企业，不大于 3 000 平方米。

（七）企业产品（服务）属于科学技术部、财政部 国家税务总局印发的《国家重点支持的高新技术领域》规定的范围，且研究开发费用总额占销售收入总额的比例不低于 4%。

五、所称"孵化服务"是指为孵化企业提供的属于营业税"服务业"税目中"代理业"、"租赁业"和"其他服务业"中的咨询和技术服务范围内的服务。

（三）对采取股权投资方式投资于未上市的中小高新技术企业的创业投资企业，给予企业所得税优惠政策

为扶持中小高新技术企业的发展，国家对于采取股权投资方式投资于未上市的中小高新技术企业的创业投资企业，给予企业所得税优惠政策。

——《中华人民共和国企业所得税法》

第三十一条 创业投资企业从事国家需要重点扶持和鼓励的创业投资，可以按投资额的一定比例抵扣应纳税所得额。

——《中华人民共和国企业所得税法实施条例》

第九十七条 企业所得税法第三十一条所称抵扣应纳税所得额，是指创业投资企业采取股权投资方式投资于未上市的中小高新技术企业 2 年以上的，可以按照其投资额的 70% 在股权持有满 2 年的当年抵扣该创业投资企业的应纳税所得额；当年不足抵扣的，可以在以后纳税年度结转抵扣。

国家税务总局关于实施创业投资企业所得税优惠问题的通知

国税发〔2009〕87 号

一、创业投资企业是指依照《创业投资企业管理暂行办法》（国家发展和改革委员会等 10 部委令 2005 年第 39 号，以下简称《暂行办法》）和《外商投资创业投资企业管理规定》（商务部等 5 部委令 2003 年第 2 号）在中华人民共和国境内设立的专门从事创业投资活动的企业或其他经济组织。

二、创业投资企业采取股权投资方式投资于未上市的中小高新技术企业 2 年（24 个月）以上，凡符合以下条件的，可以享受抵扣应纳税所得额的优惠：

（一）经营范围符合《暂行办法》规定，且工商登记为"创业投资有限责任公司"、"创业投资股份有限公司"等专业性法人创业投资企业。

（二）按照《暂行办法》规定的条件和程序完成备案，经备案管理部门年度检查核实，投资运作符合《暂行办法》的有关规定。

（三）创业投资企业投资的中小高新技术企业，除应按照科技部、财政部、国家税务总局《关于印发〈高新技术企业认定管理办法〉的通知》（国科发火〔2008〕172 号）和《关于印发〈高新技术企业认定管理工作指引〉的通知》（国科发火〔2008〕362 号）的规定，通过高新技术企业认定以外，还应符合职工人数不超过 500 人，年销售（营业）额不超过 2 亿元，资产总额不超过 2 亿元的条件。2007 年底前按原有规定取得高新技术企业资格的中小高新技术企业，且在 2008 年继续符合新的高新技术企业标准的，向其投资满 24 个月的计算，可自创业投资企业实际向其投资的时间起计算。

（四）财政部、国家税务总局规定的其他条件。

三、中小企业接受创业投资之后，经认定符合高新技术企业标准的，应自其被认定为高新技术企业的年度起，计算创业投资企业的投资期限。该期限内中小企业接受创业投资后，企业规模超过中小企业标准，但仍符合高新技术企业标准的，不影响创业投资企业享受有关税收优惠。

（四）金融企业为中小企业提供贷款，担保机构为中小企业提供担保服务，允许相关准备金在企业所得税税前扣除

为鼓励金融企业为中小企业提供贷款，鼓励担保机构为中小企业提供担保服务，允许相关准备金在企业所得税税前扣除。

财政部　国家税务总局关于金融企业涉农贷款和中小企业贷款损失准备金税前扣除有关问题的通知

财税〔2015〕3 号

各省、自治区、直辖市、计划单列市财政厅（局）、国家税务局、地方税务局，新疆生产建设兵团财务局：

根据《中华人民共和国企业所得税法》及《中华人民共和国企业所得税法实施条例》的有关规定，现就金融企业涉农贷款和中小企业贷款损失准备金的企业所得税税前扣除政策，通知如下：

一、金融企业根据《贷款风险分类指导原则》（银发〔2001〕416 号），对其涉农贷款和中小企业贷款进行风险分类后，按照以下比例计提的贷款损失准备金，准予在计算应纳税所得额时扣除：

（一）关注类贷款，计提比例为 2%；

（二）次级类贷款，计提比例为 25%；

（三）可疑类贷款，计提比例为 50%；

（四）损失类贷款，计提比例为 100%。

二、本通知所称涉农贷款，是指《涉农贷款专项统计制度》（银发〔2007〕246 号）统计的以下贷款：

（一）农户贷款；

（二）农村企业及各类组织贷款。

本条所称农户贷款，是指金融企业发放给农户的所有贷款。农户贷款的判定应以贷款发放时的承贷主体是否属于农户为准。农户，是指长期（一年以上）居住在乡镇（不包括城关镇）行政管理区域内的住户，还包括长期居住在城关镇所辖行政村范围内的住户和户口不在本地而在本地居住一年以上的住户，国有农场的职工和农村个体工商户。位于乡镇（不包括城关镇）行政管理区域内和在城关镇所辖行政村范围内的国有经济的机关、团体、学校、企事业单位的集体户；有本地户口，但举家外出谋生一年以上的住户，无论是否保留承包耕地均不属于农户。农户以户为统计单位，既可以从事农业生产经营，也可以从事非农业生产经营。

本条所称农村企业及各类组织贷款，是指金融企业发放给注册地位于农村区域的企业及各类组织的所有贷款。农村区域，是指除地级及以上城市的城市行政区及其市辖建制镇之外的区域。

三、本通知所称中小企业贷款，是指金融企业对年销售额和资产总额均不超过 2 亿元的企业的贷款。

四、金融企业发生的符合条件的涉农贷款和中小企业贷款损失，应先冲减已在税前扣除的贷款损失准备金，不足冲减部分可据实在计算应纳税所得额时扣除。

五、本通知自 2014 年 1 月 1 日起至 2018 年 12 月 31 日止执行。

财政部 国家税务总局

2015 年 1 月 15 日

财政部 国家税务总局关于金融企业贷款损失准备金企业所得税税前扣除有关政策的通知

财税〔2015〕9 号

各省、自治区、直辖市、计划单列市财政厅（局）、国家税务局、地方税务局，新疆生产建设兵团财务局：

根据《中华人民共和国企业所得税法》及《中华人民共和国企业所得税法实施条例》的有关规定，现就政策性银行、商业银行、财务公司、城乡信用社和金融租赁公司等金融企业提取的贷款损失准备金的企业所得税税前扣除政策问题，通知如下：

一、准予税前提取贷款损失准备金的贷款资产范围包括：

（一）贷款（含抵押、质押、担保等贷款）；

（二）银行卡透支、贴现、信用垫款（含银行承兑汇票垫款、信用证垫款、担保垫款等）、进出口押汇、同业拆出、应收融资租赁款等各项具有贷款特征的风险资产；

（三）由金融企业转贷并承担对外还款责任的国外贷款，包括国际金融组织贷款、外国买方信贷、外国政府贷款、日本国际协力银行不附条件贷款和外国政府混合贷款等资产。

二、金融企业准予当年税前扣除的贷款损失准备金计算公式如下：

准予当年税前扣除的贷款损失准备金＝本年末准予提取贷款损失准备金的贷款资产余额×1％－截至上年末已在税前扣除的贷款损失准备金的余额。

金融企业按上述公式计算的数额如为负数，应当相应调增当年应纳税所得额。

三、金融企业的委托贷款、代理贷款、国债投资、应收股利、上交央行准备金以及金融企业剥离的债权和股权、应收财政贴息、央行款项等不承担风险和损失的资产，不得提取贷款损失准备金在税前扣除。

四、金融企业发生的符合条件的贷款损失，应先冲减已在税前扣除的贷款损失准备金，不足冲减部分可据实在计算当年应纳税所得额时扣除。

五、金融企业涉农贷款和中小企业贷款损失准备金的税前扣除政策，凡按照《财政部 国家税务总局关于金融企业涉农贷款和中小企业贷款损失准备金税前扣除有关问题的通知》（财税〔2015〕3号）的规定执行的，不再适用本通知第一条至第四条的规定。

六、本通知自2014年1月1日起至2018年12月31日止执行。

财政部 国家税务总局

2015年1月15日

国家税务总局关于金融企业涉农贷款和中小企业贷款损失税前扣除问题的公告

国家税务总局公告2015年第25号

为鼓励金融企业加大对涉农贷款和中小企业贷款力度，及时处置涉农贷款和中小企业贷款损失，增强金融企业抵御风险能力，根据《中华人民共和国企业所得税法》及其实施条例、《财政部 国家税务总局关于企业资产损失税前扣除政策的通知》（财税〔2009〕57号）、《国家税务总局关于发布〈企业资产损失所得税税前扣除管理办法〉的公告》（国家税务总局公告2011年第25号）的规定，现就金融企业涉农贷款和中小企业贷款损失所得税前扣除问题公告如下：

一、金融企业涉农贷款、中小企业贷款逾期1年以上，经追索无法收回，应依据涉农贷款、中小企业贷款分类证明，按下列规定计算确认贷款损失进行税前扣除：

（一）单户贷款余额不超过300万元（含300万元）的，应依据向借款人和担保人的有关原始追索记录（包括司法追索、电话追索、信件追索和上门追索等原始记录之一，并由经办人和负责人共同签章确认），计算确认损失进行税前扣除。

（二）单户贷款余额超过300万元至1000万元（含1000万元）的，应依据有关原始追索记录（应当包括司法追索记录，并由经办人和负责人共同签章确认），计算确认损失进行税前扣除。

（三）单户贷款余额超过1000万元的，仍按《国家税务总局关于发布〈企业资产损失所得税税前扣除管理办法〉的公告》（国家税务总局公告2011年第25号）有关规定计算确认损失进行税前扣除。

二、金融企业涉农贷款和中小企业贷款的分类标准，按照《财政部 国家税务总局关于金融企业涉农贷款和中小企业贷款损失准备金税前扣除有关问题的通知》（财税〔2015〕3号）规定执行。

三、金融企业应当建立健全贷款损失内部核销管理制度，严格内部责任认定和追究，及时收集、整理、编制、审核、申报、保存资产损失税前扣除证据材料。

对不符合法定条件扣除的贷款损失，或弄虚作假进行税前扣除的，应追溯调整以前年度的税务处理，并按《中华人民共和国税收征收管理法》有关规定进行处罚。

四、本公告适用 2014 年度及以后年度涉农贷款和中小企业贷款损失的税前扣除。

特此公告。

国家税务总局

2015 年 4 月 27 日

财政部 国家税务总局关于中小企业信用担保机构
有关准备金企业所得税税前扣除政策的通知

财税〔2012〕25 号

根据《中华人民共和国企业所得税法》和《中华人民共和国企业所得税法实施条例》的有关规定，现就中小企业信用担保机构有关税前扣除政策问题通知如下：

一、符合条件的中小企业信用担保机构按照不超过当年年末担保责任余额 1％的比例计提的担保赔偿准备，允许在企业所得税税前扣除，同时将上年度计提的担保赔偿准备余额转为当期收入。

二、符合条件的中小企业信用担保机构按照不超过当年担保费收入 50％的比例计提的未到期责任准备，允许在企业所得税税前扣除，同时将上年度计提的未到期责任准备余额转为当期收入。

三、中小企业信用担保机构实际发生的代偿损失，符合税收法律法规关于资产损失税前扣除政策规定的，应冲减已在税前扣除的担保赔偿准备，不足冲减部分据实在企业所得税税前扣除。

四、本通知所称符合条件的中小企业信用担保机构，必须同时满足以下条件：

（一）符合《融资性担保公司管理暂行办法》（银监会等七部委令 2010 年第 3 号）相关规定，并具有融资性担保机构监管部门颁发的经营许可证；

（二）以中小企业为主要服务对象，当年新增中小企业信用担保和再担保业务收入占新增担保业务收入总额的 70％以上（上述收入不包括信用评级、咨询、培训等收入）；

（三）中小企业信用担保业务的平均年担保费率不超过银行同期贷款基准利率的 50％；

（四）财政、税务部门规定的其他条件。

五、申请享受本通知规定的准备金税前扣除政策的中小企业信用担保机构，在汇算清缴时，需报送法人执照副本复印件、融资性担保机构监管部门颁发的经营许可证复印件、具有资质的中介机构鉴证的年度会计报表和担保业务情况（包括担保业务明细和风险准备金提取等），以及财政、税务部门要求提供的其他材料。

六、本通知自 2011 年 1 月 1 日起至 2015 年 12 月 31 日止执行。

财政部 国家税务总局
2012 年 4 月 11 日

七、按产业、项目归集的企业所得税优惠政策

财政部 国家税务总局关于推广中关村国家自主创新示范区
税收试点政策有关问题的通知
财税〔2015〕62 号

各省、自治区、直辖市、计划单列市财政厅（局）、国家税务局、地方税务局，新疆生产建设兵团财务局：

根据国务院决定，中关村国家自主创新示范区有关税收试点政策推广至国家自主创新示范区、合芜蚌自主创新综合试验区和绵阳科技城（以下统称示范地区）实施。现就有关税收政策问题明确如下：

一、关于股权奖励个人所得税政策

1. 对示范地区内的高新技术企业转化科技成果，给予本企业相关技术人员的股权奖励，技术人员一次缴纳税款有困难的，经主管税务机关审核，可分期缴纳个人所得税，但最长不得超过 5 年。

2. 本通知所称股权奖励，是指企业无偿授予相关技术人员一定份额的股权或一定数量的股份。股权奖励的计税价格参照获得股权时的公平市场价格确定。

3. 本通知所称相关技术人员，具体范围依照《财政部 国家税务总局 科技部关于中关村国家自主创新示范区有关股权奖励个人所得税试点政策的通知》（财税〔2014〕63 号）的相关规定执行。

4. 技术人员转让奖励的股权（含奖励股权孳生的送、转股）并取得现金收入的，该现金收入应优先用于缴纳尚未缴清的税款。

5. 技术人员在转让奖励的股权之前企业依法宣告破产，技术人员进行相关权益处置后没有取得收益或资产，或取得的收益和资产不足以缴纳其取得股权尚未缴纳的应纳税款的，经主管税务机关审核，尚未缴纳的个人所得税可不予追征。

二、关于有限合伙制创业投资企业法人合伙人企业所得税政策

1. 注册在示范地区的有限合伙制创业投资企业采取股权投资方式投资于未上市的中小高新技术企业 2 年（24 个月）以上的，该有限合伙制创业投资企业的法人合伙人可按照其对未上市中小高新技术企业投资额的 70％抵扣该法人合伙人从该有限合伙制创业投资企业分得的应纳税所得额，当年不足抵扣的，可以在以后纳税年度结转抵扣。

2. 有限合伙制创业投资企业的法人合伙人对未上市中小高新技术企业的投资额，按照有限合伙制创业投资企业对中小高新技术企业的投资额和合伙协议约定的法人合伙人占有限合伙制创业投资企业的出资比例计算确定。

三、关于技术转让所得企业所得税政策

1. 注册在示范地区的居民企业在一个纳税年度内，转让技术的所有权或 5 年以上（含 5 年）许可使用权取得的所得不超过 500 万元的部分，免征企业所得税；超过 500 万元的部分，减半征收企业所得税。

2. 本通知所称技术，包括专利（含国防专利）、计算机软件著作权、集成电路布图设计专有权、植物新品种权、生物医药新品种，以及财政部和国家税务总局确定的其他技术。其中，专利是指法律授予独占权的发明、实用新型以及非简单改变产品图案和形状的外观设计。

四、关于企业转增股本个人所得税政策

1. 示范地区内中小高新技术企业，以未分配利润、盈余公积、资本公积向个人股东转增股本时，个人股东应按照"利息、股息、红利所得"项目，适用 20％税率征收个人所得税。个人股东一次缴纳个人所得税确有困难的，经主管税务机关审核，可分期缴纳，但最长不得超过 5 年。

2. 股东转让股权并取得现金收入的，该现金收入应优先用于缴纳尚未缴清的税款。

3. 在股东转让该部分股权之前，企业依法宣告破产，股东进行相关权益处置后没有取得收益或收益小于初始投资额的，经主管税务机关审核，尚未缴纳的个人所得税可不予追征。

4. 本通知所称中小高新技术企业，是指注册在示范地区内实行查账征收的、经认定取得高新技术企业资格，且年销售额和资产总额均不超过 2 亿元、从业人数不超过 500 人的企业。

5. 上市中小高新技术企业或在全国中小企业股份转让系统挂牌的中小高新技术企业向个人股东转增股本，股东应纳的个人所得税，继续按照现行有关股息红利差别化个人所得税政策执行，不适用本通知规定的分期纳税政策。

五、本通知自 2015 年 1 月 1 日起执行。实施范围包括中关村等所有国家自主创新

示范区、合芜蚌自主创新综合试验区和绵阳科技城。

财政部 国家税务总局

2015 年 6 月 9 日

注：国家自主创新示范区是指经中华人民共和国国务院批准，在推进自主创新和高技术产业发展方面先行先试、探索经验、做出示范的区域。

我国现有国家自主创新示范区 7 个：北京中关村；武汉东湖；上海张江；深圳；长株潭（长沙、株洲、湘潭）；苏南（南京、苏州、无锡、常州、昆山、江阴、武进、镇江）；天津滨海高新区。

财政部 国家税务总局关于企业所得税若干优惠政策的通知

财税〔2008〕1 号

各省、自治区、直辖市，计划单列市财政厅（局）、国家税务局、地方税务局，新疆生产建设兵团财务局：

根据《中华人民共和国企业所得税法》第三十六条的规定，经国务院批准，现将有关企业所得税优惠政策问题通知如下：

一、关于鼓励软件产业和集成电路产业发展的优惠政策

（一）软件生产企业实行增值税即征即退政策所退还的税款，由企业用于研究开发软件产品和扩大再生产，不作为企业所得税应税收入，不予征收企业所得税。

（二）我国境内新办软件生产企业经认定后，自获利年度起，第一年和第二年免征企业所得税，第三年至第五年减半征收企业所得税。

（三）国家规划布局内的重点软件生产企业，如当年未享受免税优惠的，减按 10％ 的税率征收企业所得税。

（四）软件生产企业的职工培训费用，可按实际发生额在计算应纳税所得额时扣除。

（五）企事业单位购进软件，凡符合固定资产或无形资产确认条件的，可以按照固定资产或无形资产进行核算，经主管税务机关核准，其折旧或摊销年限可以适当缩短，最短可为 2 年。

（六）集成电路设计企业视同软件企业，享受上述软件企业的有关企业所得税政策。

（七）集成电路生产企业的生产性设备，经主管税务机关核准，其折旧年限可以适当缩短，最短可为 3 年。

（八）投资额超过 80 亿元人民币或集成电路线宽小于 0.25um 的集成电路生产企业，可以减按 15％ 的税率缴纳企业所得税，其中，经营期在 15 年以上的，从开始获利

的年度起，第一年至第五年免征企业所得税，第六年至第十年减半征收企业所得税。

（九）对生产线宽小于 0.8 微米（含）集成电路产品的生产企业，经认定后，自获利年度起，第一年和第二年免征企业所得税，第三年至第五年减半征收企业所得税。

已经享受自获利年度起企业所得税"两免三减半"政策的企业，不再重复执行本条规定。

（十）自 2008 年 1 月 1 日起至 2010 年底，对集成电路生产企业、封装企业的投资者，以其取得的缴纳企业所得税后的利润，直接投资于本企业增加注册资本，或作为资本投资开办其他集成电路生产企业、封装企业，经营期不少于 5 年的，按 40％的比例退还其再投资部分已缴纳的企业所得税税款。再投资不满 5 年撤出该项投资的，追缴已退的企业所得税税款。

自 2008 年 1 月 1 日起至 2010 年底，对国内外经济组织作为投资者，以其在境内取得的缴纳企业所得税后的利润，作为资本投资于西部地区开办集成电路生产企业、封装企业或软件产品生产企业，经营期不少于 5 年的，按 80％的比例退还其再投资部分已缴纳的企业所得税税款。再投资不满 5 年撤出该项投资的，追缴已退的企业所得税税款。

二、关于鼓励证券投资基金发展的优惠政策

（一）对证券投资基金从证券市场中取得的收入，包括买卖股票、债券的差价收入，股权的股息、红利收入，债券的利息收入及其他收入，暂不征收企业所得税。

（二）对投资者从证券投资基金分配中取得的收入，暂不征收企业所得税。

（三）对证券投资基金管理人运用基金买卖股票、债券的差价收入，暂不征收企业所得税。

三、关于其他有关行业、企业的优惠政策

为保证部分行业、企业税收优惠政策执行的连续性，对原有关就业再就业，奥运会和世博会，社会公益，债转股、清产核资、重组、改制、转制等企业改革，涉农和国家储备，其他单项优惠政策共 6 类定期企业所得税优惠政策（见附件），自 2008 年 1 月 1 日起，继续按原优惠政策规定的办法和时间执行到期。

四、关于外国投资者从外商投资企业取得利润的优惠政策

2008 年 1 月 1 日之前外商投资企业形成的累积未分配利润，在 2008 年以后分配给外国投资者的，免征企业所得税；2008 年及以后年度外商投资企业新增利润分配给外国投资者的，依法缴纳企业所得税。

五、除《中华人民共和国企业所得税法》、《中华人民共和国企业所得税法实施条例》、《国务院关于实施企业所得税过渡优惠政策的通知》（国发〔2007〕39 号），《国务院关于经济特区和上海浦东新区新设立高新技术企业实行过渡性税收优惠的通知》（国发〔2007〕40 号）及本通知规定的优惠政策以外，2008 年 1 月 1 日之前实施的其他企业

所得税优惠政策一律废止。各地区、各部门一律不得越权制定企业所得税的优惠政策。

财政部 国家税务总局

2008 年 2 月 22 日

（温馨提示：根据《财政部 国家税务总局关于进一步鼓励软件产业和集成电路产业发展企业所得税政策的通知》（财税〔2012〕27 号）第二十三条规定，《财政部 国家税务总局关于企业所得税若干优惠政策的通知》（财税〔2008〕1 号）第一条第（一）项至第（九）项自 2011 年 1 月 1 日起停止执行。）

财政部 国家税务总局 商务部 科技部 国家发展改革委
关于完善技术先进型服务企业有关企业所得税政策问题的通知

财税〔2014〕59 号

北京、天津、大连、黑龙江、上海、江苏、浙江、安徽、厦门、江西、山东、湖北、湖南、广东、深圳、重庆、四川、陕西省（直辖市、计划单列市）财政厅（局）、国家税务局、地方税务局、商务主管部门、科技厅（委、局）、发展改革委：

为进一步推动技术先进型服务企业的发展，促进企业技术创新和技术服务的提升，增强我国服务业的综合竞争力，经国务院批准，现就技术先进型服务企业有关企业所得税政策问题通知如下：

一、自 2014 年 1 月 1 日起至 2018 年 12 月 31 日止，在北京、天津、上海、重庆、大连、深圳、广州、武汉、哈尔滨、成都、南京、西安、济南、杭州、合肥、南昌、长沙、大庆、苏州、无锡、厦门等 21 个中国服务外包示范城市（以下简称示范城市）继续实行以下企业所得税优惠政策：

1. 对经认定的技术先进型服务企业，减按 15％的税率征收企业所得税。

2. 经认定的技术先进型服务企业发生的职工教育经费支出，不超过工资薪金总额8％的部分，准予在计算应纳税所得额时扣除；超过部分，准予在以后纳税年度结转扣除。

二、享受本通知第一条规定的企业所得税优惠政策的技术先进型服务企业必须同时符合以下条件：

1. 从事《技术先进型服务业务认定范围（试行）》（详见附件）中的一种或多种技术先进型服务业务，采用先进技术或具备较强的研发能力；

2. 企业的注册地及生产经营地在示范城市（含所辖区、县、县级市等全部行政区划）内；

3. 企业具有法人资格；

4. 具有大专以上学历的员工占企业职工总数的 50％以上；

5. 从事《技术先进型服务业务认定范围（试行）》中的技术先进型服务业务取得

的收入占企业当年总收入的 50% 以上；

6. 从事离岸服务外包业务取得的收入不低于企业当年总收入的 35%。

从事离岸服务外包业务取得的收入，是指企业根据境外单位与其签订的委托合同，由本企业或其直接转包的企业为境外单位提供《技术先进型服务业务认定范围（试行）》中所规定的信息技术外包服务（ito）、技术性业务流程外包服务（bpo）和技术性知识流程外包服务（kpo），而从上述境外单位取得的收入。

三、技术先进型服务企业的认定管理

1. 示范城市人民政府科技部门会同本级商务、财政、税务和发展改革部门根据本通知规定制定具体管理办法，并报科技部 商务部 财政部 国家税务总局和国家发展改革委及所在省（直辖市、计划单列市）科技、商务、财政、税务和发展改革部门备案。

示范城市所在省（直辖市、计划单列市）科技部门会同本级商务、财政、税务和发展改革部门负责指导所辖示范城市的技术先进型服务企业认定管理工作。

2. 符合条件的技术先进型服务企业应向所在示范城市人民政府科技部门提出申请，由示范城市人民政府科技部门会同本级商务、财政、税务和发展改革部门联合评审并发文认定。认定企业名单应及时报科技部、商务部 财政部 国家税务总局和国家发展改革委及所在省（直辖市、计划单列市）科技、商务、财政、税务和发展改革部门备案。

3. 经认定的技术先进型服务企业，持相关认定文件向当地主管税务机关办理享受本通知第一条规定的企业所得税优惠政策事宜。享受企业所得税优惠的技术先进型服务企业条件发生变化的，应当自发生变化之日起 15 日内向主管税务机关报告；不再符合享受税收优惠条件的，应当依法履行纳税义务。主管税务机关在执行税收优惠政策过程中，发现企业不具备技术先进型服务企业资格的，应暂停企业享受税收优惠，并提请认定机构复核。

4. 示范城市人民政府科技、商务、财政、税务和发展改革部门及所在省（直辖市、计划单列市）科技、商务、财政、税务和发展改革部门对经认定并享受税收优惠政策的技术先进型服务企业应做好跟踪管理，对变更经营范围、合并、分立、转业、迁移的企业，如不符合认定条件的，应及时取消其享受税收优惠政策的资格。

四、示范城市人民政府财政、税务、商务、科技和发展改革部门要认真贯彻落实本通知的各项规定，切实搞好沟通与协作。在政策实施过程中发现的问题，要及时逐级反映上报财政部 国家税务总局 商务部 科技部和国家发展改革委。

五、《财政部 国家税务总局 商务部 科技部 国家发展改革委关于技术先进型服务企业有关企业所得税政策问题的通知》（财税〔2010〕65 号）自 2014 年 1 月 1 日起废止。

附件：技术先进型服务业务认定范围（试行）

财政部 国家税务总局

商务部 科技部 国家发展改革委

2014 年 10 月 8 日

技术先进型服务业务认定范围（试行）

一、信息技术外包服务（ito）

（一）软件研发及外包

类别	适用范围
软件研发及开发服务	用于金融、政府、教育、制造业、零售、服务、能源、物流、交通、媒体、电信、公共事业和医疗卫生等部门和企业，为用户的运营/生产/供应链/客户关系/人力资源和财务管理、计算机辅助设计/工程等业务进行软件开发，包括定制软件开发，嵌入式软件、套装软件开发，系统软件开发，软件测试等。
软件技术服务	软件咨询、维护、培训、测试等技术性服务。

（二）信息技术研发服务外包

类别	适用范围
集成电路和电子电路设计	集成电路和电子电路产品设计以及相关技术支持服务等。
测试平台	为软件、集成电路和电子电路的开发运用提供测试平台。

（三）信息系统运营维护外包

类别	适用范围
信息系统运营和维护服务	客户内部信息系统集成、网络管理、桌面管理与维护服务；信息工程、地理信息系统、远程维护等信息系统应用服务。
基础信息技术服务	基础信息技术管理平台整合、it基础设施管理、数据中心、托管中心、安全服务、通讯服务等基础信息技术服务。

二、技术性业务流程外包服务（bpo）

类别	适用范围
企业业务流程设计服务	为客户企业提供内部管理、业务动作等流程设计服务。
企业内部管理服务	为客户企业提供后台管理、人力资源管理、财务、审计与税务管理、金融支付服务、医疗数据及其他内部管理业务的数据分析、数据挖掘、数据管理、数据使用的服务；承接客户专业数据处理、分析和整合服务。
企业运营服务	为客户企业提供技术研发服务、为企业经营、销售、产品售后服务提供的应用客户分析、数据库管理等服务。主要包括金融服务业务、政务与教育业务、制造业务和生命科学、零售和批发与运输业务、卫生保健业务、通讯与公共事业业务、呼叫中心、电子商务平台等。
企业供应链管理服务	为客户企业提供采购、物流的整体方案设计及数据库服务。

三、技术性知识流程外包服务（kpo）

适用范围
知识产权研究、医药和生物技术研发和测试、产品技术研发、工业设计、分析学和数据挖掘、动漫及网游设计研发、教育课件研发、工程设计等领域。

国家税务总局关于实施创业投资企业所得税优惠问题的通知

国税发〔2009〕87 号

各省、自治区、直辖市和计划单列市国家税务局、地方税务局：

为落实创业投资企业所得税优惠政策，促进创业投资企业的发展，根据《中华人民共和国企业所得税法》及其实施条例等有关规定，现就创业投资企业所得税优惠的有关问题通知如下：

一、创业投资企业是指依照《创业投资企业管理暂行办法》（国家发展和改革委员会等 10 部委令 2005 年第 39 号，以下简称《暂行办法》）和《外商投资创业投资企业管理规定》（商务部等 5 部委令 2003 年第 2 号）在中华人民共和国境内设立的专门从事创业投资活动的企业或其他经济组织。

二、创业投资企业采取股权投资方式投资于未上市的中小高新技术企业 2 年（24 个月）以上，凡符合以下条件的，可以按照其对中小高新技术企业投资额的 70％，在股权持有满 2 年的当年抵扣该创业投资企业的应纳税所得额；当年不足抵扣的，可以在以后纳税年度结转抵扣。

（一）经营范围符合《暂行办法》规定，且工商登记为"创业投资有限责任公司"、"创业投资股份有限公司"等专业性法人创业投资企业。

（二）按照《暂行办法》规定的条件和程序完成备案，经备案管理部门年度检查核实，投资运作符合《暂行办法》的有关规定。

（三）创业投资企业投资的中小高新技术企业，除应按照科技部 财政部 国家税务总局《关于印发〈高新技术企业认定管理办法〉的通知》（国科发火〔2008〕172 号）和《关于印发〈高新技术企业认定管理工作指引〉的通知》（国科发火〔2008〕362 号）的规定，通过高新技术企业认定以外，还应符合职工人数不超过 500 人，年销售（营业）额不超过 2 亿元，资产总额不超过 2 亿元的条件。

2007 年底前按原有规定取得高新技术企业资格的中小高新技术企业，且在 2008 年继续符合新的高新技术企业标准的，向其投资满 24 个月的计算，可自创业投资企业实际向其投资的时间起计算。

（四）财政部、国家税务总局规定的其他条件。

三、中小企业接受创业投资之后，经认定符合高新技术企业标准的，应自其被认定为高新技术企业的年度起，计算创业投资企业的投资期限。该期限内中小企业接受创业投资后，企业规模超过中小企业标准，但仍符合高新技术企业标准的，不影响创业投资企业享受有关税收优惠。

四、创业投资企业申请享受投资抵扣应纳税所得额，应在其报送申请投资抵扣应纳税所得额年度纳税申报表以前，向主管税务机关报送以下资料备案：

（一）经备案管理部门核实后出具的年检合格通知书（副本）；

（二）关于创业投资企业投资运作情况的说明；

（三）中小高新技术企业投资合同或章程的复印件、实际所投资金验资报告等相关材料；

（四）中小高新技术企业基本情况（包括企业职工人数、年销售（营业）额、资产总额等）说明；

（五）由省、自治区、直辖市和计划单列市高新技术企业认定管理机构出具的中小高新技术企业有效的高新技术企业证书（复印件）。

五、本通知自 2008 年 1 月 1 日起执行。

国家税务总局

2009 年 4 月 30 日

财政部 国家税务总局关于高新技术企业职工教育经费税前扣除政策的通知

财税〔2015〕63 号

各省、自治区、直辖市、计划单列市财政厅（局）、国家税务局、地方税务局，新疆生产建设兵团财务局：

经国务院批准，现就高新技术企业职工教育经费税前扣除政策通知如下：

一、高新技术企业发生的职工教育经费支出，不超过工资薪金总额 8% 的部分，准予在计算企业所得税应纳税所得额时扣除；超过部分，准予在以后纳税年度结转扣除。

二、本通知所称高新技术企业，是指注册在中国境内、实行查账征收、经认定的高新技术企业。

三、本通知自 2015 年 1 月 1 日起执行。

财政部 国家税务总局

2015 年 6 月 9 日

国家税务总局关于实施高新技术企业所得税优惠有关问题的通知

国税函〔2009〕203 号

各省、自治区、直辖市和计划单列市国家税务局、地方税务局：

为贯彻落实高新技术企业所得税优惠及其过渡性优惠政策，根据《中华人民共和国企业所得税法》（以下简称企业所得税法）及《中华人民共和国企业所得税法实施条例》（以下简称实施条例）以及相关税收规定，现对有关问题通知如下：

一、当年可减按 15％的税率征收企业所得税或按照《国务院关于经济特区和上海浦东新区新设立高新技术企业实行过渡性税收优惠的通知》（国发〔2007〕40 号）享受过渡性税收优惠的高新技术企业，在实际实施有关税收优惠的当年，减免税条件发生变化的，应按《科学技术部 财政部 国家税务总局关于印发〈高新技术企业认定管理办法〉的通知》（国科发火〔2008〕172 号）第九条第二款的规定处理。

二、原依法享受企业所得税定期减免税优惠尚未期满同时符合本通知第一条规定条件的高新技术企业，根据《高新技术企业认定管理办法》以及《科学技术部 财政部 国家税务总局关于印发〈高新技术企业认定管理工作指引〉的通知》（国科发火〔2008〕362 号）的相关规定，在按照新标准取得认定机构颁发的高新技术企业资格证书之后，可以在 2008 年 1 月 1 日后，享受对尚未到期的定期减免税优惠执行到期满的过渡政策。

三、2006 年 1 月 1 日至 2007 年 3 月 16 日期间成立，截止到 2007 年底仍未获利（弥补完以前年度亏损后应纳税所得额为零）的高新技术企业，根据《高新技术企业认定管理办法》以及《高新技术企业认定管理工作指引》的相关规定，按照新标准取得认定机构颁发的高新技术企业证书后，可依据企业所得税法第五十七条的规定，免税期限自 2008 年 1 月 1 日起计算。

四、认定（复审）合格的高新技术企业，自认定（复审）批准的有效期当年开始，可申请享受企业所得税优惠。企业取得省、自治区、直辖市、计划单列市高新技术企业认定管理机构颁发的高新技术企业证书后，可持"高新技术企业证书"及其复印件和有关资料，向主管税务机关申请办理减免税手续。手续办理完毕后，高新技术企业可按 15％的税率进行所得税预缴申报或享受过渡性税收优惠。

五、纳税年度终了后至报送年度纳税申报表以前，已办理减免税手续的企业应向主管税务机关备案以下资料：

（一）产品（服务）属于《国家重点支持的高新技术领域》规定的范围的说明；

（二）企业年度研究开发费用结构明细表（附件略）；

（三）企业当年高新技术产品（服务）收入占企业总收入的比例说明；

（四）企业具有大学专科以上学历的科技人员占企业当年职工总数的比例说明、研发人员占企业当年职工总数的比例说明。

以上资料的计算、填报口径参照《高新技术企业认定管理工作指引》的有关规定执行。

六、未取得高新技术企业资格、或虽取得高新技术企业资格但不符合企业所得税法及实施条例以及本通知有关规定条件的企业，不得享受高新技术企业的优惠；已享受优惠的，应追缴其已减免的企业所得税税款。

七、本通知自 2008 年 1 月 1 日起执行。

国家税务总局

2009 年 4 月 22 日

国家税务总局关于高新技术企业资格复审期间企业所得税预缴问题的公告

国家税务总局公告 2011 年第 4 号

根据《中华人民共和国企业所得税法》、《中华人民共和国企业所得税法实施条例》、《科学技术部 财政部 国家税务总局关于印发〈高新技术企业认定管理办法〉的通知》（国科发火〔2008〕172 号）、《国家税务总局关于实施高新技术企业所得税优惠有关问题的通知》（国税函〔2009〕203 号）的有关规定，现就高新技术企业资格复审结果公示之前企业所得税预缴问题公告如下：

高新技术企业应在资格期满前三个月内提出复审申请，在通过复审之前，在其高新技术企业资格有效期内，其当年企业所得税暂按 15％的税率预缴。

本公告自 2011 年 2 月 1 日起施行。

特此公告。

国家税务总局

2011 年 1 月 10 日

财政部 国家税务总局关于高新技术企业境外所得适用税率及税收抵免问题的通知

财税〔2011〕47 号

各省、自治区、直辖市、计划单列市财政厅（局）、国家税务局、地方税务局，新疆生

产建设兵团财务局：

根据《中华人民共和国企业所得税法》及其实施条例，以及《财政部 国家税务总局关于企业境外所得税收抵免有关问题的通知》（财税〔2009〕125号）的有关规定，现就高新技术企业境外所得适用税率及税收抵免有关问题补充明确如下：

一、以境内、境外全部生产经营活动有关的研究开发费用总额、总收入、销售收入总额、高新技术产品（服务）收入等指标申请并经认定的高新技术企业，其来源于境外的所得可以享受高新技术企业所得税优惠政策，即对其来源于境外所得可以按照15％的优惠税率缴纳企业所得税，在计算境外抵免限额时，可按照15％的优惠税率计算境内外应纳税总额。

二、上述高新技术企业境外所得税收抵免的其他事项，仍按照财税〔2009〕125号文件的有关规定执行。

三、本通知所称高新技术企业，是指依照《中华人民共和国企业所得税法》及其实施条例规定，经认定机构按照《高新技术企业认定管理办法》（国科发火〔2008〕172号）和《高新技术企业认定管理工作指引》（国科发火〔2008〕362号）认定取得高新技术企业证书并正在享受企业所得税15％税率优惠的企业。

四、本通知自2010年1月1日起执行。

财政部 国家税务总局
2011年5月31日

财政部 国家税务总局关于执行公共基础设施项目
企业所得税优惠目录有关问题的通知

财税〔2008〕46号

各省、自治区、直辖市、计划单列市财政厅（局）、国家税务局、地方税务局，新疆生产建设兵团财务局：

根据《中华人民共和国企业所得税法》（以下简称企业所得税法）和《中华人民共和国企业所得税法实施条例》（国务院令第512号）的有关规定，经国务院批准，财政部 税务总局 发展改革委公布了《公共基础设施项目企业所得税优惠目录》（以下简称《目录》）。现将执行《目录》的有关问题通知如下：

一、企业从事《目录》内符合相关条件和技术标准及国家投资管理相关规定，于2008年1月1日后经批准的公共基础设施项目，其投资经营的所得，自该项目取得第一笔生产经营收入所属纳税年度起，第一年至第三年免征企业所得税，第四年至第六年减半征收企业所得税。

第一笔生产经营收入，是指公共基础设施项目已建成并投入运营后所取得的第一笔收入。

二、企业同时从事不在《目录》范围内的项目取得的所得，应与享受优惠的公共基础设施项目所得分开核算，并合理分摊期间费用，没有分开核算的，不得享受上述企业所得税优惠政策。

三、企业承包经营、承包建设和内部自建自用公共基础设施项目，不得享受上述企业所得税优惠。

四、根据经济社会发展需要及企业所得税优惠政策实施情况，国务院财政、税务主管部门会同国家发展改革委等有关部门适时对《目录》内的项目进行调整和修订，并在报国务院批准后对《目录》进行更新。

财政部 国家税务总局

2008 年 9 月 23 日

国家税务总局关于实施国家重点扶持的公共基础设施项目企业所得税优惠问题的通知

国税发〔2009〕80 号

各省、自治区、直辖市和计划单列市国家税务局、地方税务局：

为贯彻落实《中华人民共和国企业所得税法》及其实施条例关于国家重点扶持的公共基础设施项目企业所得税优惠政策，促进国家重点扶持的公共基础设施项目建设，现将实施该项优惠政策的有关问题通知如下：

一、对居民企业（以下简称企业）经有关部门批准，从事符合《公共基础设施项目企业所得税优惠目录》（以下简称《目录》）规定范围、条件和标准的公共基础设施项目的投资经营所得，自该项目取得第一笔生产经营收入所属纳税年度起，第一年至第三年免征企业所得税，第四年至第六年减半征收企业所得税。

企业从事承包经营、承包建设和内部自建自用《目录》规定项目的所得，不得享受前款规定的企业所得税优惠。

二、本通知所称第一笔生产经营收入，是指公共基础设施项目建成并投入运营（包括试运营）后所取得的第一笔主营业务收入。

三、本通知所称承包经营，是指与从事该项目经营的法人主体相独立的另一法人经营主体，通过承包该项目的经营管理而取得劳务性收益的经营活动。

四、本通知所称承包建设，是指与从事该项目经营的法人主体相独立的另一法人经营主体，通过承包该项目的工程建设而取得建筑劳务收益的经营活动。

五、本通知所称内部自建自用，是指项目的建设仅作为本企业主体经营业务的设施，满足本企业自身的生产经营活动需要，而不属于向他人提供公共服务业务的公共基础设施建设项目。

六、企业同时从事不在《目录》范围的生产经营项目取得的所得，应与享受优惠的公共基础设施项目经营所得分开核算，并合理分摊企业的期间共同费用；没有单独核算的，不得享受上述企业所得税优惠。

期间共同费用的合理分摊比例可以按照投资额、销售收入、资产额、人员工资等参数确定。上述比例一经确定，不得随意变更。凡特殊情况需要改变的，需报主管税务机关核准。

七、从事《目录》范围项目投资的居民企业应于从该项目取得的第一笔生产经营收入后15日内向主管税务机关备案并报送如下材料后，方可享受有关企业所得税优惠：

（一）有关部门批准该项目文件复印件；

（二）该项目完工验收报告复印件；

（三）该项目投资额验资报告复印件；

（四）税务机关要求提供的其他资料。

八、企业因生产经营发生变化或因《目录》调整，不再符合本办法规定减免税条件的，企业应当自发生变化15日内向主管税务机关提交书面报告并停止享受优惠，依法缴纳企业所得税。

九、企业在减免税期限内转让所享受减免税优惠的项目，受让方承续经营该项目的，可自受让之日起，在剩余优惠期限内享受规定的减免税优惠；减免税期限届满后转让的，受让方不得就该项目重复享受减免税优惠。

十、税务机关应结合纳税检查、执法检查或其他专项检查，每年定期对企业享受公共基础设施项目企业所得税减免税款事项进行核查，核查的主要内容包括：

（一）企业是否继续符合减免所得税的资格条件，所提供的有关情况证明材料是否真实。

（二）企业享受减免企业所得税的条件发生变化时，是否及时将变化情况报送税务机关，并根据本办法规定对适用优惠进行了调整。

十一、企业实际经营情况不符合企业所得税减免税规定条件的或采取虚假申报等手段获取减免税的、享受减免税条件发生变化未及时向税务机关报告的，以及未按本办法规定程序报送备案资料而自行减免税的，企业主管税务机关应按照税收征管法有关规定进行处理。

十二、本通知自 2008 年 1 月 1 日起执行。

国家税务总局

2009 年 4 月 16 日

财政部 国家税务总局关于公共基础设施项目
享受企业所得税优惠政策问题的补充通知

财税〔2014〕55 号

各省、自治区、直辖市、计划单列市财政厅（局）、国家税务局、地方税务局新疆生产建设兵团财务局：

根据《中华人民共和国企业所得税法》和《中华人民共和国企业所得税法实施条例》（国务院令 512 号）的有关规定，现就企业享受公共设施项目企业所得税优惠政策有关问题补充通知如下：

一、企业投资经营符合《公共基础设施项目企业所得税优惠目录》规定条件和标准的公共基础设施项目，采用一次核准、分批次（如码头、泊位、航站楼、跑道、路段、发电机组等）建设的，凡同时符合以下条件的，可按每一批次为单位计算所得，并享受企业所得税"三免三减半"优惠：

（一）不同批次在空间上相互独立；

（二）每一批次自身具备取得收入的功能；

（三）以每一批次为单位进行会计核算，单独计算所得，并合理分摊期间费用。

二、公共基础设施项目企业所得税"三免三减半"优化的其他问题，继续按《财政部 国家税务总局关于执行公共基础设施企业所得税优惠目录有关问题的通知》（财税〔2008〕46 号）、《国家税务总局关于实施国家重点扶持的公共基础设施项目企业所得税优惠问题的通知》（国税发〔2009〕80 号）、《财政部 国家税务总局关于公共基础设施项目和环境保护、节能节水项目企业所得税优惠政策问题的通知》（财税〔2012〕10 号）的规定执行。

请遵照执行。

财政部 国家税务总局

2014 年 7 月 4 日

国家税务总局关于资源综合利用企业所得税优惠管理问题的通知

国税函〔2009〕185 号

各省、自治区、直辖市和计划单列市国家税务局、地方税务局：

为贯彻落实资源综合利用的企业所得税优惠政策，现就有关管理问题通知如下：

一、本通知所称资源综合利用企业所得税优惠，是指企业自 2008 年 1 月 1 日起以《资源综合利用企业所得税优惠目录（2008 年版）》（以下简称《目录》）规定的资源作为主要原材料，生产国家非限制和非禁止并符合国家及行业相关标准的产品取得的收入，减按 90％计入企业当年收入总额。

二、经资源综合利用主管部门按《目录》规定认定的生产资源综合利用产品的企业（不包括仅对资源综合利用工艺和技术进行认定的企业），取得《资源综合利用认定证书》，可按本通知规定申请享受资源综合利用企业所得税优惠。

三、企业资源综合利用产品的认定程序，按《国家发展改革委 财政部 国家税务总局关于印发〈国家鼓励的资源综合利用认定管理办法〉的通知》（发改环资〔2006〕1864 号）的规定执行。

四、2008 年 1 月 1 日之前经资源综合利用主管部门认定取得《资源综合利用认定证书》的企业，应按本通知第二条、第三条的规定，重新办理认定并取得《资源综合利用认定证书》，方可申请享受资源综合利用企业所得税优惠。

五、企业从事非资源综合利用项目取得的收入与生产资源综合利用产品取得的收入没有分开核算的，不得享受资源综合利用企业所得税优惠。

六、税务机关对资源综合利用企业所得税优惠实行备案管理。备案管理的具体程序，按照国家税务总局的相关规定执行。

七、享受资源综合利用企业所得税优惠的企业因经营状况发生变化而不符合《目录》规定的条件的，应自发生变化之日起 15 个工作日内向主管税务机关报告，并停止享受资源综合利用企业所得税优惠。

八、企业实际经营情况不符合《目录》规定条件，采用欺骗等手段获取企业所得税优惠，或者因经营状况发生变化而不符合享受优惠条件，但未及时向主管税务机关报告的，按照税收征管法及其实施细则的有关规定进行处理。

九、税务机关应对企业的实际经营情况进行监督检查。税务机关发现资源综合利用主管部门认定有误的，应停止企业享受资源综合利用企业所得税优惠，并及时与有关认定部门协调沟通，提请纠正，已经享受的优惠税额应予追缴。

十、各省、自治区、直辖市和计划单列市国家税务局、地方税务局可根据本通知制定具体管理办法。

十一、本通知自 2008 年 1 月 1 日起执行。

国家税务总局

2009 年 4 月 10 日

财政部 国家税务总局关于执行资源综合利用
企业所得税优惠目录有关问题的通知

财税〔2008〕47 号

各省、自治区、直辖市、计划单列市财政厅（局）、国家税务局、地方税务局，新疆生产建设兵团财务局：

根据《中华人民共和国企业所得税法》和《中华人民共和国企业所得税法实施条例》（国务院令第 512 号，以下简称实施条例）有关规定，经国务院批准，财政部 税务总局 发展改革委公布了《资源综合利用企业所得税优惠目录》（以下简称《目录》）。现将执行《目录》的有关问题通知如下：

一、企业自 2008 年 1 月 1 日起以《目录》中所列资源为主要原材料，生产《目录》内符合国家或行业相关标准的产品取得的收入，在计算应纳税所得额时，减按 90％计入当年收入总额。享受上述税收优惠时，《目录》内所列资源占产品原料的比例应符合《目录》规定的技术标准。

二、企业同时从事其他项目而取得的非资源综合利用收入，应与资源综合利用收入分开核算，没有分开核算的，不得享受优惠政策。

三、企业从事不符合实施条例和《目录》规定范围、条件和技术标准的项目，不得享受资源综合利用企业所得税优惠政策。

四、根据经济社会发展需要及企业所得税优惠政策实施情况，国务院财政、税务主管部门会同国家发展改革委等有关部门适时对《目录》内的项目进行调整和修订，并在报国务院批准后对《目录》进行更新。

财政部 国家税务总局

2008 年 9 月 23 日

财政部 国家税务总局关于公共基础设施项目和环境保护、 节能节水项目企业所得税优惠政策问题的通知

财税〔2012〕10 号

各省、自治区、直辖市、计划单列市财政厅（局）、国家税务局、地方税务局，新疆生产建设兵团财务局：

根据《中华人民共和国企业所得税法》（以下简称新税法）和《中华人民共和国企业所得税法实施条例》（国务院令第 512 号）的有关规定，现就企业享受公共基础设施项目和环境保护、节能节水项目企业所得税优惠政策问题通知如下：

一、企业从事符合《公共基础设施项目企业所得税优惠目录》规定、于 2007 年 12 月 31 日前已经批准的公共基础设施项目投资经营的所得，以及从事符合《环境保护、节能节水项目企业所得税优惠目录》规定、于 2007 年 12 月 31 日前已经批准的环境保护、节能节水项目的所得，可在该项目取得第一笔生产经营收入所属纳税年度起，按新税法规定计算的企业所得税"三免三减半"优惠期间内，自 2008 年 1 月 1 日起享受其剩余年限的减免企业所得税优惠。

二、如企业既符合享受上述税收优惠政策的条件，又符合享受《国务院关于实施企业所得税过渡优惠政策的通知》（国发〔2007〕39 号）第一条规定的企业所得税过渡优惠政策的条件，由企业选择最优惠的政策执行，不得叠加享受。

财政部 国家税务总局

2012 年 1 月 5 日

财政部 国家税务总局关于执行环境保护专用设备企业所得税优惠目录、 节能节水专用设备企业所得税优惠目录和安全生产专用设备企业所得税优惠目录有关问题的通知

财税〔2008〕48 号

各省、自治区、直辖市、计划单列市财政厅（局），国家税务局、地方税务局，新疆生产建设兵团财务局：

根据《中华人民共和国企业所得税法》（以下简称企业所得税法）和《中华人民共和国企业所得税法实施条例》（国务院令第 512 号）有关规定，经国务院批准，财政部

税务总局、发展改革委公布了《环境保护专用设备企业所得税优惠目录》、《节能节水专用设备企业所得税优惠目录》，财政部 税务总局 安监总局公布了《安全生产专用设备企业所得税优惠目录》（以下统称《目录》）。现将执行《目录》的有关问题通知如下：

一、企业自 2008 年 1 月 1 日起购置并实际使用列入《目录》范围内的环境保护、节能节水和安全生产专用设备，可以按专用设备投资额的 10％抵免当年企业所得税应纳税额；企业当年应纳税额不足抵免的，可以向以后年度结转，但结转期不得超过 5 个纳税年度。

二、专用设备投资额，是指购买专用设备发票价税合计价格，但不包括按有关规定退还的增值税税款以及设备运输、安装和调试等费用。

(温馨提示：《国家税务总局关于环境保护节能节水安全等专用设备投资抵免企业所得税有关问题的通知》（国税函〔2010〕256 号）规定：自 2009 年 1 月 1 日起在按照本文第二条规定进行税额抵免时，如增值税进项税额允许抵扣，其专用设备投资额不再包括增值税进项税额；如增值税进项税额不允许抵扣，其专用设备投资额应为增值税专用发票上注明的价税合计金额。企业购买专用设备取得普通发票的，其专用设备投资额为普通发票上注明的金额。)

三、当年应纳税额，是指企业当年的应纳税所得额乘以适用税率，扣除依照企业所得税法和国务院有关税收优惠规定以及税收过渡优惠规定减征、免征税额后的余额。

四、企业利用自筹资金和银行贷款购置专用设备的投资额，可以按企业所得税法的规定抵免企业应纳所得税额；企业利用财政拨款购置专用设备的投资额，不得抵免企业应纳所得税额。

五、企业购置并实际投入适用、已开始享受税收优惠的专用设备，如从购置之日起 5 个纳税年度内转让、出租的，应在该专用设备停止使用当月停止享受企业所得税优惠，并补缴已经抵免的企业所得税税款。转让的受让方可以按照该专用设备投资额的 10％抵免当年企业所得税应纳税额；当年应纳税额不足抵免的，可以在以后 5 个纳税年度结转抵免。

六、根据经济社会发展需要及企业所得税优惠政策实施情况，国务院财政、税务主管部门会同国家发展改革委、安监总局等有关部门适时对《目录》内的项目进行调整和修订，并在报国务院批准后对《目录》进行更新。

财政部 国家税务总局

2008 年 9 月 23 日

财政部 国家税务总局关于安置残疾人员就业有关企业所得税优惠政策问题的通知

财税〔2009〕70 号

各省、自治区、直辖市、计划单列市财政厅（局）、国家税务局、地方税务局、新疆生产建设兵团财务局：

根据《中华人民共和国企业所得税法》和《中华人民共和国企业所得税法实施条例》（国务院令第 512 号）的有关规定，现就企业安置残疾人员就业有关企业所得税优惠政策问题，通知如下：

一、企业安置残疾人员的，在按照支付给残疾职工工资据实扣除的基础上，可以在计算应纳税所得额时按照支付给残疾职工工资的 100％加计扣除。

企业就支付给残疾职工的工资，在进行企业所得税预缴申报时，允许据实计算扣除；在年度终了进行企业所得税年度申报和汇算清缴时，再依照本条第一款的规定计算加计扣除。

二、残疾人员的范围适用《中华人民共和国残疾人保障法》的有关规定。

三、企业享受安置残疾职工工资 100％加计扣除应同时具备如下条件：

（一）依法与安置的每位残疾人签订了 1 年以上（含 1 年）的劳动合同或服务协议，并且安置的每位残疾人在企业实际上岗工作。

（二）为安置的每位残疾人按月足额缴纳了企业所在区县人民政府根据国家政策规定的基本养老保险、基本医疗保险、失业保险和工伤保险等社会保险。

（三）定期通过银行等金融机构向安置的每位残疾人实际支付了不低于企业所在区县适用的经省级人民政府批准的最低工资标准的工资。

（四）具备安置残疾人上岗工作的基本设施。

四、企业应在年度终了进行企业所得税年度申报和汇算清缴时，向主管税务机关报送本通知第四条规定的相关资料、已安置残疾职工名单及其《中华人民共和国残疾人证》或《中华人民共和国残疾军人证（1 至 8 级）》复印件和主管税务机关要求提供的其他资料，办理享受企业所得税加计扣除优惠的备案手续。

五、在企业汇算清缴结束后，主管税务机关在对企业进行日常管理、纳税评估和纳税检查时，应对安置残疾人员企业所得税加计扣除优惠的情况进行核实。

六、本通知自 2008 年 1 月 1 日起执行。

财政部 国家税务总局

2009 年 4 月 30 日

国家税务总局关于 "公司＋农户" 经营模式企业所得税优惠问题的公告

国家税务总局公告 2010 年第 2 号

现就有关 "公司＋农户" 模式企业所得税优惠问题公告如下：

目前，一些企业采取 "公司＋农户" 经营模式从事牲畜、家禽的饲养，即公司与农户签订委托养殖合同，向农户提供畜禽苗、饲料、兽药及疫苗等（所有权〈产权〉仍属于公司），农户将畜禽养大成为成品后交付公司回收。鉴于采取 "公司＋农户" 经营模式的企业，虽不直接从事畜禽的养殖，但系委托农户饲养，并承担诸如市场、管理、采购、销售等经营职责及绝大部分经营管理风险，公司和农户是劳务外包关系。为此，对此类以 "公司＋农户" 经营模式从事农、林、牧、渔业项目生产的企业，可以按照《中华人民共和国企业所得税法实施条例》第八十六条的有关规定，享受减免企业所得税优惠政策。

本公告自 2010 年 1 月 1 日起施行。

国家税务总局
2010 年 7 月 9 日

财政部 国家税务总局关于发布享受企业所得税优惠政策的 农产品初加工范围 （试行） 的通知

财税〔2008〕149 号

各省、自治区、直辖市、计划单列市财政厅（局）、国家税务局、地方税务局，新疆生产建设兵团财务局：

根据《中华人民共和国企业所得税法》及其实施条例的规定，为贯彻落实农、林、牧、渔业项目企业所得税优惠政策，现将《享受企业所得税优惠政策的农产品初加工范围（试行）》印发给你们，自 2008 年 1 月 1 日起执行。

各地财政、税务机关对《享受企业所得税优惠政策的农产品初加工范围（试行）》执行中发现的新情况、新问题应及时向国务院财政、税务主管部门反馈，国务院财政、税务主管部门会同有关部门将根据经济社会发展需要，适时对《享受企业所得税优惠政策的农产品初加工范围（试行）》内的项目进行调整和修订。

附件：享受企业所得税优惠政策的农产品初加工范围（试行）（2008 年版）

财政部 国家税务总局

2008 年 11 月 20 日

享受企业所得税优惠政策的农产品初加工范围（试行）（2008 年版）

一、种植业类

（一）粮食初加工

1. 小麦初加工。通过对小麦进行清理、配麦、磨粉、筛理、分级、包装等简单加工处理，制成的小麦面粉及各种专用粉。

2. 稻米初加工。通过对稻谷进行清理、脱壳、碾米（或不碾米）、烘干、分级、包装等简单加工处理，制成的成品粮及其初制品，具体包括大米、蒸谷米。

3. 玉米初加工。通过对玉米籽粒进行清理、浸泡、粉碎、分离、脱水、干燥、分级、包装等简单加工处理，生产的玉米粉、玉米碴、玉米片等；鲜嫩玉米经筛选、脱皮、洗涤、速冻、分级、包装等简单加工处理，生产的鲜食玉米（速冻粘玉米、甜玉米、花色玉米、玉米籽粒）。

4. 薯类初加工。通过对马铃薯、甘薯等薯类进行清洗、去皮、磋磨、切制、干燥、冷冻、分级、包装等简单加工处理，制成薯类初级制品。具体包括：薯粉、薯片、薯条。

5. 食用豆类初加工。通过对大豆、绿豆、红小豆等食用豆类进行清理去杂、浸洗、晾晒、分级、包装等简单加工处理，制成的豆面粉、黄豆芽、绿豆芽。

6. 其他类粮食初加工。通过对燕麦、荞麦、高粱、谷子等杂粮进行清理去杂、脱壳、烘干、磨粉、轧片、冷却、包装等简单加工处理，制成的燕麦米、燕麦粉、燕麦麸皮、燕麦片、荞麦米、荞麦面、小米、小米面、高粱米、高粱面。

（二）林木产品初加工

通过将伐倒的乔木、竹（含活立木、竹）去枝、去梢、去皮、去叶、锯段等简单加工处理，制成的原木、原竹、锯材。

（三）园艺植物初加工

1. 蔬菜初加工

（1）将新鲜蔬菜通过清洗、挑选、切割、预冷、分级、包装等简单加工处理，制成净菜、切割蔬菜。

（2）利用冷藏设施，将新鲜蔬菜通过低温贮藏，以备淡季供应的速冻蔬菜，如速冻茄果类、叶类、豆类、瓜类、葱蒜类、柿子椒、蒜苔。

（3）将植物的根、茎、叶、花、果、种子和食用菌通过干制等简单加工处理，制成的初制干菜，如黄花菜、玉兰片、萝卜干、冬菜、梅干菜、木耳、香菇、平菇。

＊以蔬菜为原料制作的各类蔬菜罐头（罐头是指以金属罐、玻璃瓶、经排气密封的各种食品。下同）及碾磨后的园艺植物（如胡椒粉、花椒粉等）不属于初加工范围。

2. 水果初加工。通过对新鲜水果（含各类山野果）清洗、脱壳、切块（片）、分类、储藏保鲜、速冻、干燥、分级、包装等简单加工处理，制成的各类水果、果干、原浆果汁、果仁、坚果。

3. 花卉及观赏植物初加工。通过对观赏用、绿化及其它各种用途的花卉及植物进行保鲜、储藏、烘干、分级、包装等简单加工处理，制成的各类鲜、干花。

（四）油料植物初加工

通过对菜籽、花生、大豆、葵花籽、蓖麻籽、芝麻、胡麻籽、茶子、桐子、棉籽、红花籽及米糠等粮食的副产品等，进行清理、热炒、磨坯、榨油（搅油、墩油）、浸出等简单加工处理，制成的植物毛油和饼粕等副产品。具体包括菜籽油、花生油、豆油、葵花油、蓖麻籽油、芝麻油、胡麻籽油、茶子油、桐子油、棉籽油、红花油、米糠油以及油料饼粕、豆饼、棉籽饼。

＊精炼植物油不属于初加工范围。

（五）糖料植物初加工

通过对各种糖料植物，如甘蔗、甜菜、甜菊等，进行清洗、切割、压榨等简单加工处理，制成的制糖初级原料产品。

（六）茶叶初加工

通过对茶树上采摘下来的鲜叶和嫩芽进行杀青（萎凋、摇青）、揉捻、发酵、烘干、分级、包装等简单加工处理，制成的初制毛茶。

＊精制茶、边销茶、紧压茶和掺兑各种药物的茶及茶饮料不属于初加工范围。

（七）药用植物初加工

通过对各种药用植物的根、茎、皮、叶、花、果实、种子等，进行挑选、整理、捆扎、清洗、凉晒、切碎、蒸煮、炒制等简单加工处理，制成的片、丝、块、段等中药材。

＊加工的各类中成药不属于初加工范围。

（八）纤维植物初加工

1. 棉花初加工。通过轧花、剥绒等脱绒工序简单加工处理，制成的皮棉、短绒、棉籽。

2. 麻类初加工。通过对各种麻类作物（大麻、黄麻、槿麻、苎麻、苘麻、亚麻、罗布麻、蕉麻、剑麻等）进行脱胶、抽丝等简单加工处理，制成的干（洗）麻、纱条、丝、绳。

3. 蚕茧初加工。通过烘干、杀蛹、缫丝、煮剥、拉丝等简单加工处理，制成的蚕、蛹、生丝、丝棉。

（九）热带、南亚热带作物初加工

通过对热带、南亚热带作物去除杂质、脱水、干燥、分级、包装等简单加工处理，制成的工业初级原料。具体包括：天然橡胶生胶和天然浓缩胶乳、生咖啡豆、胡椒籽、肉桂油、桉油、香茅油、木薯淀粉、木薯干片、坚果。

二、畜牧业类

（一）畜禽类初加工

1. 肉类初加工。通过对畜禽类动物（包括各类牲畜、家禽和人工驯养、繁殖的野生动物以及其他经济动物）宰杀、去头、去蹄、去皮、去内脏、分割、切块或切片、冷藏或冷冻、分级、包装等简单加工处理，制成的分割肉、保鲜肉、冷藏肉、冷冻肉、绞肉、肉块、肉片、肉丁。

2. 蛋类初加工。通过对鲜蛋进行清洗、干燥、分级、包装、冷藏等简单加工处理，制成的各种分级、包装的鲜蛋、冷藏蛋。

3. 奶类初加工。通过对鲜奶进行净化、均质、杀菌或灭菌、灌装等简单加工处理，制成的巴氏杀菌奶、超高温灭菌奶。

4. 皮类初加工。通过对畜禽类动物皮张剥取、浸泡、刮里、晾干或熏干等简单加工处理，制成的生皮、生皮张。

5. 毛类初加工。通过对畜禽类动物毛、绒或羽绒分级、去杂、清洗等简单加工处理，制成的洗净毛、洗净绒或羽绒。

6. 蜂产品初加工。通过去杂、过滤、浓缩、熔化、磨碎、冷冻简单加工处理，制成的蜂蜜、蜂蜡、蜂胶、蜂花粉。

＊肉类罐头、肉类熟制品、蛋类罐头、各类酸奶、奶酪、奶油、王浆粉、各种蜂产品口服液、胶囊不属于初加工范围。

（二）饲料类初加工

1. 植物类饲料初加工。通过碾磨、破碎、压榨、干燥、酿制、发酵等简单加工处理，制成的糠麸、饼粕、糟渣、树叶粉。

2. 动物类饲料初加工。通过破碎、烘干、制粉等简单加工处理，制成的鱼粉、虾粉、骨粉、肉粉、血粉、羽毛粉、乳清粉。

3. 添加剂类初加工。通过粉碎、发酵、干燥等简单加工处理，制成的矿石粉、饲用酵母。

（三）牧草类初加工

通过对牧草、牧草种籽、农作物秸秆等，进行收割、打捆、粉碎、压块、成粒、分选、青贮、氨化、微化等简单加工处理，制成的干草、草捆、草粉、草块或草饼、草颗粒、牧草种籽以及草皮、秸秆粉（块、粒）。

三、渔业类

（一）水生动物初加工

将水产动物（鱼、虾、蟹、鳖、贝、棘皮类、软体类、腔肠类、两栖类、海兽类动物等）整体或去头、去鳞（皮、壳）、去内脏、去骨（刺）、捣溃或切块、切片，经冰鲜、冷冻、冷藏等保鲜防腐处理、包装等简单加工处理，制成的水产动物初制品。

＊熟制的水产品和各类水产品的罐头以及调味烤制的水产食品不属于初加工范围。

（二）水生植物初加工

将水生植物（海带、裙带菜、紫菜、龙须菜、麒麟菜、江蓠、浒苔、羊栖菜、莼菜等）整体或去根、去边梢、切段，经热烫、冷冻、冷藏等保鲜防腐处理、包装等简单加工处理的初制品，以及整体或去根、去边梢、切段、经晾晒、干燥（脱水）、包装、粉碎等简单加工处理的初制品。

＊罐装（包括软罐）产品不属于初加工范围。

财政部　国家税务总局关于享受企业所得税优惠的农产品初加工有关范围的补充通知

财税〔2011〕26 号

各省、自治区、直辖市、计划单列市财政厅（局）、国家税务局、地方税务局，新疆生产建设兵团财务局：

为进一步规范农产品初加工企业所得税优惠政策，现就《财政部　国家税务总局关于发布享受企业所得税优惠政策的农产品初加工范围（试行）的通知》（财税〔2008〕149 号，以下简称《范围》）涉及的有关事项细化如下（以下序数对应《范围》中的序数）：

一、种植业类

（一）粮食初加工。

1. 小麦初加工。

《范围》规定的小麦初加工产品还包括麸皮、麦糠、麦仁。

2. 稻米初加工。

《范围》规定的稻米初加工产品还包括稻糠（砻糠、米糠和统糠）。

4. 薯类初加工。

《范围》规定的薯类初加工产品还包括变性淀粉以外的薯类淀粉。

＊薯类淀粉生产企业需达到国家环保标准，且年产量在一万吨以上。

6. 其他类粮食初加工。

《范围》规定的杂粮还包括大麦、糯米、青稞、芝麻、核桃；相应的初加工产品还包括大麦芽、糯米粉、青稞粉、芝麻粉、核桃粉。

（三）园艺植物初加工。

2. 水果初加工。

《范围》规定的新鲜水果包括番茄。

（四）油料植物初加工。

《范围》规定的粮食副产品还包括玉米胚芽、小麦胚芽。

（五）糖料植物初加工。

《范围》规定的甜菊又名甜叶菊。

（八）纤维植物初加工。

2. 麻类初加工。

《范围》规定的麻类作物还包括芦苇。

3. 蚕茧初加工。

《范围》规定的蚕包括蚕茧，生丝包括厂丝。

二、畜牧业类

（一）畜禽类初加工。

1. 肉类初加工。

《范围》规定的肉类初加工产品还包括火腿等风干肉、猪牛羊杂骨。

三、本通知自 2010 年 1 月 1 日起执行

财政部 国家税务总局

2011 年 5 月 11 日

国家税务总局关于实施农、林、牧、渔业项目企业所得税优惠问题的公告

国家税务总局公告 2011 年第 48 号

根据《中华人民共和国企业所得税法》（以下简称企业所得税法）及《中华人民共和国企业所得税法实施条例》（以下简称实施条例）的规定，现对企业（含企业性质的农民专业合作社，下同）从事农、林、牧、渔业项目的所得，实施企业所得税优惠政策和征收管理中的有关事项公告如下：

一、企业从事实施条例第八十六条规定的享受税收优惠的农、林、牧、渔业项目，除另有规定外，参照《国民经济行业分类》（GB/T4754—2002）的规定标准执行。

企业从事农、林、牧、渔业项目，凡属于《产业结构调整指导目录（2011年版）》（国家发展和改革委员会令第9号）中限制和淘汰类的项目，不得享受实施条例第八十六条规定的优惠政策。

二、企业从事农作物新品种选育的免税所得，是指企业对农作物进行品种和育种材料选育形成的成果，以及由这些成果形成的种子（苗）等繁殖材料的生产、初加工、销售一体化取得的所得。

三、企业从事林木的培育和种植的免税所得，是指企业对树木、竹子的育种和育苗、抚育和管理以及规模造林活动取得的所得，包括企业通过拍卖或收购方式取得林木所有权并经过一定的生长周期，对林木进行再培育取得的所得。

四、企业从事下列项目所得的税务处理

（一）猪、兔的饲养，按"牲畜、家禽的饲养"项目处理；

（二）饲养牲畜、家禽产生的分泌物、排泄物，按"牲畜、家禽的饲养"项目处理；

（三）观赏性作物的种植，按"花卉、茶及其他饮料作物和香料作物的种植"项目处理；

（四）"牲畜、家禽的饲养"以外的生物养殖项目，按"海水养殖、内陆养殖"项目处理。

五、农产品初加工相关事项的税务处理

（一）企业根据委托合同，受托对符合《财政部 国家税务总局关于发布享受企业所得税优惠政策的农产品初加工范围（试行）的通知》（财税〔2008〕149号）和《财政部 国家税务总局关于享受企业所得税优惠的农产品初加工有关范围的补充通知》（财税〔2011〕26号）规定的农产品进行初加工服务，其所收取的加工费，可以按照农产品初加工的免税项目处理。

（二）财税〔2008〕149号文件规定的"油料植物初加工"工序包括"冷却、过滤"等；"糖料植物初加工"工序包括"过滤、吸附、解析、碳脱、浓缩、干燥"等，其适用时间按照财税〔2011〕26号文件规定执行。

（三）企业从事实施条例第八十六条第（二）项适用企业所得税减半优惠的种植、养殖项目，并直接进行初加工且符合农产品初加工目录范围的，企业应合理划分不同项目的各项成本、费用支出，分别核算种植、养殖项目和初加工项目的所得，并各按适用的政策享受税收优惠。

（四）企业对外购茶叶进行筛选、分装、包装后进行销售的所得，不享受农产品初加工的优惠政策。

六、对取得农业部颁发的"远洋渔业企业资格证书"并在有效期内的远洋渔业企业，从事远洋捕捞业务取得的所得免征企业所得税。

七、购入农产品进行再种植、养殖的税务处理。

企业将购入的农、林、牧、渔产品，在自有或租用的场地进行育肥、育秧等再种植、养殖，经过一定的生长周期，使其生物形态发生变化，且并非由于本环节对农产品进行加工而明显增加了产品的使用价值的，可视为农产品的种植、养殖项目享受相应的税收优惠。

主管税务机关对企业进行农产品的再种植、养殖是否符合上述条件难以确定的，可要求企业提供县级以上农、林、牧、渔业政府主管部门的确认意见。

八、企业同时从事适用不同企业所得税政策规定项目的，应分别核算，单独计算优惠项目的计税依据及优惠数额；分别核算不清的，可由主管税务机关按照比例分摊法或其他合理方法进行核定。

九、企业委托其他企业或个人从事实施条例第八十六条规定农、林、牧、渔业项目取得的所得，可享受相应的税收优惠政策。

企业受托从事实施条例第八十六条规定农、林、牧、渔业项目取得的收入，比照委托方享受相应的税收优惠政策。

十、企业购买农产品后直接进行销售的贸易活动产生的所得，不能享受农、林、牧、渔业项目的税收优惠政策。

十一、除本公告第五条第二项的特别规定外，公告自 2011 年 1 月 1 日起执行。

特此公告。

国家税务总局

2011 年 9 月 13 日

财政部 国家税务总局 发展改革委 工业和信息化部
关于进一步鼓励集成电路产业发展企业所得税政策的通知

财税〔2015〕6 号

各省、自治区、直辖市、计划单列市财政厅（局）、国家税务局、地方税务局、发展改革委、工业和信息化主管部门：

根据《中华人民共和国企业所得税法》及其实施条例和《国务院关于印发进一步鼓励软件产业和集成电路产业发展若干政策的通知》（国发〔2011〕4 号）、《国家集成电路产业发展推进纲要》精神，为进一步推动科技创新和产业结构升级，促进信息技术产业发展，现将进一步鼓励集成电路产业发展的企业所得税政策通知如下：

一、符合条件的集成电路封装、测试企业以及集成电路关键专用材料生产企业、集成电路专用设备生产企业，在 2017 年（含 2017 年）前实现获利的，自获利年度起，第一年至第二年免征企业所得税，第三年至第五年按照 25％的法定税率减半征收企业所得税，并享受至期满为止；2017 年前未实现获利的，自 2017 年起计算优惠期，享受至期满为止。

二、本通知所称符合条件的集成电路封装、测试企业，必须同时满足以下条件：

1. 2014 年 1 月 1 日后依法在中国境内成立的法人企业；

2. 签订劳动合同关系且具有大学专科以上学历的职工人数占企业当年月平均职工总人数的比例不低于 40％，其中，研究开发人员占企业当年月平均职工总数的比例不低于 20％；

3. 拥有核心关键技术，并以此为基础开展经营活动，且当年度的研究开发费用总额占企业销售（营业）收入（主营业务收入与其他业务收入之和，下同）总额的比例不低于 3.5％，其中，企业在中国境内发生的研究开发费用金额占研究开发费用总额的比例不低于 60％；

4. 集成电路封装、测试销售（营业）收入占企业收入总额的比例不低于 60％；

5. 具有保证产品生产的手段和能力，并获得有关资质认证（包括 150 质量体系认证、人力资源能力认证等）；

6. 具有与集成电路封装、测试相适应的经营场所、软硬件设施等基本条件。

三、本通知所称符合条件的集成电路关键专用材料生产企业或集成电路专用设备生产企业，必须同时满足以下条件：

1. 2014 年 1 月 1 日后依法在中国境内成立的法人企业；

2. 签订劳动合同关系且具有大学专科以上学历的职工人数占企业当年月平均职工总人数的比例不低于 40％，其中，研究开发人员占企业当年月平均职工总数的比例不低于 20％；

3. 拥有核心关键技术，并以此为基础开展经营活动，且当年度的研究开发费用总额占企业销售（营业）收入总额的比例不低于 5％，其中，企业在中国境内发生的研究开发费用金额占研究开发费用总额的比例不低于 60％；

4. 集成电路关键专用材料或专用设备销售收入占企业销售（营业）收入总额的比例不低于 30％；

5. 具有保证集成电路关键专用材料或专用设备产品生产的手段和能力，并获得有关资质认证（包括 150 质量体系认证、人力资源能力认证等）；

6. 具有与集成电路关键专用材料或专用设备生产相适应的经营场所、软硬件设施等基本条件。

集成电路关键专用材料或专用设备的范围，分别按照《集成电路关键专用材料企业所得税优惠目录》（附件 1）、《集成电路专用设备企业所得税优惠目录》（附件 2）的规定执行。

四、符合本通知规定条件的企业，应在年度终了之日起 4 个月内，按照本通知及企业所得税相关税收优惠政策管理的规定，凭省级相关部门出具的证明向主管税务机关办理减免税手续。省级相关部门证明出具办法，由各省（自治区、直辖市、计划单列市）发展改革委、工业和信息化主管部门会同财政、税务等部门研究确定。

五、享受上述税收优惠的企业有下述情况之一的，应取消其享受税收优惠的资格，并补缴存在以下行为所属年度已减免的企业所得税税款：

1. 在申请认定过程中提供虚假信息的；

2. 有偷、骗税等行为的；

3. 发生重大安全、质量事故的；

4. 有环境等违法、违规行为，受到有关部门处罚的。

六、享受税收优惠的企业，其税收优惠条件发生变化的，应当自发生变化之日起 15 日内向主管税务机关报告；不再符合税收优惠条件的，应当依法履行纳税义务；未依法纳税的，主管税务机关应当予以追缴。同时，主管税务机关在执行税收优惠政策过程中，发现企业不符合享受税收优惠条件的，可暂停企业享受的相关税收优惠，并提请相关部门进行有关条件复核。

七、集成电路封装、测试企业以及集成电路关键专用材料生产企业、集成电路专用设备生产企业等依照本通知规定可以享受的企业所得税优惠政策与其他定期减免税优惠政策存在交叉的，由企业选择一项最优惠政策执行，不叠加享受。

八、本通知自 2014 年 1 月 1 日起执行。

附件：1. 集成电路关键专用材料企业所得税优惠目录（略）

2. 集成电路专用设备企业所得税优惠目录（略）

财政部　国家税务总局

发展改革委　工业和信息化部

2015 年 3 月 2 日

国家税务总局关于软件和集成电路企业认定管理有关问题的公告

国家税务总局公告 2012 年第 19 号

为贯彻落实《财政部 国家税务总局关于进一步鼓励软件产业和集成电路产业发展企业所得税政策的通知》（财税〔2012〕27 号）的有关规定，现将软件和集成电路企业

认定管理的有关问题公告如下:

对 2011 年 1 月 1 日后按照原认定管理办法认定的软件和集成电路企业,在财税〔2012〕27 号文件所称的《集成电路生产企业认定管理办法》、《集成电路设计企业认定管理办法》及《软件企业认定管理办法》公布前,凡符合财税〔2012〕27 号文件规定的优惠政策适用条件的,可依照原认定管理办法申请享受财税〔2012〕27 号文件规定的减免税优惠。在《集成电路生产企业认定管理办法》、《集成电路设计企业认定管理办法》及《软件企业认定管理办法》公布后,按新认定管理办法执行。对已按原认定管理办法享受优惠并进行企业所得税汇算清缴的企业,若不符合新认定管理办法条件的,应在履行相关程序后,重新按照税法规定计算申报纳税。

国家税务总局

2012 年 5 月 30 日

财政部 国家税务总局关于进一步鼓励软件产业和集成电路产业发展企业所得税政策的通知

财税〔2012〕27 号

各省、自治区、直辖市、计划单列市财政厅(局)、国家税务局、地方税务局:

根据《中华人民共和国企业所得税法》及其实施条例和《国务院关于印发进一步鼓励软件产业和集成电路产业发展若干政策的通知》(国发〔2011〕4 号)精神,为进一步推动科技创新和产业结构升级,促进信息技术产业发展,现将鼓励软件产业和集成电路产业发展的企业所得税政策通知如下:

一、集成电路线宽小于 0.8 微米(含)的集成电路生产企业,经认定后,在 2017 年 12 月 31 日前自获利年度起计算优惠期,第一年至第二年免征企业所得税,第三年至第五年按照 25% 的法定税率减半征收企业所得税,并享受至期满为止。

二、集成电路线宽小于 0.25 微米或投资额超过 80 亿元的集成电路生产企业,经认定后,减按 15% 的税率征收企业所得税,其中经营期在 15 年以上的,在 2017 年 12 月 31 日前自获利年度起计算优惠期,第一年至第五年免征企业所得税,第六年至第十年按照 25% 的法定税率减半征收企业所得税,并享受至期满为止。

三、我国境内新办的集成电路设计企业和符合条件的软件企业,经认定后,在 2017 年 12 月 31 日前自获利年度起计算优惠期,第一年至第二年免征企业所得税,第三年至第五年按照 25% 的法定税率减半征收企业所得税,并享受至期满为止。

四、国家规划布局内的重点软件企业和集成电路设计企业，如当年未享受免税优惠的，可减按10%的税率征收企业所得税。

五、符合条件的软件企业按照《财政部 国家税务总局关于软件产品增值税政策的通知》（财税〔2011〕100号）规定取得的即征即退增值税款，由企业专项用于软件产品研发和扩大再生产并单独进行核算，可以作为不征税收入，在计算应纳税所得额时从收入总额中减除。

六、集成电路设计企业和符合条件软件企业的职工培训费用，应单独进行核算并按实际发生额在计算应纳税所得额时扣除。

七、企业外购的软件，凡符合固定资产或无形资产确认条件的，可以按照固定资产或无形资产进行核算，其折旧或摊销年限可以适当缩短，最短可为2年（含）。

八、集成电路生产企业的生产设备，其折旧年限可以适当缩短，最短可为3年（含）。

九、本通知所称集成电路生产企业，是指以单片集成电路、多芯片集成电路、混合集成电路制造为主营业务并同时符合下列条件的企业：

（一）依法在中国境内成立并经认定取得集成电路生产企业资质的法人企业；

（二）签订劳动合同关系且具有大学专科以上学历的职工人数占企业当年月平均职工总人数的比例不低于40%，其中研究开发人员占企业当年月平均职工总数的比例不低于20%；

（三）拥有核心关键技术，并以此为基础开展经营活动，且当年度的研究开发费用总额占企业销售（营业）收入（主营业务收入与其他业务收入之和，下同）总额的比例不低于5%；其中，企业在中国境内发生的研究开发费用金额占研究开发费用总额的比例不低于60%；

（四）集成电路制造销售（营业）收入占企业收入总额的比例不低于60%；

（五）具有保证产品生产的手段和能力，并获得有关资质认证（包括iso质量体系认证、人力资源能力认证等）；

（六）具有与集成电路生产相适应的经营场所、软硬件设施等基本条件。

《集成电路生产企业认定管理办法》由发展改革委、工业和信息化部 财政部 税务总局会同有关部门另行制定。

十、本通知所称集成电路设计企业或符合条件的软件企业，是指以集成电路设计或软件产品开发为主营业务并同时符合下列条件的企业：

（一）2011年1月1日后依法在中国境内成立并经认定取得集成电路设计企业资质或软件企业资质的法人企业；

（二）签订劳动合同关系且具有大学专科以上学历的职工人数占企业当年月平均职工总人数的比例不低于40%，其中研究开发人员占企业当年月平均职工总数的比例不低于20%；

（三）拥有核心关键技术，并以此为基础开展经营活动，且当年度的研究开发费用总额占企业销售（营业）收入总额的比例不低于 6％；其中，企业在中国境内发生的研究开发费用金额占研究开发费用总额的比例不低于 60％；

（四）集成电路设计企业的集成电路设计销售（营业）收入占企业收入总额的比例不低于 60％，其中集成电路自主设计销售（营业）收入占企业收入总额的比例不低于 50％；软件企业的软件产品开发销售（营业）收入占企业收入总额的比例一般不低于 50％（嵌入式软件产品和信息系统集成产品开发销售（营业）收入占企业收入总额的比例不低于 40％），其中软件产品自主开发销售（营业）收入占企业收入总额的比例一般不低于 40％（嵌入式软件产品和信息系统集成产品开发销售（营业）收入占企业收入总额的比例不低于 30％）；

（五）主营业务拥有自主知识产权，其中软件产品拥有省级软件产业主管部门认可的软件检测机构出具的检测证明材料和软件产业主管部门颁发的《软件产品登记证书》；

（六）具有保证设计产品质量的手段和能力，并建立符合集成电路或软件工程要求的质量管理体系并提供有效运行的过程文档记录；

（七）具有与集成电路设计或者软件开发相适应的生产经营场所、软硬件设施等开发环境（如 eda 工具、合法的开发工具等），以及与所提供服务相关的技术支撑环境；

《集成电路设计企业认定管理办法》、《软件企业认定管理办法》由工业和信息化部发展改革委 财政部 税务总局会同有关部门另行制定。

十一、国家规划布局内重点软件企业和集成电路设计企业在满足本通知第十条规定条件的基础上，由发展改革委 工业和信息化部 财政部 税务总局等部门根据国家规划布局支持领域的要求，结合企业年度集成电路设计销售（营业）收入或软件产品开发销售（营业）收入、盈利等情况进行综合评比，实行总量控制、择优认定。

《国家规划布局内重点软件企业和集成电路设计企业认定管理办法》由发展改革委、工业和信息化部 财政部 税务总局会同有关部门另行制定。

十二、本通知所称新办企业认定标准按照《财政部 国家税务总局关于享受企业所得税优惠政策的新办企业认定标准的通知》（财税〔2006〕1 号）规定执行。

十三、本通知所称研究开发费用政策口径按照《国家税务总局关于印发〈企业研究开发费用税前扣除管理办法（试行）〉的通知》（国税发〔2008〕116 号）规定执行。

十四、本通知所称获利年度，是指该企业当年应纳税所得额大于零的纳税年度。

十五、本通知所称集成电路设计销售（营业）收入，是指集成电路企业从事集成电路（ic）功能研发、设计并销售的收入。

十六、本通知所称软件产品开发销售（营业）收入，是指软件企业从事计算机软件、信息系统或嵌入式软件等软件产品开发并销售的收入，以及信息系统集成服务、信息技术咨询服务、数据处理和存储服务等技术服务收入。

十七、符合本通知规定须经认定后享受税收优惠的企业，应在获利年度当年或次年的企业所得税汇算清缴之前取得相关认定资质。如果在获利年度次年的企业所得税汇算清缴之前取得相关认定资质，该企业可从获利年度起享受相应的定期减免税优惠；如果在获利年度次年的企业所得税汇算清缴之后取得相关认定资质，该企业应在取得相关认定资质起，就其从获利年度起计算的优惠期的剩余年限享受相应的定期减免优惠。

十八、符合本通知规定条件的企业，应在年度终了之日起 4 个月内，按照本通知及《国家税务总局关于企业所得税减免税管理问题的通知》（国税发〔2008〕111 号）的规定，向主管税务机关办理减免税手续。在办理减免税手续时，企业应提供具有法律效力的证明材料。

十九、享受上述税收优惠的企业有下述情况之一的，应取消其享受税收优惠的资格，并补缴已减免的企业所得税税款：

（一）在申请认定过程中提供虚假信息的；

（二）有偷、骗税等行为的；

（三）发生重大安全、质量事故的；

（四）有环境等违法、违规行为，受到有关部门处罚的。

二十、享受税收优惠的企业，其税收优惠条件发生变化的，应当自发生变化之日起 15 日内向主管税务机关报告；不再符合税收优惠条件的，应当依法履行纳税义务；未依法纳税的，主管税务机关应当予以追缴。同时，主管税务机关在执行税收优惠政策过程中，发现企业不符合享受税收优惠条件的，可暂停企业享受的相关税收优惠。

二十一、在 2010 年 12 月 31 日前，依照《财政部 国家税务总局关于企业所得税若干优惠政策的通知》（财税〔2008〕1 号）第一条规定，经认定并可享受原定期减免税优惠的企业，可在本通知施行后继续享受到期满为止。

二十二、集成电路生产企业、集成电路设计企业、软件企业等依照本通知规定可以享受的企业所得税优惠政策与企业所得税其他相同方式优惠政策存在交叉的，由企业选择一项最优惠政策执行，不叠加享受。

二十三、本通知自 2011 年 1 月 1 日起执行。《财政部 国家税务总局关于企业所得税若干优惠政策的通知》（财税〔2008〕1 号）第一条第（一）项至第（九）项自 2011 年 1 月 1 日起停止执行。

财政部 国家税务总局

2012 年 4 月 20 日

国家税务总局关于执行软件企业所得税优惠政策有关问题的公告

国家税务总局公告 2013 年第 43 号

根据《中华人民共和国企业所得税法》及其实施条例、《国务院关于印发进一步鼓励软件产业和集成电路产业发展若干政策的通知》（国发〔2011〕4 号）、《财政部 国家税务总局关于进一步鼓励软件产业和集成电路产业发展企业所得税政策的通知》（财税〔2012〕27 号）、《国家税务总局关于软件和集成电路企业认定管理有关问题的公告》（国家税务总局公告 2012 年第 19 号）以及《软件企业认定管理办法》（工信部联软〔2013〕64 号）的规定，经商财政部，现将贯彻落实软件企业所得税优惠政策有关问题公告如下：

一、软件企业所得税优惠政策适用于经认定并实行查账征收方式的软件企业。所称经认定，是指经国家规定的软件企业认定机构按照软件企业认定管理的有关规定进行认定并取得软件企业认定证书。

二、软件企业的收入总额，是指《企业所得税法》第六条规定的收入总额。

三、软件企业的获利年度，是指软件企业开始生产经营后，第一个应纳税所得额大于零的纳税年度，包括对企业所得税实行核定征收方式的纳税年度。

软件企业享受定期减免税优惠的期限应当连续计算，不得因中间发生亏损或其他原因而间断。

四、除国家另有政策规定（包括对国家自主创新示范区的规定）外，软件企业研发费用的计算口径按照《国家税务总局关于印发〈企业研究开发费用税前扣除管理办法（试行）〉的通知》（国税发〔2008〕116 号）规定执行。

五、2010 年 12 月 31 日以前依法在中国境内成立但尚未认定的软件企业，仍按照《财政部 国家税务总局关于企业所得税若干优惠政策的通知》（财税〔2008〕1 号）第一条的规定以及《软件企业认定标准及管理办法（试行）》（信部联产〔2000〕968 号）的认定条件，办理相关手续，并继续享受到期满为止。优惠期间内，亦按照信部联产〔2000〕968 号的认定条件进行年审。

六、本公告自 2011 年 1 月 1 日起执行。其中，2011 年 1 月 1 日以后依法在中国境内成立的软件企业认定管理的衔接问题仍按照国家税务总局公告 2012 年第 19 号的规定执行；2010 年 12 月 31 日以前依法在中国境内成立的软件企业的政策及认定管理衔接问题按本公告第五条的规定执行。集成电路生产企业、集成电路设计企业认定和优惠管理涉及的上述事项按本公告执行。

特此公告。

国家税务总局

2013 年 7 月 25 日

财政部 国家税务总局关于财政性资金 行政事业性收费 政府性基金 有关企业所得税政策问题的通知

财税〔2008〕151 号

各省、自治区、直辖市、计划单列市财政厅（局）、国家税务局、地方税务局，新疆生产建设兵团财务局：

根据《中华人民共和国企业所得税法》及《中华人民共和国企业所得税法实施条例》的有关规定，现对财政性资金、行政事业性收费、政府性基金有关企业所得税政策问题明确如下：

一、财政性资金

（一）企业取得的各类财政性资金，除属于国家投资和资金使用后要求归还本金的以外，均应计入企业当年收入总额。

（二）对企业取得的由国务院财政、税务主管部门规定专项用途并经国务院批准的财政性资金，准予作为不征税收入，在计算应纳税所得额时从收入总额中减除。

（三）纳入预算管理的事业单位、社会团体等组织按照核定的预算和经费报领关系收到的由财政部门或上级单位拨入的财政补助收入，准予作为不征税收入，在计算应纳税所得额时从收入总额中减除，但国务院和国务院财政、税务主管部门另有规定的除外。

本条所称财政性资金，是指企业取得的来源于政府及其有关部门的财政补助、补贴、贷款贴息，以及其他各类财政专项资金，包括直接减免的增值税和即征即退、先征后退、先征后返的各种税收，但不包括企业按规定取得的出口退税款；所称国家投资，是指国家以投资者身份投入企业、并按有关规定相应增加企业实收资本（股本）的直接投资。

二、关于政府性基金和行政事业性收费

（一）企业按照规定缴纳的、由国务院或财政部批准设立的政府性基金以及由国务院和省、自治区、直辖市人民政府及其财政、价格主管部门批准设立的行政事业性收费，准予在计算应纳税所得额时扣除。

企业缴纳的不符合上述审批管理权限设立的基金、收费，不得在计算应纳税所得额时扣除。

（二）企业收取的各种基金、收费，应计入企业当年收入总额。

（三）对企业依照法律、法规及国务院有关规定收取并上缴财政的政府性基金和行政事业性收费，准予作为不征税收入，于上缴财政的当年在计算应纳税所得额时从收入总额中减除；未上缴财政的部分，不得从收入总额中减除。

三、企业的不征税收入用于支出所形成的费用，不得在计算应纳税所得额时扣除；企业的不征税收入用于支出所形成的资产，其计算的折旧、摊销不得在计算应纳税所得额时扣除。

四、本通知自 2008 年 1 月 1 日起执行。

财政部 国家税务总局

2008 年 12 月 16 日

财政部 国家税务总局关于专项用途财政性资金企业所得税处理问题的通知

财税〔2011〕70 号

各省、自治区、直辖市、计划单列市财政厅（局）、国家税务局、地方税务局，新疆生产建设兵团财务局：

根据《中华人民共和国企业所得税法》及《中华人民共和国企业所得税法实施条例》（国务院令第 512 号，以下简称实施条例）的有关规定，经国务院批准，现就企业取得的专项用途财政性资金企业所得税处理问题通知如下：

一、企业从县级以上各级人民政府财政部门及其他部门取得的应计入收入总额的财政性资金，凡同时符合以下条件的，可以作为不征税收入，在计算应纳税所得额时从收入总额中减除：

（一）企业能够提供规定资金专项用途的资金拨付文件；

（二）财政部门或其他拨付资金的政府部门对该资金有专门的资金管理办法或具体管理要求；

（三）企业对该资金以及以该资金发生的支出单独进行核算。

二、根据实施条例第二十八条的规定，上述不征税收入用于支出所形成的费用，不得在计算应纳税所得额时扣除；用于支出所形成的资产，其计算的折旧、摊销不得在计算应纳税所得额时扣除。

三、企业将符合本通知第一条规定条件的财政性资金作不征税收入处理后，在 5 年（60 个月）内未发生支出且未缴回财政部门或其他拨付资金的政府部门的部分，应计入取得该资金第六年的应税收入总额；计入应税收入总额的财政性资金发生的支出，允许在计算应纳税所得额时扣除。

四、本通知自 2011 年 1 月 1 日起执行。

财政部 国家税务总局

2011 年 9 月 7 日

八、小微企业适用的各税种优惠政策（节选）

（一）营业税、增值税、政府性基金（小微企业符合规定的条件均可享受）

财政部 国家税务总局关于进一步支持小微企业增值税和营业税政策的通知

财税〔2014〕71 号

各省、自治区、直辖市、计划单列市财政厅（局）、国家税务局、地方税务局，新疆生产建设兵团财务局：

为进一步加大对小微企业的税收支持力度，经国务院批准，自 2014 年 10 月 1 日起至 2015 年 12 月 31 日，对月销售额 2 万元（含本数，下同）至 3 万元的增值税小规模纳税人，免征增值税；对月营业额 2 万元至 3 万元的营业税纳税人，免征营业税。

财政部 国家税务总局

2014 年 9 月 25 日

国家税务总局关于小微企业免征增值税和营业税有关问题的公告

国家税务总局公告 2014 年第 57 号

根据《中华人民共和国增值税暂行条例》及实施细则、《中华人民共和国营业税暂行条例》及实施细则、《财政部 国家税务总局关于暂免征收部分小微企业增值税和营业税的通知》（财税〔2013〕52 号）、《财政部 国家税务总局关于进一步支持小微企业增值税和营业税政策的通知》（财税〔2014〕71 号），现将小微企业免征增值税和营业税有关问题公告如下：

一、增值税小规模纳税人和营业税纳税人，月销售额或营业额不超过 3 万元（含 3 万元，下同）的，按照上述文件规定免征增值税或营业税。其中，以 1 个季度为纳税期限的增值税小规模纳税人和营业税纳税人，季度销售额或营业额不超过 9 万元的，按照上述文件规定免征增值税或营业税。

二、增值税小规模纳税人兼营营业税应税项目的，应当分别核算增值税应税项目的销售额和营业税应税项目的营业额，月销售额不超过3万元（按季纳税9万元）的，免征增值税；月营业额不超过3万元（按季纳税9万元）的，免征营业税。

三、增值税小规模纳税人月销售额不超过3万元（按季纳税9万元）的，当期因代开增值税专用发票（含货物运输业增值税专用发票）已经缴纳的税款，在专用发票全部联次追回或者按规定开具红字专用发票后，可以向主管税务机关申请退还。

四、本公告自2014年10月1日起施行。《国家税务总局关于暂免征收部分小微企业增值税和营业税政策有关问题的公告》（国家税务总局公告2013年第49号）、《国家税务总局关于增值税起征点调整后有关问题的批复》（国税函〔2003〕1396号）同时废止。

特此公告。

国家税务总局

2014年10月11日

财政部 国家税务总局关于暂免征收部分小微企业增值税和营业税的通知

财税〔2013〕52号

各省、自治区、直辖市、计划单列市财政厅（局）、国家税务局、地方税务局，新疆生产建设兵团财务局：

为进一步扶持小微企业发展，经国务院批准，自2013年8月1日起，对增值税小规模纳税人中月销售额不超过2万元的企业或非企业性单位，暂免征收增值税；对营业税纳税人中月营业额不超过2万元的企业或非企业性单位，暂免征收营业税。

请遵照执行。

财政部 国家税务总局

2013年7月29日

国家税务总局关于暂免征收部分小微企业增值税和营业税政策有关问题的公告

国家税务总局公告2013年第49号

为进一步支持小微企业发展，现将《财政部 国家税务总局关于暂免征收部分小微企业增值税和营业税的通知》（财税〔2013〕52 号，以下简称《通知》）有关问题公告如下：

一、《通知》中"月销售额不超过 2 万元"、"月营业额不超过 2 万元"，是指月销售额或营业额在 2 万元以下（含 2 万元，下同）。月销售额或营业额超过 2 万元的，应全额计算缴纳增值税或营业税。

二、以 1 个季度为纳税期限的增值税小规模纳税人和营业税纳税人中，季度销售额或营业额不超过 6 万元（含 6 万元，下同）的企业或非企业性单位，可按照《通知》规定，暂免征收增值税或营业税。

三、增值税小规模纳税人中的企业或非企业性单位，兼营营业税应税项目的，应当分别核算增值税应税项目的销售额和营业税应税项目的营业额，月销售额不超过 2 万元（按季纳税 6 万元）的暂免征收增值税，月营业额不超过 2 万元（按季纳税 6 万元）的，暂免征收营业税。

四、增值税小规模纳税人中的企业或非企业性单位，月销售额不超过 2 万元（按季纳税 6 万元）的，当期因代开增值税专用发票（含货物运输业增值税专用发票）和普通发票已经缴纳的税款，在发票全部联次追回后可以向主管税务机关申请退还。

五、本公告自 2013 年 8 月 1 日起执行。

国家税务总局

2013 年 8 月 21 日

（温馨提示：根据《国家税务总局关于小微企业免征增值税和营业税有关问题的公告》（国家税务总局公告 2014 年第 57 号）第四条之规定，本公告自 2014 年 10 月 1 日起废止。）

财政部关于小微企业免征增值税和营业税的会计处理规定

财会〔2013〕24 号

为了深入贯彻实施《小企业会计准则》，解决执行中出现的问题，根据《财政部国家税务总局关于暂免征收部分小微企业增值税和营业税的通知》（财税〔2013〕52 号）相关规定，我部制定了《关于小微企业免征增值税和营业税的会计处理规定》，现予印发，请布置本地区相关企业执行。执行中有何问题，请及时反馈我部。

附件：关于小微企业免征增值税和营业税的会计处理规定

财政部

2013 年 12 月 24 日

关于小微企业免征增值税和营业税的会计处理规定

根据《财政部 国家税务总局关于暂免征收部分小微企业增值税和营业税的通知》（财税〔2013〕52 号，以下简称《通知》）相关规定，现就小微企业免征增值税、营业税的有关会计处理规定如下：

小微企业在取得销售收入时，应当按照税法的规定计算应交增值税，并确认为应交税费，在达到《通知》规定的免征增值税条件时，将有关应交增值税转入当期营业外收入。

小微企业满足《通知》规定的免征营业税条件的，所免征的营业税不作相关会计处理。

小微企业对本规定施行前免征增值税和营业税的会计处理，不进行追溯调整。

财政部 国家税务总局关于对部分营业税纳税人免征文化事业建设费的通知

财综〔2013〕102 号

各省、自治区、直辖市、计划单列市财政厅（局）、地方税务局：

为了减轻小微企业等纳税人负担，现就文化事业建设费征收有关事项通知如下：

对从事娱乐业的营业税纳税人中，月营业额不超过 2 万元的单位和个人，免征文化事业建设费。除上述规定以外的营业税纳税人，仍按照《财政部 国家税务总局关于印发〈文化事业建设费征收管理暂行办法〉的通知》（财税字〔1997〕95 号）的规定征收文化事业建设费。

本通知自 2013 年 8 月 1 日起施行。此前已作处理的，不再调整；未作处理的，按本规定执行。

财政部 国家税务总局

2013 年 12 月 3 日

财政部 国家税务总局关于营业税改征增值税试点
有关文化事业建设费征收管理问题的通知

财综〔2013〕88 号

自 2013 年 8 月 1 日起，增值税小规模纳税人中月销售额不超过 2 万元（按季纳税

6 万元）的企业和非企业性单位提供的应税服务，免征文化事业建设费。

财政部 国家税务总局关于对小微企业免征有关政府性基金的通知

财税〔2014〕122 号

各省、自治区、直辖市、计划单列市人民政府，中宣部、教育部、水利部、中国残联：

为进一步加大对小微企业的扶持力度，经国务院批准，现将免征小微企业有关政府性基金问题通知如下：

一、自 2015 年 1 月 1 日起至 2017 年 12 月 31 日，对按月纳税的月销售额或营业额不超过 3 万元（含 3 万元），以及按季纳税的季度销售额或营业额不超过 9 万元（含 9 万元）的缴纳义务人，免征教育费附加、地方教育附加、水利建设基金、文化事业建设费。

二、自工商登记注册之日起 3 年内，对安排残疾人就业未达到规定比例、在职职工总数 20 人以下（含 20 人）的小微企业，免征残疾人就业保障金。

三、免征上述政府性基金后，有关部门依法履行职能和事业发展所需经费，由同级财政预算予以统筹安排。

财政部　国家税务总局

2014 年 12 月 23 日

国家税务总局关于出口货物劳务退（免）税管理有关问题的公告

国家税务总局公告 2014 年第 51 号

为进一步完善出口退（免）税管理，现将有关问题公告如下：

一、《国家税务总局关于出口企业申报出口货物退（免）税提供收汇资料有关问题的公告》（国家税务总局公告 2013 年第 30 号）第三条、第九条停止执行；第二条规定的申报退（免）税须提供出口货物收汇凭证的出口企业情形，调整为下列五类：

（一）被外汇管理部门列为 C 类企业的；

（二）被海关列为 C、D 类企业的；

（三）被税务机关评定为 D 级纳税信用等级的；

（四）主管税务机关发现出口企业申报的不能收汇的原因为虚假的；

（五）主管税务机关发现出口企业提供的出口货物收汇凭证是冒用的。

二、经外汇管理部门批准实行外汇资金集中运营管理的跨国公司，其成员公司在批准的有效期内，可凭银行出具给跨国公司资金集中运营公司符合下列规定的收款凭证，向主管税务机关申报对外提供的研发、设计服务退（免）税，不再提供《国家税务总局关于发布〈适用增值税零税率应税服务退（免）税管理办法〉的公告》（国家税务总局公告 2014 年第 11 号）第十三条第（五）项第 3 目之（3）规定的资料。

（一）付款单位为与成员公司签订研发、设计合同的境外单位，或研发、设计合同约定的境外代付单位；

（二）收款凭证上的收款单位或附言的实际收款人须载明有成员公司的名称。

三、利用国际金融组织或外国政府贷款通过国际招标建设的项目，招标单位向其所在地主管税务机关申请开具《中标证明通知书》时，应提供财政部门《关于外国政府贷款备选项目的通知》或财政部门与项目的主管部门或政府签订的《关于××行（国际金融组织）贷款"××项目"转贷协议（或分贷协议、执行协议）》的原件和注明有与原件一致字样的复印件（经主管税务机关审核原件与复印件一致后，原件退回），不再提供国家评标委员会《评标结果通知》。此前已提供国家评标委员会《评标结果通知》的，可按原规定办理《中标证明通知书》。

四、本公告自发布之日起施行。之前已申报的出口退（免）税可按本公告的规定执行。

特此公告。

国家税务总局

2014 年 8 月 28 日

财政部 国家税务总局关于跨境电子商务零售出口税收政策的通知

财税〔2013〕96 号

各省、自治区、直辖市、计划单列市财政厅（局）、国家税务局，新疆生产建设兵团财务局：

为落实《国务院办公厅转发商务部等部门关于实施支持跨境电子商务零售出口有关政策意见的通知》（国办发〔2013〕89 号）的要求，经研究，现将跨境电子商务零售出口（以下称电子商务出口）税收政策通知如下：

一、电子商务出口企业出口货物（财政部 国家税务总局明确不予出口退（免）税或免税的货物除外，下同），同时符合下列条件的，适用增值税、消费税退（免）税政策：

1. 电子商务出口企业属于增值税一般纳税人并已向主管税务机关办理出口退（免）税资格认定；

2. 出口货物取得海关出口货物报关单（出口退税专用），且与海关出口货物报关单电子信息一致；

3. 出口货物在退（免）税申报期截止之日内收汇；

4. 电子商务出口企业属于外贸企业的，购进出口货物取得相应的增值税专用发票、消费税专用缴款书（分割单）或海关进口增值税、消费税专用缴款书，且上述凭证有关内容与出口货物报关单（出口退税专用）有关内容相匹配。

二、电子商务出口企业出口货物，不符合本通知第一条规定条件，但同时符合下列条件的，适用增值税、消费税免税政策：

1. 电子商务出口企业已办理税务登记；

2. 出口货物取得海关签发的出口货物报关单；

3. 购进出口货物取得合法有效的进货凭证。

三、电子商务出口货物适用退（免）税、免税政策的，由电子商务出口企业按现行规定办理退（免）税、免税申报。

四、适用本通知退（免）税、免税政策的电子商务出口企业，是指自建跨境电子商务销售平台的电子商务出口企业和利用第三方跨境电子商务平台开展电子商务出口的企业。

五、为电子商务出口企业提供交易服务的跨境电子商务第三方平台，不适用本通知规定的退（免）税、免税政策，可按现行有关规定执行。

六、本通知自 2014 年 1 月 1 日起执行。

财政部 国家税务总局

2013 年 12 月 30 日

国家税务总局关于重新发布
《营业税改征增值税跨境应税服务增值税免税管理办法 （试行）》 的公告

国家税务总局公告 2014 年第 49 号

经国务院批准，铁路运输、邮政业和电信业已经纳入营业税改征增值税试点。为了规范和完善跨境应税服务的税收管理，国家税务总局对《营业税改征增值税跨境应税服务增值税免税管理办法（试行）》进行了修订，现予以发布，自 2014 年 10 月 1 日起施行。2013 年 9 月 13 日发布的《营业税改征增值税跨境应税服务增值税免税管理办法（试行）》（国家税务总局公告 2013 年第 52 号）同时废止。

特此公告。

国家税务总局

2014 年 8 月 27 日

营业税改征增值税跨境应税服务增值税免税管理办法（试行）

第一条　境内的单位和个人（以下称纳税人）提供跨境应税服务（以下称跨境服务），适用本办法。

第二条　下列跨境服务免征增值税：

（一）工程、矿产资源在境外的工程勘察勘探服务。

（二）会议展览地点在境外的会议展览服务。

为客户参加在境外举办的会议、展览而提供的组织安排服务，属于会议展览地点在境外的会议展览服务。

（三）存储地点在境外的仓储服务。

（四）标的物在境外使用的有形动产租赁服务。

（五）为出口货物提供的邮政业服务和收派服务。

1. 为出口货物提供的邮政业服务，是指：

（1）寄递函件、包裹等邮件出境；

（2）向境外发行邮票；

（3）出口邮册等邮品；

（4）代办收件地在境外的速递物流类业务。

2. 为出口货物提供的收派服务，是指为出境的函件、包裹提供的收件、分拣、派送服务。

纳税人为出口货物提供收派服务，免税销售额为其向寄件人收取的全部价款和价外费用。

3. 境外单位或者个人为出境的函件、包裹在境外提供邮政服务和收派服务，属于《营业税改征增值税试点实施办法》第十条规定的完全在境外消费的应税服务，不征收增值税。

（六）在境外提供的广播影视节目（作品）发行、播映服务。

在境外提供的广播影视节目（作品）发行服务，是指向境外单位或者个人发行广播影视节目（作品）、转让体育赛事等文体活动的报道权或者播映权，且该广播影视节目（作品）、体育赛事等文体活动在境外播映或者报道。

在境外提供的广播影视节目（作品）播映服务，是指在境外的影院、剧院、录像厅及其他场所播映广播影视节目（作品）。

通过境内的电台、电视台、卫星通信、互联网、有线电视等无线或者有线装置向境外播映广播影视节目（作品），不属于在境外提供的广播影视节目（作品）播映服务。

（七）以水路运输方式提供国际运输服务但未取得《国际船舶运输经营许可证》的；以公路运输方式提供国际运输服务但未取得《道路运输经营许可证》或者《国际汽车运输行车许可证》，或者《道路运输经营许可证》的经营范围未包括"国际运输"的；以航空运输方式提供国际运输服务但未取得《公共航空运输企业经营许可证》，或者其经营范围未包括"国际航空客货邮运输业务"的；以航空运输方式提供国际运输服务但未持有《通用航空经营许可证》，或者其经营范围未包括"公务飞行"的。

（八）以公路运输方式提供至香港、澳门的交通运输服务，但未取得《道路运输经营许可证》，或者未具有持《道路运输证》的直通港澳运输车辆的；以水路运输方式提供至台湾的交通运输服务，但未取得《台湾海峡两岸间水路运输许可证》，或者未具有持《台湾海峡两岸间船舶营运证》的船舶的；以水路运输方式提供至香港、澳门的交通运输服务，但未具有获得港澳线路运营许可的船舶的；以航空运输方式提供往返香港、澳门、台湾的交通运输服务或者在香港、澳门、台湾提供交通运输服务，但未取得《公共航空运输企业经营许可证》，或者其经营范围未包括"国际、国内（含港澳）航空客货邮运输业务"的；以航空运输方式提供往返香港、澳门、台湾的交通运输服务或者在香港、澳门、台湾提供交通运输服务，但未持有《通用航空经营许可证》，或者其经营范围未包括"公务飞行"的。

（九）适用简易计税方法，或声明放弃适用零税率选择免税的下列应税服务：

1. 国际运输服务；

2. 往返香港、澳门、台湾的交通运输服务以及在香港、澳门、台湾提供的交通运输服务；

3. 航天运输服务；

4. 向境外单位提供的研发服务和设计服务，对境内不动产提供的设计服务除外。

（十）向境外单位提供的下列应税服务：

1. 电信业服务、技术转让服务、技术咨询服务、合同能源管理服务、软件服务、电路设计及测试服务、信息系统服务、业务流程管理服务、商标著作权转让服务、知识产权服务、物流辅助服务（仓储服务、收派服务除外）、认证服务、鉴证服务、咨询服务、广播影视节目（作品）制作服务、程租服务。

纳税人向境外单位或者个人提供国际语音通话服务、国际短信服务、国际彩信服务，通过境外电信单位结算费用的，服务接受方为境外电信单位，属于向境外单位提供的电信业服务。

境外单位从事国际运输和港澳台运输业务经停我国机场、码头、车站、领空、内河、海域时，纳税人向其提供的航空地面服务、港口码头服务、货运客运站场服务、打捞救助服务、装卸搬运服务，属于向境外单位提供的物流辅助服务。

合同标的物在境内的合同能源管理服务，对境内不动产提供的鉴证咨询服务，以及提供服务时货物实体在境内的鉴证咨询服务，不属于本款规定的向境外单位提供的应税服务。

2. 广告投放地在境外的广告服务。

广告投放地在境外的广告服务，是指为在境外发布的广告所提供的广告服务。

第三条 纳税人向国内海关特殊监管区域内的单位或者个人提供的应税服务，不属于跨境服务，应照章征收增值税。

第四条 纳税人提供本办法第二条所列跨境服务，除第（五）项外，必须与服务接受方签订跨境服务书面合同。否则，不予免征增值税。

纳税人向外国航空运输企业提供空中飞行管理服务，以中国民用航空局下发的航班计划或者中国民用航空局清算中心临时来华飞行记录，为跨境服务书面合同。

纳税人向外国航空运输企业提供物流辅助服务（除空中飞行管理服务外），与经中国民用航空局批准设立的外国航空运输企业常驻代表机构签订的书面合同，属于与服务接受方签订跨境服务书面合同。外国航空运输企业临时来华飞行，未签订跨境服务书面合同的，以中国民用航空局清算中心临时来华飞行记录为跨境服务书面合同。

第五条 纳税人向境外单位有偿提供跨境服务，该服务的全部收入应从境外取得，否则，不予免征增值税。

下列情形视同从境外取得收入：

（一）纳税人向外国航空运输企业提供物流辅助服务，从中国民用航空局清算中心、中国航空结算有限责任公司或者经中国民用航空局批准设立的外国航空运输企业常驻代表机构取得的收入。

（二）纳税人向境外关联单位提供跨境服务，从境内第三方结算公司取得的收入。上述所称第三方结算公司，是指承担跨国企业集团内部成员单位资金集中运营管理职能的资金结算公司，包括财务公司、资金池、资金结算中心等。

（三）国家税务总局规定的其他情形。

第六条 纳税人提供跨境服务免征增值税的，应单独核算跨境服务的销售额，准确计算不得抵扣的进项税额，其免税收入不得开具增值税专用发票。

中国邮政速递物流股份有限公司及其分支机构为出口货物提供收派服务，按照下列公式计算不得抵扣的进项税额：

$$不得抵扣的\atop进项税额 = {当期无法划分\atop的全部进项税额} \times \left({当期简易计税方法\atop 计税项目销售额} + {非增值税应\atop税劳务营业额}\right.$$

$$+ {免征增值税\atop 项目销售额} - {为出口货物提供收派服务\atop 支付给境外合作方的费用}\left.\right)$$

$$\div \left({当期全部\atop 销售额} + {当期全部\atop 营业额}\right)$$

第七条 纳税人提供免征增值税跨境服务的，应到主管税务机关办理跨境服务免税备案手续，同时提交以下资料：

（一）《跨境应税服务免税备案表》（附件略）；

（二）跨境服务合同原件及复印件；

（三）提供本办法第二条第（一）项至第（四）项、第（六）项、以及第（十）项第2目跨境服务，应提交服务地点在境外的证明材料原件及复印件；

（四）提供本办法第二条规定的国际或者港澳台运输服务，应提交实际发生相关业务的证明材料；

（五）向境外单位提供跨境服务，应提交服务接受方机构所在地在境外的证明材料；

（六）各省、自治区、直辖市和计划单列市国家税务局要求的其他资料。

跨境服务合同原件为外文的，应提供中文翻译件并由法定代表人（负责人）签字或者单位盖章。

境外资料无法提供原件的，可只提供复印件，注明"复印件与原件一致"字样，并由法定代表人（负责人）签字或者单位盖章；境外资料原件为外文的，应提供中文翻译件并由法定代表人（负责人）签字或者单位盖章。

主管税务机关对提交的境外证明材料有疑义的，可以要求纳税人提供境外公证部门出具的证明材料。

第八条 纳税人办理跨境服务免税备案手续时，主管税务机关应当根据以下情况分别做出处理：

（一）报送的材料不符合规定的，应当及时告知纳税人补正。

（二）报送的材料齐全、符合规定形式的，或者纳税人按照税务机关的要求补正报送全部材料的，应当受理纳税人的备案，将有关资料原件退还纳税人。

（三）报送的材料或者按照税务机关的要求补正报送的材料不符合本办法第七条规定的，应当对纳税人的本次跨境服务免税备案不予受理，并将所有报送材料退还纳税人。

第九条 原签订的跨境服务合同发生变更或者跨境服务的有关情况发生变化，变化后仍属于本办法第二条规定的免税跨境服务范围的，纳税人应向主管税务机关重新办理跨境服务免税备案手续。

第十条　纳税人应当完整保存本办法第七条要求的各项资料。

第十一条　纳税人提供的与香港、澳门、台湾有关的应税服务，除本办法另有规定外，参照本办法执行。

第十二条　税务机关应高度重视跨境服务增值税管理工作，针对纳税人的备案资料，采取案头分析、日常检查、重点稽查等方式，加强对纳税人业务真实性的核实，发现问题的，按照现行有关规定处理。

第十三条　本办法自 2014 年 10 月 1 日起施行。此前，纳税人提供符合本办法第二条规定的跨境服务，已进行免税申报的，按照本办法规定补办备案手续；未进行免税申报的，按照本办法规定办理跨境服务备案手续后，可以申请退税或者抵减以后的应纳税额；已开具增值税专用发票的，应将全部联次追回后方可办理跨境服务免税备案手续。此前，纳税人提供的跨境服务不符合本办法第二条规定的，应照章征收增值税。国家税务总局 2013 年 9 月 13 日发布的《营业税改征增值税跨境应税服务增值税免税管理办法（试行）》（国家税务总局公告 2013 年第 52 号）同时废止。

附件：跨境应税服务免税备案表（略）。

国家税务总局关于发布
《适用增值税零税率应税服务退 （免） 税管理办法》 的公告

国家税务总局公告 2014 年第 11 号

为落实营业税改征增值税有关应税服务适用增值税零税率的政策规定，经商财政部同意，国家税务总局制定了《适用增值税零税率应税服务退（免）税管理办法》。现予以发布，自 2014 年 1 月 1 日起施行。《国家税务总局关于发布〈适用增值税零税率应税服务退（免）税管理办法（暂行）〉的公告》（国家税务总局公告 2013 年第 47 号）同时废止。

特此公告。

附件：1. 增值税零税率应税服务（国际运输/港澳台运输）免抵退税申报明细表（略）

2. 航空国际运输收入清算账单申报明细表（略）

3. 铁路国际客运收入清算函件申报明细表（略）

4. 增值税零税率应税服务（航天运输）免抵退税申报明细表（略）

5. 提供航天运输服务收讫营业款明细清单（略）

6. 增值税零税率应税服务（研发服务/设计服务）免抵退税申报明细表（略）

7. 向境外单位提供研发服务/设计服务收讫营业款明细清单（略）

8. 外贸企业外购应税服务（研发服务/设计服务）出口明细申报表（略）

9. 放弃适用增值税零税率声明（略）

国家税务总局

2014 年 2 月 8 日

适用增值税零税率应税服务退（免）税管理办法

第一条　中华人民共和国境内（以下简称境内）的增值税一般纳税人提供适用增值税零税率的应税服务，实行增值税退（免）税办法。

第二条　本办法所称的增值税零税率应税服务提供者是指，提供适用增值税零税率应税服务，且认定为增值税一般纳税人，实行增值税一般计税方法的境内单位和个人。属于汇总缴纳增值税的，为经财政部和国家税务总局批准的汇总缴纳增值税的总机构。

第三条　增值税零税率应税服务适用范围按财政部 国家税务总局的规定执行。

起点或终点在境外的运单、提单或客票所对应的各航段或路段的运输服务，属于国际运输服务。

起点或终点在港澳台的运单、提单或客票所对应的各航段或路段的运输服务，属于港澳台运输服务。

从境内载运旅客或货物至国内海关特殊监管区域及场所、从国内海关特殊监管区域及场所载运旅客或货物至国内其他地区或者国内海关特殊监管区域及场所，以及向国内海关特殊监管区域及场所内单位提供的研发服务、设计服务，不属于增值税零税率应税服务适用范围。

第四条　增值税零税率应税服务退（免）税办法包括免抵退税办法和免退税办法，具体办法及计算公式按《财政部 国家税务总局关于出口货物劳务增值税和消费税政策的通知》（财税〔2012〕39 号）有关出口货物劳务退（免）税的规定执行。

实行免抵退税办法的增值税零税率应税服务提供者如果同时出口货物劳务且未分别核算的，应一并计算免抵退税。税务机关在审批时，应按照增值税零税率应税服务、出口货物劳务免抵退税额的比例划分其退税额和免抵税额。

第五条　增值税零税率应税服务的退税率为对应服务提供给境内单位适用的增值税税率。

第六条　增值税零税率应税服务的退（免）税计税依据，按照下列规定确定：

（一）实行免抵退税办法的退（免）税计税依据

1. 以铁路运输方式载运旅客的，为按照铁路合作组织清算规则清算后的实际运输收入；

2. 以铁路运输方式载运货物的，为按照铁路运输进款清算办法，对"发站"或"到站（局）"名称包含"境"字的货票上注明的运输费用以及直接相关的国际联运杂费清算后的实际运输收入；

3. 以航空运输方式载运货物或旅客的，如果国际运输或港澳台运输各航段由多个承运人承运的，为中国航空结算有限责任公司清算后的实际收入；如果国际运输或港澳台运输各航段由一个承运人承运的，为提供航空运输服务取得的收入；

4. 其他实行免抵退税办法的增值税零税率应税服务，为提供增值税零税率应税服务取得的收入。

（二）实行免退税办法的退（免）税计税依据为购进应税服务的增值税专用发票或解缴税款的中华人民共和国税收缴款凭证上注明的金额。

第七条 实行增值税退（免）税办法的增值税零税率应税服务不得开具增值税专用发票。

第八条 增值税零税率应税服务提供者办理出口退（免）税资格认定后，方可申报增值税零税率应税服务退（免）税。如果提供的适用增值税零税率应税服务发生在办理出口退（免）税资格认定前，在办理出口退（免）税资格认定后，可按规定申报退（免）税。

第九条 增值税零税率应税服务提供者应按照下列要求，向主管税务机关申请办理出口退（免）税资格认定：

（一）填报《出口退（免）税资格认定申请表》及电子数据；

《出口退（免）税资格认定申请表》中的"退税开户银行账号"，必须填写办理税务登记时向主管税务机关报备的银行账号之一。

（二）根据所提供的适用增值税零税率应税服务，提供以下对应资料的原件及复印件：

1. 提供国际运输服务。以水路运输方式的，应提供《国际船舶运输经营许可证》；以航空运输方式的，应提供经营范围包括"国际航空客货邮运输业务"的《公共航空运输企业经营许可证》或经营范围包括"公务飞行"的《通用航空经营许可证》；以公路运输方式的，应提供经营范围包括"国际运输"的《道路运输经营许可证》和《国际汽车运输行车许可证》；以铁路运输方式的，应提供经营范围包括"许可经营项目：铁路客货运输"的《企业法人营业执照》或其他具有提供铁路客货运输服务资质的证明材料；提供航天运输服务的，应提供经营范围包括"商业卫星发射服务"的《企业法人营业执照》或其他具有提供商业卫星发射服务资质的证明材料。

2. 提供港澳台运输服务。以公路运输方式提供内地往返香港、澳门的交通运输服务的，应提供《道路运输经营许可证》及持《道路运输证》的直通港澳运输车辆的物权证明；以水路运输方式提供内地往返香港、澳门交通运输服务的，应提供获得港澳线路运营许可船舶的物权证明；以水路运输方式提供大陆往返台湾交通运输服务的，应提供《台湾海峡两岸间水路运输许可证》及持《台湾海峡两岸间船舶营运证》船舶的物权证明；以航空运输方式提供港澳台运输服务的，应提供经营范围包括"国际、国内（含港澳）航空客货邮运输业务"的《公共航空运输企业经营许可证》或者经营范围包括"公务飞行"的《通用航空经营许可证》；以铁路运输方式提供内地往返香港的交通运输服务的，应提供经营范围包括"许可经营项目：铁路客货运输"的《企业法人营业执照》或其他具有提供铁路客货运输服务资质的证明材料。

3. 采用程租、期租和湿租方式租赁交通运输工具用于国际运输服务和港澳台运输服务的，应提供程租、期租和湿租合同或协议。

4. 对外提供研发服务或设计服务的，应提供《技术出口合同登记证》。

（三）增值税零税率应税服务提供者出口货物劳务，且未办理过出口退（免）税资格认定的，除提供上述资料外，还应提供加盖备案登记专用章的《对外贸易经营者备案登记表》和《中华人民共和国海关进出口货物收发货人报关注册登记证书》的原件及复印件。

第十条 已办理过出口退（免）税资格认定的出口企业，提供增值税零税率应税服务的，应填报《出口退（免）税资格认定变更申请表》及电子数据，提供第九条所列的增值税零税率应税服务对应的资料，向主管税务机关申请办理出口退（免）税资格认定变更。

第十一条 增值税零税率应税服务提供者按规定需变更增值税退（免）税办法的，主管税务机关应按照现行规定进行退（免）税清算，在结清税款后方可办理变更。

第十二条 增值税零税率应税服务提供者提供增值税零税率应税服务，应在财务作销售收入次月（按季度进行增值税纳税申报的为次季度首月，下同）的增值税纳税申报期内，向主管税务机关办理增值税纳税和退（免）税相关申报。

增值税零税率应税服务提供者收齐有关凭证后，可于在财务作销售收入次月起至次年4月30日前的各增值税纳税申报期内向主管税务机关申报退（免）税。逾期申报退（免）税的，主管税务机关不再受理。未在规定期限内申报退（免）税的增值税零税率应税服务，增值税零税率应税服务提供者应按规定缴纳增值税。

第十三条 实行免抵退税办法的增值税零税率应税服务提供者应按照下列要求向主管税务机关办理增值税免抵退税申报：

（一）填报《免抵退税申报汇总表》及其附表；

（二）提供当期《增值税纳税申报表》；

（三）提供免抵退税正式申报电子数据；

（四）提供增值税零税率应税服务所开具的发票（经主管税务机关认可，可只提供电子数据；

（五）根据所提供的适用增值税零税率应税服务，提供以下对应资料凭证：

1. 提供国际运输服务、港澳台运输服务的，需填报《增值税零税率应税服务（国际运输/港澳台运输）免抵退税申报明细表》（附件1），并提供下列原始凭证的原件及复印件：

（1）以水路运输、航空运输、公路运输方式的，提供增值税零税率应税服务的载货、载客舱单或其他能够反映收入原始构成的单据凭证。以航空运输方式且国际运输和港澳台运输各航段由多个承运人承运的，还需提供《航空国际运输收入清算账单申报明细表》（附件2）；

（2）以铁路运输方式的，客运的提供增值税零税率应税服务的国际客运联运票据、铁路合作组织清算函件及《铁路国际客运收入清算函件申报明细表》（附件3）；货运的提供铁路进款资金清算机构出具的《国际铁路货运进款清算通知单》，启运地的铁路运输企业还应提供国际铁路联运运单、以及"发站"或"到站（局）"名称包含"境"字的货票；

（3）采用程租、期租、湿租服务方式租赁交通运输工具从事国际运输服务和港澳台运输服务的，还应提供程租、期租、湿租的合同或协议复印件。向境外单位和个人提供期租、湿租服务，按规定由出租方申报退（免）税的，可不提供第（1）项原始凭证。

上述（1）、（2）项原始凭证（不包括《航空国际运输收入清算账单申报明细表》和《铁路国际客运收入清算函件申报明细表》），经主管税务机关批准，增值税零税率应税服务提供者可只提供电子数据，原始凭证留存备查。

2. 提供航天运输服务的，需填报《增值税零税率应税服务（航天运输）免抵退税申报明细表》（附件4），并提供下列资料及原始凭证的原件及复印件：

（1）签订的提供航天运输服务的合同；

（2）从与之签订航天运输服务合同的单位取得收入的收款凭证；

（3）《提供航天运输服务收讫营业款明细清单》（附件5）。

3. 对外提供研发服务或设计服务的，需填报《增值税零税率应税服务（研发服务/设计服务）免抵退税申报明细表》（附件6），并提供下列资料及原始凭证的原件及复印件：

（1）与增值税零税率应税服务收入相对应的《技术出口合同登记证》复印件；

（2）与境外单位签订的研发、设计合同；

（3）从与之签订研发、设计合同的境外单位取得收入的收款凭证；

（4）《向境外单位提供研发服务/设计服务收讫营业款明细清单》（附件7）。

（六）主管税务机关要求提供的其他资料及凭证。

第十四条　实行免退税办法的增值税零税率应税服务提供者，应按照下列要求向主管税务机关办理增值税免退税申报：

（一）填报《外贸企业出口退税汇总申报表》；

（二）填报《外贸企业外购应税服务（研发服务/设计服务）出口明细申报表》（附件8）；

（三）填列外购对应的研发服务或设计服务取得增值税专用发票情况的《外贸企业出口退税进货明细申报表》；

（四）提供以下原始凭证：

1. 提供增值税零税率应税服务所开具的发票；

2. 从境内单位或者个人购进研发服务或设计服务出口的，提供应税服务提供方开具的增值税专用发票；

3. 从境外单位或者个人购进研发服务或设计服务出口的，提供取得的解缴税款的中华人民共和国税收缴款凭证；

4. 第十三条第（五）项第3目所列资料及原始凭证的原件及复印件。

第十五条　主管税务机关受理增值税零税率应税服务退（免）税申报后，应对下列内容人工审核无误后，使用出口退税审核系统进行审核。对属于实行免退税办法的增值税零税率应税服务的进项一律使用交叉稽核、协查信息审核出口退税。如果在审核中有疑问的，可对企业进项增值税专用发票进行发函调查或核查。

（一）提供国际运输、港澳台运输的，应从增值税零税率应税服务提供者申报中抽取若干申报记录审核以下内容：

1. 所申报的国际运输、港澳台运输服务是否符合适用增值税零税率应税服务的规定；

2. 所抽取申报记录申报应税服务收入是否小于或等于该申报记录所对应的载货或载客舱单上记载的国际运输、港澳台运输服务收入；

3. 采用期租、程租和湿租方式租赁交通运输工具用于国际运输服务和港澳台运输服务的，重点审核期租、程租和湿租的合同或协议，审核申报退（免）税的企业是否符合适用增值税零税率应税服务的规定；

4. 以铁路运输方式提供国际运输、港澳台运输服务的，重点审核提供的货票的"发站"或"到站（局）"名称是否包含"境"字，是否与提供国际铁路联运运单匹配。

（二）对外提供研发服务或设计服务的，应审核以下内容：

1. 企业所申报的研发服务或设计服务是否符合适用增值税零税率应税服务规定；

2. 研发、设计合同签订的对方是否为境外单位；

3. 应税服务收入的支付方是否为与之签订研发、设计合同的境外单位；

4. 申报应税服务收入是否小于或等于从与之签订研发、设计合同的境外单位取得的收款金额；

5. 外贸企业外购研发服务或设计服务出口的，除按照上述内容审核外，还应审核其申报退税的进项税额是否与增值税零税率应税服务对应。

第十六条 因出口自己开发的研发服务或设计服务，退（免）税办法由免退税改为免抵退税办法的外贸企业，如果申报的退（免）税异常增长，出口货物劳务及服务有非正常情况的，主管税务机关可要求外贸企业报送出口货物劳务及服务所对应的进项凭证，并按规定进行审核。主管税务机关如果审核发现外贸企业提供的进货凭证有伪造或内容不实的，按照《财政部 国家税务总局关于出口货物劳务增值税和消费税政策通知》（财税〔2012〕39 号）等有关规定处理。

第十七条 主管税务机关认为增值税零税率应税服务提供者提供的研发服务或设计服务出口价格偏高的，应按照《财政部 国家税务总局关于防范税收风险若干增值税政策的通知》（财税〔2013〕112 号）第五条的规定处理。

第十八条 经主管税务机关审核，增值税零税率应税服务提供者申报的退（免）税，如果凭证资料齐全、符合退（免）税规定的，主管税务机关应及时予以审核通过，办理退税和免抵调库，退税资金由中央金库统一支付。

第十九条 增值税零税率应税服务提供者骗取国家出口退税款的，税务机关应按《国家税务总局关于停止为骗取出口退税企业办理出口退税有关问题的通知》（国税发〔2008〕32 号）和《财政部 国家税务总局关于防范税收风险若干增值税政策的通知》（财税〔2013〕112 号）的规定处理。增值税零税率应税服务提供者在停止退税期间发生的增值税零税率应税服务，不得申报退（免）税，应按规定缴纳增值税。

第二十条 增值税零税率应税服务提供者提供适用增值税零税率的应税服务，如果放弃适用增值税零税率，选择免税或按规定缴纳增值税的，应向主管税务机关报送《放弃适用增值税零税率声明》（附件9），办理备案手续。自备案次月1日起36个月内，该企业提供的增值税零税率应税服务，不得申报增值税退（免）税。

第二十一条 主管税务机关应对增值税零税率应税服务提供者适用增值税零税率的退（免）税加强分析监控。

第二十二条 本办法要求增值税零税率应税服务提供者向主管税务机关报送的申报表电子数据应均通过出口退（免）税申报系统生成、报送。在出口退（免）税申报系统信息生成、报送功能升级完成前，涉及需报送的电子数据，可暂报送纸质资料。

出口退（免）税申报系统可从国家税务总局网站免费下载或由主管税务机关免费

提供。

第二十三条 本办法要求增值税零税率应税服务提供者向主管税务机关同时提供原件和复印件的资料，增值税零税率应税服务提供者提供的复印件上应注明"与原件相符"字样，并加盖企业公章。主管税务机关在核对复印件与原件相符后，将原件退回，留存复印件。

第二十四条 本办法自 2014 年 1 月 1 日起施行，以增值税零税率应税服务提供者提供增值税零税率应税服务并在财务作销售收入的日期为准。

附件 1～9（略）

国家税务总局关于简并增值税征收率有关问题的公告

国家税务总局公告 2014 年第 36 号

根据国务院简并和统一增值税征收率的决定，现将有关问题公告如下：

一、将《国家税务总局关于固定业户临时外出经营有关增值税专用发票管理问题的通知》（国税发〔1995〕87 号）中"经营地税务机关按 6％的征收率征税"，修改为"经营地税务机关按 3％的征收率征税"。

二、将《国家税务总局关于拍卖行取得的拍卖收入征收增值税、营业税有关问题的通知》（国税发〔1999〕40 号）第一条中"按照 4％的征收率征收增值税"，修改为"按照 3％的征收率征收增值税"。

三、将《国家税务总局关于增值税简易征收政策有关管理问题的通知》（国税函〔2009〕90 号）第一条第（一）项中"按简易办法依 4％征收率减半征收增值税政策"，修改为"按简易办法依 3％征收率减按 2％征收增值税政策"。

四、将《国家税务总局关于供应非临床用血增值税政策问题的批复》（国税函〔2009〕456 号）第二条中"按照简易办法依照 6％征收率计算应纳税额"，修改为"按照简易办法依照 3％征收率计算应纳税额"。

五、将《国家税务总局关于一般纳税人销售自己使用过的固定资产增值税有关问题的公告》（国家税务总局公告 2012 年第 1 号）中"可按简易办法依 4％征收率减半征收增值税"，修改为"可按简易办法依 3％征收率减按 2％征收增值税"。

六、纳税人适用按照简易办法依 3％征收率减按 2％征收增值税政策的，按下列公式确定销售额和应纳税额：

$$销售额＝含税销售额/(1＋3％)$$

$$应纳税额＝销售额×2％$$

《国家税务总局关于增值税简易征收政策有关管理问题的通知》（国税函〔2009〕90 号）第四条第（一）项废止。

七、本公告自 2014 年 7 月 1 日起施行。

特此公告。

国家税务总局

2014 年 6 月 27 日

财政部 国家税务总局关于延续宣传文化增值税和营业税优惠政策的通知

财税〔2013〕87 号

各省、自治区、直辖市、计划单列市财政厅（局）、国家税务局、地方税务局，新疆生产建设兵团财务局，财政部驻各省、自治区、直辖市、计划单列市财政监察专员办事处：

为促进我国宣传文化事业的发展繁荣，经国务院批准，在 2017 年底以前，对宣传文化事业增值税和营业税优惠政策作适当调整后延续。现将有关事项通知如下：

一、自 2013 年 1 月 1 日起至 2017 年 12 月 31 日，执行下列增值税先征后退政策。

（一）对下列出版物在出版环节执行增值税 100％先征后退的政策：

1. 中国共产党和各民主党派的各级组织的机关报纸和机关期刊，各级人大、政协、政府、工会、共青团、妇联、残联、科协的机关报纸和机关期刊，新华社的机关报纸和机关期刊，军事部门的机关报纸和机关期刊。

上述各级组织不含其所属部门。机关报纸和机关期刊增值税先征后退范围掌握在一个单位一份报纸和一份期刊以内。

2. 专为少年儿童出版发行的报纸和期刊，中小学的学生课本。

3. 专为老年人出版发行的报纸和期刊。

4. 少数民族文字出版物。

5. 盲文图书和盲文期刊。

6. 经批准在内蒙古、广西、西藏、宁夏、新疆五个自治区内注册的出版单位出版的出版物。

7. 列入本通知附件 1 的图书、报纸和期刊。

（二）对下列出版物在出版环节执行增值税先征后退 50％的政策：

1. 各类图书、期刊、音像制品、电子出版物，但本通知第一条第（一）项规定执行增值税 100％先征后退的出版物除外。

2. 列入本通知附件 2 的报纸。

（三）对下列印刷、制作业务执行增值税 100% 先征后退的政策：

1. 对少数民族文字出版物的印刷或制作业务。

2. 列入本通知附件 3 的新疆维吾尔自治区印刷企业的印刷业务。

二、自 2013 年 1 月 1 日起至 2017 年 12 月 31 日，免征图书批发、零售环节增值税。

三、自 2013 年 1 月 1 日起至 2017 年 12 月 31 日，对科普单位的门票收入，以及县（含县级市、区、旗）及县以上党政部门和科协开展的科普活动的门票收入免征营业税。自 2013 年 1 月 1 日至 2013 年 7 月 31 日，对境外单位向境内科普单位转让科普影视作品播映权取得的收入，免征营业税。

四、享受本通知第一条第（一）项、第（二）项规定的增值税先征后退政策的纳税人，必须是具有相关出版物的出版许可证的出版单位（含以"租型"方式取得专有出版权进行出版物的印刷发行的出版单位）。承担省级及以上出版行政主管部门指定出版、发行任务的单位，因进行重组改制等原因尚未办理出版、发行许可的出版单位，经财政部驻各地财政监察专员办事处（以下简称财政监察专员办事处）商省级出版行政主管部门核准，可以享受相应的增值税先征后退政策。

纳税人应将享受上述税收优惠政策的出版物在财务上实行单独核算，不进行单独核算的不得享受本通知规定的优惠政策。违规出版物、多次出现违规的出版单位及图书批发零售单位不得享受本通知规定的优惠政策，上述违规出版物、出版单位及图书批发零售单位的具体名单由省级及以上出版行政主管部门及时通知相应财政监察专员办事处和主管税务机关。

五、已按软件产品享受增值税退税政策的电子出版物不得再按本通知申请增值税先征后退政策。

六、办理和认定。

（一）本通知规定的各项增值税先征后退政策由财政监察专员办事处根据财政部 国家税务总局 中国人民银行《关于税制改革后对某些企业实行"先征后退"有关预算管理问题的暂行规定的通知》〔（94）财预字第 55 号〕的规定办理。

（二）科普单位、科普活动和科普单位进口自用科普影视作品的认定仍按《科技部 财政部 国家税务总局 海关总署 新闻出版总署关于印发〈科普税收优惠政策实施办法〉的通知》（国科发政字〔2003〕416 号）的有关规定执行。

七、本通知的有关定义。

（一）本通知所述"出版物"，是指根据国务院出版行政主管部门的有关规定出版的图书、报纸、期刊、音像制品和电子出版物。所述图书、报纸和期刊，包括随同图书、报纸、期刊销售并难以分离的光盘、软盘和磁带等信息载体。

（二）图书、报纸、期刊（即杂志）的范围，仍然按照《国家税务总局关于印发〈增值税部分货物征税范围注释〉的通知》（国税发〔1993〕151号）的规定执行；音像制品、电子出版物的范围，仍然按照《财政部 国家税务总局关于部分货物适用增值税低税率和简易办法征收增值税政策的通知》（财税〔2009〕9号）的规定执行。

（三）本通知所述"专为少年儿童出版发行的报纸和期刊"，是指以初中及初中以下少年儿童为主要对象的报纸和期刊。

（四）本通知所述"中小学的学生课本"，是指普通中小学学生课本和中等职业教育课本。普通中小学学生课本是指根据教育部中、小学教学大纲的要求，由经国务院出版行政主管部门审定而具有"中小学教材"出版资质的出版单位出版发行的中、小学学生上课使用的正式课本，具体操作时按国家和省级教育行政部门每年春、秋两季下达的"中小学教学用书目录"中所列的"课本"的范围掌握；中等职业教育课本是指经国家和省级教育、人力资源社会保障行政部门审定，供中等专业学校、职业高中和成人专业学校学生使用的课本，具体操作时按国家和省级教育、人力资源社会保障行政部门每年下达的教学用书目录认定。中小学的学生课本不包括各种形式的教学参考书、图册、自读课本、课外读物、练习册以及其他各类辅助性教材和辅导读物。

（五）本通知所述"专为老年人出版发行的报纸和期刊"，是指以老年人为主要对象的报纸和期刊，具体范围详见附件4。

（六）本通知第一条第（一）项和第（二）项规定的图书包括"租型"出版的图书。

（七）本通知所述"科普单位"，是指科技馆，自然博物馆，对公众开放的天文馆（站、台）、气象台（站）、地震台（站），以及高等院校、科研机构对公众开放的科普基地。

八、本通知自2013年1月1日起执行。《财政部国家税务总局关于继续执行宣传文化增值税和营业税优惠政策的通知》（财税〔2011〕92号）同时废止。

按照本通知第二条和第三条规定应予免征的增值税或营业税，凡在接到本通知以前已经征收入库的，可抵减纳税人以后月份应缴纳的增值税、营业税税款或者办理税款退库。纳税人如果已向购买方开具了增值税专用发票，应将专用发票追回后方可申请办理免税。凡专用发票无法追回的，一律照章征收增值税。

附件：1. 适用增值税100％先征后退政策的特定图书、报纸和期刊名单（略）

2. 适用增值税50％先征后退政策的报纸名单（略）

3. 适用增值税100％先征后退政策的新疆维吾尔自治区印刷企业名单（略）

4. 专为老年人出版发行的报纸和期刊名单（略）

财政部 国家税务总局

2013年12月25日

财政部 国家税务总局关于动漫产业增值税和营业税政策的通知

财税〔2013〕98 号

各省、自治区、直辖市、计划单列市财政厅（局）、国家税务局、地方税务局，新疆生产建设兵团财务局：

为促进我国动漫产业发展，经国务院批准现就扶持动漫产业发展的增值税、营业税政策通知如下：

一、关于增值税政策

对属于增值税一般纳税人的动漫企业销售其自主开发生产的动漫软件，按 17% 的税率征收增值税后，对其增值税实际税负超过 3% 的部分，实行即征即退政策。动漫软件出口免征增值税。上述动漫软件，按照《财政部 国家税务总局关于软件产品增值税政策的通知》（财税〔2011〕100 号）中软件产品相关规定执行。

二、关于营业税政策

注册在河北、山西、内蒙古、辽宁（含大连）、吉林、黑龙江、江西、山东（含青岛）、河南、湖南、广西、海南、重庆、四川、贵州、云南、西藏、陕西、甘肃、青海、宁夏、新疆的动漫企业，为开发动漫产品提供的动漫脚本编撰、形象设计、背景设计、动画设计、分镜、动画制作、摄制、描线、上色、画面合成、配音、配乐、音效合成、剪辑、字幕制作、压缩转码（面向网络动漫、手机动漫格式适配）服务，以及在境内转让动漫版权（包括动漫品牌、形象或者内容的授权及再授权），减按 3% 税率征收营业税。

动漫企业和自主开发、生产动漫产品的认定标准和认定程序，按照《文化部 财政部 国家税务总局关于印发〈动漫企业认定管理办法（试行）〉的通知》（文市发〔2008〕51 号）的规定执行。

三、被认定为动漫企业营业税改征增值税试点纳税人，为开发动漫产品提供的相关服务以及在境内转让动漫版权适用的增值税优惠政策另行规定。

四、本通知第一条执行时间自 2013 年 1 月 1 日至 2017 年 12 月 31 日，第二条执行时间自 2013 年 1 月 1 日至 2013 年 7 月 31 日。《财政部 国家税务总局关于扶持动漫产业发展增值税 营业税政策的通知》（财税〔2011〕119 号）相应废止。

财政部　国家税务总局

2013 年 11 月 28 日

财政部 国家税务总局关于光伏发电增值税政策的通知

财税〔2013〕66 号

各省、自治区、直辖市、计划单列市财政厅（局）、国家税务局：

为鼓励利用太阳能发电，促进相关产业健康发展，根据国务院批示精神，现将光伏发电增值税政策通知如下：

自 2013 年 10 月 1 日至 2015 年 12 月 31 日，对纳税人销售自产的利用太阳能生产的电力产品，实行增值税即征即退 50％的政策。

请遵照执行。

财政部 国家税务总局

2013 年 9 月 23 日

财政部 国家税务总局关于免征蔬菜流通环节增值税有关问题的通知

财税〔2011〕137 号

各省、自治区、直辖市、计划单列市财政厅（局）、国家税务局，新疆生产建设兵团财务局：

经国务院批准，自 2012 年 1 月 1 日起，免征蔬菜流通环节增值税。现将有关事项通知如下：

一、对从事蔬菜批发、零售的纳税人销售的蔬菜免征增值税。

蔬菜是指可作副食的草本、木本植物，包括各种蔬菜、菌类植物和少数可作副食的木本植物。蔬菜的主要品种参照《蔬菜主要品种目录》（见附件）执行。

经挑选、清洗、切分、晾晒、包装、脱水、冷藏、冷冻等工序加工的蔬菜，属于本通知所述蔬菜的范围。

各种蔬菜罐头不属于本通知所述蔬菜的范围。蔬菜罐头是指蔬菜经处理、装罐、密封、杀菌或无菌包装而制成的食品。

二、纳税人既销售蔬菜又销售其他增值税应税货物的，应分别核算蔬菜和其他增值税应税货物的销售额；未分别核算的，不得享受蔬菜增值税免税政策。

附件：蔬菜主要品种目录（略）

财政部 国家税务总局

2011 年 12 月 31 日

国家税务总局关于促进残疾人就业增值税优惠政策有关问题的公告

国家税务总局公告 2013 年第 73 号

现就促进残疾人就业增值税优惠政策有关问题公告如下：

《财政部 国家税务总局关于促进残疾人就业税收优惠政策的通知》（财税〔2007〕92 号，以下简称"通知"）第五条第一项"依法与安置的每位残疾人签订了一年以上（含一年）的劳动合同或服务协议"中的"劳动合同或服务协议"，包括全日制工资发放形式和非全日制工资发放形式劳动合同或服务协议。

安置残疾人单位聘用非全日制用工的残疾人，与其签订符合法律法规规定的劳动合同或服务协议，并且安置该残疾人在单位实际上岗工作的，可按照"通知"的规定，享受增值税优惠政策。

本公告自 2013 年 10 月 1 日起执行。此前处理与本公告规定不一致的，按本公告规定执行。

特此公告。

国家税务总局

2013 年 12 月 13 日

财政部 国家税务总局
关于印发 《资源综合利用产品和劳务增值税优惠目录》 的通知

财税〔2015〕78 号

各省、自治区、直辖市、计划单列市财政厅（局）、国家税务局，新疆生产建设兵团财务局：

为了落实国务院精神，进一步推动资源综合利用和节能减排，规范和优化增值税政策，决定对资源综合利用产品和劳务增值税优惠政策进行整合和调整。现将有关政策统一明确如下：

一、纳税人销售自产的资源综合利用产品和提供资源综合利用劳务（以下称销售综合利用产品和劳务），可享受增值税即征即退政策。具体综合利用的资源名称、综合利用产品和劳务名称、技术标准和相关条件、退税比例等按照本通知所附《资源综合利用产品和劳务增值税优惠目录》（以下简称《目录》）的相关规定执行。

二、纳税人从事《目录》所列的资源综合利用项目，其申请享受本通知规定的增值税即征即退政策时，应同时符合下列条件：

（一）属于增值税一般纳税人。

（二）销售综合利用产品和劳务，不属于国家发展改革委《产业结构调整指导目录》中的禁止类、限制类项目。

（三）销售综合利用产品和劳务，不属于环境保护部《环境保护综合名录》中的"高污染、高环境风险"产品或者重污染工艺。

（四）综合利用的资源，属于环境保护部《国家危险废物名录》列明的危险废物的，应当取得省级及以上环境保护部门颁发的《危险废物经营许可证》，且许可经营范围包括该危险废物的利用。

（五）纳税信用等级不属于税务机关评定的 C 级或 D 级。

纳税人在办理退税事宜时，应向主管税务机关提供其符合本条规定的上述条件以及《目录》规定的技术标准和相关条件的书面声明材料，未提供书面声明材料或者出具虚假材料的，税务机关不得给予退税。

三、已享受本通知规定的增值税即征即退政策的纳税人，自不符合本通知第二条规定的条件以及《目录》规定的技术标准和相关条件的次月起，不再享受本通知规定的增值税即征即退政策。

四、已享受本通知规定的增值税即征即退政策的纳税人，因违反税收、环境保护的法律法规受到处罚（警告或单次 1 万元以下罚款除外）的，自处罚决定下达的次月起 36 个月内，不得享受本通知规定的增值税即征即退政策。

五、纳税人应当单独核算适用增值税即征即退政策的综合利用产品和劳务的销售额和应纳税额。未单独核算的，不得享受本通知规定的增值税即征即退政策。

六、各省、自治区、直辖市、计划单列市税务机关应于每年 2 月底之前在其网站上，将本地区上一年度所有享受本通知规定的增值税即征即退政策的纳税人，按下列项目予以公示：纳税人名称、纳税人识别号，综合利用的资源名称、数量，综合利用产品和劳务名称。

七、本通知自 2015 年 7 月 1 日起执行。《财政部 国家税务总局关于资源综合利用及其他产品增值税政策的通知》（财税〔2008〕156 号）、《财政部 国家税务总局关于资源综合利用及其他产品增值税政策的补充的通知》（财税〔2009〕163 号）、《财政部 国家税务总局关于调整完善资源综合利用及劳务增值税政策的通知》（财税〔2011〕115 号）、《财政部 国家税务总局关于享受资源综合利用增值税优惠政策的纳税人执行污染物排放标准的通知》（财税〔2013〕23 号）同时废止。上述文件废止前，纳税人因主管部门取消《资源综合利用认定证书》，或者因环保部门不再出具环保核查证明文件的原因，未能办理相关退（免）税事宜的，可不以《资源综合利用认定证书》或环保核查证明文件作为享受税收优惠政策的条件，继续享受上述文件规定的优惠政策。

附件：资源综合利用产品和劳务增值税优惠目录

财政部 国家税务总局

2015 年 6 月 12 日

资源综合利用产品和劳务增值税优惠目录

类别	序号	综合利用的资源名称	综合利用产品和劳务名称	技术标准和相关条件	退税比例
一、共、伴生矿产资源	1.1	油母页岩	页岩油	产品原料95%以上来自所列资源。	70%
	1.2	煤炭开采过程中产生的煤层气（煤矿瓦斯）	电力	产品燃料95%以上来自所列资源。	100%
	1.3	油田采油过程中产生的油污泥（浮渣）	乳化油调利剂、防水卷材辅料产品	产品原料70%以上来自所列资源。	70%
二、废渣、废水（液）、废气	2.1	废渣	砖瓦（不含烧结普通砖）、砌块、陶粒、墙板、管材（管桩）、混凝土、砂浆、道路井盖、道路护栏、防火材料、耐火材料（镁铬砖除外）、保温材料、矿（岩）棉、微晶玻璃、U型玻璃	产品原料70%以上来自所列资源。	70%
	2.2	废渣	水泥、水泥熟料	1. 42.5及以上等级水泥的原料20%以上来自所列资源，其他水泥、水泥熟料的原料40%以上来自所列资源； 2. 纳税人符合《水泥工业大气污染物排放标准》（GB 4915—2013）规定的技术要求。	70%
	2.3	建（构）筑废物、煤矸石	建筑砂石骨料	1. 产品原料90%以上来自所列资源； 2. 产品以建（构）筑废物为原料的，符合《混凝土和砂浆用再生细骨料》（GB/T 25176—2010）的技术要求；以煤矸石为原料的，符合《混凝土用再生粗骨料》（GB/T 25177—2010）或《建设用砂》（GB/T 14684—2011）或《建设用卵石、碎石》（GB/T 14685—2011）规定的技术要求。	50%

续表

类别	序号	综合利用的资源名称	综合利用产品和劳务名称	技术标准和相关条件	退税比例
	2.4	粉煤灰、煤矸石	氧化铝、活性硅酸钙、瓷绝缘子、煅烧高岭土	氧化铝、活性硅酸钙生产原料25%以上来自所列资源，瓷绝缘子生产原料中煤矸石所	
	2.5	煤矸石、煤泥、石煤、油母页岩	电力、热力	1. 产品燃料60%以上来自所列资源；2. 纳税人符合《火电厂大气污染物排放标准》(GB 13223—2011) 和国家发展改革委、环境保护部、工业和信息化部《电力（燃煤发电企业）行业清洁生产评价指标体系》规定的技术要求。	50%
	2.6	氧化铝赤泥、电石渣	氧化铁、氢氧化钠溶液、铝酸钠、铝酸三钙、脱硫剂	1. 产品原料90%以上来自所列资源；2. 生产过程中不产生二次废渣。	50%
二、废渣、废水（液）、废气	2.7	废旧石墨	石墨异形件、石墨块、石墨粉、石墨增碳剂	1. 产品原料90%以上来自所列资源；2. 纳税人符合《工业炉窑大气污染物排放标准》(GB 9078—1996) 规定的技术要求。	50%
	2.8	垃圾以及利用垃圾发酵产生的沼气	电力、热力	1. 产品燃料80%以上来自所列资源；2. 纳税人符合《火电厂大气污染物排放标准》(GB 13223—2011) 或《生活垃圾焚烧污染控制标准》(GB 18485—2014) 规定的技术要求。	100%
	2.9	退役军用发射药	涂料用硝化棉粉	产品原料90%以上来自所列资源。	50%
	2.10	废旧沥青混凝土	再生沥青混凝土	1. 产品原料30%以上来自所列资源；2. 产品符合《再生沥青混凝土》(GB/T 25033—2010) 规定的技术要求。	50%

类别	序号	综合利用的资源名称	综合利用产品和劳务名称	技术标准和相关条件	退税比例
	2.11	蔗渣	蔗渣浆、蔗渣刨花板和纸	1. 产品原料70%以上来自所列资源；2. 生产蔗渣浆及各类纸的纳税人符合国家发展改革委、环境保护部、工业和信息化部《制浆造纸行业清洁生产评价指标体系》规定的技术要求。	50%
	2.12	废矿物油	润滑油基础油、汽油、柴油等工业油料	1. 产品原料90%以上来自所列资源；2. 纳税人符合《废矿物油回收利用污染控制技术规范》（HJ 607—2011）规定的技术要求。	50%
	2.13	环己烷氧化废液	环氧环己烷、正戊醇、醇醚溶剂	1. 产品原料90%以上来自所列资源；2. 纳税人必须通过 ISO 9000、ISO 14000 认证。	50%
二、废渣、废水（液）、废气	2.14	污水处理厂出水、工业排水（矿井水）、生活污水、垃圾处理厂渗透（滤）液等	再生水	1. 产品原料100%来自所列资源；2. 产品符合《再生水水质标准》（SL 368—2006）规定的技术要求。	50%
	2.15	废弃酒糟和酿酒底锅水、淀粉、粉丝加工废液、废渣	蒸汽、活性炭、白碳黑、饲料、沼气、乳酸、乳酸钙、植物蛋白	产品原料80%以上来自所列资源。	70%
	2.16	含油污水、有机废水、污水处理后产生的污泥、油田采油过程中产生的油污泥（浮渣）、包括利用上述资源发酵产生的沼气	微生物蛋白、干化污泥、燃料、电力、热力	产品原料或燃料90%以上来自所列资源，其中利用油田采油过程中产生的油污泥（浮渣）生产燃料的，原料60%以上来自所列资源。	70%
	2.17	煤焦油、荒煤气（焦炉煤气）	柴油、石脑油	1. 产品原料95%以上来自所列资源；2. 纳税人必须通过 ISO 9000、ISO 14000 认证。	50%
	2.18	燃煤发电厂及各类工业企业生产过程中产生的烟气、高硫天然气	石膏、硫酸、硫酸铵、硫磺	1. 产品原料95%以上来自所列资源；2. 石膏的二水硫酸钙含量85%以上，硫酸的浓度15%以上，硫酸铵的总氮含量18%以上。	50%

续表

类别	序号	综合利用的资源名称	综合利用产品和劳务名称	技术标准和相关条件	退税比例
二、废渣、废水（液）、废气	2.19	工业废气	高纯度二氧化碳、工业氢气、甲烷	1. 产品原料95%以上来自所列资源；2. 高纯度二氧化碳产品符合（GB 10621—2006），工业氢气产品符合（GB/T 3634.1—2006），甲烷产品符合（HG/T 3633—1999）规定的技术要求。	70%
	2.20	工业生产过程中产生的余热、余压	电力、热力	产品原料100%来自所列资源。	100%
三、再生资源	3.1	废旧电池及其拆解物	金属及镍钴锰氢氧化物、镍钴锰酸锂、氯化钴	1. 产品原料中95%以上利用上述资源；2. 镍钴锰氢氧化物符合《镍、钴、锰三元素复合氧化物》（GB/T 26300—2010）规定的技术要求。	30%
	3.2	废显（定）影液、废胶片、废像纸、废感光剂等废感光材料	银	1. 产品原料95%以上来自所列资源；2. 纳税人必须通过 ISO 9000、ISO 14000 认证。	30%
	3.3	废旧电机、废旧电线电缆、废铝制易拉罐、报废汽车、报废摩托车、报废船舶、废旧电器电子产品、废旧太阳能光伏器件、废旧灯泡（管）及其拆解物	经冶炼、提纯生产的金属及合金（不包括铁及铁合金）	1. 产品原料70%来自所列资源；2. 法律、法规或规章对相关废旧产品拆解规定了资质条件的，纳税人应当取得相应的资质。	30%
	3.4	废催化剂、电解废弃物、电镀废弃物、废旧线路板、湿生灰、熔法泥、锡渣、线路板蚀刻废液、锡箔纸灰	经冶炼、提纯或化合生产的金属、合金及金属化合物（不包括铁及铁合金）、冰晶石	1. 产品原料70%来自所列资源；2. 纳税人必须通过 ISO 9000、ISO 14000 认证。	30%

续表

类别	序号	综合利用的资源名称	综合利用产品和劳务名称	技术标准和相关条件	退税比例
三、再生资源	3.5	报废汽车、报废摩托车、报废船舶、废旧电器电子产品、废旧衣物用品、废旧生活用品、工业边角余料、建筑拆解物等产生或拆解出来的废钢铁	炼钢炉料	1. 产品原料95%以上来自所列资源； 2. 炼钢炉料符合《废钢铁》（GB 4223—2004）规定的技术要求； 3. 法律、法规或规章对相关废旧产品拆解规定了资质条件的，纳税人应当取得相应的资质； 4. 纳税人符合工业和信息化部《废钢铁加工行业准入条件》的相关规定； 5. 炼钢炉料的销售对象应为符合工业和信息化部《钢铁行业规范条件》或《铸造行业准入条件》并公告的钢铁企业或铸造企业。	30%
	3.6	稀土产品加工废料，废弃稀土产品及拆解物	稀土金属及稀土氧化物	1. 产品原料95%以上来自所列资源； 2. 纳税人符合国家发展改革委、环境保护部、工业和信息化部《稀土冶炼行业清洁生产评价指标体系》规定的技术要求。	30%
	3.7	废塑料，废旧聚氯乙烯（PVC）制品、废铝塑、纸塑（纸铝、纸塑）复合纸包装材料	汽油、柴油、石油焦、碳黑、再生纸浆、铝粉、塑木（木塑）制品、（汽车、摩托车、家电、管材用）改性再生专用料、化纤用再生聚酯专用料、瓶用再生聚对苯二甲酸乙二醇酯（PET）树脂及再生塑料制品	1. 产品原料70%以上来自所列资源； 2. 化纤用再生聚酯专用料杂质含量低于1%，瓶用再生聚对苯二甲酸乙二醇酯（PET）树脂乙醛质量分数小于等于1ug/g，水分含量低于0.5mg/g； 3. 纳税人必须通过ISO 9000、ISO 14000认证。	50%

续表

类别	序号	综合利用的资源名称	综合利用产品和劳务名称	技术标准和相关条件	退税比例
三、再生资源	3.8	废纸、农作物秸秆	纸浆、秸秆浆和纸	1. 产品原料70%以上来自所列资源； 2. 废水排放符合《制浆造纸工业水污染物排放标准》（GB 3544—2008）规定的技术要求； 3. 纳税人符合《制浆造纸行业清洁生产评价指标体系》规定的技术要求； 4. 纳税人必须通过 ISO 9000、ISO 14000 认证。	50%
	3.9	废旧轮胎、废橡胶制品	胶粉、翻新轮胎、再生橡胶	1. 产品原料95%以上来自所列资源； 2. 胶粉符合（GB/T 19208—2008）规定的技术要求；翻新轮胎符合（GB 7037—2007）、（GB 14646—2007）或（HG/T 3979—2007）规定的技术要求；再生橡胶符合（GB/T 13460—2008）规定的技术要求； 3. 纳税人必须通过 ISO 9000、ISO 14000 认证。	50%
	3.10	废弃天然纤维、化学纤维及其制品	纤维纱及织布、无纺布、毡、粘合剂及再生聚酯产品	产品原料90%以上来自所列资源。	50%
	3.11	人发	档发	产品原料90%以上来自所列资源。	70%
	3.12	废玻璃	玻璃熟料	1. 产品原料95%以上来自所列资源； 2. 产品符合《废玻璃分类》（SB/T 10900—2012）的技术要求； 3. 纳税人符合《废玻璃回收分拣技术规范》（SB/T11108—2014）规定的技术要求。	50%

续表

类别	序号	综合利用的资源名称	综合利用产品和劳务名称	技术标准和相关条件	退税比例
四、农林剩余物及其他	4.1	餐厨垃圾、畜禽粪便、稻壳、花生壳、玉米芯、油茶壳、棉籽壳、三剩物、次小薪材、农作物秸秆、蔗渣、以及利用上述资源发酵产生的沼气	生物质压块、沼气等燃料、电力、热力	1. 产品原料或者燃料 80% 以上来自所列资源；2. 纳税人符合《锅炉大气污染物排放标准》（GB 13271—2014）、《火电厂大气污染物排放标准》（GB 13223—2011）或《生活垃圾焚烧污染控制标准》（GB 18485—2001）规定的技术要求。	100%
	4.2	三剩物、次小薪材、农作物秸秆、沙柳	纤维板、刨花板、细木工板、生物炭、活性炭、栲胶、水解酒精、纤维素、木质素、阿拉伯糖、糠醛、箱板纸	产品原料 95% 以上来自所列资源。	70%
	4.3	废弃动物油和植物油	生物柴油、工业级混合油	1. 产品原料 70% 以上来自所列资源；2. 工业级混合油的销售对象须为化工企业。	70%
五、资源综合利用劳务	5.1	垃圾处理、污泥处理处置劳务			70%
	5.2	污水处理劳务		污水经加工处理后符合《城镇污水处理厂污染物排放标准》（GB 18918—2002）规定的技术要求或达到相应的国家或地方污染物排放标准中的直接排放限值。	70%
	5.3	工业废气处理劳务		经治理、处理后符合《大气污染物综合排放标准》（GB 16297—1996）规定的技术要求或达到相应的国家或地方污水污染物排放标准中的直接排放限值。	70%

备注：

1. 概念和定义。

"纳税人"，是指从事本表中所列的资源综合利用项目的增值税一般纳税人。

"废渣"，是指采矿选矿废渣、冶炼废渣、化工废渣和其他废渣。其中，采矿废渣，是指在矿产资源开采加工过程中产生的煤矸石、尾矿、废石、脉石等；选矿废渣，是指在矿产资源开采中采出矿石经选矿分离出精矿后产生的尾矿等；冶炼废渣，是指转炉渣、电炉渣、铁合金炉渣、氧化铝赤泥和有色金属灰渣等；化工废渣，是指硫铁矿炉渣、硫铁矿烧渣、电石渣、磷石膏、磷矿煤造气炉渣、氮肥煤造气炉渣、黄磷炉渣、煤气炉渣、电石炉渣、磷泥、硼泥、硫酸渣、盐泥、赤泥、碱渣、白泥、铬渣、硼泥、锰渣、铅锌渣、镉渣等；其他废渣，是指粉煤灰、炉底渣（不含高炉水渣）、烟道灰、镍渣、钒渣、钛渣、锂渣、锌渣、锰渣、铬渣、工业副产石膏、污泥、江河（湖、海、渠）道淤泥、建筑废物、城镇污水处理厂处理污水产生的污泥、冶金废渣、粉尘、粉末和其他污泥、

是指转炉炉渣、电炉渣、铁合金炉渣、氧化铝赤泥和有色金属灰渣，但不包括高炉水渣；化工废渣，

含氰废渣、电石渣、磷肥渣、硫磺渣、碱渣、铬渣、淤渣、建筑垃圾、废玻璃、道淤泥、江河（湖、海、渠）

燃煤炉渣。

"焦渣"，是指以甘蔗为原料的制糖生产过程中产生的含纤维50%左右的固体废弃物。

"再生水"，是指对污水处理厂出水、矿井水、生活污水、工业排水（废）等水源进行回收，经适当处理后达到一定水质标准，并在一定范围内重复利用的水资源。

"冶炼"，是指通过焙烧院、熔炼、电解以及使用化学药剂等方法把原料中的金属提取出来，减少金属中某种成分或所需要的金属。冶炼包括火法冶炼、湿法冶炼提取或电化学沉积。

"烟尘灰"，是指金属冶炼火法冶炼过程中，为保护环境经除尘器（塔）收集的粉灰状及泥状料物。

"湿法泥"，是指湿法冶炼生产排出的污泥，经集中环保处置后产生的污泥状废料物。

"熔炼渣"，是指有色金属火法冶炼生产中，由于比重的差异，金属成分因比重较小的硅、钙等化合物浮存在金属表层形成的废渣。

"农作物秸秆"，是指农业生产过程中，收获了粮食作物（指稻谷、小麦、玉米、薯类等）、油料作物（指油菜籽、芝麻籽、胡麻籽等）、棉花、麻类、烟叶、药材、花卉、蔬菜和水果以后残留的茎秆。

"三剩物"，是指采伐剩余物（指枝丫、树梢、树皮、树叶、树根及藤条、灌木等）、造材剩余物（指造材截头）、利加工剩余物（指造材截头、小径板、木芯、刨花、木块、篾黄、边角余料等）。

"次小薪材"，是指次加工材（指树质低于3米以下的小原木条、松木条、杂木杆、脚手杆、短原木等）和薪材。

材（指长度在2米以下或径8厘米以下的小原木）和薪材。

"次加工材"，是指阔叶树加工用原木最低但具有一定利用价值的次加工原木，按《次加工原木》(LY/T1369—2011)标准执行。

"垃圾"，是指城市生活垃圾、污泥、合成革及化纤废弃物、病死畜禽等养殖废弃物等垃圾。

"垃圾处理"，是指运用填埋、焚烧、综合处理和回收利用等形式，对垃圾进行减量化、资源化和无害化处置的业务。

"污泥处理"，是指将污水（包括城镇污水和工业废水）处理后达到《城镇污水处理厂污染物排放标准》(GB 18918—2002)，或达到相应的国家或地方水污染物排放标准准中的直接排放限值标准的业务。其中，城镇污水是指城镇居民生活污水、机关、学校、医院、商业服务机构及各种公共设施排入城镇污水收集系统的污水，以及允许排入城镇污水收集系统的工业废水和初期雨水。工业废水是指工业生产过程中产生的，不允许排入城镇污水收集系统的废水和废液。

"污泥处置"，是指对污泥进行稳定化、减量化和无害化处理的业务。

2. 综合利用的资源比例计算方式：

(1) 综合利用的资源占生产原料或者燃料的比重，以重量比例计算。其中，水泥、水泥熟料原料中掺兑废渣的比重，按以下方法计算：

①对经生料研磨阶段和熟料研磨阶段采用掺兑废渣工艺生产的水泥，其掺兑废渣比例计算公式为：掺兑废渣比例＝(生料研磨阶段掺兑废渣数量＋熟料研磨阶段掺兑废渣数量)÷(除废渣以外的生料研磨阶段兑废渣数量＋熟料研磨阶段兑废渣数量＋其他材料数量)×100%;

②对外购水泥熟料研磨阶段采用掺兑废渣工艺生产的水泥，其掺兑废渣比例计算公式为：掺兑废渣比例＝熟料研磨阶段掺兑废渣数量÷(除废渣以外的生料研磨阶段掺兑废渣数量＋其他材料数量)×100%;

③对生料烧制的水泥熟料，其掺兑废渣比例＝生料烧制阶段掺兑废渣数量÷(除废渣以外的生料烧制阶段掺兑废渣数量＋其他材料数量)×100%。

(2) 综合利用的资源为余热、余压的，按其占生产电力、热力消耗的能源比例计算。

3. 表中所列省级税务监督部门备案的产品，应当符合相应的国家或者企业标准。既有国家标准又有行业标准的，应当符合相对高的标准；没有国家标准或行业标准的，应当符合相应的国家标准、行业标准，如在执行过程中有更新、替换、统一，按最新的国家标准、行业标准执行。

4. 表中所称"以上"均含本数。

（二）印花税

财政部 国家税务总局关于金融机构与小型微型企业
签订借款合同免征印花税的通知

财税〔2011〕105 号

各省、自治区、直辖市、计划单列市财政厅（局）、地方税务局，新疆生产建设兵团财务局：

经国务院批准，为鼓励金融机构对小型、微型企业提供金融支持，促进小型、微型企业发展，自 2011 年 11 月 1 日起至 2014 年 10 月 31 日止，对金融机构与小型、微型企业签订的借款合同免征印花税。

上述小型、微型企业的认定，按照《工业和信息化部、国家统计局、国家发展和改革委员会、财政部关于印发中小企业划型标准规定的通知》（工信部联企业〔2011〕300 号）的有关规定执行。

财政部 国家税务总局

2011 年 10 月 17 日

财政部 国家税务总局关于金融机构与小型微型企业
签订借款合同免征印花税的通知

财税〔2014〕78 号

各省、自治区、直辖市、计划单列市财政厅（局）、地方税务局，西藏自治区国家税务局，新疆生产建设兵团财务局：

为鼓励金融机构对小型、微型企业提供金融支持，进一步促进小型、微型企业发展，现将有关印花税政策通知如下：

一、自 2014 年 11 月 1 日至 2017 年 12 月 31 日，对金融机构与小型、微型企业签订的借款合同免征印花税。

二、上述小型、微型企业的认定，按照《工业和信息化部 国家统计局 国家发展和改革委员会财政部关于印发中小企业划型标准规定的通知》（工信部联企业〔2011〕300 号）的有关规定执行。

财政部 国家税务总局

2014 年 10 月 24 日

（三）房产税、城镇土地使用税（小微企业符合规定的条件即可享受）

财政部 国家税务总局关于农产品批发市场 农贸市场房产税 城镇土地使用税政策的通知

财税〔2012〕68 号

各省、自治区、直辖市、计划单列市财政厅（局）、地方税务局，西藏、宁夏、青海省（自治区）国家税务局，新疆生产建设兵团财务局：

为支持农产品流通体系建设，减轻农产品批发市场、农贸市场经营负担，根据国务院常务会议精神，现将农产品批发市场、农贸市场有关房产税和城镇土地使用税政策通知如下：

一、对专门经营农产品的农产品批发市场、农贸市场使用的房产、土地，暂免征收房产税和城镇土地使用税。对同时经营其他产品的农产品批发市场和农贸市场使用的房产、土地，按其他产品与农产品交易场地面积的比例确定征免房产税和城镇土地使用税。

二、农产品批发市场和农贸市场，是指经工商登记注册，供买卖双方进行农产品及其初加工品现货批发或零售交易的场所。农产品包括粮油、肉禽蛋、蔬菜、干鲜果品、水产品、调味品、棉麻、活畜、可食用的林产品以及由省、自治区、直辖市财税部门确定的其他可食用的农产品。

三、本通知自 2013 年 1 月 1 日至 2015 年 12 月 31 日执行。各地已按《财政部 税务总局关于房产税和车船使用税几个业务问题的解释与规定》（财税地字〔1987〕3 号）第三条、《国家税务局关于印发〈关于土地使用税若干具体问题的补充规定〉的通知》（国税地字〔1989〕140 号）第五条规定对农产品批发市场、农贸市场给予免征房产税和城镇土地使用税的，可继续按原免税政策执行。

四、符合上述免税条件的企业需持相关材料向主管税务机关办理备案手续。

财政部 国家税务总局

2012 年 9 月 3 日

财政部 国家税务总局关于安置残疾人就业单位城镇土地使用税等政策的通知

财税〔2010〕121 号

各省、自治区、直辖市、计划单列市财政厅（局）、地方税务局，西藏、青海、宁夏省（自治区）国家税务局，新疆生产建设兵团财务局：

经研究，现将安置残疾人就业单位城镇土地使用税等政策通知如下：

一、关于安置残疾人就业单位的城镇土地使用税问题

对在一个纳税年度内月平均实际安置残疾人就业人数占单位在职职工总数的比例高于 25%（含 25%）且实际安置残疾人人数高于 10 人（含 10 人）的单位，可减征或免征该年度城镇土地使用税。具体减免税比例及管理办法由省、自治区、直辖市财税主管部门确定。

《国家税务局关于土地使用税若干具体问题的解释和暂行规定》（国税地字〔1988〕15 号）第十八条第四项同时废止。

二、关于出租房产免收租金期间房产税问题

对出租房产，租赁双方签订的租赁合同约定有免收租金期限的，免收租金期间由产权所有人按照房产原值缴纳房产税。

三、关于将地价计入房产原值征收房产税问题

对按照房产原值计税的房产，无论会计上如何核算，房产原值均应包含地价，包括为取得土地使用权支付的价款、开发土地发生的成本费用等。宗地容积率低于 0.5 的，按房产建筑面积的 2 倍计算土地面积并据此确定计入房产原值的地价。

本通知自发文之日起执行。此前规定与本通知不一致的，按本通知执行。各地财税部门要加强对政策执行情况的跟踪了解，对执行中发现的问题，及时上报财政部和国家税务总局。

财政部 国家税务总局
2010 年 12 月 21 日

（四）土地增值税（小微企业符合规定的条件即可享受）

财政部 国家税务总局关于企业改制重组有关土地增值税政策的通知

财税〔2015〕5 号

各省、自治区、直辖市、计划单列市财政厅（局）、地方税务局，西藏、宁夏、青海省（自治区）国家税务局，新疆生产建设兵团财务局：

为贯彻落实《国务院关于进一步优化企业兼并重组市场环境的意见》（国发〔2014〕14 号），现将企业在改制重组过程中涉及的土地增值税政策通知如下：

一、按照《中华人民共和国公司法》的规定，非公司制企业整体改建为有限责任公司或者股份有限公司，有限责任公司（股份有限公司）整体改建为股份有限公司（有限责任公司）。对改建前的企业将国有土地、房屋权属转移、变更到改建后的企业，暂不征土地增值税。

本通知所称整体改建是指不改变原企业的投资主体，并承继原企业权利、义务的行为。

二、按照法律规定或者合同约定，两个或两个以上企业合并为一个企业，且原企业投资主体存续的，对原企业将国有土地、房屋权属转移、变更到合并后的企业，暂不征土地增值税。

三、按照法律规定或者合同约定，企业分设为两个或两个以上与原企业投资主体相同的企业，对原企业将国有土地、房屋权属转移、变更到分立后的企业，暂不征土地增值税。

四、单位、个人在改制重组时以国有土地、房屋进行投资，对其将国有土地、房屋权属转移、变更到被投资的企业，暂不征土地增值税。

五、上述改制重组有关土地增值税政策不适用于房地产开发企业。

六、企业改制重组后再转让国有土地使用权并申报缴纳土地增值税时，应以改制前取得该宗国有土地使用权所支付的地价款和按国家统一规定缴纳的有关费用，作为该企业"取得土地使用权所支付的金额"扣除。企业在重组改制过程中经省级以上（含省级）国土管理部门批准，国家以国有土地使用权作价出资入股的，再转让该宗国有土地使用权并申报缴纳土地增值税时，应以该宗土地作价入股时省级以上（含省级）国土管理部门批准的评估价格，作为该企业"取得土地使用权所支付的金额"扣除。办理纳税申报时，企业应提供该宗土地作价入股时省级以上（含省级）国土管理部门的批准文件和批准的评估价格，不能提供批准文件和批准的评估价格的，不得扣除。

七、企业按本通知有关规定享受相关土地增值税优惠政策的，应及时向主管税务机关提交相关房产、国有土地权证、价值证明等书面材料。

八、本通知执行期限为 2015 年 1 月 1 日至 2017 年 12 月 31 日。《财政部 国家税务总局关于土地增值税一些具体问题规定的通知》(财税字〔1995〕48 号)第一条、第三条,《财政部 国家税务总局关于土地增值税若干问题的通知》(财税〔2006〕21 号)第五条同时废止。

财政部 国家税务总局

2015 年 2 月 2 日

注:本文宣布废止的相关文件条款

财政部 国家税务总局关于土地增值税一些具体问题规定的通知(财税字〔1995〕48 号)

一、关于以房地产进行投资、联营的征免税问题

对于以房地产进行投资、联营的,投资、联营的一方以土地(房地产)作价入股进行投资或作为联营条件,将房地产转让到所投资、联营的企业中时,暂免征收土地增值税。对投资、联营企业将上述房地产再转让的,应征收土地增值税。

三、关于企业兼并转让房地产的征免税问题

在企业兼并中,对被兼并企业将房地产转让到兼并企业中的,暂免征收土地增值税。

财政部 国家税务总局关于土地增值税若干问题的通知(财税〔2006〕21 号)

五、关于以房地产进行投资或联营的征免税问题

对于以土地(房地产)作价入股进行投资或联营的,凡所投资、联营的企业从事房地产开发的,或者房地产开发企业以其建造的商品房进行投资和联营的,均不适用《财政部 国家税务总局关于土地增值税一些具体问题规定的通知》(财税字〔1995〕048 号)第一条暂免征收土地增值税的规定。

(五)契税(小微企业符合规定的条件即可享受)

财政部 国家税务总局关于进一步支持企业事业单位改制重组有关契税政策的通知

财税〔2015〕37 号

各省、自治区、直辖市、计划单列市财政厅(局)、地方税务局,西藏、宁夏、青海省(自治区)国家税务局,新疆生产建设兵团财务局:

为贯彻落实《国务院关于进一步优化企业兼并重组市场环境的意见》(国发〔2014〕14 号),继续支持企业、事业单位改制重组,现就企业、事业单位改制重组涉及的契税政策通知如下:

一、企业改制

企业按照《中华人民共和国公司法》有关规定整体改制，包括非公司制企业改制为有限责任公司或股份有限公司，有限责任公司变更为股份有限公司，股份有限公司变更为有限责任公司，原企业投资主体存续并在改制（变更）后的公司中所持股权（股份）比例超过75%，且改制（变更）后公司承继原企业权利、义务的，对改制（变更）后公司承受原企业土地、房屋权属，免征契税。

二、事业单位改制

事业单位按照国家有关规定改制为企业，原投资主体存续并在改制后企业中出资（股权、股份）比例超过50%的，对改制后企业承受原事业单位土地、房屋权属，免征契税。

三、公司合并

两个或两个以上的公司，依照法律规定、合同约定，合并为一个公司，且原投资主体存续的，对合并后公司承受原合并各方土地、房屋权属，免征契税。

四、公司分立

公司依照法律规定、合同约定分立为两个或两个以上与原公司投资主体相同的公司，对分立后公司承受原公司土地、房屋权属，免征契税。

五、企业破产

企业依照有关法律法规规定实施破产，债权人（包括破产企业职工）承受破产企业抵偿债务的土地、房屋权属，免征契税；对非债权人承受破产企业土地、房屋权属，凡按照《中华人民共和国劳动法》等国家有关法律法规政策妥善安置原企业全部职工，与原企业全部职工签订服务年限不少于三年的劳动用工合同的，对其承受所购企业土地、房屋权属，免征契税；与原企业超过30%的职工签订服务年限不少于三年的劳动用工合同的，减半征收契税。

六、资产划转

对承受县级以上人民政府或国有资产管理部门按规定进行行政性调整、划转国有土地、房屋权属的单位，免征契税。

同一投资主体内部所属企业之间土地、房屋权属的划转，包括母公司与其全资子公司之间，同一公司所属全资子公司之间，同一自然人与其设立的个人独资企业、一人有限公司之间土地、房屋权属的划转，免征契税。

七、债权转股权

经国务院批准实施债权转股权的企业，对债权转股权后新设立的公司承受原企业的土地、房屋权属，免征契税。

八、划拨用地出让或作价出资

以出让方式或国家作价出资（入股）方式承受原改制重组企业、事业单位划拨用地的，不属上述规定的免税范围，对承受方应按规定征收契税。

九、公司股权（股份）转让

在股权（股份）转让中，单位、个人承受公司股权（股份），公司土地、房屋权属不发生转移，不征收契税。

十、有关用语含义

本通知所称企业、公司，是指依照我国有关法律法规设立并在中国境内注册的企业、公司。

本通知所称投资主体存续，是指原企业、事业单位的出资人必须存在于改制重组后的企业，出资人的出资比例可以发生变动；投资主体相同，是指公司分立前后出资人不发生变动，出资人的出资比例可以发生变动。

本通知自 2015 年 1 月 1 日起至 2017 年 12 月 31 日执行。本通知发布前，企业、事业单位改制重组过程中涉及的契税尚未处理的，符合本通知规定的可按本通知执行。

财政部 国家税务总局
2015 年 3 月 31 日

（六）综合类（小微企业符合规定的条件均可享受）

财政部 国家税务总局关于促进公共租赁住房发展有关税收优惠政策的通知

财税〔2014〕52 号

各省、自治区、直辖市、计划单列市财政厅（局）、地方税务局，西藏、宁夏、青海省（自治区）国家税务局，新疆生产建设兵团财务局：

根据《国务院办公厅关于保障性安居工程建设和管理的指导意见》（国办发〔2011〕45 号）和住房城乡建设部、财政部 国家税务总局等部门《关于加快发展公共租赁住房的指导意见》（建保〔2010〕87 号）等文件精神，决定继续对公共租赁住房建设和运营给予税收优惠，现将有关政策通知如下：

一、对公共租赁住房建设期间用地及公共租赁住房建成后占地免征城镇土地使用税。在其他住房项目中配套建设公共租赁住房，依据政府部门出具的相关材料，按公共租赁住房建筑面积占总建筑面积的比例免征建设、管理公共租赁住房涉及的城镇土地使用税。

二、对公共租赁住房经营管理单位免征建设、管理公共租赁住房涉及的印花税。在其他住房项目中配套建设公共租赁住房，依据政府部门出具的相关材料，按公共租赁住房建筑面积占总建筑面积的比例免征建设、管理公共租赁住房涉及的印花税。

三、对公共租赁住房经营管理单位购买住房作为公共租赁住房，免征契税、印花税；对公共租赁住房租赁双方免征签订租赁协议涉及的印花税。

四、对企事业单位、社会团体以及其他组织转让旧房作为公共租赁住房房源，且增值额未超过扣除项目金额 20% 的，免征土地增值税。

五、企事业单位、社会团体以及其他组织捐赠住房作为公共租赁住房，符合税收法律法规规定的，对其公益性捐赠支出在年度利润总额 12% 以内的部分，准予在计算应纳税所得额时扣除。

个人捐赠住房作为公共租赁住房，符合税收法律法规规定的，对其公益性捐赠支出未超过其申报的应纳税所得额 30% 的部分，准予从其应纳税所得额中扣除。

六、对符合地方政府规定条件的低收入住房保障家庭从地方政府领取的住房租赁补贴，免征个人所得税。

七、对公共租赁住房免征房产税。对经营公共租赁住房所取得的租金收入，免征营业税。公共租赁住房经营单位应单独核算公共租赁住房租金收入，未单独核算的，不得享受免征营业税、房产税优惠政策。

八、享受上述税收优惠政策的公共租赁住房是指纳入省、自治区、直辖市、计划单列市人民政府及新疆生产建设兵团批准的公共租赁住房发展规划和年度计划，并按照《关于加快发展公共租赁住房的指导意见》（建保〔2010〕87 号）和市、县人民政府制定的具体管理办法进行管理的公共租赁住房。

九、本通知执行期限为 2013 年 9 月 28 日至 2015 年 12 月 31 日。2013 年 9 月 28 日以后已征的应予减免的税款，在纳税人以后应缴的相应税款中抵减或者予以退还。

根据《住房城乡建设部、财政部 国家发展改革委关于公共租赁住房和廉租住房并轨运行的通知》（建保〔2013〕178 号）规定，2014 年以前年度已列入廉租住房年度建设计划的在建项目，自本通知印发之日起，统一按本通知规定的税收优惠政策执行，《财政部 国家税务总局关于廉租住房、经济适用住房和住房租赁有关税收政策的通知》（财税〔2008〕24 号）中有关廉租住房税收政策的规定自本通知印发之日起同时废止。

财政部 国家税务总局

2014 年 8 月 11 日

财政部 国家税务总局关于支持农村饮水安全工程建设运营税收政策的通知

财税〔2012〕30 号

各省、自治区、直辖市、计划单列市财政厅（局）、国家税务局、地方税务局，新疆生

产建设兵团财务局：

为贯彻落实《中共中央、国务院关于加快水利改革发展的决定》（中发〔2011〕1号）精神，改善农村人居环境，提高农村生活质量，支持农村饮水安全工程（以下简称饮水工程）的建设、运营，经国务院批准，现将有关税收政策通知如下：

一、对饮水工程运营管理单位为建设饮水工程而承受土地使用权，免征契税。

二、对饮水工程运营管理单位为建设饮水工程取得土地使用权而签订的产权转移书据，以及与施工单位签订的建设工程承包合同免征印花税。

三、对饮水工程运营管理单位自用的生产、办公用房产、土地，免征房产税、城镇土地使用税。

四、对饮水工程运营管理单位向农村居民提供生活用水取得的自来水销售收入，免征增值税。

五、对饮水工程运营管理单位从事《公共基础设施项目企业所得税优惠目录》规定的饮水工程新建项目投资经营的所得，自项目取得第一笔生产经营收入所属纳税年度起，第一年至第三年免征企业所得税，第四年至第六年减半征收企业所得税。

本文所称饮水工程，是指为农村居民提供生活用水而建设的供水工程设施。本文所称饮水工程运营管理单位是指负责农村饮水安全工程运营管理的自来水公司、供水公司、供水（总）站（厂、中心）、村集体、在民政部门注册登记的用水户协会等单位。对于既向城镇居民供水，又向农村居民供水的饮水工程运营管理单位，依据向农村居民供水收入占总供水收入的比例免征增值税；依据向农村居民供水量占总供水量的比例免征契税、印花税、房产税和城镇土地使用税。无法提供具体比例或所提供数据不实的，不得享受上述税收优惠政策。

上述政策（第五条除外）的执行期限暂定为 2011 年 1 月 1 日至 2015 年 12 月 31 日。自 2011 年 1 月 1 日至本文发布之日期间应予免征的税款（不包括印花税），可在以后应纳的相应税款中抵减或予以退税。

财政部 国家税务总局

2012 年 4 月 24 日

财政部 国家税务总局 中宣部关于继续实施文化体制改革中经营性文化事业单位转制为企业若干税收政策的通知

财税〔2014〕84 号

各省、自治区、直辖市、计划单列市党委宣传部、财政厅（局）、国家税务局、地方税务局，新疆生产建设兵团财务局：

为贯彻落实《国务院办公厅关于印发文化体制改革中经营性文化事业单位转制为企业和进一步支持文化企业发展两个规定的通知》（国办发〔2014〕15号）有关规定，进一步深化文化体制改革，继续推进国有经营性文化事业单位转企改制，现就继续实施经营性文化事业单位转制为企业的税收政策有关问题通知如下：

一、经营性文化事业单位转制为企业，可以享受以下税收优惠政策：

（一）经营性文化事业单位转制为企业，自转制注册之日起免征企业所得税。

（二）由财政部门拨付事业经费的文化单位转制为企业，自转制注册之日起对其自用房产免征房产税。

（三）党报、党刊将其发行、印刷业务及相应的经营性资产剥离组建的文化企业，自注册之日起所取得的党报、党刊发行收入和印刷收入免征增值税。

（四）对经营性文化事业单位转制中资产评估增值、资产转让或划转涉及的企业所得税、增值税、营业税、城市维护建设税、印花税、契税等，符合现行规定的享受相应税收优惠政策。

（五）转制为企业的出版、发行单位处置库存呆滞出版物形成的损失，允许按照税收法律法规的规定在企业所得税前扣除。

上述所称"经营性文化事业单位"，是指从事新闻出版、广播影视和文化艺术的事业单位。转制包括整体转制和剥离转制。其中，整体转制包括：（图书、音像、电子）出版社、非时政类报刊出版单位、新华书店、艺术院团、电影制片厂、电影（发行放映）公司、影剧院、重点新闻网站等整体转制为企业；剥离转制包括：新闻媒体中的广告、印刷、发行、传输网络等部分，以及影视剧等节目制作与销售机构，从事业体制中剥离出来转制为企业。

上述所称"转制注册之日"，是指经营性文化事业单位转制为企业并进行工商注册之日。对于经营性文化事业单位转制前已进行企业法人登记，则按注销事业单位法人登记之日或核销事业编制的批复之日（转制前未进行事业单位法人登记的）起确定转制完成并享受本通知所规定的税收优惠政策。

本通知下发之前已经审核认定享受《财政部 国家税务总局关于文化体制改革中经营性文化事业单位转制为企业的若干税收优惠政策问题的通知》（财税〔2009〕34号）税收政策的转制文化企业，可继续享受本通知所规定的税收政策。

二、享受税收优惠政策的转制文化企业应同时符合以下条件：

（一）根据相关部门的批复进行转制。

（二）转制文化企业已进行企业工商注册登记。

（三）整体转制前已进行事业单位法人登记的，转制后已核销事业编制、注销事业单位法人。

（四）已同在职职工全部签订劳动合同，按企业办法参加社会保险。

（五）转制文化企业引入非公有资本和境外资本的，须符合国家法律法规和政策规定；变更资本结构依法应经批准的，需经行业主管部门和国有文化资产监管部门批准。

本通知适用于所有转制文化单位。中央所属转制文化企业的认定，由中央宣传部会同财政部 税务总局确定并发布名单；地方所属转制文化企业的认定，按照登记管理权限，由地方各级宣传部门会同同级财政、税务部门确定和发布名单，并按程序抄送中央宣传部、财政部和税务总局。

已认定发布的转制文化企业名称发生变更的，如果主营业务未发生变化，可持同级文化体制改革和发展工作领导小组办公室出具的同意变更函，到主管税务机关履行变更手续；如果主营业务发生变化，依照本条规定的条件重新认定。

三、经认定的转制文化企业，即可享受相应的税收优惠政策，并持下列材料向主管税务机关备案：

（一）转制方案批复函；

（二）企业工商营业执照；

（三）整体转制前已进行事业单位法人登记的，需提供同级机构编制管理机关核销事业编制、注销事业单位法人的证明；

（四）同在职职工签订劳动合同、按企业办法参加社会保险制度的证明；

（五）引入非公有资本和境外资本、变更资本结构的，需出具相关部门批准文件。

未经认定的转制文化企业或转制文化企业不符合本通知规定的，不得享受相关税收优惠政策。已享受优惠的，主管税务机关应追缴其已减免的税款。

四、对已转制企业按照本通知规定应予减免的税款，在本通知下发以前已经征收入库的，可抵减以后纳税期应缴税款或办理退库。

五、本通知执行期限为 2014 年 1 月 1 日至 2018 年 12 月 31 日。《财政部 国家税务总局关于文化体制改革中经营性文化事业单位转制为企业的若干税收优惠政策问题的通知》（财税〔2009〕34 号）、《财政部 国家税务总局 中宣部关于转制文化企业名单及认定问题的通知》（财税〔2009〕105 号）自 2014 年 1 月 1 日起停止执行。

财政部 国家税务总局 中宣部

2014 年 11 月 27 日

财政部 海关总署 国家税务总局关于继续实施支持文化企业发展若干税收政策的通知

财税〔2014〕85 号

各省、自治区、直辖市、计划单列市财政厅（局）、国家税务局、地方税务局，新疆生

产建设兵团财务局，广东分署、各直属海关：

为贯彻落实《国务院办公厅关于印发文化体制改革中经营性文化事业单位转制为企业和进一步支持文化企业发展两个规定的通知》（国办发〔2014〕15号）有关规定，进一步深化文化体制改革，促进文化企业发展，现就继续实施支持文化企业发展的税收政策有关问题通知如下：

一、新闻出版广电行政主管部门（包括中央、省、地市及县级）按照各自职能权限批准从事电影制片、发行、放映的电影集团公司（含成员企业）、电影制片厂及其他电影企业取得的销售电影拷贝（含数字拷贝）收入、转让电影版权（包括转让和许可使用）收入、电影发行收入以及在农村取得的电影放映收入免征增值税。一般纳税人提供的城市电影放映服务，可以按现行政策规定，选择按照简易计税办法计算缴纳增值税。

二、2014年1月1日至2016年12月31日，对广播电视运营服务企业收取的有线数字电视基本收视维护费和农村有线电视基本收视费，免征增值税。

三、为承担国家鼓励类文化产业项目而进口国内不能生产的自用设备及配套件、备件，在政策规定范围内，免征进口关税。支持文化产品和服务出口的税收优惠政策由财政部 税务总局会同有关部门另行制定。

四、对从事文化产业支撑技术等领域的文化企业，按规定认定为高新技术企业的，减按15％的税率征收企业所得税；开发新技术、新产品、新工艺发生的研究开发费用，允许按照税收法律法规的规定，在计算应纳税所得额时加计扣除。文化产业支撑技术等领域的具体范围和认定工作由科技部 财政部 税务总局商中央宣传部等部门另行明确。

五、出版、发行企业处置库存呆滞出版物形成的损失，允许按照税收法律法规的规定在企业所得税前扣除。

六、对文化企业按照本通知规定应予减免的税款，在本通知下发以前已经征收入库的，可抵减以后纳税期应缴税款或办理退库。

七、除另有规定外，本通知规定的税收政策执行期限为2014年1月1日至2018年12月31日。《财政部 海关总署 国家税务总局关于支持文化企业发展若干税收政策问题的通知》（财税〔2009〕31号）自2014年1月1日起停止执行。

财政部 海关总署 国家税务总局

2014年11月27日

九、鼓励和引导民间投资健康发展的税收政策

（一）鼓励和引导民间资本进入基础产业和基础设施领域的税收政策

——《财政部 国家税务总局关于执行公共基础设施项目企业所得税优惠目录有关问题的通知》（财税〔2008〕46号）

企业从事《公共基础设施项目企业所得税优惠目录》内符合相关条件和技术标准及国家投资管理相关规定，自2008年1月1日后经批准的公共基础设施项目，其投资经营的所得，自该项目取得第一笔生产经营收入所属纳税年度起，第一年至第三年免征企业所得税，第四年至第六年减半征收企业所得税。

——《财政部 税务总局关于房产税若干具体问题的解释和暂行规定》（财税地字〔1986〕第8号）

凡是在基建工地为基建工地服务的各种工棚、材料棚、休息棚和办公室、食堂、茶炉房、汽车房等临时性房屋，不论是施工企业自行建造还是由基建单位出资建造交施工企业使用的，在施工期间，一律免征房产税。

——《国家税务总局关于污水处理费不征收营业税的批复》（国税函〔2004〕1366号）

单位和个人提供的污水处理劳务不属于营业税应税劳务，其处理污水取得的污水处理费，不征收营业税。

——《国家税务局关于水利设施用地征免土地使用税问题的规定》（国税地字〔1989〕第14号）

对水利设施及其管护用地（如水库库区、大坝、堤防、灌渠、泵站等用地），免征土地使用税。

——《财政部 国家税务总局关于资源综合利用及其他产品增值税政策的通知》（财税〔2008〕156号）

销售自产的再生水免征增值税。再生水是指对污水处理厂出水、工业排水（矿井水）、生活污水、垃圾处理厂渗透（滤）液等水源进行回收，经适当处理后达到一定水

质标准，并在一定范围内重复利用的水资源。再生水应当符合水利部《再生水水质标准》（SL368—2006）的有关规定。

——《财政部　国家税务总局关于资源综合利用及其他产品增值税政策的通知》（财税〔2008〕156 号）

对污水处理劳务免征增值税。污水处理是指将污水（包括城镇污水和工业废水）处理后达到《城镇污水处理厂污染物排放标准》（GB18918—2002），或达到相应的国家或地方水污染物排放标准中的直接排放限值的业务。

"城镇污水"是指城镇居民生活污水，机关、学校、医院、商业服务机构及各种公共设施排水，以及允许排入城镇污水收集系统的工业废水和初期雨水。

"工业废水"是指工业生产过程中产生的，不允许排入城镇污水收集系统的废水和废液。

——《财政部　国家税务总局关于资源综合利用及其他产品增值税政策的通知》（财税〔2008〕156 号）

销售自产的以垃圾为燃料生产的电力或者热力实行增值税即征即退的政策。垃圾用量占发电燃料的比重不低于 80%，并且生产排放达到 GB13223—2003 第 1 时段标准或者 GB18485—2001 的有关规定。所称垃圾，是指城市生活垃圾、农作物秸秆、树皮废渣、污泥、医疗垃圾。

——《财政部　国家税务总局关于资源综合利用及其他产品增值税政策的通知》（财税〔2008〕156 号）

销售自产的利用风力生产的电力实现的增值税实行即征即退 50% 的政策。

——《财政部　国家税务总局关于部分货物适用增值税低税率和简易办法征收增值税政策的通知》（财税〔2009〕9 号）

属于增值税一般纳税人的县级及县级以下小型水力发电单位生产销售自产的电力，可选择按照简易办法依照 6% 征收率（依据财税〔2014〕57 号，"6% 征收率"改为"3% 征收率"）计算缴纳增值税。小型水力发电单位，是指各类投资主体建设的装机容量为 5 万千瓦以下（含 5 万千瓦）的小型水力发电单位。

（二）鼓励和引导民间资本进入市政公用事业和政策性住房建设领域的税收政策

——《财政部　国家税务总局关于廉租住房、经济适用住房和住房租赁有关税收政

策的通知》(财税〔2008〕24号,有关廉租住房税收政策的规定自2014年8月15日起废止)

开发商在经济适用住房、商品住房项目中配套建造廉租住房,在商品住房项目中配套建造经济适用住房,如能提供政府部门出具的相关材料,可按廉租住房、经济适用住房建筑面积占总建筑面积的比例免征开发商应缴纳的城镇土地使用税、印花税。

——《财政部 国家税务总局关于促进公共租赁住房发展有关税收优惠政策的通知》(财税〔2014〕52号,自2013年9月28日至2015年12月31日执行)

对公共租赁住房建设期间用地及公共租赁住房建成后占地免征城镇土地使用税。在其他住房项目中配套建设公共租赁住房,依据政府部门出具的相关材料,按公共租赁住房建筑面积占总建筑面积的比例免征建设公共租赁住房涉及的城镇土地使用税。

在其他住房项目中配套建设公共租赁住房,依据政府部门出具的相关材料,按公共租赁住房建筑面积占总建筑面积的比例免征建设、管理公共租赁住房涉及的印花税。

(三)鼓励和引导民间资本进入社会事业领域的税收政策

——《财政部 国家税务总局关于医疗卫生机构有关税收政策的通知》(财税〔2000〕42号)

对非营利性医疗机构按照国家规定的价格取得的医疗服务收入,免征各项税收(2008年1月1日以后,不包括企业所得税)。

对非营利性医疗机构自产自用的制剂,免征增值税。

对非营利性医疗机构自用的房产、土地,免征房产税、城镇土地使用税。

——《中华人民共和国营业税暂行条例》

第八条 医院、诊所和其他医疗机构提供的医疗服务免征营业税。

——《中华人民共和国企业所得税法》

第二十六条 符合条件的非营利组织的收入,为免税收入。

——《财政部 国家税务总局关于教育税收政策的通知》(财税〔2004〕39号)

对从事学历教育的学校提供教育劳务取得的收入,免征营业税。

对学校从事技术开发、技术转让业务和与之相关的技术咨询、技术服务业务取得的收入,免征营业税。

对托儿所、幼儿园提供养育服务取得的收入,免征营业税。

企业办的各类学校、托儿所、幼儿园自用的房产、土地，免征房产税、城镇土地使用税。

对学校、幼儿园经批准征用的耕地，免征耕地占用税。

——《财政部 海关总署 国家税务总局关于科学研究和教学用品免征进口税收规定》（财政部 海关总署 国家税务总局令第 45 号）

对规定的科学研究机构和学校，以科学研究和教学为目的，在合理数量范围内进口国内不能生产或者性能不能满足需要的科学研究和教学用品，免征进口关税和进口环节增值税、消费税。

——《中华人民共和国营业税暂行条例》

第八条 养老院、残疾人福利机构提供的育养服务，免征营业税。

——《中华人民共和国耕地占用税暂行条例》

第八条 养老院占用耕地，免征耕地占用税。

——《财政部 国家税务总局关于对老年服务机构有关税收政策问题的通知》（财税〔2000〕97 号）

对政府部门和企事业单位、社会团体以及个人等社会力量投资兴办的福利性、非营利性的老年服务机构自用的房产暂免征收房产税。

——《中华人民共和国营业税暂行条例》

第八条 纪念馆、博物馆、文化馆、文物保护单位管理机构、美术馆、展览馆、书画院、图书馆举办文化活动的门票收入，免征营业税。

——《财政部 海关总署 国家税务总局关于支持文化企业发展若干税收政策问题的通知》（财税〔2009〕31 号，上述营业税项目如已进行"营改增"试点的则按"营改增"后的增值税规定执行）

广播电影电视行政主管部门（包括中央、省、地市及县级）按照各自职能权限批准从事电影制片、发行、放映的电影集团公司（含成员企业）、电影制片厂及其他电影企业取得的销售电影拷贝收入、转让电影版权收入、电影发行收入以及在农村取得的电影放映收入免征增值税和营业税。

出口图书、报纸、期刊、音像制品、电子出版物、电影和电视完成片按规定享受增值税出口退税政策。

文化企业在境外演出从境外取得的收入免征营业税。

在文化产业支撑技术等领域内，依据《关于印发〈高新技术企业认定管理办法〉的通知》（国科发火〔2008〕172 号）和《关于印发〈高新技术企业认定管理工作指引〉的通知》（国科发火〔2008〕362 号）规定认定的高新技术企业，减按 15％的税率征收企业所得税；文化企业开发新技术、新产品、新工艺发生的研究开发费用，允许按国家税法规定在计算应纳税所得额时加计扣除。

出版、发行企业库存呆滞出版物，纸质图书超过五年（包括出版当年，下同）、音像制品、电子出版物和投影片（含缩微制品）超过两年、纸质期刊和挂历年画等超过一年的，可以作为财产损失在税前据实扣除。

为生产重点文化产品而进口国内不能生产的自用设备及配套件、备件等，按现行税收政策有关规定，免征进口关税。

——《中华人民共和国营业税暂行条例》

第五条 纳税人从事旅游业务的，以其取得的全部价款和价外费用扣除替旅游者支付给其他单位或者个人的住宿费、餐费、交通费、旅游景点门票和支付给其他接团旅游企业的旅游费后的余额为营业额。

（四）鼓励和引导民间资本进入金融服务领域的税收政策

——《财政部 国家税务总局关于金融企业涉农贷款和中小企业贷款损失准备金税前扣除有关问题的通知》（财税〔2015〕3 号）

金融企业根据《贷款风险分类指导原则》（银发〔2001〕416 号），对其涉农贷款和中小企业贷款进行风险分类后，按照规定比例计提的贷款损失准备金，准予在计算应纳税所得额时扣除。

——《国家税务总局关于发布〈企业资产损失所得税税前扣除管理办法〉的公告》（国家税务总局公告 2011 年第 25 号）

——《财政部 国家税务总局关于农村金融有关税收政策的通知》（财税〔2010〕4 号）；《财政部 国家税务总局关于延长农村金融机构营业税政策执行期限的通知》（财税〔2011〕101 号）

自 2009 年 1 月 1 日至 2015 年 12 月 31 日，对农村信用社、村镇银行、农村资金互助社、由银行业机构全资发起设立的贷款公司、法人机构所在地在县（含县级市、区、旗）及县以下地区的农村合作银行和农村商业银行的金融保险业收入减按 3％的税率征收营业税。

——《工业和信息化部 国家税务总局关于公布免征营业税中小企业信用担保机构名单及取消名单的通知》（工信部联企业〔2010〕462号），《工业和信息化部、国家税务总局关于公布免征营业税中小企业信用担保机构名单有关问题的通知》（工信部联企业〔2011〕68号）

列名的中小企业信用担保机构，按照其机构所在地地市级（含）以上人民政府规定标准取得的担保和再担保业务收入，自主管税务机关办理免税手续之日起，三年内免征营业税。

（五）推动民营企业加强自主创新和转型升级的税收政策

——《国家税务总局关于印发〈企业研究开发费用税前扣除管理办法（试行）〉的通知》（国税发〔2008〕116号）

——《中华人民共和国企业所得税法》

第三十条 企业开发新技术、新产品、新工艺发生的研究开发费用可以在计算应纳税所得额时加计扣除。

——《中华人民共和国企业所得税法》

第三十二条 企业的固定资产由于技术进步等原因，确需加速折旧的，可以缩短折旧年限或者采取加速折旧的方法。〔有关完善固定资产加速折旧企业所得税政策，详见《财政部 国家税务总局关于完善固定资产加速折旧企业所得税政策的通知》（财税〔2014〕75号）〕

——《中华人民共和国企业所得税法实施条例》

第八十八条 企业从事公共污水处理、公共垃圾处理、沼气综合开发利用、节能减排技术改造、海水淡化等环境保护、节能节水项目的所得，自项目取得第一笔生产经营收入所属纳税年度起，第一年至第三年免征企业所得税，第四年至第六年减半征收企业所得税。

——《中华人民共和国企业所得税法实施条例》

第九十九条 企业以《资源综合利用企业所得税优惠目录》规定的资源作为主要原材料，生产国家非限制和禁止并符合国家和行业相关标准的产品取得的收入，减按90%计入收入总额。

前款所称原材料占生产产品材料的比例不得低于《资源综合利用企业所得税优惠目录》规定的标准。

——《中华人民共和国企业所得税法实施条例》

第一百条 企业购置并实际使用《环境保护专用设备企业所得税优惠目录》、《节能节水专用设备企业所得税优惠目录》和《安全生产专用设备企业所得税优惠目录》规定的环境保护、节能节水、安全生产等专用设备的，该专用设备的投资额的10％可以从企业当年的应纳税额中抵免；当年不足抵免的，可以在以后5个纳税年度结转抵免。

——《财政部 国家税务总局关于资源综合利用及其他产品增值税政策的通知》（财税〔2008〕156号）、《财政部 国家税务总局关于资源综合利用及其他产品增值税政策的补充的通知》（财税〔2009〕163号）、《财政部 国家税务总局关于调整完善资源综合利用产品及劳务增值税政策的通知》（财税〔2011〕115号）规定的有关资源综合利用、环境保护等优惠项目。

十、享受各类所得税优惠政策需要报送的资料

根据国家税务总局《全国税务机关纳税服务规范 2.1 版》（2015 年 2 月 25 日）整理。

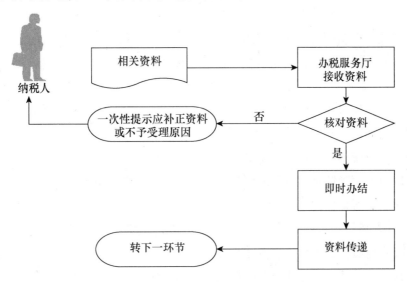

图 2-1　享受税收优惠政策报送资料流程图

（一）享受企业所得税优惠政策需要报送的资料

企业所得税的税收优惠管理——事后备案类

企业所得税事后备案类优惠办理是指符合企业所得税优惠条件的纳税人将相关资料报税务机关备案。办理企业所得税事后备案类税收优惠手续需要报送的资料：

（1）债券利息收入免征企业所得税办理：

——《企业所得税优惠事项备案表》。

（2）符合条件的居民企业之间股息、红利等权益性投资收益及在中华人民共和国境内设立机构、场所的非居民企业从居民企业取得与该机构、场所有实际联系的股息、红利等权益性投资收益免征企业所得税办理：

——《企业所得税优惠事项备案表》。

（3）符合条件的非营利组织的收入免征企业所得税办理：

——《企业所得税优惠事项备案表》。

（4）中国清洁发展机制基金取得的收入免征企业所得税办理：

——《企业所得税优惠事项备案表》。

（5）证券投资基金相关收入暂不征收企业所得税办理：

——《企业所得税优惠事项备案表》。

（6）期货保证金、保险保障基金有关收入暂免征收企业所得税办理：

——《企业所得税优惠事项备案表》。

（7）综合利用资源生产产品取得的收入在计算应纳税所得额时减计收入办理：

——《企业所得税优惠事项备案表》。

——资源综合利用认定证书复印件。

——企业实际资源综合利用情况（包括综合利用的资源、技术标准、产品名称等）的说明。

（8）金融、保险等机构取得的涉农贷款利息收入、保费收入在计算应纳税所得额时减计收入办理：

——《企业所得税优惠事项备案表》。

（9）取得的中国铁路建设债券利息收入减半征收企业所得税办理：

——《企业所得税优惠事项备案表》。

（10）开发新技术、新产品、新工艺发生的研究开发费用加计扣除办理：

——《企业所得税优惠事项备案表》。

——自主、委托、合作研究开发项目计划书和研究开发费预算复印件。

——自主、委托、合作研究开发专门机构或项目组的编制情况和专业人员名单。

——企业总经理办公会或董事会关于自主、委托、合作研究开发项目立项的决议文件复印件。

——委托、合作研究开发项目的合同或协议复印件（非自主开发情形时报送）。

（11）安置残疾人员及国家鼓励安置的其他就业人员所支付的工资加计扣除办理：

——《企业所得税优惠事项备案表》。

——为安置的每位残疾人按月足额缴纳了企业所在区县人民政府根据国家政策规定的基本养老保险、基本医疗保险、失业保险和工伤保险等社会保险证明资料。

——安置残疾职工名单及《残疾人证》或《残疾军人证》复印件。

（12）从事国家重点扶持的公共基础设施项目投资经营的所得定期减免征收企业所得税办理：

——《企业所得税优惠事项备案表》。

——有关部门批准该项目文件复印件。

——项目权属变动情况及转让方已享受优惠情况的说明及证明资料复印件（优惠期间项目权属发生变动时提供）。

（13）从事符合条件的环境保护、节能节水项目的所得定期减免征收企业所得税办理：

——《企业所得税优惠事项备案表》。

——有关部门批准设立该项目文件复印件。

——获得该项目的特许经营权或符合有关部门规定的项目运营资质条件证明复印件。

——项目权属变动情况及转让方已享受优惠情况的说明及证明资料复印件（优惠期间项目权属发生变动时提供）。

（14）符合条件的技术转让所得减免征收企业所得税办理：

——《企业所得税优惠事项备案表》。

——省级或以上科技部门出具的技术合同登记证明复印件（境内技术转让时提供）。

——省级或以上商务部门出具的技术出口合同登记证书或技术出口许可证复印件（向境外转让技术时提供）。

（15）实施清洁发展机制项目的所得定期减免征收企业所得税办理：

——《企业所得税优惠事项备案表》。

——企业将温室气体减排量转让的 HFC 和 PFC 类 CDM 项目，以及将温室气体减排量转让的 N2O 类 CDM 项目的证明材料。

——将温室气体减排量转让收入上缴给国家的证明资料。

（16）符合条件的节能服务公司实施合同能源管理项目的所得定期减免征收企业所得税办理：

——《企业所得税优惠事项备案表》。

——能源管理合同复印件。

——国家发展改革委、财政部公布的第三方机构出具的合同能源管理项目情况确认表，或者政府节能主管部门出具的合同能源管理项目确认意见。

——项目转让合同、项目原享受优惠的备案文件（项目发生转让的，受让节能服务企业提供）。

（17）创业投资企业按投资额的一定比例抵扣应纳税所得额办理：

——《企业所得税优惠事项备案表》。

——创业投资企业经备案管理部门核实后出具的年检合格通知书（副本）复印件。

——中小高新技术企业投资合同或章程复印件。

——由省、自治区、直辖市和计划单列市高新技术企业认定管理机构出具的中小高新技术企业有效的高新技术企业证书复印件。

（18）符合条件的小型微利企业减按 20% 的税率征收企业所得税办理：

——查账征收的小型微利企业，在预缴和汇算清缴时通过填写《中华人民共和国企业所得税年度纳税申报表（A类，2014年版）》的《企业基础信息表》中的"从业人数、资产总额"等栏次，自动履行备案手续；

——核定应税所得率征收的小型微利企业，年度申报时通过填报《中华人民共和国企业所得税月（季）度预缴和年度纳税申报表（B类，2015年版）》中的"小型微利企业判定信息"栏次的"从业人数、资产总额"等相关指标，自动履行备案手续。

（19）国家需要重点扶持的高新技术企业减按15％的税率征收企业所得税办理：

——《企业所得税优惠事项备案表》。

——产品（服务）属于《国家重点支持的高新技术领域》中的具体项目的说明。

——企业具有大学专科以上学历的科技人员占企业当年职工总数的比例说明。

——研发人员占企业当年职工总数的比例说明。

（20）经营性文化事业单位转制为企业的免征企业所得税办理：

——《企业所得税优惠事项备案表》。

（21）动漫企业自主开发、生产动漫产品定期减免征收企业所得税办理：

——《企业所得税优惠事项备案表》。

——动漫企业证书复印件。

（22）技术先进型服务企业减按15％的税率征收企业所得税办理：

——《企业所得税优惠事项备案表》。

（23）退役士兵就业等促进就业企业限额减征企业所得税办理：

——《企业所得税优惠事项备案表》。

（24）集成电路生产企业定期减免征收企业所得税办理：

——《企业所得税优惠事项备案表》。

——集成电路线宽小于0.8微米（含）、集成电路线宽小于0.25微米或投资额超过80亿元的集成电路生产企业认定证明复印件。

（25）集成电路线宽小于0.25微米或投资额超过80亿元的集成电路生产企业减按15％税率征收企业所得税办理：

——《企业所得税优惠事项备案表》。

——集成电路线宽小于0.25微米或投资额超过80亿元的集成电路生产企业认定证明复印件。

（26）新办集成电路设计企业和符合条件的软件企业定期减免征收企业所得税办理：

——《企业所得税优惠事项备案表》。

——认定证明复印件（软件企业提供软件企业认定证明复印件，集成电路设计企业提供有效的集成电路设计企业认定证明复印件）。

——年审证明资料复印件。

（27）国家规划布局内重点软件企业和集成电路设计企业可减按10％的税率征收企业所得税办理：

——《企业所得税优惠事项备案表》。

——企业当年未享受免税优惠的说明。

（28）符合条件的生产和装配伤残人员专门用品企业免征企业所得税办理：

——《企业所得税优惠事项备案表》。

——伤残人员专门用品制作师名册、《执业资格证书》（复印件），以及申请前年度制作师《执业资格证书》检查合格证明。

（29）购置用于环境保护、节能节水、安全生产等专用设备的投资额按一定比例实行税额抵免办理：

——《企业所得税优惠事项备案表》。

——购买并使用专用设备的清单及发票复印件。

——专用设备属于《环境保护专用设备企业所得税优惠目录》《节能节水专用设备企业所得税优惠目录》或《安全生产专用设备企业所得税优惠目录》中的具体项目的说明。

（30）固定资产或购入软件等可以加速折旧或摊销办理：

——《企业所得税优惠事项备案表》。

——固定资产的功能、预计使用年限短于规定计算折旧的最低年限的理由、证明资料及有关情况的说明。

——被替代的旧固定资产的功能、使用及处置等情况的说明。

——固定资产加速折旧拟采用的方法和折旧额的说明。

——集成电路生产企业认定证书复印件（集成电路生产企业的生产设备适用本项优惠时提供）。

——拟缩短折旧或摊销年限情况的说明（外购软件缩短折旧或摊销年限时提供）。

（31）非居民企业享受税收协定待遇备案办理（填报或提交的资料应采用中文文本。相关资料原件为外文文本且税务机关根据有关规定要求翻译成中文文本的，报告责任人应按照税务机关的要求翻译成中文文本）：

——非居民享受税收协定待遇"常设机构以及营业利润条款"应提供：

①《非居民享受税收协定待遇备案报告表》。

②由税收协定缔约对方主管当局在上一公历年度开始以后出具的税收居民身份证明。

③有关合同复印件。应在复印件上注明"本复印件与原件一致"字样并加盖公章；

英文原件需翻译成中文，在附送中文译本时，应在中文译本上注明"本译文与原文表述内容一致"字样并加盖公章。

④境内承包工程、提供劳务项目在华经营活动情况书面报告。

⑤提供境内劳务的还应报送外籍人员来华时间、工作地点、工作内容证明等。

——非居民享受税收协定待遇"国际运输条款"提供：

①《非居民享受税收协定待遇备案报告表》。

②企业注册地所在国签发的企业注册证明副本或复印件。

③税收协定缔约对方税务主管当局或者航运主管部门在上一公历年度开始以后出具的居民身份证明、法人证明原件或复印件（提供复印件的，应标明原件存放处）。

④与取得国际运输收入、所得有关的合同或协议复印件。

⑤关于运行航线、运输客货邮件及在中华人民共和国境内的沿途停泊口岸情况的书面说明。

（二）享受增值税优惠政策需要报送的资料

增值税的税收优惠管理——事后备案类

增值税事后备案类优惠是指符合增值税优惠条件的纳税人将相关资料报税务机关备案。办理增值税事后备案类税收优惠手续需要报送的资料：

（1）自产农产品增值税优惠。

（2）避孕药品和用具增值税优惠。

（3）古旧图书增值税优惠。

（4）其他个人销售自己使用过的物品增值税优惠。

（5）农民专业合作社增值税优惠。

（6）种子、种苗、化肥、农药、农机等农业生产资料增值税优惠。

（7）粮食及政府储备食用植物油增值税优惠。

（8）军队、军工系统部分货物增值税优惠。

（9）资源综合利用产品及劳务增值税免税优惠。

（10）黄金、钻石交易增值税免税优惠。

（11）血站增值税优惠。

（12）医疗卫生机构增值税优惠。

（13）铁路货车修理增值税优惠。

（14）图书批发、零售环节增值税优惠。

（15）边销茶增值税优惠。

（16）残疾人用品增值税优惠。

（17）残疾人提供应税服务增值税优惠。

（18）农村电网维护费增值税优惠。

（19）抗艾滋病药品增值税优惠。

（20）蔬菜、鲜活肉蛋产品增值税优惠。

（21）资产重组增值税优惠。

（22）农村饮水安全工程增值税优惠。

（23）熊猫普制金币增值税优惠。

（24）国际货物运输代理服务增值税优惠。

（25）世界银行贷款粮食流通项目增值税优惠。

（26）邮政服务增值税优惠。

（27）撤销金融机构清算增值税优惠。

（28）文化事业单位转制增值税优惠。

（29）跨境应税服务增值税优惠。

（30）滴灌带和滴灌管产品增值税优惠。

（31）有机肥产品增值税优惠。

（32）饲料产品增值税优惠。

（33）个人转让著作权增值税优惠。

（34）航空公司提供飞机播洒农药服务增值税优惠。

（35）技术转让、技术开发增值税优惠。

（36）合同能源管理项目增值税优惠。

（37）离岸服务外包业务增值税优惠。

（38）台湾航运公司从事海峡两岸海上直航业务增值税优惠。

（39）台湾航空公司从事海峡两岸空中直航业务增值税优惠。

（40）美国 ABS 船级社增值税优惠。

（41）电影产业增值税优惠。

（42）增值税税控系统专用设备和技术维护费用优惠。

（43）金融资产管理公司免征增值税。

以上 43 项增值税优惠事项办理事后备案时，分别报送如下资料：

——《纳税人减免税备案登记表》（跨境应税服务增值税优惠提供《跨境应税服务免税备案表》）。

——行政部门批准核发的产品等级证明，或者产品认定证书或者质量检测报告、技术质量合格报告，或者产品质量执行标准，或者行政部门颁发的生产许可证、安全卫生合格证、经营许可证明、执业登记证明；建设项目的批准文件、建设项目的环境影响评价文件；从业人员身份证明；相应的产品、劳务或者服务的合同等证明原件及复印件。

——省税务机关规定的其他证明资料。

（44）承担粮食收储任务的国有粮食企业、经营免税项目的其他粮食经营企业以及有政府储备食用植物油销售业务企业免征增值税资格。

（45）拍卖行拍卖免税货物免征增值税。

（46）随军家属就业免征增值税。

（47）自主择业的军队转业干部就业免征增值税。

（48）自谋职业的城镇退役士兵就业免征增值税。

以上5项增值税优惠事项办理事后备案时，分别报送如下资料：

——纳税人应在享受税收优惠政策的首个纳税申报期内，将备案材料作为申报资料的一部分，一并提交主管税务机关。

——每一个纳税期内，拍卖行发生拍卖免税货物业务，均应在办理纳税申报时，向主管税务机关履行免税备案手续。

——纳税人在符合减免税条件期间内，备案资料内容不发生变化的，可进行一次性备案。

——纳税人提交的备案资料内容发生变化，如仍符合减免税规定，应在发生变化的次月纳税申报期内，向主管税务机关进行变更备案。如不再符合减免税规定，应当停止享受减免税，按照规定进行纳税申报。

——纳税人对备案资料的真实性和合法性承担责任。

——纳税人提交备案资料包括以下内容：

减免税的项目、依据、范围、期限等；

减免税依据的相关法律、法规、规章和规范性文件要求报送的材料。

（49）承担粮食收储任务的国有粮食购销企业销售粮食享受免征增值税优惠政策。按以下规定，分别向所在地县（市）国家税务局及同级粮食管理部门备案：

——纳税人应在享受税收优惠政策的首个纳税申报期内，将备案材料送所在地县（市）国家税务局及同级粮食管理部门备案。

——纳税人在符合减免税条件期间内，备案资料内容不发生变化的，可进行一次性备案。

——纳税人提交的备案资料内容发生变化，如仍符合免税规定，应在发生变化的次月纳税申报期内，向所在地县（市）国家税务局及同级粮食管理部门进行变更备案。如不再符合免税规定，应当停止享受免税，按照规定进行纳税申报。

纳税人对备案资料的真实性和合法性承担责任。

——纳税人提交的备案资料包括以下内容：

免税的项目、依据、范围、期限等；

免税依据的相关法律、法规、规章和规范性文件要求报送的材料。

（三）享受消费税优惠政策需要报送的资料

消费税的税收优惠管理——事后备案类

消费税事后备案类优惠是指符合消费税优惠条件的纳税人将相关资料报税务机关备案。办理消费税事后备案类税收优惠手续需要报送的资料：

（1）航空煤油暂缓征收消费税。

（2）对用外购或委托加工收回的已税汽油生产的乙醇汽油免税；用自产汽油生产的乙醇汽油，按照生产乙醇汽油所耗用的汽油数量申报纳税。

（3）利用废弃的动物油和植物油为原料生产的纯生物柴油免征消费税。

——《纳税人减免税备案登记表》。

——需取得有关部门资格、证明、检测报告的，提供资格证书、证明或检测报告原件及复印件。

（4）成品油生产企业在生产成品油过程中，作为燃料、动力及原料消耗掉的自产成品油，免征消费税。

——《纳税人减免税备案登记表》。

——成品油生产企业在生产成品油过程中，作为燃料、动力及原料消耗掉的自产成品油相关证明材料。

（5）以回收的废矿物油为原料生产的润滑油、基础油、汽油、柴油等工业油料免征消费税。

——《纳税人减免税备案登记表》。

——产品检测报告复印件。

——污染物排放地环境保护部门确定的该纳税人应予执行的污染物排放标准，以及污染物排放地环境保护部门在此前 6 个月以内出具的该纳税人的污染物排放符合上述标准的证明材料。

——省级或以上环境保护部门颁发的《危险废物（综合）经营许可证》。

——生产经营范围为"综合经营"的纳税人，还应同时提供颁发《危险废物（综合）经营许可证》的环境保护部门出具的能证明其生产经营范围包括"利用"的材料。

——《危险废物转移联单》（列明纳税人回收的废矿物油名称、特性、数量、接受日期等项目）。

(四) 享受营业税优惠政策需要报送的资料

营业税的税收优惠管理——事后备案类

营业税事后备案类优惠是指符合营业税优惠条件的纳税人将相关资料报税务机关备案。办理营业税事后备案类税收优惠手续需要报送的资料:

(1) 婚姻介绍服务营业税优惠办理:

——《纳税人减免税备案登记表》。

——婚姻介绍服务证明材料。

——取得收入的相关证明材料。

(2) 教育劳务营业税优惠办理:

——《纳税人减免税备案登记表》。

——物价主管部门核准收费的批准或备案材料原件及复印件。

——普通学校办学许可证或经省政府(或教育行政部门)批准成立的文件或经市级及以上人力资源和社会保障部门批准成立的文件原件及复印件。

——取得收入的相关证明材料。

(3) 托儿所、幼儿园育养服务营业税优惠办理:

——《纳税人减免税备案登记表》。

——县级以上教育部门出具的办园许可证等证明材料。

——物价主管部门核准收费的批准或备案材料原件及复印件。

——取得收入的相关证明材料。

(4) 医院、诊所和其他医疗机构提供的医疗服务营业税优惠办理:

——《纳税人减免税备案登记表》。

——医疗机构执业许可证原件及复印件。

——取得收入的相关证明材料。

(5) 殡葬服务营业税优惠办理:

——《纳税人减免税备案登记表》。

——取得收入的相关证明材料。

(6) 纪念馆、博物馆、文化馆、文物保护单位管理机构、美术馆、展览馆、书画馆、图书馆举办文化活动的门票收入,宗教场所举办文化宗教活动的门票收入营业税优惠办理:

——《纳税人减免税备案登记表》。

——取得收入的相关证明材料。

(7) 农业机耕、排灌、病虫害防治、植物保护、农牧保险以及家畜、牲畜、水生动物的配种和疾病防治营业税优惠办理：

——《纳税人减免税备案登记表》。

——开展相关业务合同、协议原件及复印件或相关业务证明材料。

——取得收入的相关证明材料。

（8）境内保险机构为出口货物提供的保险产品营业税优惠办理：

——《纳税人减免税备案登记表》。

——保险合同原件及复印件。

——取得收入的相关证明材料。

（9）学生勤工俭学提供的劳务营业税优惠办理：

——《纳税人减免税备案登记表》。

——学校勤工助学管理服务组织出具的证明材料。

——取得收入的相关证明材料。

（10）残疾人福利机构提供的育养服务营业税优惠办理：

——《纳税人减免税备案登记表》。

——社会福利机构设置批准证书原件及复印件。

——取得收入的相关证明材料。

（11）残疾人员个人提供的劳务营业税优惠办理：

——《纳税人减免税备案登记表》。

——《中华人民共和国残疾人证》或《中华人民共和国残疾军人证（1至8级）》原件及复印件。

——劳务合同原件及复印件。

——个人身份证明原件及复印件。

（12）养老机构提供的养老服务营业税优惠办理：

——《纳税人减免税备案登记表》。

——养老院提供民政部门核发的社会福利机构设置批准证书原件及复印件，其他养老院类的养老机构提供有关部门批准成立的文件或出具的从业认定证明原件及复印件。

——取得收入的相关证明材料。

（13）促进重点群体创业就业营业税优惠办理：

——安置企业提供：

①《纳税人减免税备案登记表》。

②《企业实体吸纳失业人员认定证明》《持〈就业失业登记证〉人员本年度实际工作时间表》。

③取得收入的相关证明材料。

④劳动合同或服务协议原件及复印件，工资发放及社会保险费缴纳清单。

——创业人员从事个体经营提供：

①《纳税人减免税备案登记表》。

②《就业失业登记证》及身份证明原件及复印件。

（14）退役士兵就业营业税优惠办理：

——安置企业提供：

①《纳税人减免税备案登记表》。

②《中国人民解放军义务兵退出现役证》或《中国人民解放军士官退出现役证》原件及复印件。

③企业与新招用自主就业退役士兵签订的劳动合同原件及复印件，工资发放清单、社会保险费缴纳凭证及清单。自主就业退役士兵本年度在企业工作时间表；税务机关要求的其他相关材料。

——自主就业的退役士兵提供：

①《纳税人减免税备案登记表》。

②《中国人民解放军义务兵退出现役证》或《中国人民解放军士官退出现役证》原件及复印件。

（15）国家助学贷款营业税优惠办理：

——《纳税人减免税备案登记表》。

——助学贷款台账、助学贷款合同原件及复印件。

——《国家助学贷款利息明细表》。

——学生本人身份证明原件及复印件。

（16）境内单位或个人在境外提供建筑业、文化体育业劳务营业税优惠办理：

——《纳税人减免税备案登记表》。

——在境外提供建筑业劳务的，报送与相关单位签订的在境外提供建筑业劳务的协议原件及复印件。

——在境外提供文化体育业劳务的，报送与相关单位签订的在境外提供文化体育业劳务的协议原件及复印件。

（17）土地使用权转让、出租（发包）给农业生产者用于农业生产的营业税优惠办理：

——《纳税人减免税备案登记表》。

——转让或发包（或出租）土地使用权的合同原件及复印件。

（18）证券投资基金管理人营业税优惠办理：

——《纳税人减免税备案登记表》。

——证监会批准管理人设立的证明材料。

——运用基金买卖股票、债券等证明材料。

（19）境外合格机构投资者营业税优惠办理：

——《纳税人减免税备案登记表》。

——证监会颁发的证券投资业务许可证原件及复印件。

——委托合同原件及复印件。

（20）外汇管理部门委托贷款营业税优惠办理：

——《纳税人减免税备案登记表》。

——委托金融机构发放的外汇贷款合同协议原件及复印件。

（21）住房公积金管理中心发放个人住房贷款营业税优惠办理：

——《纳税人减免税备案登记表》。

——与指定的委托银行签订的委托贷款协议原件及复印件。

——该银行与个人签订住房贷款金额、利息收入清单。

（22）地方商业银行转贷用于清偿农村合作基金会债务的专项贷款营业税优惠办理：

——《纳税人减免税备案登记表》。

——专项贷款利息收入相关证明材料。

——中国人民银行出具的属于专项贷款的证明材料。

（23）专项国债转贷营业税优惠办理：

——《纳税人减免税备案登记表》。

——贷款合同原件及复印件。

——专项国债转贷利息收入相关证明材料。

（24）中国信达等四家金融资产管理公司处置不良资产营业税优惠办理：

——《纳税人减免税备案登记表》。

——转让、融资租赁合同或协议原件及复印件。

——处置不良资产收入相关证明材料。

（25）社保基金理事会、社保基金投资管理人运用社保基金买卖证券投资营业税优惠办理：

——《纳税人减免税备案登记表》。

——社保基金买卖证券投资基金、股票、债券收入相关证明材料。

（26）被撤销金融机构清理和处置财产营业税优惠办理：

——《纳税人减免税备案登记表》。

——中国人民银行依法决定撤销的证明原件及复印件。

——财产处置合同（协议）原件及复印件。

——被撤销金融机构清理和处置财产取得收入的证明材料。

（27）中国邮政集团公司及所属邮政企业为中国邮政储蓄银行及所属分行、支行代办金融业务营业税优惠办理：

——《纳税人减免税备案登记表》。

——代理金融业务取得收入的相关证明材料。

——中国邮政集团公司及所属邮政企业单位证明材料。

（28）中国农业银行"三农金融事业部"涉农贷款营业税优惠办理：

——《纳税人减免税备案登记表》。

——金融机构发放给农户、农村企业和农村各类组织的贷款清单及接受贷款的农户、农村企业和农村各类组织名册。

（29）中国期货保障基金营业税优惠办理：

——《纳税人减免税备案登记表》。

——期货交易所和期货公司上缴的期货保障基金清单及相关证明材料。

（30）中国保险保障基金营业税优惠办理：

——《纳税人减免税备案登记表》。

——境内保险公司依法缴纳的保险保障基金取得收入的相关证明材料。

——依法从撤销或破产保险公司清算财产中获得的受偿收入和向有关责任方追偿所得相关证明材料。

（31）农村金融机构金融保险业务营业税优惠办理：

——《纳税人减免税备案登记表》。

——对农村信用社、村镇银行、农村资金互助社、由银行业机构全资发起设立的贷款公司、法人机构所在地在县（含县级市、区、旗）及县以下地区的农村合作银行和农村商业银行的金融保险业收入相关证明材料。

（32）行政事业性收费和政府性基金营业税优惠办理：

——《纳税人减免税备案登记表》。

——国务院、财政部，地方财政、价格主管部门批准设立收费或基金的文件原件及复印件。

——所收款项已经全部上缴财政的缴款书原件及复印件。

——已开具票据存根。

（33）政府举办的高等、中等和初等学校（不含下属单位）举办进修班、培训班营业税优惠办理：

——《纳税人减免税备案登记表》。

——经相关部门批准成立的证件原件及复印件。

——预算外资金财政专户缴款书原件及复印件。

——学校提供的统一账户证明材料。

——举办进修班、培训班取得收入的相关证明材料。

（34）政府举办的职业学校设立的企业从事服务业营业税优惠办理：

——《纳税人减免税备案登记表》。

——经相关部门批准成立的证件原件及复印件。

——职业学校取得相关收入情况证明材料。

（35）科普基地、科普活动门票收入营业税优惠办理：

——《纳税人减免税备案登记表》。

——科技部门对科普活动、科普基地认定的证明材料。

（36）经营高校学生公寓和食堂收入营业税优惠办理：

——《纳税人减免税备案登记表》。

——取得高校学生公寓或食堂经营权的协议或合同原件及复印件。

——取得收入的相关证明材料。

（37）公路经营企业收取高速公路车辆通行费营业税优惠办理：

——《纳税人减免税备案登记表》。

——公路经营企业资质证明文件原件及复印件。

——公路经营企业收取的高速公路车辆通行费收入相关证明材料。

（38）境内单位提供的标的物在境外的建设工程监理劳务营业税优惠办理：

——《纳税人减免税备案登记表》。

——建设工程监理合同或协议原件及复印件。

——在境外的建设工程监理劳务取得收入的相关证明材料。

（39）境内单位提供的外派海员劳务营业税优惠办理：

——《纳税人减免税备案登记表》。

——《海员外派机构资质证书》原件及复印件。

——与境外船东签订的船舶配员服务协议原件及复印件。

——外派海员劳务取得收入的相关证明材料。

（40）境内单位以对外劳务合作方式，向境外单位提供的完全发生在境外的人员管理劳务营业税优惠办理：

——《纳税人减免税备案登记表》。

——《对外劳务合作经营资格证书》原件及复印件。

——与境外单位订立书面劳务合作合同原件及复印件。

——向境外单位提供的完全发生在境外的人员管理劳务取得收入的相关证明材料。

（41）公共租赁住房经营管理单位营业税优惠办理：

——《纳税人减免税备案登记表》。

——县级以上人民政府主办或确定为廉租住房经营管理单位的相关证明材料。

——与住房保障对象签订的租赁合同原件及复印件。

——县级以上人民政府出具的价格规范证明材料。

（42）军队系统其他服务性单位为军队内部服务营业税优惠办理：

——《纳税人减免税备案登记表》。

——为军队内部提供服务取得收入的相关证明材料。

——军队系统资质证明材料。

（43）军队系统空闲房屋租赁营业税优惠办理：

——《纳税人减免税备案登记表》。

——军队空闲房屋租赁合同原件及复印件。

（44）科技企业孵化器营业税优惠办理：

——《纳税人减免税备案登记表》。

——科技部门出具的证明材料。

——科技企业孵化器在孵企业汇总表。

——科技企业向孵化企业出租场地、房屋以及提供孵化服务的业务相关证明材料。

——提供给孵化企业的场地占可自主支配场地比例说明、孵化企业占孵化器内企业总数量比例说明。

（45）大学科技园营业税优惠办理：

——《纳税人减免税备案登记表》。

——教育部门出具的大学科技园资格证明材料。

——大学科技园面向孵化企业出租场地、房屋以及提供孵化服务的业务收入在财务上单独核算的相关证明材料。

——孵化企业相关证明材料、在孵企业汇总表。

——提供给孵化企业的场地占可自主支配场地比例说明、孵化企业占孵化器内企业总数量比例说明。

（46）铁路房建生活单位营业税优惠办理：

——《纳税人减免税备案登记表》。

——原铁道部或者各铁路局批准改制的铁路房建生活单位相关证明材料。

——为原铁道部所属铁路局及国有铁路运输控股公司提供营业税应税劳务取得收入的相关证明材料。

（47）经营性文化事业单位转制中资产评估增值、资产转让或划转营业税优惠办理：

——《纳税人减免税备案登记表》。

——转制方案批复函。

——企业工商营业执照。

——整体转制前已进行事业单位法人登记的，应提供同级机构编制管理机关核销事业编制、注销事业单位法人的证明。

——同在职职工签订劳动合同、按企业办法参加社会保险制度的证明。

——引入非公有资本和境外资本、变更资本结构的，需出具相关部门批准文件。

（48）金融机构农户小额贷款利息收入营业税优惠办理：

——《纳税人减免税备案登记表》。

——乡镇出具的农户居住证明。

——金融机构与农户签订的小额贷款合同。

（49）纳税人为境外单位或个人在境外提供文物、遗址等修复保护服务营业税优惠。

——《纳税人减免税备案登记表》。

（50）纳税人为境外单位或个人在境外提供纳入国家级非物质文化遗产名录的传统医药诊疗保健服务营业税优惠。

——《纳税人减免税备案登记表》。

（五）享受城市维护建设税优惠政策需要报送的资料

城市维护建设税税收优惠管理——事后备案类

城市维护建设税事后备案类优惠办理是指符合城市维护建设税优惠条件的纳税人将相关资料报税务机关备案。办理城市维护建设税事后备案类税收优惠手续需要报送的资料：

（1）国家重大水利工程建设基金的城市维护建设税优惠办理：

——《纳税人减免税备案登记表》。

——国家重大水利工程建设相关文件证明材料。

（2）促进重点群体创业就业的城市维护建设税优惠办理：

——安置企业应提供：

①《纳税人减免税备案登记表》。

②《企业实体吸纳失业人员认定证明》《持〈就业失业登记证〉人员本年度实际工作时间表》。

③取得收入的相关证明材料。

④劳动合同或服务协议原件及复印件，工资发放及社会保险费缴纳清单。

——创业人员从事个体经营的应提供：

①《纳税人减免税备案登记表》。

②《就业失业登记证》及身份证明原件及复印件。

（3）退役士兵就业的城市维护建设税优惠办理：

——安置企业应提供：

①《纳税人减免税备案登记表》。

②《中国人民解放军义务兵退出现役证》或《中国人民解放军士官退出现役证》

原件及复印件。

③企业与新招用自主就业退役士兵签订的劳动合同原件及复印件，工资发放清单，社会保险费缴纳凭证及清单。自主就业退役士兵本年度在企业工作时间表，税务机关要求的其他相关材料。

——自主就业的退役士兵应提供：

①《纳税人减免税备案登记表》。

②《中国人民解放军义务兵退出现役证》或《中国人民解放军士官退出现役证》原件及复印件。

（4）经营性文化事业单位转制中资产评估增值、资产转让或划转城市维护建设税优惠办理：

——《纳税人减免税备案登记表》。

——转制方案批复文书。

——企业工商营业执照。

——整体转制前已进行事业单位法人登记的，提供同级机构编制管理机关核销事业编制、注销事业单位法人的证明。

——与在职职工签订劳动合同、按企业办法参加社会保险制度的证明。

——引入非公有资本和境外资本、变更资本结构的，出具相关部门批准文件。

（六）享受教育费附加优惠政策需要报送的资料

教育费附加的优惠管理——事后备案类

教育费附加事后备案类优惠办理是指符合教育费附加优惠条件的纳税人将相关资料报税务机关备案。办理教育费附加事后备案类优惠手续需要报送的资料：

（1）国家重大水利工程建设基金的教育费附加优惠办理：

——《纳税人减免税备案登记表》。

——国家重大水利工程建设相关文件证明材料。

（2）促进重点群体创业就业的教育费附加优惠办理：

——安置企业应提供：

①《纳税人减免税备案登记表》。

②《企业实体吸纳失业人员认定证明》《持〈就业失业登记证〉人员本年度实际工作时间表》。

③取得收入的相关证明材料。

④劳动合同或服务协议原件及复印件，工资发放及社会保险费缴纳清单。

——创业人员从事个体经营的应提供：

①《纳税人减免税备案登记表》。

②《就业失业登记证》及身份证明原件及复印件。

（3）退役士兵就业的教育费附加优惠办理：

——安置企业应提供：

①《纳税人减免税备案登记表》。

②《中国人民解放军义务兵退出现役证》或《中国人民解放军士官退出现役证》原件及复印件。

③企业与新招用自主就业退役士兵签订的劳动合同原件及复印件，工资发放清单。社会保险费缴纳凭证及清单。自主就业退役士兵本年度在企业工作时间表；税务机关要求的其他相关材料。

——自主就业的退役士兵应提供：

①《纳税人减免税备案登记表》。

②《中国人民解放军义务兵退出现役证》或《中国人民解放军士官退出现役证》原件及复印件。

（七）享受房产税优惠政策需要报送的资料

房产税的税收优惠管理包括批准类、事后备案类两种类型。

1. 房产税批准类优惠办理是指符合房产税优惠条件的纳税人，将相关资料报送税务机关，税务机关按规定程序审批后方可享受。办理房产税批准类税收优惠手续需要报送的资料：

纳税有困难的企业房产税优惠办理：

——《纳税人减免税申请审批表》。

——减免税申请报告（列明减免税理由、依据、范围、期限、数量、金额等）。

——房屋产权证原件及复印件。

——证明纳税人困难的相关材料。

2. 房产税事后备案类优惠办理是指符合房产税优惠条件的纳税人将相关资料报税务机关备案。办理房产税事后备案类税收优惠手续需要报送的资料：

（1）国家机关、人民团体、军队自用房产的房产税优惠办理：

——《纳税人减免税备案登记表》。

——房屋产权证明原件及复印件。

——证明房产原值的资料。

——单位性质证明材料。

（2）由国家财政部门拨付事业经费的单位自用房产的房产税优惠办理：

——《纳税人减免税备案登记表》。

——房屋产权证明原件及复印件。

——证明房产原值的资料。

——事业单位证明材料。

（3）宗教寺庙、公园、名胜古迹自用房产的房产税优惠办理：

——《纳税人减免税备案登记表》。

——房屋产权证明原件及复印件。

——证明房产原值的资料。

——单位性质证明材料。

（4）毁损不堪居住的房屋和危险房屋的房产税优惠办理：

——《纳税人减免税备案登记表》。

——房屋产权证明原件及复印件。

——证明房产原值的资料。

——房屋毁损鉴定证明材料。

（5）大修停用房屋的房产税优惠办理：

——《纳税人减免税备案登记表》。

——房屋产权证明原件及复印件。

——证明房产原值的资料。

——房屋大修相关证明材料。

（6）基建工地临时性房屋的房产税优惠办理：

——《纳税人减免税备案登记表》。

——房屋产权证明原件及复印件。

——基建施工合同、临时房屋建造成本等证明材料。

（7）保障性住房的房产税优惠办理：

——《纳税人减免税备案登记表》。

——房屋产权证明原件及复印件。

——房屋租赁合同（协议）原件及复印件。

——出租廉租住房、经济适用房相关证明材料。

（8）农产品批发市场、农贸市场使用房产的房产税优惠办理：

——《纳税人减免税备案登记表》。

——房屋产权证明原件及复印件。

——证明房产原值的资料。

——农产品批发市场和农贸市场经营主体的相关证明材料，对同时经营其他产品的农产品批发市场和农贸市场，应提供面积比例专项说明。

（9）文化体制改革中经营性文化事业单位转制为企业的房产税优惠办理：

——《纳税人减免税备案登记表》。

——房屋产权证明原件及复印件。

——证明房产原值的资料。

——事业单位法人证书的注销手续原件及复印件。

——与在职职工签订劳动合同、按企业办法参加社会保险制度的证明材料。

——引入非公有资本和境外资本、变更资本结构的，出具相关部门的批准件原件及复印件。

——注销后已变更的法人营业执照原件及复印件。

——上级主管部门批复的转制文件原件及复印件。

（10）武警部队房产的房产税优惠办理：

——《纳税人减免税备案登记表》。

——房屋产权证明原件及复印件。

——证明房产原值的资料。

——武警单位证明材料。

（11）军队空余房产租赁收入房产税优惠办理：

——《纳税人减免税备案登记表》。

——《军队房地产租赁许可证》原件及复印件。

——开具的军队收费票据原件及复印件。

——房屋租赁合同原件及复印件。

（12）老年服务机构的房产税优惠办理：

——《纳税人减免税备案登记表》。

——房屋产权证明原件及复印件。

——证明房产原值的资料。

——民政部门出具的资质认定原件及复印件。

（13）医疗卫生机构的房产税优惠办理：

——《纳税人减免税备案登记表》。

——房屋产权证明原件及复印件。

——证明房产原值的资料。

——医疗执业注册登记证原件及复印件。

（14）教育行业的房产税优惠办理：

——《纳税人减免税备案登记表》。

——房屋产权证明原件及复印件。

——证明房产原值的资料。

——教育部门出具的教育行业资质证明原件及复印件。

（15）承担国家商品储备自用房的房产税优惠办理：

——《纳税人减免税备案登记表》。

——房屋产权证明原件及复印件。

——证明房产原值的资料。

——与政府有关部门签订的承担储备任务的书面委托合同原件及复印件。

——取得财政储备经费或补贴的批复文件或相关凭证原件及复印件。

（16）大学科技园的房产税优惠办理：

——《纳税人减免税备案登记表》。

——房屋产权证明原件及复印件。

——证明房产原值的资料。

——教育部门出具的大学科技园资格证明材料。

——大学科技园面向孵化企业出租场地、房屋以及提供孵化服务的业务收入在财务上单独核算的相关证明材料。

——孵化企业相关证明材料、在孵化企业汇总表。

（17）科技企业孵化器房产税优惠办理：

——《纳税人减免税备案登记表》。

——房屋产权证明原件及复印件。

——证明房产原值的资料。

——科技部门出具的证明材料。

——孵化器面向孵化企业出租场地、房屋以及提供孵化服务的业务收入在财务上单独核算的相关证明材料。

——孵化企业相关证明材料、在孵化企业汇总表。

（18）非营利性科研机构的房产税优惠办理：

——《纳税人减免税备案登记表》。

——房屋产权证明原件及复印件。

——证明房产原值的资料。

——非营利性科研机构执业登记证明原件及复印件。

（19）被撤销金融机构清理和处置财产的房产税优惠办理：

——《纳税人减免税备案登记表》。

——房屋产权证明原件及复印件。

——证明房产原值的资料。

——中国人民银行依法决定撤销的证明材料原件及复印件。

——财产处置协议原件及复印件。

（20）中国人民银行总行（含国家外汇管理局）所属分支机构的房产税优惠办理：

——《纳税人减免税备案登记表》。

——房屋产权证明原件及复印件。

——证明房产原值的资料。

——中国人民银行证明材料。

（21）天然林保护工程的房产税优惠办理：

——《纳税人减免税备案登记表》。

——房屋产权证明原件及复印件。

——证明房产原值的资料。

——属于天然林二期工程实施企业和单位的认定资料。

（22）铁路运输企业的房产税优惠办理：

——《纳税人减免税备案登记表》。

——房屋产权证明原件及复印件。

——证明房产原值的资料。

——股改铁路运输企业应提供国务院批准股份制改革文件；合资铁路运输公司应提供其公司章程、验资报告等资料。

（23）农村饮水安全的房产税优惠办理：

——《纳税人减免税备案登记表》。

——房屋产权证明原件及复印件。

——证明房产原值的资料。

——农村饮水安全工程企业和单位的认定资料。

（24）自然灾害类房产税优惠办理：

——《纳税人减免税备案登记表》。

——房屋产权证明原件及复印件。

——证明房产原值的资料。

——有关部门出具的鉴定或证明材料。

（25）司法系统自用房产的房产税优惠办理：

——《纳税人减免税备案登记表》。

——房屋产权证明原件及复印件。

——证明房产原值的资料。

——司法系统所属的劳改劳教单位的证明材料。

（八）享受城镇土地使用税优惠政策需要报送的资料

城镇土地使用税的税收优惠管理包括批准类、事后备案类两种类型。

1. 城镇土地使用税批准类优惠办理是指符合城镇土地使用税优惠条件的纳税人，将相关资料报送税务机关，税务机关按规定程序审批后方可享受。办理城镇土地使用税批准类税收优惠手续需要报送的资料：

纳税有困难的企业城镇土地使用税优惠办理：

——《纳税人减免税申请审批表》。

——减免税申请报告（列明减免税理由、依据、范围、期限、数量、金额等）。

——土地使用权证明原件及复印件。

——证明纳税人困难的相关材料。

2. 城镇土地使用税事后备案类优惠办理是指符合城镇土地使用税优惠条件的纳税人将相关资料报税务机关备案。办理城镇土地使用税事后备案类税收优惠手续需要报送的资料：

（1）国家机关、人民团体和军队自用土地城镇土地使用税优惠办理：

——《纳税人减免税备案登记表》。

——土地使用权证明原件及复印件。

——单位性质证明材料。

（2）由国家财政部门拨付事业经费的单位自用土地城镇土地使用税优惠办理：

——《纳税人减免税备案登记表》。

——土地使用权证明原件及复印件。

——单位性质证明材料。

（3）宗教寺庙、公园、名胜古迹自用土地城镇土地使用税优惠办理：

——《纳税人减免税备案登记表》。

——土地使用权证明原件及复印件。

——单位性质证明材料。

（4）市政街道、广场、绿化地带等公共用地城镇土地使用税优惠办理：

——《纳税人减免税备案登记表》。

——土地使用权证明原件及复印件。

——市政街道、广场、绿化地带等公共用地证明材料。

（5）直接用于农、林、牧、渔业的生产用地城镇土地使用税优惠办理：

——《纳税人减免税备案登记表》。

——土地使用权证明原件及复印件。

——农、林、牧、渔业生产用地证明材料。

（6）经批准开山填海整治的土地和改造的废弃土地城镇土地使用税优惠办理：

——《纳税人减免税备案登记表》。

——土地使用证、海域证等证明原件及复印件。

——开山填海整治或废弃土地改造前的图纸、图片及其他能够证明目标土地整治或改造前状态的证明材料。

——国土资源部门批准占用滩涂、泽塘、山地等废弃土地的批复文件。

（7）安全防范用地城镇土地使用税优惠办理：

——《纳税人减免税备案登记表》。

——土地使用权证明原件及复印件。

——消防等相关部门出具的安全防范用地证明材料。

（8）保障性住房城镇土地使用税优惠办理：

——《纳税人减免税备案登记表》。

——土地使用权证明原件及复印件。

廉租住房还应提供以下资料：

——政府部门出具的按政府规定价格，向规定保障对象出租的廉租住房用地证明材料。

——房屋租赁合同（协议）原件及复印件。

棚户区改造还应提供以下资料：

——政府部门出具的棚户区改造安置住房建设用地证明材料。

——房屋征收（拆迁）补偿协议或棚户区改造合同（协议）原件及复印件。

（9）安置残疾人员就业城镇土地使用税优惠办理：

——《纳税人减免税备案登记表》。

——土地使用权证明原件及复印件。

——安置的残疾职工名单（各月）及相应的《中华人民共和国残疾人证》或《中华人民共和国残疾军人证（1至8级）》原件及复印件。

——劳动合同或服务协议，工资发放及社会保险费缴纳清单（应注明全体职工的个人明细情况）。

——职工名单，安置残疾人名单及岗位安排，符合安置比例及相关条件的用工情况说明。

（10）老年服务机构城镇土地使用税优惠办理：

——《纳税人减免税备案登记表》。

——土地使用权证明原件及复印件。

——民政部门出具的资质认定原件及复印件。

（11）物流企业大宗商品仓储设施用地城镇土地使用税优惠办理：

——《纳税人减免税备案登记表》。

——土地使用权证明原件及复印件。

——大宗商品仓储设施用地相关证明材料。

（12）农产品批发市场、农贸市场城镇土地使用税优惠办理：

——《纳税人减免税备案登记表》。

——土地使用权证明原件及复印件。

——农产品批发市场和农贸市场经营主体的相关证明，同时经营其他产品的农产品批发市场和农贸市场，应提供面积比例专项说明。

（13）非营利性科研机构城镇土地使用税优惠办理：

——《纳税人减免税备案登记表》。

——土地使用权证明原件及复印件。

——非营利性科研机构执业登记证明原件及复印件。

（14）大学科技园城镇土地使用税优惠办理：

——《纳税人减免税备案登记表》。

——土地使用权证明原件及复印件。

——教育部门出具的大学科技园资格证明材料。

——大学科技园面向孵化企业出租场地、房屋以及提供孵化服务的业务收入在财务上单独核算的相关证明。

——孵化企业相关证明材料、在孵化企业汇总表。

（15）科技企业孵化器城镇土地使用税优惠办理：

——《纳税人减免税备案登记表》。

——土地使用权证明原件及复印件。

——科技部门出具的证明材料。

——孵化器面向孵化企业出租场地、房屋以及提供孵化服务的业务收入在财务上单独核算的相关证明。

——孵化企业相关证明材料、在孵化企业汇总表。

（16）医疗卫生机构城镇土地使用税优惠办理：

——《纳税人减免税备案登记表》。

——土地使用权证明原件及复印件。

——医疗执业注册登记证原件及复印件。

（17）教育行业城镇土地使用税优惠办理：

——《纳税人减免税备案登记表》。

——土地使用权证明原件及复印件。

——教育部门出具的教育行业资质证明原件及复印件。

（18）中国人民银行总行（含国家外汇管理局）所属分支机构城镇土地使用税优惠办理：

——《纳税人减免税备案登记表》。

——土地使用权证明原件及复印件。

——中国人民银行出具的证明材料。

（19）被撤销金融机构清理和处置财产城镇土地使用税优惠办理：

——《纳税人减免税备案登记表》。

——土地使用权证明原件及复印件。

——中国人民银行撤销该机构的证明材料。

——财产处置协议原件及复印件。

（20）国家储备商品城镇土地使用税优惠办理：

——《纳税人减免税备案登记表》。

——土地使用权证明原件及复印件。

——与政府有关部门签订的承担储备任务的书面委托合同原件及复印件。

——取得财政储备经费或补贴的批复文件或相关凭证原件及复印件。

（21）搬迁企业用地城镇土地使用税优惠办理：

——《纳税人减免税备案登记表》。

——土地使用权证明原件及复印件。

——有关部门对企业搬迁的批准文件或认定书原件及复印件。

（22）电力行业用地城镇土地使用税优惠办理：

——《纳税人减免税备案登记表》。

——土地使用权证明原件及复印件。

——电力行业用地证明材料。

（23）水利设施用地城镇土地使用税优惠办理：

——《纳税人减免税备案登记表》。

——土地使用权证明原件及复印件。

——水利设施用地证明材料。

（24）民航机场用地城镇土地使用税优惠办理：

——《纳税人减免税备案登记表》。

——土地使用权证明原件及复印件。

——民航机场用地相关证明材料。

（25）军队系统用地城镇土地使用税优惠办理：

——《纳税人减免税备案登记表》。

——土地使用权证明原件及复印件。

——军队系统用地相关证明材料。

（26）武警部队用地城镇土地使用税优惠办理：

——《纳税人减免税备案登记表》。

——土地使用权证明原件及复印件。

——武警部队用地相关证明材料。

（27）交通部门的港口用地城镇土地使用税优惠办理：

——《纳税人减免税备案登记表》。

——土地使用权证明原件及复印件。

——港口用地相关证明材料。

（28）地下建筑用地城镇土地使用税优惠办理：

——《纳税人减免税备案登记表》。

——土地使用权证明原件及复印件。

——地下建筑用地相关证明材料。

（29）天然林防工程城镇土地使用税优惠办理：

——《纳税人减免税备案登记表》。

——土地使用权证明原件及复印件。

——属于天然林二期工程实施企业和单位的认定资料。

（30）城市公交站场道路客运站场城镇土地使用税优惠办理：

——《纳税人减免税备案登记表》。

——土地使用权证明原件及复印件。

——县级（含县级）以上人民政府交通运输主管部门批准文件及站场用地情况证明材料。

（31）农村饮水安全城镇土地使用税优惠办理：

——《纳税人减免税备案登记表》。

——土地使用权证明原件及复印件。

——农村饮水安全工程企业和单位的认定资料。

（32）矿山企业城镇土地使用税优惠办理：

——《纳税人减免税备案登记表》。

——土地使用权证明原件及复印件。

——单位性质证明材料。

（33）煤炭企业用地城镇土地使用税优惠办理：

——《纳税人减免税备案登记表》。

——土地使用权证明原件及复印件。

——单位性质证明材料。

（34）盐场、盐矿的矿井用地城镇土地使用税优惠办理：

——《纳税人减免税备案登记表》。

——土地使用权证明原件及复印件。

——单位性质证明材料。

（35）林业系统城镇土地使用税优惠办理：

——《纳税人减免税备案登记表》。

——土地使用权证明原件及复印件。

——单位性质证明材料。

（36）核电站城镇土地使用税优惠办理：

——《纳税人减免税备案登记表》。

——土地使用权证明原件及复印件。

——单位性质证明材料。

（37）铁路企业城镇土地使用税优惠办理：

——《纳税人减免税备案登记表》。

——土地使用权证明原件及复印件。

——单位性质证明材料。

（38）石油企业城镇土地使用税优惠办理：

——《纳税人减免税备案登记表》。

——土地使用权证明原件及复印件。

——单位性质证明材料。

（39）荒山、林地、湖泊等占地城镇土地使用税优惠办理：

——《纳税人减免税备案登记表》。

——土地使用权证明原件及复印件。

——对企业范围内的荒山、林地、湖泊等占地，尚未利用的相关证明材料。

（40）司法系统自用土地城镇土地使用税优惠办理：

——《纳税人减免税备案登记表》。

——土地使用权证明原件及复印件。

——司法系统所属的劳改劳教单位的证明材料。

（41）石油储备基地建设用地城镇土地使用税优惠办理：

——《纳税人减免税备案登记表》。

——土地使用权证明原件及复印件。

——单位性质证明材料。

（九）享受印花税优惠政策需要报送的资料

印花税的税收优惠管理——事后备案类

印花税事后备案类优惠办理是指符合印花税优惠条件的纳税人将相关资料报税务

机关备案。办理印花税事后备案类税收优惠手续需要报送的资料：

（1）国家指定的收购部门与村民委员会、农民个人书立的农副产品收购合同印花税优惠办理：

——《纳税人减免税备案登记表》。

——合同的原件及复印件。

——合同书立双方的单位性质或个人身份证明原件及复印件。

（2）无息、贴息贷款合同印花税优惠办理：

——《纳税人减免税备案登记表》。

——合同的原件及复印件。

——合同书立双方的单位性质或个人身份证明原件及复印件。

（3）外国政府、国际金融组织向中国政府、国家金融机构提供优惠贷款所书立的合同印花税优惠办理：

——《纳税人减免税备案登记表》。

——合同的原件及复印件。

——合同书立双方的单位性质或个人身份证明及复印件。

（4）财产所有人将财产赠给政府、抚养孤老伤残人员的社会福利单位、学校所立的书据印花税优惠办理：

——《纳税人减免税备案登记表》。

——合同的原件及复印件。

——合同书立双方的单位性质或个人身份证明原件及复印件。

（5）已缴纳印花税的凭证的副本或者抄本印花税优惠办理：

——《纳税人减免税备案登记表》。

——已缴纳印花税的凭证已贴花的证明材料。

——副本或抄本证明材料。

（6）企业改制过程中印花税优惠办理：

——《纳税人减免税备案登记表》。

——县级以上人民政府及企业主管部门改制批复文件原件及复印件。

（7）被撤销金融机构接收债权、清偿债务过程中签订的产权转移书据印花税优惠办理：

——《纳税人减免税备案登记表》。

——中国人民银行撤销该金融机构及分设于各地分支机构的证明材料。

——被撤销金融机构接收债权、清偿债务过程中签订的产权转移书据的原件及复印件。

（8）农民专业合作社与本社成员签订的农业产品和农业生产资料购销合同印花税

优惠办理：

——《纳税人减免税备案登记表》。

——合同的原件及复印件。

——农民专业合作社出具的本社成员证明材料。

——合同书立双方的单位或个人身份证明原件及复印件。

（9）金融机构与小型、微型企业签订的借款合同印花税优惠办理：

——《纳税人减免税备案登记表》。

——借款合同的原件及复印件。

——借款人属于小型、微型企业的资质证明材料。

（10）饮水工程运营管理单位为建设饮水工程取得土地使用权而签订的产权转移书据，以及与施工单位签订的建设工程承包合同印花税优惠办理：

——《纳税人减免税备案登记表》。

——饮水工程运营管理单位为建设饮水工程取得土地使用权而签订的产权转移书据，以及与施工单位签订的建设工程承包合同的原件及复印件。

——合同书立双方的单位或个人身份证明原件及复印件。

（11）对改造安置住房经营管理单位、开发商与改造安置住房相关的印花税以及购买安置住房的个人涉及的印花税优惠办理：

——《纳税人减免税备案登记表》。

——改造安置住房相关证明材料。

——房屋征收（拆迁）补偿协议或棚户区改造合同（协议）原件及复印件。

——购买安置住房的个人身份证明原件及复印件。

（12）促进公共租赁住房发展印花税优惠办理：

——《纳税人减免税备案登记表》。

——公共租赁住房经营管理单位相关证明原件及复印件。

——公共租赁住房租赁合同（协议）原件及复印件。

——租赁双方单位或个人身份证明原件及复印件。

（13）高校学生公寓租赁合同印花税优惠办理：

——《纳税人减免税备案登记表》。

——与高校学生签订的租赁合同（协议）原件及复印件。

——房屋产权证明原件及复印件。

（14）发行单位之间，以及发行单位与订阅单位或个人之间书立征订凭证印花税优惠办理：

——《纳税人减免税备案登记表》。

——书立征订凭证原件及复印件。

——发行单位资格相关证明原件及复印件。

（15）军火武器合同印花税优惠办理：

——《纳税人减免税备案登记表》。

——国防科工委出具的军工企业相关证明。

——军火武器合同原件及复印件。

（16）飞机租赁企业印花税优惠办理：

——《纳税人减免税备案登记表》。

——飞机租赁企业相关证明。

——飞机购销合同原件及复印件。

（17）部分国家储备商品印花税优惠办理：

——《纳税人减免税备案登记表》。

——政府部门出具的相关证明文件和名单的原件及复印件。

——购销合同原件及复印件。

（18）经营性文化事业单位转制中资产评估增值、资产转让或划转印花税优惠办理：

——《纳税人减免税备案登记表》。

——转制方案批复文书。

——企业工商营业执照。

——整体转制前已进行事业单位法人登记的，提供同级机构编制管理机关核销事业编制、注销事业单位法人的证明。

——与在职职工签订劳动合同、按企业办法参加社会保险制度的证明。

——引入非公有资本和境外资本、变更资本结构的，出具相关部门批准文件。

（十）享受土地增值税优惠政策需要报送的资料

土地增值税的税收优惠管理包括批准类、核准类两种类型。

1. 土地增值税批准类优惠办理是指符合土地增值税优惠条件的纳税人，将相关资料报送税务机关，税务机关按规定程序审批后方可享受。办理土地增值税批准类税收优惠手续需要报送的资料：

（1）政府收购（收回）土地使用权土地增值税优惠办理：

——《纳税人减免税申请审批表》。

——减免税申请报告（列明减免税理由、依据、范围、期限、数量、金额等，加盖企业公章）。

——土地使用权证明原件及复印件。

——政府依法征用、收回土地使用权文件原件及复印件。

——政府征用、收回土地使用权补偿协议原件及复印件。

（2）建造普通住宅出售，增值额未超过扣除项目金额之和20％的土地增值税优惠办理：

——《纳税人减免税申请审批表》。

——减免税申请报告（列明减免税理由、依据、范围、期限、数量、金额等，加盖企业公章）。

——开发立项及土地使用权等证明原件及复印件。

——土地增值税清算报告。

——相关的收入、成本、费用等证明材料。

2. 土地增值税核准类优惠办理是指符合土地增值税优惠条件的纳税人，将相关资料报送税务机关，税务机关案头审核后方可享受。办理土地增值税核准类税收优惠手续需要报送的资料：

（1）以房地产进行投资、联营的非房地产纳税人土地增值税优惠办理：

——《纳税人减免税申请审批表》。

——房屋产权证、土地使用权证明原件及复印件。

——投资、联营双方的营业执照或资质证明原件及复印件。

——投资、联营合同（协议）原件及复印件。

（2）被兼并企业将房地产转让到兼并企业的土地增值税优惠办理：

——《纳税人减免税申请审批表》。

——房屋产权证、土地使用权证明原件及复印件。

——被兼并企业房地产产权证明原件及复印件。

——上级主管机关批准其实行兼并或企业兼并协议原件及复印件。

（3）以土地、资金合作建房，按比例分房自用的土地增值税优惠办理：

——《纳税人减免税申请审批表》。

——房屋产权证、土地使用权证明原件及复印件。

——合作建房合同（协议）原件及复印件。

——房产分配方案相关材料。

（4）被撤销金融机构清理和处置财产的土地增值税优惠办理：

——《纳税人减免税申请审批表》。

——房屋产权证、土地使用权证明原件及复印件。

——财产处置协议原件及复印件。

——中国人民银行依法决定撤销的证明材料。

（5）企事业单位、社会团体以及其他组织转让旧房作为改造安置住房房源且增值额未超过扣除项目金额 20％的土地增值税优惠办理：

——《纳税人减免税申请审批表》。

——房屋产权证、土地使用权证明原件及复印件。

——房地产转让合同（协议）原件及复印件。

——扣除项目金额证明材料（如评估报告，发票等）。

——政府部门将有关旧房转为改造安置住房的证明材料。

（十一）享受契税优惠政策需要报送的资料

契税的税收优惠管理——核准类

契税核准类优惠是指符合契税优惠条件的纳税人，将相关资料报送税务机关，税务机关案头审核后方可享受。办理契税核准类税收优惠手续需要报送的资料：

（1）国家机关、事业单位、人民团体、军事单位承受土地房屋用于办公、教学、医疗、科研和军事设施的契税优惠办理：

——《契税纳税申报表》。

——土地、房屋权属转移合同或具有合同性质的契约、协议、合约、单据、确认书原件及复印件。

——单位性质证明材料。

——土地、房屋权属变更、过户文书原件及复印件。

（2）城镇职工第一次购买公有住房（不包括商品房）或者公有制单位职工按照国家房改政策，首次购买单位集资建成的普通住房或由单位购买的普通商品住房的契税优惠办理：

——《契税纳税申报表》。

——购买公有住房或集资建房证明材料。

——房屋权属变更、过户文书原件及复印件。

——个人身份证明原件及复印件。

（3）因不可抗力灭失住房而重新购买住房的契税优惠办理：

——《契税纳税申报表》。

——房管部门出具的住房灭失证明原件及复印件。

——重新购置住房合同、协议，房屋权属变更、过户文书原件及复印件。

——个人身份证明原件及复印件。

（4）土地使用权、房屋所有权以及土地使用权与房屋相互交换的契税优惠办理：

——《契税纳税申报表》。

——交换双方土地、房屋权属转移合同，交换双方土地、房屋权属变更、过户文书原件及复印件。

——单位或个人身份证明原件及复印件。

（5）土地、房屋被政府征用后，重新承受土地、房屋权属的契税优惠办理：

——《契税纳税申报表》。

——土地、房屋被政府征用、占用的文书原件及复印件。

——纳税人承受被征用或占用的土地、房屋权属证明原件及复印件。

——单位或个人身份证明原件及复印件。

（6）纳税人承受荒山、荒沟、荒丘、荒滩土地使用权，用于农、林、牧、渔业生产的契税优惠办理：

——《契税纳税申报表》。

——土地权属转移合同或土地权属变更、过户文书原件及复印件。

——政府主管部门出具的土地用途证明、承受土地性质证明。

——单位或个人身份证明原件及复印件。

（7）依照中国有关法律规定以及中国缔结或参加的双边和多边条约或协定的规定应当予以免税的外国驻华使馆、领事馆、联合国驻华机构及外交代表、领事官员和其他外交人员承受土地、房屋权属的契税优惠办理：

——《契税纳税申报表》。

——土地权属转移合同或土地权属变更、过户文书原件及复印件。

——外交部出具的房屋、土地用途证明原件及复印件。

（8）个人购买家庭唯一普通住房的契税优惠办理：

——《契税纳税申报表》。

——房屋转移合同或具有合同性质的契约、协议、合约、单据、确认书原件及复印件。

——房屋权属变更、过户文书原件及复印件。

——身份证、户口簿、结婚证（已婚的提供）或单身证明原件及复印件。

——家庭唯一住房证明材料。

（9）夫妻之间房屋、土地权属变更的契税优惠办理：

——《契税纳税申报表》。

——财产分割协议，房产权属证明，土地、房屋权属变更、过户文书原件及复印件。

——户口本、结婚证、双方身份证明原件及复印件。

（10）社会力量举办的教育机构承受的土地、房屋权属用于教学的契税优惠办理：

——《契税纳税申报表》。

——土地、房屋权属转移合同或具有合同性质的契约、协议、合约、单据、确认书，土地、房屋权属变更、过户文书原件及复印件。

——县级以上人民政府教育行政主管部门或劳动行政主管部门批准并核发的《社会力量办学许可证》原件及复印件。

——项目主管部门批准的立项文书原件及复印件。

——单位或个人身份证明原件及复印件。

(11) 被撤销金融机构在财产清理中取得的土地房屋权属的契税优惠办理：

——《契税纳税申报表》。

——房屋产权证、土地使用权证明原件及复印件。

——中国人民银行撤销该机构的证明材料。

——财产处置协议原件及复印件。

(12) 企业事业单位改制重组的契税优惠办理：

——《契税纳税申报表》。

——房屋产权证、土地使用权证明原件及复印件。

——上级主管机关批准其改制、重组或董事会决议等证明材料。

——改制前后的投资情况的证明材料。

(13) 企业整体出售的契税优惠办理：

——《契税纳税申报表》。

——出售房屋所有权证、土地使用权证明原件及复印件。

——上级主管部门同意企业出售的批文及企业整体出售相关证明。

——土地、房屋权属转移合同或具有合同性质的契约、协议、合约、单据、确认书，土地、房屋权属变更、过户文书原件及复印件。

(14) 对棚户区改造经营管理单位回购已分配的改造安置住房继续作为改造安置房源的契税优惠办理：

——《契税纳税申报表》。

——省级人民政府出具的改造安置住房相关证明材料。

——回购合同（协议）原件及复印件。

(15) 个人因房屋被征收而取得货币补偿并用于购买改造安置住房，或因房屋被征收而进行房屋产权调换并取得改造安置住房的契税优惠办理：

——《契税纳税申报表》。

——政府部门出具的改造安置住房相关证明材料。

——房屋征收（拆迁）补偿协议或购买改造安置住房合同（协议）原件及复印件。

——个人身份证明原件及复印件。

(16) 金融租赁公司开展售后回租，合同期满承租人回购原房屋、土地权属的契税优惠办理：

——《契税纳税申报表》。

——融资租赁合同（协议）原件及复印件。

——售后回租房屋所有权证、土地使用权证明原件及复印件。

（17）个体工商户的经营者与个体工商户名之间房屋、土地权属转移的契税优惠办理：

——《契税纳税申报表》。

——房屋产权证明原件及复印件。

——个体工商户的经营者身份证明原件及复印件。

（18）自然人与其个人独资企业或一人有限责任公司之间土地房屋权属划转的契税优惠办理：

——《契税纳税申报表》。

——房屋产权证、土地使用权证明原件及复印件。

——自然人身份证明原件及复印件。

（19）已购公有住房经补缴土地出让金和其他出让费用成为完全产权住房的契税优惠办理：

——《契税纳税申报表》。

——补缴土地出让金和其他出让费用的相关证明原件及复印件。

——公有住房相关证明。

（20）公共租赁住房经营管理单位购买住房作为公共租赁住房的契税优惠办理：

——《契税纳税申报表》。

——房屋权属转移合同或具有合同性质的契约、协议、合约、单据、确认书，房屋权属变更、过户文书原件及复印件。

——公共租赁住房相关证明。

（21）饮水工程运营管理单位为建设饮水工程而承受土地使用权的契税优惠办理：

——《契税纳税申报表》。

——土地权属转移合同或土地权属变更、过户文书原件及复印件。

——政府主管部门出具的土地用途证明、承受土地性质证明。

（22）经营性文化事业单位转制中资产评估增值、资产转让或划转契税优惠办理：

——《契税纳税申报表》。

——转制方案批复文书。

——企业工商营业执照。

——整体转制前已进行事业单位法人登记的，应提供同级机构编制管理机关核销事业编制、注销事业单位法人的证明。

——与在职职工签订劳动合同、按企业办法参加社会保险制度的证明。

——引入非公有资本和境外资本、变更资本结构的，出具相关部门批准文件。

（十二）享受车船税优惠政策需要报送的资料

车船税的税收优惠管理——事后备案类

车船税事后备案类优理办理是指符合车船税优惠条件的纳税人将相关资料报税务机关备案。办理车船税事后备案类税收优惠手续需要报送的资料：

（1）捕捞、养殖渔船车船税优惠办理：

——《纳税人减免税备案登记表》。

——渔业船舶管理部门出具的捕捞、养殖船证明材料。

——渔船产权证明材料原件及复印件。

（2）军队、武装警察部队专用车船的车船税优惠办理：

——《纳税人减免税备案登记表》。

——单位证明材料。

——车船产权证（行驶证）原件及复印件。

（3）警用车船的车船税优惠办理：

——《纳税人减免税备案登记表》。

——单位证明材料。

——车船产权证（行驶证）原件及复印件。

（4）依照法律规定应当予以免税的外国驻华使领馆、国际组织驻华代表机构及有关人员的车船税优惠办理：

——《纳税人减免税备案登记表》。

——单位及人员身份证明原件及复印件。

——车船产权证（行驶证）原件及复印件。

（5）节约能源、使用新能源车船的车船税优惠办理：

——《纳税人减免税备案登记表》。

——购车单位或人员身份证明原件及复印件。

——车船产权证（行驶证）原件及复印件。

（6）对受严重自然灾害影响纳税困难以及有其他特殊原因确需减税、免税的，减征或者免征车船税优惠办理：

——《纳税人减免税备案登记表》。

——单位及人员身份证明原件及复印件。

——车船产权证（行驶证）原件及复印件。

——纳税人遭受自然灾害影响纳税困难相关证明材料。

（7）公共交通车船，农村居民拥有并主要在农村地区使用的摩托车、三轮汽车和低速载货汽车的车船税优惠办理：

　　——《纳税人减免税备案登记表》。

　　——车船产权证（行驶证）原件及复印件。

　　——公交车船还应提供：

　　①公共交通经营许可证明材料原件及复印件。

　　②单位及人员身份证明原件及复印件。

　　③车船产权证（行驶证）原件及复印件。

　　——农村居民还应提供农村居民户籍证明原件及复印件。

　　（8）按照规定缴纳船舶吨税的机动船舶，自《中华人民共和国车船税法》实施之起 5 年内免征车船税优惠办理：

　　——《纳税人减免税备案登记表》。

　　——缴纳船舶吨税完税证明原件及复印件。

　　——车船产权证（行驶证）原件及复印件。

　　（9）依法不需要在车船登记管理部门登记的机场、港口、铁路站场内部行驶或者作业的车船，自《中华人民共和国车船税法》实施之日起 5 年内免征车船税优惠办理：

　　——《纳税人减免税备案登记表》。

　　——内部行驶或作业证明材料。

　　——车船产权证（行驶证）原件及复印件。

（十三）享受资源税优惠政策需要报送的资料

资源税的税收优惠管理包括批准类、事后备案类两种类型。

1. 资源税批准类优惠办理是指符合资源税优惠条件的纳税人，将相关资料报送税务机关，税务机关按规定程序审批后方可享受。办理资源税批准类税收优惠手续需要报送的资料：

开采或生产应税产品过程中，因意外事故或自然灾害等原因遭受重大损失的，减征或免征资源税优惠：

　　——《纳税人减免税申请审批表》。

　　——减免税申请报告（列明减免税理由、依据、范围、期限、数量、金额等）。

　　——开采或生产应税产品过程中，因意外事故或自然灾害等原因遭受重大损失的证明材料。

2. 资源税事后备案类优惠办理是指符合资源税优惠条件的纳税人将相关资料报税务机关备案。办理资源税事后备案类税收优惠手续需要报送的资料：

（1）开采原油过程中用于加热、修井的原油免征资源税优惠办理：

——《纳税人减免税备案登记表》。

——开采原油过程中用于加热、修井的原油的证明材料。

（2）衰竭期煤矿开采的煤炭，减征资源税优惠办理：

——《纳税人减免税备案登记表》。

——衰竭期煤矿开采的相关证明材料。

（3）充填开采置换出来的煤炭，减征资源税优惠办理：

——《纳税人减免税备案登记表》。

——充填开采置换出来煤炭的相关证明材料。

特别提示：纳税人开采的煤炭，同时符合上述（2）、（3）减税情形的，纳税人只能选择其中一项执行，不能叠加适用。

（十四）享受耕地占用税优惠政策需要报送的资料

耕地占用税的税收优惠管理——核准类

耕地占用税核准类优惠办理是指符合耕地占用税优惠条件的纳税人，将相关资料报送税务机关，税务机关案头审核后方可享受。办理耕地占用税核准类税收优惠手续需要报送的资料：

（1）军事设施占用耕地的耕地占用税优惠办理：

——《耕地占用税纳税申报表》。

——军事设施占用耕地的证明材料。

（2）学校、幼儿园、养老院、医院占用耕地的耕地占用税优惠办理：

——《耕地占用税纳税申报表》。

——学校、幼儿园、养老院、医院占用耕地的证明材料。

（3）铁路线路、公路线路、飞机场跑道、停机坪、港口、航道占用耕地，减按每平方米2元的税额征收耕地占用税优惠办理：

——《耕地占用税纳税申报表》。

——铁路线路、公路线路、飞机场跑道、停机坪、港口、航道占用耕地的证明材料。

（4）农村居民占用耕地新建住宅，按照当地适用税额减半征收耕地占用税优惠办理：

——《耕地占用税纳税申报表》。

——农村居民占用耕地新建住宅的证明材料。

（5）建设直接为农业生产服务的生产设施占用林地、牧草地、农田水利用地、养殖水面以及渔业水域滩涂等其他农用地的耕地占用税优惠办理：

——《耕地占用税纳税申报表》。

——土地管理部门批准占用耕地文件原件及复印件。

——项目主管部门批准的立项文书、项目报告、项目占地规划图纸等证明材料。

（6）农村烈士家属、残疾军人、鳏寡孤独以及革命老根据地、少数民族聚居区和边远贫困山区生活困难的农村居民，在规定用地标准以内新建住宅缴纳耕地占用税确有困难的，免征或减征耕地占用税优惠办理：

——《耕地占用税纳税申报表》。

——县级人民政府批准的批复文件原件及复印件。

——申请人身份证明原件及复印件。

（十五）享受个人所得税优惠政策需要报送的资料

个人所得税的税收优惠管理包括批准类、核准类、事后备案类三类。

1. 个人所得税批准类优惠办理是指符合个人所得税优惠条件的纳税人，将相关资料报送税务机关，税务机关按规定程序审批后方可享受。办理个人所得税批准类税收优惠手续需要报送的资料：

（1）残疾、孤老人员和烈属的所得个人所得税优惠办理：

——《纳税人减免税申请审批表》。

——减免税申请报告（列明减免税理由、依据、范围、期限、数量、金额等）。

——个人身份证明及残疾、孤老、烈属的资格证明材料原件及复印件。

（2）因严重自然灾害造成重大损失个人所得税优惠办理：

——《纳税人减免税申请审批表》。

——减免税申请报告（列明减免税理由、依据、范围、期限、数量、金额等）。

——个人身份证明及自然灾害损失证明材料原件及复印件。

（3）非居民个人享受税收协定待遇审批办理（填报或提交的资料应采用中文文本。相关资料原件为外文文本且税务机关根据有关规定要求翻译成中文文本的，报告责任人应按照税务机关的要求翻译成中文文本）：

——《非居民享受税收协定待遇审批申请表》。

——《非居民享受税收协定待遇身份信息报告表（适用于个人）》。

——由税收协定缔约对方主管当局在上一公历年度开始以后出具的税收居民身份证明或其他居民身份证明材料。

——与取得相关所得有关的产权书据、合同、协议、支付凭证等权属证明或者中介、公证机构出具的相关证明材料。

——具有法律效力的企业章程，与控股公司间相关合同、协议或公司决议等用于判断申请享受协定待遇的非居民纳税人的居民身份和受益所有人身份的资料。

2. 个人所得税核准类优惠办理是指符合个人所得税优惠条件的纳税人，将相关资

料报送税务机关，税务机关案头审核后方可享受。办理个人所得税核准类税收优惠手续需要报送的资料：

（1）科技成果转化个人所得税优惠办理：

——《纳税人减免税申请审批表》。

——个人身份证明原件及复印件。

——技术成果价值评估报告和确认书。

——科技部门出具的《出资入股高新技术成果认定书》原件及复印件。

——取得奖励的证明原件及复印件。

（2）外籍个人取得的相关补贴个人所得税优惠办理：

——《纳税人减免税申请审批表》。

——外籍个人身份证明原件及复印件。

——取得补贴的相关证明材料。

（3）随军家属从事个体经营个人所得税优惠办理：

——《纳税人减免税申请审批表》。

——师（含）以上政治机关开具的证明随军家属身份的相关材料原件及复印件。

——取得收入的相关证明材料。

（4）自主择业军队转业干部从事个体经营个人所得税优惠办理：

——《纳税人减免税申请审批表》。

——师（含）以上部队颁发的转业证件原件及复印件。

——取得收入的相关证明材料。

（5）个人转让自用住房个人所得税优惠办理：

——《纳税人减免税申请审批表》。

——双方当事人身份证明原件及复印件。

——房产证、契税完税凭证原件及复印件。

——原购房发票或收据原件及复印件。

——售房合同或协议。

——家庭唯一生活用房证明材料。

（6）个人无偿受赠或继承不动产个人所得税优惠办理：

——《纳税人减免税申请审批表》。

——双方当事人身份证明原件及复印件。

——下列情形分别应再提供：

①属于继承不动产的，继承人应当提交公证机关出具的继承权公证书、原房主死亡证明、房产所有权证原件及复印件。

②属于遗嘱人处分不动产的，遗嘱继承人或者受遗赠人应提交公证机关出具的遗

嘱公证书和遗嘱继承权公证书或接受遗赠公证书、原房主死亡证明、房产所有权证原件及复印件。

③房屋产权所有人将房屋产权无偿赠与配偶的,提供结婚证、户口本等证明材料;将房屋赠与父母、子女的,提供出生证明、户口本等证明材料;赠与祖父母、外祖父母、孙子女、外孙子女、兄弟姐妹的,提供公证机构出具的赠与人和受赠人亲属关系的公证书原件及复印件;此外,还需提供房产所有权证原件及复印件、赠与协议。

④房屋产权所有人将房屋产权无偿赠与对其承担直接抚养或者赡养义务的抚养人或者赡养人的,提供公证机构出具的抚养关系或者赡养关系公证书原件及复印件,或者乡镇政府或街道办事处出具的抚养关系或者赡养关系证明;此外,还需提供房产所有权证原件及复印件、赠与协议。

(7) 个人取得城镇房屋拆迁补偿款个人所得税优惠办理:

——《纳税人减免税申请审批表》。

——被拆迁户的身份证明原件及复印件。

——取得拆迁补偿款相关证明材料。

(8) 离婚析产分割房屋产权个人所得税优惠办理:

——《纳税人减免税申请审批表》。

——房产证和原购房发票原件及复印件。

——双方当事人身份证明原件及复印件。

——离婚证原件及复印件。

——离婚析产分割协议。

3. 个人所得税事后备案类优惠办理指符合个人所得税优惠条件的纳税人将相关资料报税务机关备案。办理个人所得税事后备案类税收优惠手续需要报送的资料:

(1) 见义勇为奖金个人所得税优惠办理:

——《纳税人减免税备案登记表》。

——个人身份证明原件及复印件。

——见义勇为基金会或由政府批准成立的类似组织出具的证明材料。

——个人见义勇为行为证明原件及复印件。

(2) 促进重点群体创业就业个人所得税优惠办理:

——《纳税人减免税备案登记表》。

——《就业失业登记证》、创业人员身份证明原件及复印件。

——取得收入的相关证明材料。

(3) 退役士兵从事个体经营个人所得税优惠办理:

——《纳税人减免税备案登记表》。

——退役士兵与民政部门签订的《退役士兵自谋职业协议书》、领取的《城镇退役士兵自谋职业证》原件及复印件。

——《中国人民解放军义务兵退出现役证》或《中国人民解放军士官退出现役证》。

——取得收入的相关证明材料。

（4）非居民个人享受税收协定备案办理（填报或提交的资料应采用中文文本。相关资料原件为外文文本且税务机关根据有关规定要求翻译成中文文本的，报告责任人应按照税务机关的要求翻译成中文文本）：

——《非居民享受税收协定待遇备案报告表》。

——由税收协定缔约对方主管当局在上一公历年度开始以后出具的税收居民身份证明及复印件。

——身份证件、回乡证和派其来内地的公司、企业或者有关地区有关部门开具的证明。

——非居民的书面授权委托书、代理人身份证明。

——支付工资证明及居住时间证明。

特别提示：现行减免税管理方式分为核准和备案两类，各税种的各项税收优惠的具体管理方式（核准、备案）以及需要报送的资料，以国家税务总局和各省级税务机关的正式文件为准。

十一、抗击自然灾害适用的税收优惠政策

天灾无情，人有情，税收政策也不例外。为便于大家了解在自然灾害发生后受灾地区的纳税人能享受哪些税收优惠政策，进行救灾捐赠又能享受哪些税收优惠，笔者特就相关税收政策进行了汇集。

自然灾害，是指给人类生存带来危害或损害人类生活环境的自然现象。包括干旱、洪涝灾害，台风、风雹、低温冷冻、雪等气象灾害，火山、地震灾害，山体崩塌、滑坡、泥石流等地质灾害，风暴潮、海啸等海洋灾害，森林草原火灾和生物灾害等。

——《自然灾害情况统计制度》（民发〔2013〕215 号）

——《中华人民共和国国家标准》（GB/T 24438.1—2009）

（一）第一部分　税收征管程序方面

1. 纳税申报事项

——《中华人民共和国税收证收管理法》

第二十五条　纳税人必须依照法律、行政法规规定或者税务机关依照法律、行政法规的规定确定的申报期限、申报内容如实办理纳税申报，报送纳税申报表、财务会计报表以及税务机关根据实际需要要求纳税人报送的其他纳税资料。

第三十一条　纳税人、扣缴义务人按照法律、行政法规规定或者税务机关依照法律、行政法规的规定确定的期限，缴纳或者解缴税款。

纳税人因有特殊困难，不能按期缴纳税款的，经省、自治区、直辖市国家税务局、地方税务局批准，可以延期缴纳税款，但是最长不得超过三个月。

——《中华人民共和国税收征收管理法实施细则》

第三十七条　纳税人、扣缴义务人按照规定的期限办理纳税申报或者报送代扣代缴、代收代缴税款报告表确有困难，需要延期的，应当在规定的期限内向税务机关提出书面延期申请，经税务机关核准，在核准的期限内办理。

纳税人、扣缴义务人因不可抗力，不能按期办理纳税申报或者报送代扣代缴、代收代缴税款报告表的，可以延期办理；但是，应当在不可抗力情形消除后立即向税务机关报告。税务机关应当查明事实，予以核准。

第四十一条　纳税人有下列情形之一的，属于税收征管法第三十一条所称特殊

困难：

（一）因不可抗力，导致纳税人发生较大损失，正常生产经营活动受到较大影响的；

（二）当期货币资金在扣除应付职工工资、社会保险费后，不足以缴纳税款的。

纳税人遭受自然灾害，正常生产经营活动受到较大影响，很多纳税资料可能丢失，难以按期申报和缴纳税款。根据灾情的程度有两种处理方式：灾情严重的，省级税务机关往往会出台单项的延期申报政策，方便纳税人办税。如果税务机关专门发布通知调整申报纳税期限，则受灾纳税人不用申请，即可自动享受延期申报和延期缴纳税款的权利。如果只是少数纳税人遭受灾害，税务机关没有发布通知调整申报纳税期限，则需要纳税人向税务机关提出申请，经批准后才能享受延期申报和延期缴纳税款的权利。

2. 增值税专用发票比对事项

由于灾区部分增值税一般纳税人增值税专用发票和增值税防伪税控系统专用设备损毁丢失，不能按照规定期限办理正常的报税和认证，导致纳税人增值税进项税额无法正常抵扣。受灾地区增值税一般纳税人购进货物和劳务，接受应税服务等，取得增值税专用发票、货物运输业增值税专用发票和机动车销售统一发票，未能在开票之日起180天内认证的，可由纳税人提出申请，经主管税务机关审核，逐级上报至税务总局，税务总局进行逾期认证、稽核无误的，可作为增值税扣税凭证。《国家税务总局关于逾期增值税扣税凭证抵扣问题的公告》（国家税务总局公告2011年第50号）规定：

（1）增值税扣税凭证已认证或已采集上报信息，但未按照规定期限申报抵扣的：增值税一般纳税人取得的增值税扣税凭证已认证或已采集上报信息但未按照规定期限申报抵扣；实行纳税辅导期管理的增值税一般纳税人以及实行海关进口增值税专用缴款书"先比对后抵扣"管理办法的增值税一般纳税人，取得的增值税扣税凭证稽核比对结果相符但未按规定期限申报抵扣，属于发生真实交易且属客观原因的，经主管税务机关审核，允许纳税人继续申报抵扣其进项税额。

（2）增值税扣税凭证未认证或未采集上报信息，且逾期即超期申报扣税凭证的：增值税一般纳税人发生真实交易但由于客观原因造成增值税扣税凭证逾期的，经主管税务机关审核、逐级上报，由国家税务总局认证、稽核比对后，对比对相符的增值税扣税凭证，允许纳税人继续抵扣其进项税额。

上述所称客观原因即包括因自然灾害、社会突发事件等不可抗力因素造成增值税扣税凭证未按期申报抵扣和逾期申报扣税凭证。

（二）第二部分　税款征收实体政策方面

1.　增值税

《增值税暂行条例》及其实施细则规定，非正常损失的购进货物及相关应税劳务的进项税额；非正常损失的在产品、产成品所耗用的购进货物或者应税劳务的进项税额，均不得从销项税额中抵扣。非正常损失，是指因管理不善造成被盗、丢失、霉烂变质的损失。不包括自然灾害损失。

因此，纳税人自然灾害损失不需要作进项税额转出，有利于减轻受灾纳税人的负担。

2.　资源税

《资源税暂行条例》规定，纳税人开采或者生产应税产品过程中，因意外事故或自然灾害等原因遭受重大损失的，由省、自治区、直辖市人民政府酌情决定减税或者免税。纳税人的减税、免税项目，应当单独核算课税数量；未单独核算或者不能准确提供课税数量的，不予减税或者免税。

3.　房产税、城镇土地使用税

根据现行税收政策规定，对于遭受自然灾害及其他客观原因造成纳税困难的纳税人，纳税确有困难的可以提出房产税、城镇土地使用税减免税申请，经税务机关审核，给予定期减征或免征税款。

《房产税暂行条例》第六条规定，除本条例第五条规定者外，纳税人纳税确有困难的，可由省、自治区、直辖市人民政府确定，定期减征或者免征房产税。

《城镇土地使用税暂行条例》第七条规定，除本条例第六条规定外，纳税人缴纳土地使用税确有困难需要定期减免的，由县以上地方税务机关批准。

4.　车船税

《车船税法实施条例》规定，在一个纳税年度内，已完税的车船被盗抢、报废、灭失的，纳税人可以凭有关管理机关出具的证明和完税凭证，向纳税所在地的主管税务机关申请退还自被盗抢、报废、灭失月份起至该纳税年度终了期间的税款。

5.　企业所得税

（1）资产损失企业所得税税前扣除政策。

对遭受自然灾害的企业，《中华人民共和国企业所得税法》及其实施条例规定，企业实际发生的与取得收入有关的、合理的损失，准予在计算应纳税所得额时扣除。损失，是指企业在生产经营活动中发生的固定资产和存货的盘亏、毁损、报废损失，转让财产损失，呆账损失，坏账损失，自然灾害等不可抗力因素造成的损失以及其他损失。企业发生的损失，减除责任人赔偿和保险赔款后的余额，依照国务院财政、税务主管部门的规定扣除。

（2）公益性捐赠企业所得税税前扣除政策。

《中华人民共和国企业所得税法》及其实施条例规定，企业通过公益性社会团体或者县级以上人民政府及其部门，向遭受自然灾害地区的公益性捐赠支出，在年度利润总额 12％以内的部分，准予在计算应纳税所得额时扣除。

6. 个人所得税

《中华人民共和国个人所得税法》及其实施条例规定，个人将其所得通过中国境内的社会团体、国家机关向遭受严重自然灾害地区的捐赠，捐赠额未超过纳税义务人申报的应纳税所得额 30％的部分，可以从其应纳税所得额中扣除。

（三）第三部分　申报资产损失扣除需提交的资料

所称资产是指企业拥有或者控制的、用于经营管理活动相关的资产，包括现金、银行存款、应收及预付款项（包括应收票据、各类垫款、企业之间往来款项）等货币性资产，存货、固定资产、无形资产、在建工程、生产性生物资产等非货币性资产，以及债权性投资和股权（权益）性投资。

准予在企业所得税税前扣除的资产损失，是指企业在实际处置、转让资产过程中发生的合理损失（实际资产损失），以及企业虽未实际处置、转让上述资产，但是符合税法规定条件计算确认的损失（法定资产损失）。

企业实际资产损失，应当在其实际发生且会计上已作损失处理的年度申报扣除；法定资产损失，应当在企业向主管税务机关提供证据资料证明该项资产已符合法定资产损失确认条件，且会计上已作损失处理的年度申报扣除。

企业发生的资产损失，应按规定的程序和要求，向主管税务机关申报（专项申报或清单申报）后方能在税前扣除。未经申报的损失，不得在税前扣除。

1. 资产损失企业所得税税前扣除部分项目的确认

（1）企业应收及预付款项坏账损失应依据以下相关证据材料确认：

①相关事项合同、协议或说明；

②属于债务人破产清算的，应有人民法院的破产、清算公告；

③属于诉讼案件的，应出具人民法院的判决书或裁决书或仲裁机构的仲裁书，或者被法院裁定终（中）止执行的法律文书；

④属于债务人停止营业的，应有工商部门注销、吊销营业执照证明；

⑤属于债务人死亡、失踪的，应有公安机关等有关部门对债务人个人的死亡、失踪证明；

⑥属于债务重组的，应有债务重组协议及债务人重组收益纳税情况说明；

⑦属于自然灾害、战争等不可抗力而无法收回的，应有债务人受灾情况说明以及放弃债权申明。

（2）存货报废、毁损或变质损失，为其计税成本扣除残值及责任人赔偿后的余额，应依据以下证据材料确认：

①存货计税成本的确定依据；

②企业内部关于存货报废、毁损、变质、残值情况说明及核销资料；

③涉及责任人赔偿的，应当有赔偿情况说明；

④该项损失数额较大的（指占企业该类资产计税成本10％以上，或减少当年应纳税所得、增加亏损10％以上，下同），应有专业技术鉴定意见或法定资质中介机构出具的专项报告等。

（3）固定资产报废、毁损损失，为其账面净值扣除残值和责任人赔偿后的余额，应依据以下证据材料确认：

①固定资产的计税基础相关资料；

②企业内部有关责任认定和核销资料；

③企业内部有关部门出具的鉴定材料；

④涉及责任赔偿的，应当有赔偿情况的说明；

⑤损失金额较大的或自然灾害等不可抗力原因造成固定资产毁损、报废的，应有专业技术鉴定意见或法定资质中介机构出具的专项报告等。

（4）在建工程停建、报废损失，为其工程项目投资账面价值扣除残值后的余额，应依据以下证据材料确认：

①工程项目投资账面价值确定依据；

②工程项目停建原因说明及相关材料；

③因质量原因停建、报废的工程项目和因自然灾害和意外事故停建、报废的工程项目，应出具专业技术鉴定意见和责任认定、赔偿情况的说明等。

（5）工程物资发生损失，可比照存货损失的规定确认。

（6）企业债权投资损失应依据投资的原始凭证、合同或协议、会计核算资料等相关证据材料确认。下列情况债权投资损失的，还应出具相关证据材料：

①债务人或担保人依法被宣告破产、关闭、被解散或撤销、被吊销营业执照、失踪或者死亡等，应出具资产清偿证明或者遗产清偿证明。无法出具资产清偿证明或者遗产清偿证明，且上述事项超过三年以上的，应当出具对应的债务人和担保人破产、关闭、解散证明、撤销文件、工商行政管理部门注销证明或查询证明以及追索记录等（包括司法追索、电话追索、信件追索和上门追索等原始记录）；

②债务人遭受重大自然灾害或意外事故，企业对其资产进行清偿和对担保人进行追偿后，未能收回的债权，应出具债务人遭受重大自然灾害或意外事故证明、保险赔偿证明、资产清偿证明等；

③债务人因承担法律责任，其资产不足归还所借债务，又无其他债务承担者的，应出具法院裁定证明和资产清偿证明；

④债务人和担保人不能偿还到期债务，企业提出诉讼或仲裁的，经人民法院对债务人和担保人强制执行，债务人和担保人均无资产可执行，人民法院裁定终结或终止（中止）执行的，应出具人民法院裁定文书；

⑤债务人和担保人不能偿还到期债务，企业提出诉讼后被驳回起诉的、人民法院不予受理或不予支持的，或经仲裁机构裁决免除（或部分免除）债务人责任，经追偿后无法收回的债权，应提交法院驳回起诉的证明，或法院不予受理或不予支持证明，或仲裁机构裁决免除债务人责任的文书。

2. 纳税人在进行公益救济性捐赠企业所得税税前扣除申报时须附送的资料

（1）接受捐赠或办理转赠的非营利的公益性社会团体、基金会的捐赠税前扣除资格证明材料；

（2）由具有捐赠税前扣除资格的非营利的公益性社会团体、基金会和县及县以上人民政府及其组成部门出具的公益救济性捐赠票据；

（3）主管税务机关要求提供的其他资料。

十二、小型微利企业所得税优惠政策主要事项解读

（一）国家再次扩大小型微利企业所得税优惠政策适用范围的背景是什么

小型微利企业是发展的生力军、就业的主渠道、创新的重要源泉，在促进创业创新、稳定经济增长、稳定和扩大就业等方面起着至关重要的作用。为保持经济平稳较快发展，需要充分发挥小型微利企业的积极作用。

近年来，国家高度关注小型微利企业的发展，并出台了一系列扶持小型微利企业发展的税收优惠政策。除税法规定企业所得税税率由法定25％降为20％外，从2010年开始，对部分小型微利企业实行减半征收企业所得税优惠政策。包括2015年再次进行的政策调整在内，国家已先后四次扩大小型微利企业减半征收企业所得税优惠政策的实施范围，持续加大对小型微利企业的税收扶持力度。通过进一步减轻企业税收负担，不断增强小型微利企业应对市场风险的能力，助推小型微利企业健康发展，在全社会激发起大众创业、万众创新的热潮。

（二）国家对小型微利企业的所得税有什么优惠

根据《中华人民共和国企业所得税法》及其实施条例以及《国家税务总局关于扩大小型微利企业减半征收企业所得税范围有关问题的公告》（国家税务总局公告2014年第23号）和《财政部 国家税务总局关于小型微利企业所得税优惠政策的通知》（财税〔2015〕34号）等税收政策的规定，符合条件的小型微利企业，包括查账征收和核定征收的企业，年所得在30万元（含30万元）以下的，减按20％的税率计算缴纳企业所得税，较25％的法定税率减免20％的税额。

2014年度，年所得在10万元（含10万元）以下的；2015年1月1日至2017年12月31日，年所得在20万元（含20万元）以下的，其所得减按50％计入应纳税所得额再按20％的税率征税，较25％的法定税率减免60％的税额。

符合条件的小型微利企业在预缴和年度汇算清缴企业所得税时，都可以自行享受小型微利企业所得税优惠。

（三）小型微利企业具体需要符合哪些条件

所称"符合条件的小型微利企业"，根据《中华人民共和国企业所得税法》第二十八条第一款和《中华人民共和国企业所得税法实施条例》第九十二条的规定，是指从事国家非限制和禁止行业，并符合下列条件的小型微利企业：（1）工业企业，年度应纳税所得额不超过 30 万元，从业人数不超过 100 人，资产总额不超过 3 000 万元；（2）其他企业，年度应纳税所得额不超过 30 万元，从业人数不超过 80 人，资产总额不超过 1 000 万元。

根据上述规定，可以享受企业所得税优惠的小型微利企业应当符合《中华人民共和国企业所得税法》及其实施条例的相关规定条件，而与国家工信部、统计局、发改委、财政部联合制定的企业规模划型标准所规定的标准有所不同。

对于国家非限制和禁止行业，则应对照《国家发展改革委关于修改〈产业结构调整指导目录（2011 年本）〉有关条款的决定》（国家发展和改革委员会令第 21 号）公布并自 2013 年 5 月起施行的《产业结构调整指导目录（2011 年本）（修正）》，依该目录所界定的鼓励类、限制类及淘汰类行业，来判断认定。

（四）工业企业包括哪些类型的企业

根据《国民经济行业分类及代码》（GB/T 4754—2011），工业企业包括"采矿业"、"制造业"、"电力、燃气及水的生产和供应业"三个行业的企业。

（五）如何确定优惠条件中的从业人数和资产总额

考虑到小型微利企业的实际用工情况，《财政部 国家税务总局关于小型微利企业所得税优惠政策的通知》（财税〔2015〕34 号）对于小微企业标准中的从业人数和资产总额的计算口径有了变化，从业人数和资产总额指标由原来按照全年月平均值确定调整为按照全年季度平均值确定。具体计算公式如下：

季度平均值＝（季初值＋季末值）÷2
全年季度平均值＝全年各季度平均值之和÷4

从业人数是指与企业建立劳动关系的职工人数和企业接受的劳务派遣用工人数之和，资产总额是指资产负债表中的资产总额。

（六）什么是应纳税所得

企业每一纳税年度的收入总额，减除不征税收入、免税收入、各项扣除以及允许弥补的以前年度亏损后的余额，为应纳税所得额。

应纳税所得，即应纳税所得额是企业所得税的计税依据（应纳税额＝应纳税所得×税率），企业应根据税法的规定计算确定应纳税所得。

实行查账征收的企业，年度应纳税所得额为《中华人民共和国企业所得税年度纳税申报表（A类，2014 年版）》第 23 行；实行定率征收的企业，按收入总额核定应纳税所得额的，其应纳税所得额为《中华人民共和国企业所得税月（季）度和年度预缴纳税申报表（B类，2015 年版）》第 11 行；实行定率征收的企业，按成本费用核定应纳税所得额的，其应纳税所得额为《中华人民共和国企业所得税月（季）度和年度预缴纳税申报表（B类，2015 年版）》第 14 行。

由于企业所得税按年计算、按月（季）预缴，因此，企业在确定月（季）度申报享受小型微利企业所得税优惠时：

（1）查账征收企业按实际利润额预缴的，应纳税所得额是指《中华人民共和国企业所得税月（季）度预缴纳税申报表（A类，2015 年版）》的第 9 行"实际利润额"累计数；

（2）实行定率征收的企业，按收入总额核定应纳税所得额的，其应纳税所得额为《中华人民共和国企业所得税月（季）度和年度预缴纳税申报表（B类，2015 年版）》第 11 行；

（3）实行定率征收的企业，按成本费用核定应纳税所得额的，其应纳税所得额为《中华人民共和国企业所得税月（季）度和年度预缴纳税申报表（B类，2015 年版）》第 14 行。

（七）什么是查账征收和核定征收企业所得税

查账征收和核定征收企业所得税，是指企业计算缴纳企业所得税的方式，征收方式由主管税务机关根据企业核算情况确定，查账征收方式的使用企业所得税 A 类申报表，核定征收方式的使用企业所得税 B 类申报表。

《企业所得税核定征收办法（试行）》（国税发〔2008〕30 号）明确了核定征收方式的确定条件。

（八）什么是预缴申报和汇算清缴

企业所得税按年征收，按月（季）预缴。企业在月度或季度终了后向税务机关申报企业所得税，为预缴申报，适用预缴申报表；年度终了后 5 个月内向税务机关申报企业所得税，为汇算清缴，适用年度纳税申报表。年度申报时计算的应纳税额减去预缴申报时已缴的税额，为企业应补或应退税额。

（九）小型微利企业从什么时候开始能够享受所得税优惠政策

2014 年之前，小型微利企业统一在汇算清缴时享受优惠政策，季度预缴环节不享受优惠。现行税收政策允许小型微利企业在季度、月份预缴环节提前享受优惠政策，在汇算清缴环节再多退少补。这样，让小微企业提前享受税收优惠红利，有效缓解资金紧张，减少贷款压力，增强其流动性。

（十）查账征收的小型微利企业预缴企业所得税时如何享受优惠

查账征收的小型微利企业，上一纳税年度符合小型微利企业条件，且上一年度应纳税所得额低于 20 万元（含 20 万元）的：

（1）对于按照实际利润额预缴税款的，预缴时累计实际利润额不超过 20 万元的，可以享受小型微利企业所得税减半征税政策；超过 20 万元的，应停止享受减半征税政策。

（2）对于按照上年度应纳税所得额的季度（或月份）平均额预缴企业所得税的，可以享受小型微利企业减半征税政策。

（十一）核定征收企业有哪些方式

根据《企业所得税核定征收办法（试行）》（国税发〔2008〕30 号）规定，核定征收包括定率征收和定额征收。

定率征收是指主管税务机关核定纳税人的应税所得率，纳税人据以计算应纳税所得。

定额征收是指主管税务机关确定纳税人应缴纳的企业所得税税额。

（十二）定率征收企业 2015 年预缴申报时如何享受优惠

符合条件的小微企业均可在预缴申报时享受所得税优惠。定率征税的小型微利企业，上一纳税年度符合小型微利企业条件，且年度应纳税所得额不超过 20 万元（含）的，本年度预缴企业所得税时，累计应纳税所得额不超过 20 万元的，可以享受减半征税政策；超过 20 万元的，不享受减半征税政策。其中，累计应纳税所得额在 20 万元以下的，减免税额为应纳税所得额乘以 15%，累计应纳税所得额在 20 万元到 30 万元的，减免税额为应纳税所得额乘以 5%。

（十三）定额征收企业如何享受小型微利企业所得税优惠

经主管税务机关确定实行定额征收企业所得税的小型微利企业，由主管税务机关相应调整其定额税款，企业按调整后的金额缴纳企业所得税。

（十四）新办企业在预缴时能否享受小型微利企业所得税优惠

年度中间开业的新办的小型微利企业，以其实际经营期作为一个纳税年度确定相关指标。在预缴企业所得税时，凡累计实际利润额或应纳税所得额不超过 30 万元的，可以按照规定享受所得税优惠。其中，累计实际利润额或应纳税所得额不超过 20 万元的，可以享受减半征税政策；超过 20 万元的，停止享受减半征税政策。减免税额计算公式如下：

（1）实际利润额或应纳税所得额在 20 万元（含）以下的，减免税额＝实际利润额或应纳税所得额×15％；

（2）实际利润额或应纳税所得额在 20 万元到 30 万元（含）的，减免税额＝实际利润额或应纳税所得额×5％。

（十五）小型微利企业本期预缴申报时未享受所得税优惠的，下期预缴时可否享受优惠

小型微利企业在预缴申报时未享受所得税优惠，下一期预缴时仍符合优惠条件的，可一并享受小型微利企业所得税优惠。企业在申报表累计行次填列相关优惠金额，即可一并减免之前预缴期应减免的税款。

（十六）小型微利企业预缴申报时未享受所得税优惠的，汇算清缴时可否享受优惠

小型微利企业预缴申报时未享受所得税优惠，汇算清缴时符合优惠条件的，可享受小微企业所得税优惠，汇算清缴计算的应缴企业所得税小于已预缴的企业所得税，可向税务机关申请退税或抵缴以后年度的所得税。

国家税务总局明确要求，对因各种原因未及时享受优惠政策的小微企业要及时采取补救措施，主管税务机关要及时采取电话、上门提示等跟踪服务，进一步提高税收优惠政策覆盖面，实现应享尽享。

（十七）上一年度不符合小型微利企业条件，本年预计可能符合小微企业标准，预缴时可否享受优惠政策

为扩大小型微利企业所得税优惠政策的覆盖面，对于上一年度不符合小微企业条件的，2015 年新政策又适当放宽了享受优惠政策"门槛"。即企业根据本年度生产经营情况，如果预计本年度可能符合小型微利企业条件，其季度、月份预缴企业所得税时，可以申报享受小微企业税收优惠政策。

例如，A 企业 2014 年资产总额、从业人数符合小型微利企业条件，但年度应纳税所得额为 35 万元，未享受小微企业优惠政策。现在 A 企业预计 2015 年可能符合小型微企业条件，A 企业填写预缴申报表，可以自行享受小型微利企业优惠政策。

（十八）小型微利企业在预缴时享受了优惠政策，但在年度汇算清缴时，有的指标超过规定标准，是否需要补缴税款

小型微利企业在预缴时享受了优惠政策，但年度汇算清缴时，"从业人员"、"资产总额"、"年度应纳税所得额"这三项指标之一超过规定标准的，应按规定补缴税款：

（1）如果是从业人员、资产总额这两项指标中的任意一项超过规定标准的，则应按应全年的纳税所得额全额依 25％的法定税率计算补缴企业所得税。

（2）如果是全年应纳税所得额超过 20 万元的，不再享受减半征税优惠政策而改按 20％的减低税率计算补缴企业所得税；如果全年应纳税所得额超过 30 万元的，不再享受减低税率优惠政策而改按 25％的法定税率计算补缴企业所得税。

（十九）小型微利企业被税务机关检查查增的应纳税所得额，能否享受小型微利企业的税收优惠政策，如何计算应补缴的企业所得税

《中华人民共和国企业所得税法》第五条规定，应纳税所得额，为企业每一纳税年度的收入总额，减除不征税收入、免税收入、各项扣除以及允许弥补的以前年度亏损后的余额。

税务机关检查查增的应纳税所得额，应并入检查所属年度的应纳税所得额。如果企业以前年度发生亏损，且该亏损属于企业所得税法规定允许弥补的，应允许调增的应纳税所得额弥补该亏损。弥补该亏损后仍有余额的，按照企业所得税法规定计算缴纳企业所得税。对检查调增的应纳税所得额应根据其情节，依照《中华人民共和国税收征收管理法》有关规定进行处理或处罚。

企业应以经上述调整后的当年应纳税所得额（含税务机关检查调增的金额）及"从业人员"、"资产总额"等三项指标，判断能否享受小型微利企业的税收优惠政策，并据以适用相应的计算方式，计算全年应缴纳的企业所得税，减去实际已缴的税额，余额为当年应补缴的企业所得税税额。

（二十）享受小型微利企业所得税优惠政策需要办理哪些手续

符合条件的小型微利企业，在按月（季）预缴企业所得税，以及年度申报企业所得税时，可以自行享受小型微利企业所得税优惠政策，无须税务机关审核批准。

小型微利企业在预缴和汇算清缴时通过填写企业所得税纳税申报表"从业人数、资产总额"等栏次自动履行备案手续，不再另行专门备案。